小康路上一个都不能掉队！
　　　　　　　　　　——习近平2017年新年贺词

　　要在精准扶贫、精准脱贫上下更大功夫，做到扶持对象精准、项目安排精准、资金使用精准、措施到户精准、因村派人（第一书记）精准、脱贫成效精准。
　　　　　　——习近平在深度贫困地区脱贫攻坚座谈会上的讲话

　　广大军转干部要牢记生命中当兵的历史，自觉弘扬人民军队光荣传统和优良作风，在人生的不同阶段、不同岗位上继续出色工作、活出精彩人生。
　　　　　　——习近平在第六次全国军转表彰大会暨
　　　　　　　2014年军转安置工作会议上的讲话

白河弯弯

谭金富 ⊙ 著

河南大学出版社
HENAN UNIVERSITY PRESS
·郑州·

图书在版编目(CIP)数据

白河弯弯/谭金富著. —郑州：河南大学出版社，2020.1
ISBN 978-7-5649-4126-0

Ⅰ.①白… Ⅱ.①谭… Ⅲ.①长篇小说—中国—当代 Ⅳ.①I247.5

中国版本图书馆 CIP 数据核字(2020)第 023572 号

责任编辑 史锡平 程新晓
责任校对 范 昕
封面设计 马 龙

出　版	河南大学出版社
	地址：郑州市郑东新区商务外环中华大厦 2401 号　邮编：450046
	电话：0371-86059712（高等教育出版分社）
	0371-86059715（营销部）
	网址：hupress.henu.edu.cn
排　版	郑州市今日文教印制有限公司
印　刷	河南瑞之光印刷股份有限公司
版　次	2020 年 3 月第 1 版　　印　次　2020 年 3 月第 1 次印刷
开　本	690mm×960mm　1/16　　印　张　32
字　数	444 千字　　　　　　　定　价　120.00 元

(本书如有印装质量问题，请与河南大学出版社营销部联系调换)

序　　言

　　读完谭金富同志的长篇小说《白河弯弯》，心里涌动着激动和愉悦。

　　作者是1969年11月入伍的老兵，转业后长期在法院工作。他利用业余时间，笔耕不辍，十余年来，已经有五部长篇小说问世。河南省南召县成立退伍军人服务中心后，已经退休的谭金富同志应邀到该中心担任校外辅导员。2017年12月，退伍军人服务中心准备成立退伍军人创业协会，他在了解到负责筹备工作，曾经在战场上荣立三等功的伤残退役军人吕秀彦以及多位"部队当标兵，回乡创辉煌"的退役军人的动人业绩后，年过花甲的老兵激情迸发、数易其稿，创作出了这部长达40多万字的退役军人创业励志，在精准扶贫和美丽乡村建设中拼搏奉献的长篇小说。

　　习近平总书记指出："广大军转干部要牢记生命中当兵的历史，自觉弘扬人民军队光荣传统和优良作风，在人生的不同阶段、不同岗位上继续出色工作、活出精彩人生。"

　　小说主人公吕彦彰、赵启福、齐保国三位曾经在战场立过战功的退役军人和退役军人服务中心工作人员郝梦媛、杨志业，在倾举国之力消灭贫困这场世界罕见的伟大壮举中，在精准扶贫"这场输不起的战争"中，抓住机遇，迎难而上，充分发挥当地白河瀑布、楚长城、石头村、千年棠梨树、陈赓大军"豫西牵牛"作战指挥部等自然资源与人文景观，发展千亩玉兰园、万亩桃花园，创业与旅游结合，使白河岸边的山村甩掉贫困帽子，成为一个和谐美丽、繁荣富裕、生机盎然的社会主义新农村。

小说中的主人公们，是最可爱的人。军营的磨砺，使他们成了真正的男子汉；故乡的山山水水，他们大笔书写辉煌。他们的担当与奉献精神，为退役军人的多彩人生谱写了一曲又一曲新的赞歌。

荣誉留给过去，奋斗支撑未来。

军旗猎猎，指引方向；军号声声，激励冲锋。

用齐步走出去的雄姿，必将稳重踏实；用跑步迈出去的豪迈，必将奋发有为；用正步踢出去的庄严，必将铿锵有力；用笔直的脊梁挺起来的军姿，必将撑起更新更美，蓝天丽日的晴空！

是为序。

吕志勤
2019 年 8 月 1 日

（吕志勤，曾先后担任南阳军分区参谋长和漯河市委常委、军分区司令员）

军　　魂

　　军魂是什么？是一切听从党的指挥，是勇往直前、不畏艰险，狭路相逢勇者胜的革命大无畏精神。
　　认识作家谭金富，也认识书中主人公吕彦彰的原型吕秀彦。几十年的相识，我从他们身上理解了"军魂"的含义，明白了为什么我们的军队在党的领导下，能够历经种种艰难险阻，从胜利走向胜利。他们的共同特点是：无论何时何地，眉宇间都隐藏着军人的睿智和英武，身上都洋溢着军人的干练和洒脱，神情里都张扬着干事创业、永不言退的军人风骨。他们俩，一个是转业后曾经在县法院担任过政治处主任、党组成员，审判委员会委员，高级法官，光荣退休的老兵；一个是在对越自卫反击战中冲锋陷阵、不怕牺牲，荣立战功，至今身上还留有无法取出的两百多块细小弹片，退伍不退志，在改革开放的大潮中努力拼搏，富起来后不忘带动乡亲们脱贫致富的退役军人。他们都是在党的领导下，在军队的大熔炉里百炼成钢的人。他们，正是和他们一样的千千万万名军人手握钢枪，才撑直了共和国对一切敌人和反动派敢于说"不"的脊梁。他们，正是和他们一样的人用自己的牺牲保卫着国家的安全，让我们能够在和平的环境中心无旁骛地建设我们的国家，尽情地创造幸福美满的生活。也是他们，在离开部队之后，退伍不褪色，肩负使命，在思想道德、文化艺术、经济建设的战场上运用自己的聪明才智，为祖国的发展，挥洒着自己的汗水，用如椽的巨笔，抒写着新时代的瑰丽篇章。这样的人是永远值得我们尊重和学习的。

谭金富就是其中的这一位。转业后,在法官的岗位上,为捍卫法律的尊严,他尽职尽责。业余时间,他勤奋笔耕,用自己手中的笔,钩沉历史往事,描绘眼前和未来的美景。十多年来,写出了《法之魂》《呼冤案》《特号密令》《丹江人家》《破天挥斧雨潇潇》等中长篇小说,以自己的创作实力加入了河南省作家协会,当选为南召县作家协会副主席。退休之后,他退休不退心,除了应邀热心地帮助一些单位或个人处理一些文字事务外,还把更为充裕的时间用于文学创作。适逢盛世,以习总书记为核心的党中央不忘初心,吹响了不让一个人掉队、精准扶贫、全民致富奔小康的冲锋号。全国上下、万众一心展开了脱贫攻坚的总决战。他目光敏锐,在生活中发现了同为退役军人的吕秀彦的典型事迹,便迅速深入退伍军人服务中心、吕秀彦帮扶的贫困村和多个乡村,了解扶贫工作所面临的种种现实问题,把具有代表性的典型事例联系起来,运用艺术的手法,为奋斗在脱贫攻坚第一线的退役军人们大唱赞歌。在创作手法上,作者用细腻的笔法,通过妙趣横生、跌宕起伏的故事,刻画了吕彦彰、赵启福、齐保国三位曾经在战场上立过战功的退役军人们的光辉形象,讲述了扶贫工作人员郝梦媛、杨志业在党中央倾全国之力,消灭贫困这场世界罕见的伟大壮举中,在精准扶贫"这场输不起的战争"中所作出的努力,歌颂了退役军人在精准扶贫工作中退伍不褪色、激情燃烧、励志创业、再创辉煌的献身精神。

这是一幅波澜壮阔的时代写真,这是为中国共产党人"不忘初心,牢记使命"达到共同富裕,实现民族复兴主旋律唱响的一曲颂歌。

作品中的人物形象鲜明,栩栩如生,具有强烈的时代感。这部作品来源于生活实景。作品中的主角原型——退役军人吕秀彦就是无数个退伍不退志的退役军人中的那一个。他是我早已相识相知的兄弟。他的父亲1947年参加人民解放军,是参加过朝鲜战争、打败过号称世界军事强国的美帝国主义军队的军人。从小耳濡目染,军人狭路相逢勇者胜的血性,军人一往无前的牺牲精神和对党和人民、祖国的无限忠诚早就融进了他的血液。在参加中越自卫反击战负伤退役之后,他转业到县五交化公司工作。由于工作认真刻苦,又具有一定的领导能力，很快就被提升到公司领导层。就在他仕途一路顺畅的时候，改革开放的号角吹响。

不甘平庸的他当即停职下海，成为第一批敢吃螃蟹、放下铁饭碗、实行自负盈亏经营电器商品的人。经过无数的风风雨雨，他经营的事业不断发展壮大，也积累了一笔不小的财富。经营成功之后的他，并没有沉浸在自己一己之富的小圈子里，而是把先富带后富的口号落实在一个真正的共产党员的行动中。安置困难职工和退役军人就业，救灾捐款，公益资助，他都身体力行，走在前面。在全国性的扶贫攻坚工作展开之后，他更是自我加压。在并没有硬任务的情况下，主动请缨担任扶贫队长，进村入户，把党和人民的关怀实实在在地落实到贫困农民的身上。为扶贫工作谱写了一曲富有新意的赞歌。

今年七月，吕秀彦被评为"出彩河南人"之"最美退役军人"和南阳市"最美退役军人"。

作者谭金富在创作中，以饱满的热情倾注笔端，对作品人物、事件的记述和描写颇见功力。

男主角吕彦彰，一句"哥带你回家"的庄重承诺始终不渝，历三十年后，终于将牺牲在异国他乡的战友遗骨请回家乡，让烈士魂归故里的信义之举令人唏嘘。女主角郝梦媛为了扶贫事业，恋人与她分手，最终又赢得了真爱的故事颇引人入胜；村支书赵启福与救命恩人李俊英之间的爱情故事跌宕起伏；村文书齐保国与花梦君的爱情经历曲折动人；超市老总雷鸣远与郝梦媛、花朵朵之间的感情变幻多彩浪漫。开矿老板蔡阔峰和村主任权有智为了个人私利，利用贫困户林成金和一心要戴上贫困户帽子的穆不言与第一书记吕彦彰、支部书记赵启福以及村民之间的矛盾冲突明暗交织，为少数个人私利还是为全体村民的利益、是保护生态还是毁坏生态的斗争交锋激烈。作品中对于故事情节发展的描写，以"真扶贫、扶真贫、真脱贫"奔小康为主线，幽默诙谐、跌宕起伏、妙趣横生，读之令人难以释卷，读后让人经久难忘。稍显不足的是，如果在故事情节的取舍上，作者的叙述能够更加简洁，文字的运用能够更加精炼就更好了。

总而言之，《白河弯弯》是一部充满正能量，为先进模范人物立传，激励大家积极进取、乐于奉献、奋发向上，为早日实现民族复兴、国家繁荣富强而砥砺前行的一部好作品。在这个多种思潮共存的时代，作为弘扬正能量的精神食粮，颇值一读。

　　写到此，也希望作者和作品中的主人公们在今后的日子里矢志不渝，军魂永存。更希望在他们的影响下，我们所有的人都能够在民族复兴的伟大进程中高瞻远瞩，敢于亮剑，奋勇前行！

　　是为序。

张玉峰

2019 年 8 月 1 日

（张玉峰，国家二级作家，南阳市作家协会理事，南召县文联原主席）

目　录

楔　子	砸牌子	（ 1 ）
第一章	扶贫会议以后	（ 4 ）
第二章	春天的脚步	（ 9 ）
第三章	河东狮吼	（ 13 ）
第四章	泪眼丝丝的女队员	（ 18 ）
第五章	追逐过太阳的退役军人	（ 22 ）
第六章	无法报答的恩债和情债	（ 28 ）
第七章	哥是掂枪打过仗的	（ 32 ）
第八章	岁月斑斓的历史印痕	（ 38 ）
第九章	召女纯情棠梨树	（ 42 ）
第十章	楚长城与白河挂壁	（ 46 ）
第十一章	哪有背着锅出差的	（ 51 ）
第十二章	发癫的单身汉	（ 55 ）
第十三章	贫困户请客	（ 60 ）
第十四章	妻子甜甜的说情声	（ 64 ）
第十五章	春天的一片绿	（ 68 ）

第十六章	岁月红尘锁不住的魅力	(73)
第十七章	对手优雅笑了	(79)
第十八章	乡亲们是哭还是笑	(84)
第十九章	三个老党员	(89)
第二十章	在那芳香四溢的花季年龄	(96)
第二十一章	含着眼泪奔跑	(102)
第二十二章	时光流逝的芳华岁月	(109)
第二十三章	别出心裁的邂逅	(114)
第二十四章	隔着玻璃亲嘴儿	(119)
第二十五章	一出一出唱下去	(122)
第二十六章	谁在寻觅逝去的记忆	(128)
第二十七章	傻帽子越拢越高了	(134)
第二十八章	情到深处甜蜜蜜	(141)
第二十九章	误会中的真情	(146)
第三十章	说你脚小还真的扶着墙走路了	(150)
第三十一章	退役军人的象征——尊严和荣誉	(155)
第三十二章	春绿中美丽的花朵朵	(159)
第三十三章	葛花儿开了	(165)
第三十四章	捧着一颗心来	(169)
第三十五章	人心回归泪蒙蒙	(172)
第三十六章	是谁点燃感恩的灯	(177)
第三十七章	用脚步丈量责任	(180)
第三十八章	两只孤雁飞呀飞	(184)
第三十九章	用公正的心秤称斤论两	(189)
第四十章	春风吹得叫人醉	(194)

第四十一章	多功能的朋友圈……………………	(201)
第四十二章	访贫问苦百姓家……………………	(205)
第四十三章	习惯成自然…………………………	(212)
第四十四章	请记得感恩…………………………	(216)
第四十五章	釜底抽薪又何以堪…………………	(222)
第四十六章	兄弟，哥带你回家…………………	(226)
第四十七章	林权证哪儿去了……………………	(230)
第四十八章	背着抱着一般沉……………………	(236)
第四十九章	一笑一怒两人哭……………………	(239)
第五十章	大闹扶贫工作队……………………	(244)
第五十一章	糊涂爸爸连阴天……………………	(250)
第五十二章	万亩桃园花正艳……………………	(253)
第五十三章	桃花丛中人影儿动…………………	(257)
第五十四章	至纯至美玉兰园……………………	(263)
第五十五章	道是无情却有情……………………	(267)
第五十六章	心碎落地的声音……………………	(271)
第五十七章	真扶贫才能摘穷帽…………………	(275)
第五十八章	他心谁占……………………………	(280)
第五十九章	初心温馨……………………………	(285)
第六十章	被爱所灌醉的人……………………	(290)
第六十一章	石头板上扎猛子……………………	(295)
第六十二章	胡闹台………………………………	(301)
第六十三章	敬礼，我的战友我的恩人…………	(308)
第六十四章	五福临门……………………………	(313)
第六十五章	记忆深深初识时……………………	(317)

第六十六章	"能人"智慧很疯狂	(321)
第六十七章	没有WIFI的咖啡屋	(326)
第六十八章	黑黑红红两面人	(333)
第六十九章	千里姻缘玉挂件	(337)
第七十章	退役军人创业协会	(341)
第七十一章	深山超市第一家	(345)
第七十二章	撕裂心扉的往事留影	(349)
第七十三章	不要轻易说分手	(355)
第七十四章	收获的喜悦	(359)
第七十五章	与县委书记捉迷藏的贫困户	(363)
第七十六章	劳动万事足	(367)
第七十七章	一步赶不上步步赶不上	(375)
第七十八章	风雨过后是晴天	(380)
第七十九章	谁也没长前后眼	(385)
第八十章	村主任说媒	(389)
第八十一章	四个女人一台戏	(394)
第八十二章	妻贤夫祸少	(397)
第八十三章	戳了马蜂窝了	(401)
第八十四章	四目相对抹眼泪	(406)
第八十五章	又一出好戏开演了	(411)
第八十六章	任性是女人的特权	(417)
第八十七章	纯洁心如兰	(422)
第八十八章	是谁赢得了她的芳心	(426)
第八十九章	借酒发疯癫癫癫	(430)
第九十章	被激怒的狮子	(435)

第九十一章	狭路相逢……………………………………（442）
第九十二章	一拳打得百拳开………………………………（448）
第九十三章	跳河的女人……………………………………（453）
第九十四章	铁树开花………………………………………（458）
第九十五章	做错事就该跪搓板……………………………（462）
第九十六章	最可贵的胜利是战胜自己……………………（467）
第九十七章	亲情是风雨中安全的港湾……………………（473）
第九十八章	回归本源的人性………………………………（478）
第九十九章	一念放下，万般自在…………………………（483）
尾　声	但愿所有的美好都如期而至…………………（491）
后　记	……………………………………………………（496）

楔子　砸牌子

林成金歪着脑袋，认真地看着这个崭新的、由村民小组组长给他家门口刚刚钉上的"农村贫困户"牌子，脸上挂满了激动和得意的微笑。

"爸爸，你在看什么？"一个女孩子满是疑惑的声音传过来。

林成金扭头一看，哎哟喂！是娇娇回家了！他急忙快步迎上前去，接过女儿手里的行李，笑着问道："娇娇，你毕业了？"

娇娇点点头，站在门口，瞪大眼睛紧紧地盯着门前这块白字蓝底的"农村贫困户"匾牌，两眼立即冒出火焰来。她快步跑到院子里，一手拿着锤子，一手将螺丝刀插在匾牌下面，用力地敲击着。

愣惊中的林成金终于省过神来。他怒气冲冲地攥住女儿的双手，大声喝叫着："你要干什么？"

林娇娇满脸通红："我要砸了它！"

"为什么？"

"我们家不配！"

"怎么不配？"

"爸爸！自从咱家当上低保户以后，你就不好好去经营咱家的林地了，也不去打工挣钱了。所以，咱家不应该是低保户更不应该是贫困户。"

"可是娇娇，自从你妈得病以后，花去了那么多的住院医疗费，后来你上大学，咱家真的一贫如洗了。如果咱家不是贫困户，华苑村谁也不是贫困户。"

"不！爸爸！天道酬勤，懒惰致贫。如果你好好打工或者经营好咱家的林地，咱家就不会穷到这个地步。"

"不要来教训我！我觉得这顶贫困户的帽子戴到咱家头上非常合适。"

林娇娇听到这里，用力甩开林成金的手，再次猛力地敲击着那块匾牌。

"娇娇！"一声声喘息的声音断断续续地传过来，"你要干什么？"

林娇娇已经将匾牌砸落在地，听见妈妈梅花枝的喊声，急忙应答道："妈，我要把挂在咱家门口的贫困户匾牌砸了！"

梅花枝声音虽然微弱，但是吐字非常清晰和果决："砸得好！砸得对！"

林成金看见妻子梅花枝喘息着从院子里艰难地走出来，急忙抢走了地下的匾牌。

梅花枝走到院子外面，喘着粗气说："你把那个牌子给我！"

林成金龇牙一笑："你们这是咋的了？"

林娇娇说："我觉得心里有愧，我觉得丢人现眼！爸爸，请你考虑我的感受，就不要再挂在门口了吧！"

林成金说："你们两个合着伙挤对我不是？实话告诉你，这个牌子不能丢，这顶帽子还要继续戴下去！"

林娇娇说："爸爸！如果你还是衣来伸手饭来张口等靠要的懒汉思想，从今儿起，我就要离开这个家。"

林成金喝叫起来："下通牒了！翅膀长硬了不是？教训起你老子来了？你愿意去哪就去哪！这顶贫困户的帽子我还真的要戴下去了。"

梅花枝知道娇娇宁折不弯的倔脾气，说到就会做到的。不由得心里慌了，急忙走到林成金面前，一把夺过贫困户的匾牌，以命令的口气说："娇娇！你把它给我砸了！"

林娇娇举起手中的锤子，泄愤似的狂砸起来。

林成金不敢违抗妻子的命令，眼睁睁地看着被女儿砸坏的匾牌，又气又急地直跺脚。

梅花枝将砸毁的匾牌举起来，用力地甩到一边。

林成金快步跑过去，拾起那块被砸坏了的匾牌，指着林娇娇怒吼道："你不想戴贫困户的帽子可以，但是不能阻止我戴这顶帽子，更不该砸了县里发给咱家的贫困户证明呀！我！我不认你这个女儿了！"

林娇娇为爸爸绝情的话泪流满面了，弯腰抓起行李，大声说道："你既然不认我这个女儿了！我走！"

梅花枝气得几乎喘不过气来。她怒气冲冲地骂起来："好你个林成金，为了守着贫困户这个牌子过日子，竟然不认你的亲亲闺女了！你还有脸活在这个世界上吗？"

林娇娇背起行李头也不回地走了。

梅花枝看着负气而走的林娇娇，竭尽全力地喊叫起来："娇娇……娇娇……"

林成金很快就后悔了。他手里紧紧地握着被女儿砸坏了的贫困户匾牌，不知道该用什么样的语言和行动来劝阻林娇娇。

梅花枝看着渐行渐远的女儿背影，喊着，哭着，无可奈何地询问道："你什么时间回来呀？"

林娇娇停下脚步，犹豫了几秒钟，终于回答妈妈的问话："妈，什么时间摘掉贫困户的帽子，我就什么时间回来。"

林娇娇的身影消失在白河岸边。

梅花枝两行眼泪滚滚而下……

第一章　扶贫会议以后

　　清澈的白河水，从伏牛山深处迤逦走来，仿佛是一条迂回的玉带，终日潺潺地环绕着我们这个叫作华苑的山村流过，像是向人们诉说着一个永无终结的故事。

　　这个故事，发生在2017年的春天。

　　这天上午，伏牛县的扶贫再动员大会刚刚结束，各乡镇和扶贫村第一书记还没有离开会场，就被阳山镇华苑村一位叫作林成金的贫困户搅和了。

　　林成金不顾保安的阻止，大大咧咧地来到会场外面，径直走到县委柳书记的对面，嬉笑着说："柳书记，我是华苑村的林成金。"他说到这里，有意停顿一下，加重了语气，"林成金，你一定听说过。"

　　柳书记看着面前这位自我介绍的来人，四十多岁的年纪，瘦高挑儿，头发凌乱，天生一副俏皮的脸上，油腻汗渍好像给他化了妆似的，灰蓝色的衣服上沾满了灰尘，上衣有点不合身，还打着补丁，裤边被踩在鞋跟底下，而那双几乎看不见原来颜色的皮鞋，也许从来就没有擦拭过。

　　柳书记认识这位叫作林成金的。因为，他是华苑村的贫困户，为跑救济经常来县里纠缠，他接待过他。更让他记忆犹新的是，全市扶贫工作检查，暗访组在华苑村恰好遇见了他和另一位叫作穆不言的村民，他们的一番不负责任的言论，造成全县的扶贫工作倒数第一。作为第一责任人的他在大会上被点着名批评，县长、镇党委书记、镇长也跟着做检查，华苑村的支部书记赵启福已经被要求反省检查。

柳书记摆手制止了保安的阻挡，转过脸来，微笑着朝林成金点了点头，语气非常温和地说："当然，我们是老朋友了。"

林成金显摆似的朝保安龇龇牙，一脸笑容："这就好！我今儿来见你不是为了我。"

柳书记问："哦！什么事呢？"

林成金说："我向你反映一下我们村退伍军人齐保国的事儿。"

柳书记一怔。齐保国是一位参战老兵，负伤后失去生育能力，后来与一位崇拜他的离婚女人花梦君结婚成家，担任过华苑村村主任，现在是村委的文书。他是一位党性强、作风正派、非常耿直的共产党员。林成金反映他什么事情呢？柳书记笑着问："齐保国的事？什么事啊？"

林成金吸溜一下鼻子，鼓鼓勇气儿："齐保国是受过伤的复员军人，按照国家政策，应该享受国家救济。可是，他放着国家救济不领，这不是给我们这些低保户贫困户过不去吗？"

柳书记听到这里，反倒觉得十分诧异了。齐保国领不领救济，那是他个人的事情，为什么与贫困户联系在一起了呢？不由得问道："这与贫困户有联系吗？"

林成金脖子一歪，满嘴喷着唾沫星子："你想啊柳书记，他是应该享受的人，反而不领救济，相比之下我们这些贫困户怎么办？脸往哪搁？"

什么话呀？强词夺理，牛头不对马嘴！

柳书记笑着说："按政策办的事儿，怎么想到别处了。"

林成金不再弯弯绕了。他咧着嘴笑了笑："好好！这个事不说了。我今天来的主要目的，是为维权，我要举报。"

柳书记问："举报？举报何人？"

林成金说："举报村支书赵启福！"

赵启福因为漏报了贫困户穆不言而被追责。现在，这位贫困户又来举报他。柳书记又是一个吃惊:"举报什么事儿?"

林成金龇牙一笑,远离了主题:"赵启福是我远门子姑父。"

柳书记心里想,这个林成金,不是在开玩笑吧?什么乱七八糟的事儿,胡闹台!

林成金吸溜一下鼻子,接着说:"是这样的,我父亲林景春是赵启福爱人林秀英就是我姑姑的叔伯哥哥,知己的亲戚。就是这样的关系。"

柳书记耐着性子听下去。

前来参加会议的阳山镇党委孙书记和李镇长都愣在那里了,对于自己辖区村民冒冒失失地告"御状",面子上实在过不去。上次他和穆不言给暗访组反映的不实情况,已经把整个伏牛县的扶贫工作搞得一塌糊涂,今儿个又来凑这个热闹,真是吃惯梅子不嫌酸哪!可是县委书记热情接待,他们也不好说什么,只好红着脸儿等着挨批评。而就要去林成金所在村扶贫的第一书记、工作队队长吕彦彰倒觉得有必要听听这位村民向柳书记反映的民情民意和呼声,对即将开展的扶贫工作有一个了解。

柳书记说:"成金,请你直截了当地反映问题。"

林成金看一眼孙书记和李镇长,"吭"了一声说:"我之所以举报赵启福,是因为他的亲家李俊英的事儿。有一些牵连儿。"

绕来绕去还没有说到正点子上。孙书记插上话说:"成金呀!柳书记工作非常忙,有事就给我说说吧。"

林成金不屑地把脸扭过来,朝着柳书记说:"如果给你说说解决问题了,我干吗还要见柳书记?你们解决不了。"

孙书记苦笑着还没有搭上腔,柳书记又发话了:"究竟什么事情?"

林成金加重了语气:"我要反映的是我姑父赵启福的亲家婆李俊英侵占我坡地的事儿。"

站在一旁的孙书记、李镇长不由得一惊,这事儿镇里没听说过呀!咋回事?

柳书记问："侵占你坡地？"

林成金说："哦！已经有些年了。"

柳书记问："有些年了？多少年了？多少地呀？"

林成金说："我父亲在世的时候李俊英老公林景芳占的，二十来年了吧？至于多少地，半架山坡呀，几十亩吧。"

柳书记问："几十亩的地？怎么占的呢？"

林成金晃着脑袋说："华苑村石头庄野牛岭的坡地上，是我父亲在世的时候和李俊英的老公就是我的叔叔林景芳共同栽种的树，如今已经成材了，李俊英应不应该将我父亲栽种的林子归还我？如果我有这么多的林子，还领什么扶贫款？"

柳书记丈二金刚摸不着头脑了。笑着问："请你把事情说清楚！是义务帮工栽种，还是有偿打工栽种，还是自己的坡地？"

林成金被问住了，挤着眼说："这个，我不太清楚。"

站在一旁的孙书记听出些原委了，林成金这是在胡搅蛮缠嘛！要说，林成金的为人，实在不敢恭维，就是一个喜欢鸡蛋里面挑骨头的刺头儿。不过，他没有这么大的胆量，是谁在给他支招呢？便解劝说："成金呀！事情还没搞清楚，就不要耽误柳书记的时间了。回去后我立马派人调查落实解决。"

林成金摇摇头说："当官不为民做主，不如回家卖红薯。不要光打发我耳朵好听。"

李镇长强压着满肚子的火气说："老林哥！李俊英你们是一家人，有争议可以协商解决呀！"

林成金头一歪，龇着牙说："对呀！可是李俊英背后有赵启福撑着腰。我咋协商吗？就是冲着他们这种关系，我才来见柳书记的。"

柳书记说："民事纠纷，还是协商解决为好。和为贵嘛！"

林成金看一眼已经表态的柳书记，说："民事纠纷，邻里为重。我同意调解解决。不过……"

柳书记问："不过什么？"

林成金说："我还是担心官官相护呀！"

什么话呀！

柳书记指着吕彦彰，以铿锵的语气对林成金说："这位是即将上任的华苑村第一书记、扶贫工作队队长吕彦彰，到任以后，立即着手调查解决成金反映的问题，并将处理的结果直接向我汇报。"

林成金歪着脑袋看看吕彦彰，看看柳书记，"嘻嘻"一笑说："中中中！今儿个，我这不叫举报，我这是向领导反映情况。柳书记体恤民情，我愿意跟你反映。你看得起我，我要给你点赞。"又看看吕彦彰，把话茬儿撂下了："不过，我有话在先，如果木匠斧子一边砍，我还会来拜见柳书记的！上次暗访的事儿，我不愿重蹈覆辙。"

第二章　春天的脚步

从县城通往华苑村的柏油公路上，一辆卡车正在飞驰着。

驾驶楼里，坐着三位即将上任的包村扶贫工作队员。坐在副驾驶位置上的那位五十多岁的人就是退役军人服务中心副主任、即将担任华苑村第一书记、扶贫工作队队长吕彦彰。后排的两个人，一位是服务中心办公室的郝梦媛，一位是行管股的杨志业。

这辆车上，装着退役军人服务中心同志们昨天捐送给华苑村低保贫困户的物资。原来，当退役军人服务中心党委决定抽调这三位同志去华苑村扶贫的消息公布以后，廉龙主任提出来，既然咱们退役军人服务中心同志驻村扶贫，其他没有下乡的同志们用实际行动支持一下他们的工作，来一个自愿捐助吧。很快，几百件衣服被子和几十袋精米、面粉和十几提花生油装满了一车。

卡车快速地行驶着。

暖洋洋的阳光普照着大地。温柔的春风吹拂过原野上每一个角落，带来了春的绿意。堤上的杨柳、山上的树木悄悄地伸出了新枝和嫩叶。迎春花梦幻般地托出了一个个娇嫩欲滴的花朵朵，在微风的轻轻摇曳中，害羞地绽出了笑脸。

郝梦媛是一位二十五六岁的青年干部。她身材苗条，皮肤白皙，秀丽的脸上荡漾着春天般美丽的笑容，那双又大又亮的眼睛里，可以捕捉到她的宁静和聪颖。她望着美丽如画的风景，温馨的心里油然升起一丝诗意，笑嘻嘻地吐出诗一般的语言："春天，你就是一个天使，踏着愉快的脚步，翩翩地来到人间。春天，你就是一位花样年华的少女，鼓动着飘逸的风情。春天，你就是一位画家，涂满了蓬勃的色彩。春天，你就是一首瑰丽的诗，如梦般甜蜜，如酒般香醇。啊！春天，可爱的春天！"

吕彦彰扭过头来，看一眼沉浸在愉悦中的郝梦嫒，开心地笑起来："梦嫒，山里的春天真的很美。在这个静与动完美结合的时节，我们来执行一场精准扶贫攻坚战的同时，也尽情地享受着春天的妩媚和灿烂。"

郝梦嫒非常高兴地说："哎呀吕主任，你还真的有文学修养呢！说得真好。"

吕彦彰笑着说："偶尔，也会有一两句经典的词语。"

杨志业说："风景如画的伏牛山，碧水长流的白河水。世界地质公园啊！一旦我们忙得回不去了，就邀请雷总来这里转转看看。"

郝梦嫒的男朋友雷鸣远，是一家超市的老总，经营着几家连锁店。

郝梦嫒说："恐怕他抽不出时间。"

杨志业说："你们都是大龄了，可以考虑结婚了。"

吕彦彰说："对，等到我们完成扶贫任务，就该操办了。"

杨志业摇摇头说："哎哟！那要等到什么时候呀？"

吕彦彰说："两年差不多。"

郝梦嫒笑着说："哈哈！两年就两年。不过，小雷的母亲可是等不及的。"

杨志业开起了玩笑："雷总可是咱们县里响当当的大老板。小心被边缘化哟！"

郝梦嫒说："他敢！"

杨志业说："小心没大差。"

郝梦嫒一脸不高兴。因为，这句话戳到了她的痛处。昨天晚上，雷鸣远还为她下乡扶贫的事儿发生了争执。她气呼呼地问："什么意思啊?"

吕彦彰急忙把话岔开说:"一旦你们决定了结婚的日子,我来审批假期。"

杨志业解释说:"嘿嘿!不过我还是提醒你,相隔这么远,见一次恐怕也难呢!"

郝梦媛说:"没关系。我们可以视频聊天,他也可以专程来看我呀。"

杨志业故意逗着说:"哎!我倒是听说,华苑村的信号不太好。"

郝梦媛认真地说:"我看,咱们的首要任务就是建立信号塔。"

大家伙儿都笑起来。

杨志业忽然转换了话题说:"一个老鼠坏锅汤这句话可真的不假。两只老鼠坏的可不止一锅汤,而是同志们的前途。我听说华苑村有两个人背后使坏,把一个先进的扶贫村弄得名声扫地,县乡领导跟着挨批评!"

郝梦媛说:"这件事弄得全县干部和村民们议论纷纷的。"

吕彦彰说:"华苑村的扶贫工作稳妥扎实,成效显著,一直走在全乡全县的前列,已经有将近三分之二的贫困户脱贫了。这次在阶段性的检查验收中,有人向暗访组反映他们遗漏了贫困户。所以县里才派咱们来到华苑村扶贫,由我担任第一书记、工作队长的。"

杨志业说:"他们信口雌黄没遮拦的臭嘴,淹没了扶贫干部们的功劳。"

吕彦彰立即制止说:"小杨,话不能这么说。也许,我们工作还有不到家的地方。再说,上级对扶贫工作也不是一概否定嘛!"

郝梦媛提醒说:"杨股长,这就要到华苑村了。说话还真的要讲究分寸呢!"

杨志业说:"我这不是在自己人面前消消气嘛!"

很快,汽车已经减速,开始过桥了。

过去白河桥,就是华苑村村部。

杨志业问:"吕主任,有人接咱们吗?"

吕彦彰说:"有呀!我已经给支部书记赵启福打过电话了。"

郝梦媛说:"赵书记不是已经被停职作检查了吗?"

话音刚落,吕彦彰的手机响起来。吕彦彰划开开关,手机里传出一个非常清脆的男子声音:"老战友,我是齐保国。"

吕彦彰很激动。因为,华苑村文书齐保国与他曾经是一个战壕的战友。他突然打来电话,一定有什么重要的事情。他说:"保国,我们马上就到了。"

"还是雷厉风行的作风啊!"手机里传出齐保国的声音,"是这样的,赵启福让我替他请假。"

吕彦彰一愣,急忙问道:"什么事?"

"是这样的,"齐保国依然还是军人的口气,"昨天夜里,赵启福摔伤了。我刚刚安排他住在县第一医院了。"

吕彦彰非常吃惊,问道:"怎么回事啊?"

齐保国说:"昨天晚上,赵启福为成立华苑村退役军人创业协会的事情在村部召开了一个预备会议,回家的路上摔伤了。"

吕彦彰问:"怎么摔伤的?"

齐保国说:"骑着摩托车,路过野牛岭李俊英家的林地时,因为有人在路边刚刚挖了一个什么探槽,毫无防备的情况下摔在探槽里了。"

吕彦彰心里揪了起来,急忙问道:"伤到哪里了?重不重?"

齐保国说:"左胳膊骨折了。医生说要三个月才可以去下夹板。"

吕彦彰说:"你告诉他安心治疗吧!请你向他转达我以及扶贫工作队员的问候。凑空我去看望他。"

唉!吕彦彰长吁一口气。怎么用人之际偏偏出现这样大的事故!

第三章　河东狮吼

汽车终于停下来，吕彦彰他们跳下驾驶室。

这是华苑村村部门前的文化广场。

前面，是一座十几间平房的院落，大门两旁挂着华苑村两委的牌子。大门外面，两棵对应的玉兰树已经开出粉红色的花骨朵。文化广场再往前，一棵几搂粗的棠梨树下，不时地传来悠扬的胡琴声和优美的女中音：

小弦子一拉响叮咚，
唱一段精准扶贫大家听：
春风送暖百花开，
温馨的号角吹起来，
党中央，发号召，
精准扶贫定准调，
全民小康是目标，
大打脱贫攻坚战，
二零二零时间表。
统筹定责落实好，
运作监管见实效，
八方力量齐上阵，
攻坚克难传捷报。

咬定青山不放松，

精准扶贫定能赢……

汽车的轰鸣声惊动了唱戏的艺人和观众，乐器声和唱声戛然而止。人们的目光都向村部这边看过来。接着，他们向村部走过来，围拢着汽车，七嘴八舌地议论着。

本来，齐保国已经与村主任权有智联系好的，工作队到来以后，由他负责接头并接受捐赠的衣物用品。

吕彦彰看着这些围过来的人们，很客气地说："老乡们，我们是扶贫工作队的。"

人们看着新来的扶贫工作队员，叽叽喳喳地议论着。

吕彦彰笑着说："老乡们，请帮忙把这些物品卸下来。"

没有人应答。人们不约而同地朝着文化广场健身器材那边看去。

文化广场旁边的连椅上，侧躺着一位头发乱乱的中年人，眼睛不停地朝着这边扫视着。

他就是林成金。

人们眼睛里透出一丝不满，没有人回应吕彦彰。有的人已经返回到棠梨树下。

吕彦彰惊讶地看着面前这些冷漠麻木的村民们，搞不清咋回事儿。郝梦媛以为村民们没有听清，解释说："这些物品是我们单位的同志们捐赠给华苑村的。帮帮忙嘛！"

终于，六十来岁、怀里抱着孩子的吴兰香接着郝梦媛的话茬说："对呀，是给咱们村的东西，不能把人家晾在这儿吧？"她说着，扭过头朝着一位八十来岁的老大爷说："老石哥，招呼大伙儿帮忙卸车吧！"

姓石的老人朝几位年轻人招招手，四五个人向汽车走过来。

郝梦媛心里一喜，还是有人愿意帮忙的。

就在姓石的老人快要走到汽车旁边的时候，林成金忽然大声吆喝着，同时比画着："石伯！石伯！"

姓石的老人停下脚步，扭头看着林成金。

这位老人叫石建强。因为耳朵聋，他在林成金比画和眼神的制止下，没有搞清什么意思，停下了脚步。

跟在石建强后面那位三十来岁的高个子瞪一眼林成金，继续向汽车那边走去。

林成金用鄙视一切的傲慢眼神看了看人们，看了看汽车，一个鲤鱼打挺站起来，朝着高个子厉声喊叫着："费理同！你要干什么？"

费理同扭过头看了看林成金，继续走向汽车。

林成金煞有介事的一声高喊："你胆敢再往前走三步，我立马给你翻脸！"

费理同，小名费力，是刚刚从监狱释放回家的。四年前，他和几个朋友在外地打工。一次酒后，与朋友骑着摩托车在街上抢夺了一位女士的钱包。这次得手后他竟然放不下来了，接连抢夺了四次，抢得赃物折价一万余元，被法院判处有期徒刑三年，刚从劳改场回家还不到三个月。他回到家后，家徒四壁，未婚妻另嫁他人。按照规定和政策，组里村里把他列入贫困户。正因为政府和乡亲们的关怀，他又感觉到了人间温暖，融入到了正常的人际关系之中。他本来是去卸车的，想不到被林成金威胁。他忍无可忍，狠狠地跺下脚，继续往前走。

林成金没辙了，"噌噌噌"地跑过来，一把揪住费理同的衣领子："大伙谁都没去，你逞什么能。哼！"

费理同一把推开林成金。

林成金跌倒在地。

林成金龇着牙说："就你有能耐，不也是贫困户？逞什么能？"

费理同怒气冲冲地厉声反驳说："这是捐给贫困户的物资，你也干涉？"

吕彦彰已经认出被费理同推倒在地的林成金，还没有搭上话儿，就见他身子一挺站起来，拍了拍衣服上的灰土，好像什么事也没有发生一样，不但没有气恼，反而朝着吕彦彰快走几步，远远地就伸出了右手，大声大调地说："吕书记，我是林成金。咱们见过面的。"

费理同瞪一眼林成金，鄙夷地"呸"了一口，转身离去。

吕彦彰握着林成金的手："是的，我们见过面。"

林成金诡谲一笑，朝着大伙把声音提得更高了："那天我向柳书记反映赵启福的问题，可不是玩你的难堪。再说，同着柳书记的面你是表过态的，我的合法权益由你来保护的。"

吕彦彰有一种被林成金利用了的感觉。不！这是下马威。不过在这种场合，他还是耐着性子点了点头。

人们都投过来疑惑的目光。吴兰香把头抵向五十多岁的周万新："听见没有，林成金把赵书记告了！"

周万新是有着三十来年党龄的老党员，上一届的村主任。他摇摇头问："他凭什么告赵书记？再说了，赵启福行得正，立得直，有什么好告的？"

吴兰香撇着嘴说："这样没有良心的人，什么事做不出来？再说了，人家后台硬。"

周万新"哼"了一声说："癞蛤蟆跳舞——不知道自己半斤八两了。"

吴兰香说："这是关公面前耍大刀啊！"

周万新摇摇头说："林成金做不出来，背后有人支招。"

吴兰香说："看来，咱们有必要给新来的第一书记支支招。"

耳朵背的石建强看着吴兰香与周万新嘀咕着什么，着急地把头伸向二人。

吴兰香说："等一会儿去我农家乐。"

石建强点点头。

杨志业看着嬉皮笑脸、纠缠不休的林成金，转换话题说："正好，请帮忙把这些东西卸下来。"

林成金看一眼杨志业，龇牙一笑，半真半假地问："多少钱？"

三位工作队员都吃了一惊。怎么，为你们捐助的东西还要卸车费？

杨志业大声大调地反问道："你说该给你多少钱？这是捐助你

们的。"

郝梦媛也很气不过:"刚才那些人要卸车,你阻拦不让卸。你这是要干什么?"

林成金摇摇头:"没有卸车费,就辛苦你们自己动手吧!"

几个围过来的人本来是事前安排的卸车人员,看见林成金的做派,很快地散开了。

林成金诡谲地挤挤眼,刚要转回身,猛听见一个女人大声骂起来:"林成金!你丢死林家八辈子人了!"

从广场后面突兀地窜出来一位女人,随着一声河东狮吼,从她手里箭一般地飞出来一只破皮鞋,在空中旋转呼啸着,而后砸在林成金的头上。

第四章　泪眼丝丝的女队员

　　林成金像被惊吓的猫儿,"妈呀"一声就窜出了村子。
　　围观的人都被林成金猴子吃辣椒似的怪异动作逗得哄堂大笑起来。
　　"咋的了?"郝梦媛被意想不到的惊人场面吓了一跳,拦住气喘吁吁的女人。
　　"你不知道呀,这个没出息的东西!"女人呼呼喘着气,光着一只脚,依靠在一张连椅上,断断续续地说:"你说这世界上,有争先进争强好胜争名争利的,哪还有争贫困户的?吃完饭不是去打牌就是喝小酒。听说他还昧着良心同着暗访人员乱嚼舌根,给咱村里的扶贫工作打叉子抹黑上烂药。这样的德行,气死我了。他不嫌丢人我还嫌丢人呢!"
　　郝梦媛小声问道:"他是你什么人?"
　　女人看一眼郝梦媛,话语里带着怒其不争的风凉话儿:"我男人林成金,名气很大的林成金!"
　　杨志业和郝梦媛的目光开始搜寻大名鼎鼎的林成金。
　　哪儿还有林成金的影子?
　　"唉!我说梅花枝,钱多压不死人呀!有的人那么有钱,不是也要争当贫困户,争低保户的?公家钱,不要白不要。"吴兰香站在这位叫作梅花枝的对面,将鞋子递给她,声音尖尖的,话语里带着刺儿。

吴兰香是刚刚脱贫的华苑村村民，自从儿子办起农家乐以后，日子开始红火了。她的女儿柴春梅解决了马拉松式的离婚，经营的电子商务也有了效益。

吴兰香的话还没有说完，忽然朝着一棵玉兰树那边望去。

玉兰树下，站着一位六十来岁的男人。他中等偏高的个儿，穿着一件破烂的中山装，一只手里夹着一根烟，悠悠地吐出的一股股烟雾遮挡住了他的本来面目，一只手里牵着一头奶子羊。他的两眼像幽暗的深井，因为测不出深浅而显得很神秘。

梅花枝说话很吃力，还是上气不接下气的："唉！我家娇娇刚刚给我打来电话，说是她爸如果还是戴着低保贫困户帽子的老样子，就再也不回华苑村了。"

吴兰香摇摇头说："俗话说，'狗不嫌家贫，儿不嫌娘丑'啊！小棉袄啊，娇娇不是这样的人。"

梅花枝将鞋子穿上，发出一声哀叹："唉！现如今，观念变了。贫穷不是什么荣耀的事儿了。"

吴兰香很有同感地附和着，一边问："娇娇有信了？在哪里？"

梅花枝的声音里既有喜悦也带着一丝凄惨："有信了，在深圳。"

吕彦彰、杨志业和郝梦媛都觉得很奇怪。

郝梦媛扶着梅花枝，靠近她也坐下来。

梅花枝以抑郁的目光再一次看着这位年轻漂亮的女子，二十五六岁的年龄，一米六几的身材，长着一双晶亮清澈、灵动有神的大眼睛。眉宇之间有着一种高雅不俗的气质。她低声问道："你们是扶贫工作队的？"

郝梦媛说："是的大婶，从今儿起住下就不走了。"

梅花枝苦笑一下："妹子，我其实还不算大，四十二了。你就叫我花枝姐吧。"

郝梦媛有些尴尬地笑了笑："好，花枝姐。我们住下来，就是要帮助这里的贫困户脱贫致富的。"

梅花枝很感激地看一眼吕彦彰和杨志业："党的政策这么好，真心实意帮助贫困户脱贫。千古没有呀！"

吕彦彰被梅花枝的真情实话感动着，接着她的话茬说："是呀！共产党就是这个大家庭的领路人，带领咱们脱贫奔小康。他不愿意看见任何人掉队呀！他派我们来，就是为了帮助这些掉队的人赶上来。而且责任到人，不脱贫不撤离。"

郝梦媛说："咱们都是生活在社会主义大家庭的人，就像是过日子，不能眼看着哪一位亲人落伍掉队，吃苦受穷啊！花枝姐，我们这次来，就是要帮助每一位落伍掉队的亲人们赶上时代的步伐，彻底摘掉贫穷帽子的。"

很显然，吕彦彰、郝梦媛的话在梅花枝的心头产生了共鸣。她不停地点着头，眼泪丝丝的。

郝梦媛看见梅花枝眼眶子里涌满了泪水，急忙解劝道："花枝姐，我也是眼窝子浅的人，看见人伤心落泪的，不自觉地陪着人家掉眼泪。姐，咱们县里的扶贫工作队不是已经来了吗？下午我就去你家，咱们好好拉拉家常，找找贫穷的原因，想想解决问题的办法。"说着说着，自己真的落泪了。

人们被眼前的场面感动着，纷纷围过来。刚才被林成金嚷走的费理同也凑过来了。

周万新接着郝梦媛的话茬说："习总书记心里惦记着俺们老百姓，是真心实意帮助老百姓脱贫致富的。真的是不忘初心，一心为民呀！"

吴兰香说："老周，你是老党员，一开口就讲到点子上了。"

吕彦彰听着老周的这番言语，心里油然升起一阵喜悦，华苑村还是有很多目光远大的正能量的人，像林成金的人一定是极少数。他充满激情地说："是啊！党中央国务院的扶贫攻坚政策就是要求每个中国人都不能掉队，都要达到小康生活水平，而且还要达到富裕的生活水平。"

梅花枝擦一把眼泪，望着几位城里来的干部，微微长叹一口气："国家政策这么好，可是我们那一口子，唉！不争气呀！常言说得好呀，有智吃智，无智吃力。他不劳而获，过着伸手讨要的日子。还常常说什么'有福不用忙，无福跑断肠'，寄希望天上掉馅饼。我心里难受呀。更让我难受的是他没有良心，信口开河，把咱们村的扶贫成绩给抹杀了。"

郝梦媛觉得，梅花枝人穷志不短，实话实说，句句都是掏心窝子的话，不由得多看了她几眼：她双颊凸出，眼窝深陷，脸色黄白，每说一句话儿，就"呼哧呼哧"地喘着气儿。她觉得梅花枝的身上有一种神秘感，于是接着她的话茬问道："花枝姐，你家是贫困户？"

梅花枝点点头。

郝梦媛问："你说什么女儿要与老爸断绝关系？"

梅花枝说："小孩没娘，说来话长呀。"

郝梦媛说："你就简短截说。咋回事呀？"

梅花枝叹了一口气说："我是个病秧子，因为肺病干不了重活儿，动一动就喘不过气来。为治病吃药和女儿娇娇上学的开支，花光了家里的积蓄。娇娇大专毕业后回到家里，一眼看到我家的那个贫困户匾牌，面子上挂不住，竟然将这个匾牌砸了。为此她爸与她吵起来，一气之下外出打工了。才开始还给俺联系，后来再也不联系了。主要原因是我这个不争气的男人游手好闲惯了。唉！本来是国家对低收入家庭的关心照顾，结果好事变坏事，他戴着这个贫困户的帽子不愿意摘掉了。还以此为由要救济。真的是'安贫乐道'呀！俺女儿嫌丢人哪！所以走后连个电话也不打了。"

郝梦媛问："你不是说她刚刚打过电话了？"

梅花枝说："是呀！那是我托人捎信给她，才给我打的电话。提出的条件就是，啥时间摘掉贫困户的帽子，啥时间回来认俺。"

正说话儿，林成金像贼一样地从文化广场后面溜出来，伸着脑袋想听听他老婆与扶贫工作队员说些什么。还没有走出四五步，肩膀上被谁狠狠地拍了一巴掌。

第五章 追逐过太阳的退役军人

从对面的小巷里，走出来一位五十出头的胖子。他中等个儿，一张圆圆的赤红脸儿，两道淡淡眉毛下那双骨碌碌乱转的金鱼眼，给人一种神秘莫测和滑稽的感觉。他迈着八字步，摇晃着膀子，粗粗的手指间夹着一支香烟。看见林成金贼一样地钻出来，冷不丁在他的肩膀上拍了一巴掌："干什么事儿就是要把握好火候儿。火候不到，少说为佳。"

林成金冷惊中扭头一看，嘻嘻！村主任权有智！他急忙打住脚步，满脸带笑地问道："今儿个，我的火候把握得怎么样？"

权有智递给林成金一支烟，点了点头："嗯，很好！"

林成金说："你叫我这么做，什么意思，下马威？"

权有智拍了拍林成金的肩膀，"啪"地打了一个响指，神秘兮兮地说："只可意会，不可言传。"

林成金得意地笑了笑。

权有智四下看了看，突然板着脸说："赵启福出事了。"

林成金眼睛眨巴了好几下："出事了？"

权有智压低了声音："要不是出事，这出头露面搞接待的事儿还轮不到我呢！"

林成金"嘻嘻"一笑："槽里没马驴值差。"

权有智瞪着眼问："骂人不是？"

林成金急忙回到刚才的话题:"出什么事了?"

权有智说:"昨天夜里,他和齐保国几个退伍军人在村部商量成立什么退役军人创业协会,回家的路上摔倒在你挖的探槽里了!"

林成金脸上的肌肉抽搐一下:"我的蚂蚱爷呀!该咱们背时了不是?"

权有智"哼"了一声:"自己不长眼睛,碍咱什么事儿?"

林成金心里乱扑腾。这个探槽,是蔡老板、权有智他们通过他雇人偷偷地在李俊英的林地里挖的。说是要采样品搞化验,探查黄金矿。

权有智接着说:"这件事儿,盖住不摇。"

林成金连声附和着:"是是是!他自个儿不长眼睛,碍咱啥事?再说了,咱们这样做不也是为了脱贫致富?"

权有智说:"等一会儿,蔡老板带着工程师要去野牛岭取样品化验黄金的含量。你给他们带带路。"

林成金说:"好好!"

权有智指了指村部门前的梅花枝,没好气地说:"你的老婆,同着那么多人在卖你呢!"

林成金有些为难的样子说:"你去阻止一下。"

"以后什么事儿都不要告诉她,免得坏了咱们的好事。"权有智白眼翻了翻林成金,"哼"了一声,摇晃着肥胖的身子来到村部门前。看见梅花枝还在给几位素不相识的人说自己的男人,分开众人,板着脸批评起来:"有什么事儿要给领导们反映,也不在这一会儿呀!回去吧。"

梅花枝看一眼板着面孔的权有智,嘴唇哆嗦一下,有些尴尬地苦笑着,喘着大气,颤弱弱地走了。

权有智面带微笑,朝着年纪大的吕彦彰问:"哪位是新来的第一书记?"

吕彦彰答应一声,作了自我介绍。

权有智打眼看去,面前这位男人有五十多岁,身躯高大,四方脸膛，一双深邃而又睿智的大眼睛，鼻子高挺，厚薄适中的嘴唇透露出他的刚毅与坚强。这就是那位上过前线、负过伤立过战功的转业军人，现任县退役军人服务中心副主任、即将担任华苑村第一书记和扶贫工作队长的吕彦彰吗？他急忙将手里的半截香烟丢在地下，与吕彦彰握了握手，然后又与郝梦嫒、杨志业握了手，非常客气地自我介绍说："我是权有智，担任本村村主任。刚刚接到齐保国转达赵书记的安排，由我接待你们的。"

权有智话还没落音，林成金又"噌"地从广场后面窜出来，朝着那些旁观者嚷嚷起来："不要想着梅花枝刚才吵吵几句我就不是贫困户了。这次工作队来扶贫，少不了我的名额，谁敢把我的指标掐了？"

这是在示威吗？

站在玉兰树下的穆不言一声不吭地走过来。

他手里牵着的奶子羊一阵"咩咩"叫唤，倒让热闹的场面突然冷静下来。

"哈哈哈哈！"一阵令人震惊的大笑声突兀地传过来："指标？贫困户还有指标？"

人们的目光齐刷刷地投向吴兰香。

吴兰香的快人快语里明显包含着指向和讥讽。

林成金被吓得一个愣怔。不过，他很快就明白了什么，故意挤一下眼睛，看着穆不言龇牙一笑，附和着吴兰香："没有指标？难道谁都可以成为贫困户了？"

这句话好像刺激着了穆不言。他身子微微颤抖着，狠狠地瞪了林成金一眼，突然撇下一根枝条，朝着奶子羊摔打着怒喝着："叫你多嘴多舌！叫你多嘴多舌！"

吴兰香愣一眼恼羞成怒的穆不言，故意大声大调地说："政府干什么也不是没有规矩的。贫困户绝对没有指标，只按条件评定。"

穆不言鼻子里"哼"了一声，不屑地看了一眼吴兰香，歪着头质问林成金："你好像一嘴吃个鞋帮——心里有底？"

"这个当然用不着我管。"林成金一边说着，一边摸了一块砖头坐下来，故意转换了话题，"谁不把我评定为贫困户，我就将梅花枝搁谁家里养着。"

你看林成金这话说得够赖了吧？

穆不言狠狠地瞪他一眼，气呼呼地走了。

吴兰香看着林成金死猪不怕开水烫的样子，撇着嘴讽刺着："就是就是！贫困户是人头，你就是华苑村的人头！"

林成金挤一下眼睛："这话是在讥笑我还是在扇我耳巴子？我不像你家，楼瓦雪片，出门电动车小汽车的。"

吴兰香话不饶人："那是我家劳动所得，你眼馋呀？你要是眼馋，就好好干活劳动致富吧。"

林成金龇着牙反驳着说："别忘了，当年你家也是贫困户。"

吴兰香傲视一切的样子说："对呀！不过，我们家在国家扶贫政策的支持下，赵书记帮俺们解决了资金问题办起了农家乐，彻底把贫困帽子甩掉了。"

林成金忽然看见权有智射来一道阴冷的目光，急忙打起退堂鼓说："我不给你抬杠。我呀！就是要靠这顶贫困户的帽子发家致富呢！"

华苑村村民们在深谋远虑的村党支部书记赵启福的带领下，克服重重困难，用十五六年的时间，开山平地，植树造林，开通了道路，为华苑村的基础建设，为集体经济发展做出了很大贡献，那些具有超前意识、致富心切的人们的生意也做得风生水起，小日子过得红红火火。赵启福，一位追逐太阳，在太阳耀眼的辉煌中浴火重生的退役军人，为了华苑村的发展和富强，从来没有歇脚。现在，村党支部已经把石头庄、玉兰园、桃花园风景游览区的开发提上议事日程，更加美好的新生活就在眼前。而林成金呢，抱残守缺，不思进取，一直与脱贫致富政策唱反调，他既没钱入股投资，也不愿意出劳力赚钱。他固执地认为，自己一定会有出路的。他似乎比那些勤劳致富的村民们更有远见，甚至比村书记更有远瞻。全村除了他和二十几家情况不一的低保户贫困户，很多家庭已经盖起小楼，有存款有小车了，只有林成金他们还是老式房子，更不要说存款小汽车了。他理所当然地成了贫困户。从村委会领到红本本的那一天，他趾高气扬地摆起了领导检阅的架势，从村东头窜到村西头，洋洋自得地接受着村里人的祝贺。"我是贫困户啦，这么多的优惠政策啊，都是我的啦！"林成金举着红本本炫耀着，比举着百万存折还光鲜靓丽。

昨天，林成金从权有智那里得到消息，扶贫工作队就要进驻华苑村而且不走了，心里既好奇更要显摆一些什么似的，当然还有听听风向的意思。他按照权有智的暗示，来到村部门前同着那么多的乡亲们，给新来的扶贫工作队队员一个不大不小的下马威，想不到梅花枝一声河东狮吼把他吓得腿肚子抽筋。现在，梅花枝走了，我该说什么的还要说。

林成金搅和着，看见没有人再接他的话茬，揉揉刚才被梅花枝打疼的脑袋，抬起右脚，脱下鞋子在地下磕了磕，用手拉了拉破袜子，捡起破皮鞋穿上了。

权有智没有对林成金的张狂加以阻止，只是不动声色地观望着。

林成金以胜利者的样子趿拉着鞋子回到健身器材那边，一屁股坐在铁椅子上，得意地跷起了二郎腿，吸溜了几下鼻子："这是国家政策。要不，派那么多国家干部下来干什么？既然派来工作队，工作队怀里难道不揣着现大洋？"

林成金絮絮叨叨，还是没人理他茬儿，刚要再说些什么，忽然看见权有智走过来，急忙站起来，微微地弯下腰："我的大主任吔！你看，给咱贫困户的救济，一大车呢！"

权有智狠狠地瞪了林成金一眼，小声交代说："蔡老板已经到了，你现在就去给他们带路。"说着，朝着人们大声批评起来："整天就是没有正能量的落后话。你不吭声，没有人把你当成哑巴！"

林成金擤一下鼻子，"嘻嘻"一笑："是是！"

权有智知道，林成金多年来养成了一种极其无赖下作的坏习惯。白天，他故意找茬与干部们吵闹刁难纠缠，弄得干部们毫无面子，工作难以推进；晚上，他又会偷偷地找到干部，好像痛心疾首要改过自新的样子做着自我批评。所以，人们都把他当作阿Q似的"英雄"，他自己也沾沾自喜。不过，蛤蟆怕蟾蜍，一物降一物，也不是没有人降服不了他的。能降服他的这个人就是权有智。为什么？因为权有智给他戴上了贫困户的帽子。这顶帽子，就等于权有智扣紧了他的鱼鳃，丝毫动弹不得。现在，林成金趁着扶贫工作队刚刚到来又要纠缠捣乱，权有智立马就有了显示的机会，他毫不客气批评着林成金："那些没质量的话，难道不能暖暖肚子？二球货！"

林成金吸溜着鼻子，不服气似的歪着脑袋悻悻地离开了。

权有智这才朝着大伙发话了："这是县里派来的工作队，这位是担任咱们村第一书记的吕彦彰，他们是为了帮咱们发家致富的。这些物资，是要发给低保贫困户的。大家帮忙搬到村部的储藏室去。"

没有人应声。

权有智很尴尬笑了笑，大声宣布道："谁干活，可以挑一件喜欢的衣服。"

哎嗨！权有智的话刚落音，人们呼隆一下围过来，很快把车上的物资卸完了。

第六章　无法报答的恩债和情债

齐保国驾驶着现代小汽车在弯弯曲曲的山间公路上飞驰着。

齐保国已经五十五岁了,是参战老兵。在那一场保卫国家的战斗中,他是一位激情燃烧的十七岁新兵,为了捍卫祖国的尊严,保护边疆人民的安宁,发扬"一不怕苦、二不怕死"的英雄主义精神,用年轻的鲜血捍卫了祖国神圣的领土。他受伤了,立功了,青春的芳华开出了绚丽的花朵,不过再也不能生育了。当组织上决定他去荣誉院的时候,他毅然决然地回到了家乡,回到了生养他的白河岸边,与一位离异女人花梦君组成了家庭,在深山村里快乐地生活着。后来还被选举为村主任,与赵启福一道,带领人们战天斗地,使这个落后的深山村发生了巨大的变化。后来因为年纪的原因,辞去了村主任之职,担任村文书。同样是扛过枪打过仗的赵启福决定与老兵齐保国联起手来,发动退伍军人们在脱贫攻坚的战斗中发挥主力军的表率作用。

齐保国是在安置好赵启福住院以后返回华苑村的。

本来,县里的扶贫工作队统一于今天上午进驻到各个扶贫村,作为支部书记的赵启福,应该与吕彦彰他们接头的。可是昨天夜里,他与齐保国等人在村部召开成立华苑村退役军人创业协会的筹备会议,后半夜回家的路上摔倒在路边一条新挖的探槽里,造成左胳膊骨折。齐保国立即将他送到县第一医院做了检查,办理了住院手续。

赵启福之所以与齐保国倡议在华苑村成立退役军人创业协会,主要还是考虑到把这些当过兵的退役军人们组织起来,大家共同创业,共同致富,同时带动村民们脱贫奔小康。

赵启福也是上过战场的复员军人,如今已经四十多岁了。对越自卫作战撤军以后,边境冲突还是不断。十七岁的赵启福参军离开了诸葛亮躬耕地南阳来到战场。在一次作战中,他负伤了,他的班长华栋栋奉命将他撤离战场。马上就要来到安全地方了,敌人的炮弹突然打过来,"轰隆轰隆"地在他们周围炸响。华班长还没有来得及将他背往隐蔽地,一发炮弹呼啸着飞来,他立马扑在他的身上。赵启福得救了,华班长牺牲了。

转眼,二十多年过去了,赵启福还清楚地记得华班长牺牲前的嘱托:"启福,我不行了。如果你以后退伍,就回到我的家乡,请代我尽孝,照顾我的母亲和妻儿,帮助山区人民脱贫致富。"

赵启福含着眼泪不停地点着头:"班长,我坚决完成你交给我的任务。"

赵启福复员了。当他按照华栋栋的遗言,风尘仆仆来到班长的家乡——白河岸边华苑村的时候,才知道这个伏牛山深处的大山里,虽然有着极为充足的阳光和雨水,有着形状奇异的山峦和深谷,有着玉带似的白河和瀑布,有着老祖先们修建的楚长城和石头屋,有着《诗经》里面《有杕之杜》的棠梨树,还有天蓝和地绿,完全是一个少有的"世外桃源",但绝美的风光并没有给这里带来更多的粮食和收成。相反,由于山高路远,土地贫瘠,这里的生存条件一直格外艰辛。身体的,生活的,都是实实在在的苦与难。人们的脚步经年在山里移动,吃着山里出产的红薯、苞谷,喝着从白河背来的河水,从这座山坡走向那座山坡,为的仅仅是寻找一些稀有的饱暖。

当赵启福将背包放下,来看望烈士母亲的时候,才知道烈士母亲双目失明,生活难以自理。为了不使母亲伤心,班长的妻子林秀英悄悄地交代他,就说是她的孩子华栋栋回来了。母亲真的以为是儿子回家了,让赵启福坐在她的身旁,摸着他的脸,拉着他的手,问得好仔细呀!赵启福心里流着泪,回答着妈妈的问话。只是因为他的口音,妈妈怀疑了，后来还是林秀英巧妙地应对了："妈！栋栋是当过兵的人，说惯了普通话的。"偎在奶奶身旁的两岁孩子华卫国知道面前这位穿着绿军装的人就是自己的父亲时，高兴地搂着赵启福的脖子亲着他的脸喊着"爸爸"。赵启福落泪了。他不忍心离开烈士的母亲和他的儿子，更不愿意因为自己的离去而伤了烈士母亲的心。他践行了誓言，认下了这个妈妈，在这个贫困的山区里住了下来。

就是这样一个组合的家庭，还是引起了烈士母亲的怀疑。林秀英居住的西屋里，怎么从来听不到小夫妻的说话声，更不要说恩恩爱爱的快乐说笑。妈妈是个有心人，终于发现了这个冒名的儿子。赵启福跪在妈妈面前，流着两行眼泪，将班长牺牲的经过告诉了妈妈。

"妈，华班长是为我牺牲的。从今往后，你就是我的亲妈妈，我就是你的亲儿子。"赵启福哭着说。

妈妈将赵启福紧紧地搂在怀里，两行热泪落在他的脸上："孩子！我听人说过，当兵就要有献身。没有千千万万军人的献身，就没有国家的和平安定。栋栋是为国家献身的，他死有所值。孩子，从今往后，你就是我的亲儿子。我就是你的亲妈。"

赵启福为妈妈擦去眼泪，安慰着老人家说："妈，我就是你的亲儿子栋栋。"

后来，在妈妈的坚持下，他与林秀英结婚了。

赵启福组成了新的家庭，不得不断绝了与女朋友李俊英恋爱了两年的关系，欠下了永远无法报答的恩债和情债。

一年后，林秀英为赵启福生下了儿子赵阳。

赵启福后来担任了村党支部书记，带着全村人脱贫致富，一家人的小日子也过得红红火火。想不到林秀英前年因病去世了。他为村里的事整天忙乎，把续弦的事儿也忘记了。如今已经往五十上奔了，他觉着是应该找个伴儿料理料理家务事了。

今年，国家提出的精准扶贫工作在全县铺开，作为村党支部书记，赵启福心里十分高兴，正好借这个强劲的东风，带领村民们把党支部的脱贫致富规划全部落实下来，而且也要将那些退伍军人们联合起来，组成一个新的经济实体。想不到，自己摔伤住院，心里十分的不安和内疚。天亮以后，他立即要党支部委员、村文书齐保国给村主任权有智打电话，让他安排好第一书记和扶贫工作队员的住宿和生活，并且委派齐保国代表他向第一书记和扶贫工作队员详细汇报党支部讨论决定的脱贫致富规划。

汽车在文化广场停下来。

齐保国下了车，一眼就看见权有智一行几个人站在那里嘀咕着什么，其中一位就是林成金。

林成金也看见齐保国了，朝着他咧嘴一笑，带着那两个人上了停在旁边的汽车。

权有智迎着齐保国走过来。

第七章　哥是掂枪打过仗的

齐保国心里犯嘀咕，林成金他们干什么去了？

齐保国认识那两个人。第一位叫蔡阔峰，现在是伏牛山房地产开发公司的大老板。蔡阔峰原来在银洞沟开采铅锌矿发了财，后来因为手续不合格，被土地矿管局勒令停产。前年又在临近的村里开露天铁矿，没有修好防护堰就开了工，下大雨时把华苑村一部分村民的庄稼冲毁了。李俊英家里也进了水，还是林成金帮她转移的家具物品。村民们因为蔡老板财大气粗，敢怒而不敢言。后来在赵启福的支持下，村民们才讨回了公道。另一位是蔡阔峰聘请的所谓工程师。年前，蔡阔峰带着几个人来到这里，在李俊英承包的山林里神秘兮兮地转悠了半天，也不知道搞的什么名堂。据说是林成金带的路。后来李俊英发现他们在她的林地里挖了几条不太长的沟，懂得的人说是为寻找黄金挖的探槽。蔡老板开发房地产大发其财，现在又要开金矿。真的是财大气粗！自打蔡阔峰走后不久，权有智几次找到李俊英，说是要给她介绍一个对象，是城里一位房地产开发商，很有钱。只是年纪有点大，六十出头了。只要她同意，就将一处别墅登记在她的名下。李俊英觉得权有智突然出面给她介绍对象不可理喻。因为，李俊英男人已经走了三年了。

权有智什么动机呢？

李俊英捉摸不透，打电话给亲家赵启福说了。

权有智人称二诸葛，背后里人们叫他二奸臣。朋友多，交际广，是华苑村的能人，也是最早富起来的暴发户。因为手里有了钱，底气足，先是与他的老婆离婚不离家，接着当上了村主任。原来前年村里换届的时候，权有智运作得法，比原主任周万新多两票，当上了华苑村村主任。他做事的原则就是对自己没利的事儿不出头，提媒说亲的事儿还没听说他干过。赵启福捉摸不透，兴许房地产老板与他有关系。再说了，李俊英可是方圆几十里出名的既漂亮又贤惠的人儿，房地产老板慕名托人介绍也是很正常的事儿。所以，两个人谁也没把这件事儿放在心上。想不到，林成金为讨要所谓李俊英二十年前"侵占"他父亲林景春的坡地，以赵启福与李俊英是儿女亲家为由，把赵启福举报到柳书记那里。

真是天大的笑话。

不！

看似互不牵连的两件事儿，恐怕是为了一个目的，那就是蔡阔峰、权有智他们在李俊英那块坡地里发现了金矿。

无利不起早，要不然，权有智不会这么费心巴力的。

齐保国正在想着，权有智和十几个村民们已经走过来。权有智脸色十分凝重地问："保国，赵书记怎么样了？"

吴兰香、石建强、周万新和几个村民们"呼啦"一下把齐保国围住了，纷纷问道："赵书记摔得重不重呀？""住在哪个医院了？""谁在陪护呢？"

齐保国说："赵书记已经住进县第一医院了。伤得不重，我已经安排梦君在医院照看着。请大家放心。"

权有智满脸狐疑地问道："究竟怎么摔伤的？"

齐保国气呼呼地说："回家的路上摔到哪个鳖孙挖的探槽里了。"

权有智心里"咯噔"一跳，妈的！人背时放屁砸住脚后跟！偷偷在人家地里挖探槽，偏偏又摔伤了村支书！伤人就要负民事责任的。他故意转换话题，长吁一口气说："真是人有旦夕祸福。当年的战斗英雄呀！"

齐保国怼呛说："摔伤与战斗英雄有啥关联？"

权有智红着脸说："唉！大名鼎鼎的战斗英雄为扶贫的事儿被上级反省检查。我气不忿儿！"

这是褒是贬？

齐保国听到这里，心里升起一股无名之火，气狠狠地说："你气不忿儿怎么着？打抱不平不是？那你就拴着日头下不来吧？"

权有智被冲得倒噎气儿，大张嘴说不出话来。

齐保国接着说："咱们村本来是全县的扶贫工作先进村，有些人吃爹喝爹不谢爹，乱嚼舌根瞎举报。不过，真的假不了，假的真不了。上级领导还没有做最后的结论呢！哪来的反省检查？"

赵启福被反省检查的事儿，镇里已经决定了的。你打什么马虎眼？权有智心里骂着娘，表面上还得附和着："可不是嘛！我听说林成金跑到县里把赵书记给举报了！"

齐保国"哼"了一声说："落井下石呀！"

权有智苦笑着说："就是嘛！闲得蛋疼。"

齐保国笑了笑："吃饱了撑的。等于放闲屁被大风刮跑了。"

权有智马上跟进了，说："真是放闲屁。臭味儿也没有！不过，话又说回来，咱们还是应该重视起来，听说柳书记已经指派新来的第一书记要尽快地解决林成金与李俊英的土地纠纷。"

齐保国问："你说什么？他们有土地纠纷？"

权有智说："林成金的坡地与李俊英的坡地是相连接着的，据说李俊英多占了几十米。林成金因为赵启福的关系，一直不敢吭声。这次同着柳书记把此事给撂出来了。"

齐保国说："你这话说得，好像是赵启福的责任了？既然占了那么多，为什么不早点提出来？秋后算账啊？"

权有智随葫芦锯瓢说："可不是嘛！我看是嘴上抹石灰——白说说。很多当事的人已经不在了。虽然说字过千年会说话，可是，他们手里有手续吗？"

齐保国说："是呀！当年村里给每家每户都发放过林权证的。"

权有智说:"我倒是有疑问了。前年咱们这里涨大水,听说林成金、李俊英家里都进水了。现在,林成金突然闹出这样的纠纷,恐怕是没有手续才搅茅缸的。"

齐保国说:"你说这话提醒我了。不光是他们家进水泡坏了手续什么的,村部里保管的很多票据、手续存根也泡坏了嘛!"

权有智脸上掠过一丝得意的奸笑:"你是村里的文书,凑空找找当年的林地承包底册,查查当年的林地承包手续。不能让林成金这小子钻了空子搅茅缸。"

权有智喜欢正话反说,反话正说,叫人捉摸不透。齐保国听到这里,心里警惕起来,他突然提起这件事儿,一定是想知道村里保存林地承包底册的情况。他是向灯还是向火?权有智自从当上村主任后,给林成金弄来了一个低保户的名额,后来自然就成了贫困户。林成金感恩戴德,对他唯命是从。两个人可是一个鼻孔里出气的朋友。前不久,蔡阔峰来到华苑村,在玉兰园一带考察挖探槽采样品,说是发现了黄金矿带,接着就出现了林成金与李俊英的林地纠纷。想到这里,齐保国已经心知肚明,故意说:"你提醒得对。不过,我真的不敢保证这些手续还有没有。二十年前的手续了。再说前年的大水泡坏了那么多的手续底册,当时只是晒了晒就装进箱子里了。"

权有智说:"你回去好好找找,看看损坏没有?"

齐保国说:"好好!我看八成是泡坏了。"

齐保国模棱两可的答复,弄得权有智似信非信,摸不着边际,以严肃的口吻说:"如此说来,林成金与李俊英的纠纷一定要解决在基层,免得闹到镇里县里,影响扶贫工作。"

齐保国将了权有智一军:"村里保存的是底册,原件都在他们自己手里。林成金是原告,他那里一定有手续。没有手续,他也不会这么硬气。请他出示一下不就得了?"

权有智点点头:"对对对!谁主张谁举证。字过千年会说话嘛!"

齐保国转换话题问:"县里的同志们都安排好了吗?"

权有智说:"都安排在村部了。"

齐保国说:"按照党支部会议决定,村委会下午要给第一书记他们汇报咱村扶贫工作的开展情况。"

权有智说:"启福是不能汇报了。你是村委会支部委员,只能由你来汇报了。"

齐保国说:"赵书记也是这样安排的。"

权有智心里有些别扭。要说,自己是行政一把手,书记不在,由他来汇报也不是不可以的。可是,自己不是党员,既然是党支部的决定,书记不在,支委汇报也没有什么错。他想了想说:"一定要今天下午汇报吗?如果下午汇报,我参加不了的。"

齐保国知道,权有智就是喜欢事到临头找个借口闹个别扭故意卖个关子什么的出难题。便板着脸问:"什么事儿参加不了了?"

权有智说:"私事,我请半天假。"

齐保国瞪着眼说:"我的主任呀!村里就咱们三个干部,一个受伤住院,一个请假,叫我唱独角戏不是?"

权有智知道,一旦齐保国倔脾气上来,可是不讲面子的。便笑着解释说:"城里来两个朋友,我得去陪陪他们。"

齐保国皱着眉头,在权有智的肩头上狠狠拍打着,半真半假地开玩笑说:"哎!有智弟弟,哥是什么出身?掂枪打仗的军人!看见敌人就扣扳机,不喜欢绕来绕去玩心眼兜圈子的!我知道你喜欢在关键时刻退套使横劲,故意刁难人。今儿个是我给工作队汇报工作,你得给我个脸,支持我。砸了,小心我朝你扣扳机!"

权有智就害怕齐保国不管三七二十一的傻劲儿冒上来,立马就要给你难看丢人。急忙笑着说:"你看你!吓死我呀!动不动就给弟弟来武的动粗的。一百兄弟没有哥大,我听哥的。"

齐保国笑着说:"这还像个弟弟的样子!别怪我言语冲撞啊!还不是为了华苑村的扶贫工作?"

权有智心里说,半吊子货!别看人家背后里都叫你齐太监,可说出的话儿好像是吃了枪药似的冲人!他笑着揶揄说:"好好好!个人服从组织,下级服从上级!"

齐保国又瞪眼了:"哪里话?扶贫工作是当前头等大事,任务重时间紧,不能因为咱们拖了扶贫同志们的后腿吧?"

权有智尴尬一笑:"那好!也没有什么大事,不陪他们了。"

第八章　岁月斑斓的历史印痕

齐保国、权有智快步走到文化广场旁边的小卖部，看见吕彦彰他们在小卖部买了很多方便面。权有智问："吕书记，怎么买这么多方便面？"

吕彦彰笑着说："吃这个省事啊！"

吕彦彰把杨志业、郝梦媛介绍给齐保国。

齐保国与杨志业、郝梦媛握过手。

吕彦彰问："保国呀！老赵那边都安排好了？"

齐保国说："安排好了。"

吕彦彰问："通知他的孩子们了吗？"

齐保国说："老赵不让，害怕分孩子们的心。老大华卫国在部队，儿媳随军了；老二赵阳的硕士毕业论文完成后就要回来了。我已经安排你嫂子在医院照看着。"

吕彦彰点点头："老赵是两次三等功荣立者，他退伍来到咱们华苑村以后，为了实现自己的诺言，为村民们脱贫致富做出了很大贡献。把自己最美好的青春年华毫不吝惜地都奉献给了山区人民。"

郝梦媛很奇怪问道："吕主任，你说老赵身上还有传奇的故事？"

吕彦彰点点头。

齐保国说："等你住下来以后，我会把他的故事讲给你听。当然，你如果喜欢写点什么，就是一部很好的传奇小说。"

郝梦媛说:"你倒是提醒我了。等到我圆满地完成我的工作任务后,我的小说也一定会定稿出版的。"

吕彦彰说:"太好了。"

几个人说着话儿,已经来到文化广场北边的一座四合院门前。

一阵阵沁人心脾的花香从这座老式的四合院子里传来。大家不由自主地停下脚步,抬头朝院子里看去。一棵雄奇伟岸,生长势壮、花开最早的粗大玉兰树正在开着雪白的花儿,在微微春风的吹拂下,花团锦簇,妖娆万分地点着头儿。齐保国打开大门,院子里青砖铺地,上房五间,东西偏房各三间,全部是卧砖到顶的青砖青瓦建筑,更令人神奇的是还保留着古色古香的五脊六兽的房脊。在正对着屋檐的下方的砖上,每块都有着深度各不相同的水洞。吕彦彰想,这古老的房子保存得这么好,一定有着什么背景吧?正自想着,听见齐保国介绍说:"这里就是陈赓将军指挥豫西牵牛作战的指挥部。"

1947年7月21日,中央前委扩大会议在陕北靖边县小河村召开。陈赓参加了这次由毛泽东亲自主持的重要会议。会议确定解放军转入战略反攻,将战争引向国民党统治区,并指出战略反攻的主要突击方向是中原。会议对于中原战场做出了新的部署,并决定陈赓兵团南渡黄河,由晋南挺进豫西,依托伏牛山作战。目的是策应刘伯承、邓小平率领的野战军主力在大别山的斗争和配合华东野战军作战。

陈赓兵团刚行进到这里,国民党第五兵团司令李铁军统帅所属整三师、二十师、一二四旅、一二五旅共七万人,妄图趁陈赓兵团在豫西立足未稳之际进行决战,将陈赓兵团消灭在豫西。面对气势汹汹的李铁军兵团的追击,1947年11月8日陈赓在这里主持召开了兵团前委扩大会议。正是这次军事会议的召开,陈赓兵团开始了诱敌西进到平汉线歼敌,历时三十八天,其中"牵牛"三十六天。

在"牵牛战"期间,陈赓兵团主力相继解放了方城、南召、泌阳、唐河、临汝、鲁山、桐柏。到十一月二十九日前,建立了豫陕鄂边区行政公署、军区和下设的七个军分区。扫清了拱卫豫西南重镇南阳敌人的外围，特别是解放南阳后，毛泽东激动之余奋笔疾书，亲自拟文《中原我军占领南阳》电贺。

吕彦彰已经看见上房门口挂着的那块上面写着"豫西牵牛作战指挥部"的木牌子，心里油然升起一种敬仰。他高兴地说："革命纪念地，太好了！"

权有智接着说："是啊！就是没有好好开发利用。"

吕彦彰说："为什么没有开发利用呢？"

齐保国说："主要是宣传没有到位。更重要的是，这里的文化旅游还没有形成规模。"

吕彦彰听到这里，明白了齐保国他们的用心，是想以此为龙头，开发一条旅游专线哪！他认真地观看着这座经过岁月洗礼的老屋，威武而宁静，悠久而亲切，古老而柔美。岁月斑斓的砖墙上刻画的是年迈的裂痕，被历史风雨湿润后更是滑腻至极，隐隐约约还可以看到当年解放军宣传队员书写的"解放全中国，建设社会主义"的标语。他忍不住一声惊叹，慢慢地来到上房门前，深情地观瞻着那块已经褪色的牌子，欣赏着那遒劲的书法。他轻轻地敲击着那两扇深重的大木门，叩响了门上那光滑的铜环，仿佛穿越回到了几十年前陈赓司令员饮一壶香茶，谈笑间，樯橹灰飞烟灭的战争风云中。

杨志业问："这里还有文物吗？"

齐保国说："有啊！除了文物，一位当年参加陈赓兵团的小战士还健在。"

吕彦彰说："太好了。我们可以见见他吗？"

权有智笑着说："你们已经见过了。"

吕彦彰、杨志业和郝梦媛都是一愣。

权有智说："就是那位帮忙卸货的石建强，人们背后都叫他石聋子。"

郝梦媛非常吃惊地问："石聋子？看他身板硬朗的样子，我还以为他六七十岁哩！"

权有智说："八十三岁了。"

郝梦媛说:"太好了。革命老前辈呀!他为什么聋了?"

权有智说:"炮弹震聋的。"

郝梦媛说:"他是功臣啊!"

权有智说:"谁说不是呢?"

说着话儿,齐保国带着大家来到文化广场南边。

文化广场的南边,是一条宽阔的河流。

这条河流,就是南阳的母亲河——白河。

白河水像一位文静的姑娘,天天都静静地流淌着。她伴随着起伏的群山,伴随着善良朴实的华苑村人,伴随着一棵两三千年的棠梨树。

第九章　召女纯情棠梨树

　　人们不约而同地朝棠梨树望去,粗大而又古老的树干上,竟然被一棵紫藤的弯曲枝条缠绕着,亲亲密密地互相依附,让人感觉到了爱的无间和真诚。苍老的棠梨树已经露出嫩嫩的叶芽和花蕾,紫藤也悄悄地露出了花骨朵,它们在春风中微微摆动,交相辉映。几个人走过去,吕彦彰、齐保国、权有智三人手拉手才将粗大的主干合围起来。

　　吕彦彰问:"差不多两丈的周长,几千年了吧?"

　　齐保国说:"是的,两三千年了。"

　　权有智说:"这里原来叫作棠梨岗。是召公曾经办公审案的地方。"

　　郝梦媛立即来了兴致:"棠梨岗?召公办案的地方?一定有动人的故事?你给俺说说。"

　　权有智说:"我说不好。还是保国给大家介绍介绍吧!"

　　齐保国说:"这是我们华苑村流传下来的一个美丽故事。"说着,轻轻地吟诵起一首古诗:

　　有杕之杜,
　　生于道左。
　　彼君子兮,
　　噬肯适我?
　　中心好之,

曷饮食之？

有杕之杜，
生于道周。
彼君子兮，
噬肯来游？
中心好之，
曷饮食之？

郝梦媛听到这里，笑着问："这是《诗经》里那首《有杕之杜》吧？"

权有智咧嘴笑道："不好懂。什么意思？"

郝梦媛说："我上大学时老师讲解过这首古诗，翻译成现在的句子是这样的。"她说着，像一位演唱家一样身子前倾，微微挺胸，字正腔圆地吟诵起来：

一棵参天棠梨树，独自长在路东边。
那个青年美男子，可肯来和我相伴？
心里实在爱恋他，啥时能与共缠绵？

一棵参天棠梨树，独自长在路右边。
那个青年美男子，可肯和我去游览？
心里实在爱恋他，啥时能与共缱绻？

郝梦媛抑扬顿挫的女中音，把人们的思绪带到远古：在一个星空浩瀚、幽月灵清的夜晚，一位美丽的少女站在这棵茂密的棠梨树下，微微踮足，用期盼的目光眺望着远方，搜寻着意中人的身影，低声吟诵着思念的情歌。

在人们的遐想中，郝梦媛优美的声音戛然而止，大家好像从远古的时代又回到现实，在听觉和脑海幻化的美景美女享受的愉悦中清醒过来，随即给予郝梦媛一阵热烈的掌声。

杨志业意犹未尽地问："还是给我们讲解一下这首诗的来历吧？"

齐保国看了看郝梦媛，开始讲解这首诗的形成经过：

召公和周公都是周文王的儿子，周武王的弟弟。周武王灭商纣三年后去世，他的儿子周成王继位，当时才十二岁，于是就由召公和周公共同辅佐成王。召公有着广施仁政的博爱之心，他体恤民情，时常下乡巡查，一次南巡来到伏牛山棠梨岗村，碰巧一位男子前来告状。召公立即命令随从就在棠梨树下摆上公案，询问案情。

原来这位叫作召任的男子经过父亲的介绍，与一位叫作召女的女子的父亲口头定下婚约。后来，召女与一位叫作召南的男子在棠梨树下相识了。他们一见钟情，感情的火花炽热地燃烧起来。每当召女思念心中白马王子的时候，就会来到这棵棠梨树下，低声吟诵着《有杕之杜》。他们常常在这里约会的消息终于被召任知道了。召任对召女另有所爱的悔婚行为非常生气，请求召公主持公道，保护他的婚姻关系。

召公听完召任的诉求，立即询问了当事人双方的父亲，了解到召任与召女两家虽然婚姻有口头约定，但是，召女不喜欢召任，召任家也没有向召女家下聘礼。没有聘礼，就等同于没有定金。召女另有所爱，应该支持她对幸福的追求。于是，召公驳回了召任的诉讼请求。后来，召女与召南这对真心相爱的青年人结为伉俪，白头到老，相爱一生。

齐保国说完了棠梨树下的召南召女相爱的故事，看一眼意犹未尽的郝梦媛，接着介绍说："从此以后，我们这里的女孩子就被冠以'召女'的美誉。'召女'，就是漂亮纯情女孩子的代名词。而这棵古棠梨树作为召女纯情的见证，是爱情的象征和美满婚姻的寄托。几千年以来，这棵传奇的棠梨树，迎来多少痴情的男男女女。在它的见证下，有情人一手相牵，一手平放胸口，相对而立，四目相望，倾诉相思，表达心愿，寄托幸福；有多少男男女女建立了幸福美满的家庭啊！最近几年来，前来这里的不仅有未婚的青年男女，也有纪念金婚、银婚、铜婚的老年人。"

人们都被齐保国的介绍激动着。

郝梦嫒更为兴奋："齐文书，你和婶子结婚的时候，来这里山盟海誓过吗？"

齐保国笑了："当然了！那时候我们还不够开放，是晚上偷偷来到这里的。"

杨志业说："梦嫒，你一定要邀请小雷来这里，在这棵树下表达心中的缠绵！"

郝梦嫒说："这是肯定的。当然，我们也要向我们的朋友们做好宣传，请他们到这里来，见证一下召女纯情和自己的爱之感受。"

其实，吕彦彰已经领悟到齐保国的真实用意了。不由得暗自感叹，这一定是赵启福的精心安排。他在接受组织处理之前，依然不忘初心，牢记宗旨，还在为村民们的脱贫致富，为未来的发展愿景而描绘着蓝图。

第十章 楚长城与白河挂壁

　　一行人沿着白河北岸，向西慢慢地走着。

　　前面不远处，是一条清清的小溪。它从北边的野牛岭两山之间的山谷之中流出来，若隐若现，若有若无，时而直脱脱地驰骋，汩汩潺潺；时而舔着崖壁静静地流淌，羞羞涩涩；时而又急忙冲出一个漩涡，飞转几圈，然后向前伸出，显得那么大大方方，舒舒展展。最后，它穿过一座水泥桥，飞落在一块天然岩石的峭壁上，散发出碎玉一样的浪花，在清脆悦耳的撞击声中，溅落在白河宽阔的河面上，向着更远的前方流去。

　　走过水泥桥，前面的视野更加宽阔，更加清晰。

　　齐保国接着刚才的话题，继续介绍着华苑村的古迹文物。他指着山峰之巅一道弯曲的石头墙说："你们看，这是楚长城。就是楚国时修建的，比万里长城还要早三百年。"

　　吕彦彰、杨志业和郝梦媛顺着他手指的方向看去，高山之巅，隐隐约约透出一道长龙，逶迤消失在绿树影中。

　　人们知道，这就是楚长城。

　　"这条跨越长达十多公里，连接了六座山峰的楚长城，这条以石头干垒而成，雉堞、箭道、烽火台和踏步上荒草丛生的楚长城，令多少梦想穿越的人们感到神秘和震撼！历史风烟散尽，遥想当年，雁阵声声，过客行旅，已成过往。边塞鼓角，战马嘶鸣，杀声阵阵，古战场上冷兵器的铿锵撞击声,现在一切都消失在历史的长河里。在崇山峻岭,在密林深处,楚长城以其坚硬的身体、壮美的曲线令多少驴友们沉醉在百花齐放的春天里和枫叶红了的秋色中。给人以无限遐想的楚长城已经与大自然和谐地融为一体。如果,登高远望,我们将会看到山下花一样的精彩世界——那是我们设想的玉兰园和万亩桃园。还会看到另一个用千千万万水丝凝成的白河挂壁。"

郝梦媛非常认真地听着齐保国对楚长城的介绍,似乎已经沉醉在她要创作的小说中。如诗如画的美景,如同散文一般的优美的解说词,情景交融,令人心旷神怡。她几乎是对齐保国的介绍字字句句都铭记在心,为她创作扶贫小说打好基础。不过,她立即就为"水丝凝成的白河挂壁"疑惑了。她走近这位村文书,以请教的口吻问道:"齐文书,什么叫'水丝凝成的白河挂壁'?"

齐保国没有立即解答郝梦媛的问题,只是笑着将手指向西北的方向:"翻过这座山坡,就是又一个景点。"

大家不由得加快了步伐。

转过一座山坡,一阵紧似一阵的"哗哗"声传来。循着响声看去,哎呀!只见半空中一道雪白的水帘从岩壁上飞流直下,似碎玉飞溅,如银花曼舞,响彻蓝天白云,盖过了人喧马啸,天地间只存下一片奔泻的水声了。

可是,前面没有道路了。几个人只好站在白河岸边,饶有兴致地欣赏着大自然赋予人类的壮观和美丽。

齐保国说:"这就是白河挂壁。"

杨志业问:"好大的气派啊!为什么叫'白河挂壁'?"

权有智抢着介绍说:"白河水九曲十八转,从伏牛山中辗转而来,流经我们华苑村的时候,河道戛然而止,永不回头的河水飞奔而下,就好像一幅巨大的壁毯挂在天空,形成隽美的奇观异景。真的是天造地设,大自然的慷慨赏赐啊!"

郝梦媛久久地注视着玉帘似的白河挂壁,千万条水丝天上而来,飞流直下,碎银飞玉,蔚为壮观。忽然悟出齐保国的意思,怡然笑道："真的是千万条水丝织就的玉帘挂壁呀！太壮观了。"

吕彦彰一行从豫西牵牛指挥部一路走来，听着齐保国的详细介绍，已经揣摩出华苑村村委的良苦用心了。是的，在豫西牵牛指挥部，寓意着不忘初心，砥砺前进。接着，他们将村委会开发生态旅游美丽乡村建设的愿景，通过这个方式介绍给我们，实际上也就是争得我们的重视和支持。

不过，当吕彦彰看到前面那些已经不能通行的水泥路时，不由得眉头一皱，问道："这里距离白河挂壁还有多远？"

齐保国说："望山跑死马。大约还有一里多。"

吕彦彰还没有开口，齐保国接着又说："这是一个很好的旅游景点，只是山路崎岖难走。蔡老板在邻村开铁矿的时候，因为要走这里，村委会建议他修建了这条水泥路，也方便了人们的观看。可是，自从水泥路被冲毁以后，前来旅游的人们只好望洋兴叹了。"

吕彦彰不解地问道："为什么没有修复？"

权有智苦笑着摇摇头说："那是上一任的事了。"

吕彦彰很不高兴，难道下一任就不能接力了吗？他盯着权有智问："到底为什么？"

权有智看到吕彦彰要较真儿，急忙笑着说："唉！蔡老板疏忽大意，为应付检查糊糊弄弄修建的防水护堰因为下大雨被冲垮了。大水不但冲毁了村民们的庄稼，也冲毁了这条水泥路。"

杨志业听到这里，非常气愤地问道："这个蔡老板，赔偿了吗？"

权有智苦笑着说："蔡老板是为了自己方便修的路，后来铁粉卖不上价了，他卷旗收兵了，叫谁修复去？"

齐保国说："其实，还有一个原因，村民们在赵书记的支持下好不容易打赢了官司，蔡老板耍赖不执行法院的判决，后来法院将他司法拘留十五天，列为失信人员，限制了他的一些权利，这才极不情愿地赔偿了村民们的庄稼损失。可是……"

杨志业很气愤地问道："可是什么？"

齐保国说："就是权主任说的，人家不开矿了，当然也就不会修复这条路了。"

杨志业叹口气说:"这么好的景点没有路可去,应该说是败笔。"

齐保国认同地点点头,指着楚长城下面的一个村庄说:"你看这个村庄,叫石头庄。那边,楚长城。楚长城下面,就是玉兰园和万亩桃园,还有棠梨树以及陈赓兵团开会的革命遗址,连接起来,就是一条很好的景观带呀!"

郝梦媛问:"听说石头庄的建筑就是利用了当年修建楚长城时废弃的石头?"

齐保国说:"是的。我们华苑村有得天独厚的人文景观和自然景观,而且古代的近代的现代的都有了,关键是要搭好这个平台。"

吕彦彰点着头:"对呀!搭好台子好唱戏呀。我看,咱们的扶贫工作就要从搭戏台子开始。"

齐保国笑了。他就是按照赵启福的建议,带着第一书记和扶贫队员来参观这些景点的。而且,他和权有智的解说词,还是请人撰写的。他们的初衷就是有意给吕彦彰做出开发这些景点的提示呀!

吕彦彰突然指着前面不远处荒芜的地方问道:"这块地怎么荒芜了?"

齐保国说:"这个地方原来是村里几家人的承包坡地,其中也有林成金的坡地。蔡老板租赁后用来堆放矿渣了。他开矿赔了钱,打官司输了理,屁股一拍走了人。那几家村民打工在外放弃使用了。属于林成金的有三亩来地。这个人懒散,所以搁置了。"

权有智说:"铁矿渣子,很长庄稼的。"

郝梦媛说:"对呀!春种一粒籽,秋收万担粮。这里紧靠着白河,旱涝保收呀!"

齐保国说:"你看这些矿渣堆放的,紧挨着白河,一旦遭遇大雨形成泥石流流进白河,不但污染水源,而且堵塞河道呀!"

杨志业说:"白河是南水北调的备用水资源,也是南阳人的大水缸,当然不能被污染了,更不能被堵塞了。"

齐保国说:"因此,华苑村还有两个当前必须解决的问题:一是加固这一段的河堤，二是修复通往白河挂壁的断头路。"

吕彦彰想了想说："我们虽然是来搞精准扶贫的，谁贫就扶持谁。但是，也要帮助你们解决精准扶贫工作中遇到的实际困难和问题，搭建好一个共同富裕的平台。这个致富的平台就是产业带动，产业致富。你们华苑村有革命旧址，有棠梨树下的召女纯情，有楚长城，有白河挂壁，有石头庄，更有几千亩地的玉兰园和万亩桃园，一定要规划好开发好，一定要让它产生效益。"

郝梦媛已经完全明白了齐保国的良苦用心，直截了当地问道："齐文书，你这是在给我们讲解华苑村的愿景规划啊？"

齐保国笑起来："对，我把华苑村的一些设想给你们交个底。现在就是，万事齐备只欠东风啊！"

吕彦彰不停地点着头："这个东风，就是党中央国务院的精准扶贫！唱戏搭台子的道具已经有了，唱戏的演员也有了。下一步，就是要张贴海报，吸引很多很多的观众来看戏。通过这个戏台，把党中央国务院精准扶贫的政策宣传到每一人，落实到每一户，践行好社会主义共同致富的核心价值观。一定要让每一位村民都搭上精准扶贫奔小康的快车，带领他们顺利到达目的地，实现我们华苑村华丽的蜕变。"

第十一章　哪有背着锅出差的

几个人刚刚回到村部,还没有坐热凳子,就听见外面脚步的杂乱声。

齐保国扭头朝外面一看,石建强、吴兰香和周万新已经走进这间临时腾出来的办公室,不由得一愣,刚要问问什么事儿,石建强开口了:"我们是想请扶贫工作队的同志们吃一顿便饭的。"

吕彦彰细看这位参加过渡江战役的退伍老兵,流水般的岁月无情地在他那绛紫色的脸上刻下了一道道深深的皱纹,花白色的头发,眼角布满了密密的鱼尾纹,手背粗糙得像老松树皮,裂开了一道道口子,手心上磨出了厚厚的老茧。再看看石建强那双神秘的眼睛,心里打起了问号。怎么,请吃饭的?可是,扶贫工作队员是有纪律的,不能去村民家里吃饭。只好笑着解释说:"你们的心情我们领了。因为我们是有纪律要求的,吃饭就免了吧。"

吴兰香笑着说:"哟!你们有你们的工作纪律,我们有我们的心情。再说了,我们又不是贫困户,有什么不可以的。"

周万新说:"就是贫困户,在一起吃一顿家常便饭也没有什么不妥的。"

石建强说:"我们三个人,不同年代入党的老党员。你们这次来到我们华苑村,是为了俺们脱贫致富奔小康。因此,我们只是想表达表达我们的心情。"

吴兰香说："我们家是刚刚脱贫的村民。没别的意思。"

周万新说："一顿家常便饭，何必认怎真呢！"

本来，村民们想表达一下自己的心情，请扶贫工作队员吃一顿家常便饭也无可非议。可是，齐保国看着石建强他们神秘兮兮的样子，心里也打起了问号。往日里来了工作队或者是下乡的干部们，都是安排在饭馆酒店的，那些驻村的干部们，也常常被安排在村干部们的家里，吃吃喝喝一抹嘴就走人的作风，村民们不喜欢。如今干部作风转变了，那些吃喝惯了的干部们再也不敢胡吃海喝了。可是，主动邀请下乡干部们到自己家里吃饭的事儿，这些年还真是少见的。心里想着，忽然看见文化广场那边站着不少人，有老有少，有男有女，大伙儿都朝这个方向探着脑袋观望着，好像看大戏似的。哎！这是怎么了？不对劲儿呀！想到这里，齐保国发话了："你们这是怎么了？串联着来请吃饭？"

吴兰香反问道："怎么？不是权主任安排的吗？"

权有智脸红了，急忙解释说："我看同志们新来乍到的不方便，所以就请吴大婶出面接待一下。"

齐保国心里很不高兴。

怎么？村主任亲自安排的？上级不是一而再再而三地强调不准搞接待，不准白吃白喝白要白拿吗？这次精准扶贫一律自己解决吃饭问题吗？更不要说什么接待了。一旦被查出来，他们的工作还怎么开展？权有智什么意思嘛！他看一眼吴兰香，解释说："不行，他们已经安排好了。你们就免了吧。"

吴兰香说："你们是干部，在一起吃饭有的是机会。今儿个改改规矩，由我们村民们请吃饭。再说我家开着农家乐，方便。"

石建强和周万新也是不依不饶的："对对对！我们都准备好了。不同意，叫我们这老脸往哪儿搁？"

吕彦彰看着乡亲们热情的面孔，耐心解释说："心情，我们收下了。你们看，我们带着方便面鸡蛋什么的，很方便。再说了，我们有工作纪律。"

郝梦媛指着刚刚挂在墙上的扶贫工作人员纪律要求的牌子说："白纸黑字，不能违反。"说着，给饭锅里添满了水，打开了液化气。

石建强看见郝梦媛打开液化气，这是明摆着拒绝了他们的邀请，便笑着解释道："当年干部们下乡搞三同，每天四角五分钱一斤粮票。现在谁还在乎三两顿饭呢？就是吃住一年半载，也没问题。既然你们有工作纪律，那就这样吧，这是第一顿饭，你们就随便撂给我们几个钱不就得了。这样做，一是给你们提供了方便，也便于你们贴近群众，了解情况。二是我们的心情嘛！"

石建强因为耳朵聋，所以声音很大，大家都听得很清楚。

周万新说："对呀！从古到今，人们出门在外哪有背着锅办事的？"

吕彦彰还没有回答，吴兰香他们三个人，一个人抓住一个人的手，将他们"瓜分"了。

齐保国看着这难以收拾的场面，不忍心冷了村民们的心意，不好再说什么了。犹豫之间，看见一直没有说话的权有智撇着冷嘲热讽的嘴巴，两眼直直地看着外面，不由一震，再一次朝外面看去，穆不言已经晃晃悠悠地走过来，神秘莫测的眼神里透出一丝诡谲的讥笑。还有几个平时里喜欢鸡蛋里挑骨头的光棍们眼巴巴地朝这边张望着。更叫人奇怪的是林成金不知道什么时候回来了，贴着墙根溜溜地朝这边走来，手里还握着手机。那么多人的目光，投出的可是不一样的眼神啊！更叫人不放心的是，现在谁没有手机谁不会趁机抓拍照片呢？点一点，就会传递到无数人的手机上呀！

齐保国突然省悟过来了。买卖心不同。扶贫工作队来到华苑村的这顿饭，即便不是鸿门宴，也真的是好吃难消化呀！权有智这是在给他们下套子呀！他急忙给郝梦媛递过去一个眼神，摇了摇头。

就在这个时候，吴兰香的手机响了。

吴兰香只好松下紧紧拽着郝梦媛胳膊的手，接听了电话："喂！什么事啊？……啊！……好好！我明白了。"

吴兰香挂断手机，朝着石建强和老周喊起来："老石哥，老周，既然工作队有纪律，咱们也不能强人所难。"

　　石建强与周万新对视一下，很不理解地看了看吴兰香，两个人同时松开了紧抓着吕彦彰、杨志业的胳膊。

　　吴兰香笑着解释说："咱们不能逼着同志们犯错呀！"

　　权有智满脸得意的笑容不见了。

　　就在这个时候，一个男人一惊一乍的吆喝声不断地传过来："哎……你听见没有？回家吃饭了……吃饭了……"

　　人们听出来了，这怪怪的喊叫声是单身汉杜承汉又在发癫喊他的"老婆"回家吃饭呢！

第十二章　发癫的单身汉

咋回事儿？

既然是单身汉，哪来的老婆呢？

人们听到杜承汉在外面嚷嚷，不自觉地走出村部。只见杜承汉大步流星地走到棠梨树下，呆呆地站在那里，好像在等待着召女的到来。

吕彦彰刚要问什么，忽然看见吴兰香快步地走到棠梨树下。他心里很纳闷，低声问齐保国："这个人是咱们村的？"

齐保国说："是啊！很能干的一个青年人，被传销害苦了。"

此时的杜承汉已经被吴兰香强行拉走了。

齐保国微微一笑，向吕彦彰简单地介绍了杜承汉的情况。

原来这位杜承汉，单身一人，已经三十岁了。他高中毕业以后去南方打工多年，手里有了积蓄后回家新盖了几间平房，准备再干个三二年就娶媳妇成家的。到了第三年头上，手里已经积攒了五六万块钱，谁想到被一个在一起打工的朋友骗去搞传销，几十个人被关在一个地方洗脑，然后就是打电话发展下线。杜承汉是好人，不愿意坑人骗人，结果受了不少的委屈，挨了不少的打。那天晚上，看守他的上线又一次逼他用公用电话给家里打电话骗钱。他趁上线不注意，一个电话拨打了110："爸，我没有钱了，赶快想办法给我打钱。"杜承汉脑袋急转弯，急中生智想出了这个办法。公安工商随即采取行动，突然袭击了传销窝点，抓住了传销的首犯。他虽然得救了，可是几万块钱没有了，未婚妻拜拜了。他气得疯疯癫癫的，常常为此事闹心发癫，时不时会在村里嚷嚷。

吕彦彰听到这里，十分不安地问道："精神上没有什么吧？"

齐保国说："应该没有什么。不过，一下子受到这么大的打击，心理上承受不了，偶尔出来发泄发泄。乡亲们都很理解。"

杨志业说："我看根本的问题是，他在想媳妇。"

权有智说："可不是嘛！"

郝梦媛叹一口气说："唉！双重打击呀！"

权有智说："谁说不是呢！"

齐保国说："他被公安解救回家以后，赵启福借给他一笔钱，还帮他解决了一万块的无息贷款。他在自家承包的山坡地里种了二十几亩籽生桃，今年就会有收获了。听说他还要养鸡子呢？"

吕彦彰问："养鸡？"

齐保国说："黑凤鸡。这种鸡子，散养在树林里吃虫吃草，被称为虫草鸡。虫草鸡下的虫草鸡蛋卖价很高。"

吕彦彰很满意地点点头："一举两得呀！他是贫困户吗？"

齐保国说："是啊！"

吕彦彰说："这就是造血治贫穷。"

权有智说："虽然说杜承汉现在没有钱，只要果树见效益，鸡子、鸡蛋换成钱，保不准就是个暴发户。"

杨志业说："暴发户？不好听。应该说是脱贫户。"

权有智说："你发现没有，吴兰香很可能看上杜承汉了。"

郝梦媛惊奇地瞪大了眼睛问："什么意思？"

权有智笑着解释说："误会了。吴兰香有个女儿叫柴春梅，是个做电商的。爱人是个小老板，第三者插足了。两个人闹离婚闹了好长时间，最近办开了。她在为她的女儿操心呢！"

原来如此。

几个人说着话儿，又回到屋里。

就在此时，林成金又一次悄悄地来到村部外面。

林成金站在村部门口，刚才那种神神气气的眼神忽然间变得紧张起来。他好像一个被人捕捉的逃犯那样，鬼鬼祟祟地朝左边看一眼，又朝右边看一眼，而后试探着进了大门，只走了三步，就仿佛再也没有力气抬动腿脚，两眼发呆地盯着北屋的门，不知道应该怎样把那个女队员说服，完成梅花枝交办的任务。

林成金小心地往前走着，忽然看见石建强和老周从村部里走出来，都向他投来不屑的目光。他好像做了见不得人的坏事一样，"噌"地躲在西屋的山墙后面。

林成金目送着走远了的石建强和周万新，鼓了鼓勇气，转身快步走到屋里，一把抓着郝梦媛的胳膊，大声说道："今儿个，我一定要完成花枝安排的任务，奉命来请你去俺家的。"

大伙儿都被林成金怪异的行为惊呆了。

郝梦媛被吓了一个愣怔，急忙挣脱着林成金："哎！什么任务命令的，你要干什么呀？"

齐保国对于林成金的莽撞行为很不理解，绷着脸问："成金，这是干什么？拉拉扯扯的，多不雅观哪！"

林成金龇牙一笑："他们请得，难道我请不得？"

齐保国说："请什么呀？他们都走了。谁也不要请了。"

林成金说："保国叔，我这是奉你侄媳的命令行事的。"

齐保国还是没给林成金好脸看："有话就说，拉着人家干什么？松手！"

郝梦媛挣脱出来，惊奇地看着面前这位刚刚换了衣装的林成金：头发梳得很整齐，还可以闻到一种洗发膏的清香。干净的黑蓝对襟春秋装，好像才熨过裤缝的笔直的黑色裤子。那双又脏又烂的鞋子不见了，脚上的皮鞋刚刚打过油。

这是咋的了？

人们一时摸不着头脑，都把惊奇不解的目光投向这位刚刚换了衣装的贫困户。

林成金看着大家投来的奇异目光,拍着大腿说:"哎哎哎!咋的了?你们都看着我干什么,不要我请客?"

齐保国说:"工作队初来乍到的,还有很多事情要做。再说纪律不允许。"

林成金解释说:"今儿个,花枝在文化广场被我气晕了。这位女同志几句贴心的话儿说得她心里暖暖的。正是初来乍到的,什么都没有准备好,花枝才要请她去我家吃顿便饭的。"

齐保国听到这句话儿,好像日头从西方升起来了,林成金这是咋的了?唱的是哪一出呀?

权有智"扑哧"一声笑了:"莫明其妙。去你家?花枝特邀的?"

林成金好像被权有智的冷笑激怒了,十分不满地撇着嘴说:"啊!贫困户就不可以请人吃顿饭了?我们那一口子当年也是妇女主任,从来就是人穷志不短的。她就是觉得这个妹子心肠挺好的,一定可以帮助我们摘掉贫困户的帽子。"

哎!这话也不是没有道理的吧?

权有智"啧啧"着嘴问:"这是你的真心话?"

林成金不自然地笑起来:"这是花枝的真实想法。不过,俺两个向来是反贴门神不对脸儿。"

权有智又"啧啧"嘴说:"我看你是见啥人说啥话,看见乌龟说王八。这话你同着花枝说去,耳巴子扇死你。"

林成金挤一下眼睛:"哎哎哎!这不是骂着你自己了吧?"

权有智笑着说:"可不是。看我这比方打的!"

林成金挤着眼说:"我这不是妻管严吗?"

杨志业也看不惯林成金的做派,不过还是耐着性子解释着:"工作队有工作队的纪律,不要因为一顿饭让我们被通报批评。你回去给花枝解释一下,请理解我们的难处,支持我们工作。你回去吧!"

郝梦媛心里不知道是该感谢还是该拒绝了。想着林成金刚才懒散无赖的做派和脏兮兮的样子就想干哕,可是想到花枝姐的为人,真的不应该回绝她的一番好意呀!

权有智察言观色，琢磨着吕彦彰和两个工作队员的话口气，向林成金做一个抱拳的动作，解劝说："谢谢你的理解和支持。等到咱们村彻底脱贫，全体乡亲们都奔向小康大道的时候，我一定邀请他们去你家里美餐一顿，而且还要一醉方休。"

林成金狠狠地瞪了权有智一眼，悻悻地就要离开，忽然听见吕彦彰说："既然花枝有这个心情，梦媛就不要推辞了。"

郝梦媛还以为吕彦彰说错了话，瞪着惊奇的眼睛看着他。

齐保国笑着附和说："去吧！去吧！不能亏了花枝的心啊！"

林成金心里很高兴，用恳切的目光看着郝梦媛："走吧！过去那个山崖，往右一拐就是咱的家。"

权有智心里糊涂了：借题发挥的事儿，怎么被林成金搅和了？

第十三章　贫困户请客

　　林成金带着郝梦媛这位美丽的工作队员一路走来，故意在村子里绕着弯子，趾高气扬地炫耀着，看见路人投来羡慕的眼光时，高兴得真想哼几句河南梆子。刚才，他按照权有智的吩咐，带着开矿老板和地质工程师到李俊英的玉兰园，再一次采集了矿石样本。刚刚回到家里，权有智打来电话，告诉他石建强、老周、吴大婶来到村部，不依不饶地要请扶贫工作队员去他们家里吃饭。这是可遇不可求的机会呀！要他喊上几个人过来凑凑热闹，还要他偷偷拍上几组工作队员在村民家里吃饭喝酒的照片，必要的时候就会派上用场。他知道权有智这样做的目的，就是抓把柄，以后就是一根可以利用的重棒，随时提起来敲打。嗯！这是一个很好的机会，这就去凑凑热闹拍照去！他心里想着，刚刚离开院门，就听见梅花枝喊起来："林成金！"

　　林成金吓了一跳，立马站住脚："嗳！"

　　"干吗去？"

　　"没什么事。转转去。"

　　"你以为你们说的话我没有听见？"

　　"顺风耳呀？什么你听见了？"

　　"你们的话我都听见了。"梅花枝说，"正好提醒我了。"

　　"提醒什么了？"林成金嘴硬，顶撞一句，"男人们的事儿，女人家少管。"

"啪",一只鞋子飞过来,正好砸在林成金的后背上。

林成金立即一个向后转,拾起掉落在地上的鞋子:"咋的了?我又招惹你了?"

梅花枝说:"说实话,你要干什么去?"

林成金说:"嘿嘿!权主任找我有事。"

梅花枝问:"啥事呀?"

林成金吞吞吐吐地说:"扶贫工作队刚刚到任,不是还没有吃饭哪!石聋子、老周这些老党员,还有摘掉贫困户帽子的吴大婶几个人要请他们的客。权主任要我去凑凑热闹……"

其实,好心的梅花枝刚才已经听见权有智给林成金交代的事儿了。她立马给吴兰香打去电话,告诉她权有智的险恶用心,要他们立即放弃请工作队的这一顿心情饭。她逼问着:"凑凑热闹?给人家拍照片发朋友圈怎么的?"

林成金龇着牙说:"嘿!还不是权有智要给他们小鞋穿?"

梅花枝问:"今天上午你在村部胡搅蛮缠,也是权有智的主意?"

林成金问:"咋的了?"

梅花枝非常生气:"人家扶贫工作队是为了咱们好,你为什么要围着权有智转?"

林成金"哼"一声说:"围着他转?我是围着我的利益转。"

梅花枝厉声喝道:"背地里算计人家,下三烂的做派。不准去!"

林成金没辙了:"这这这……我怎么向权有智交代呀?咱们这贫困户的帽子还是人家帮忙给戴上的。"

梅花枝气得喘起来:"这顶帽子你戴着不愿意丢掉了?光荣啊?气派呀?气死我了!"

林成金急忙过去扶着梅花枝,轻轻地捶着她的背:"你别生气,我听你的还不行吗?"

梅花枝喘着气,指着林成金的脏衣服,好像在给一位属下下达命令:"你现在就打扮一下,洗洗头,换上干净的衣服,擦擦皮鞋,去执行一项特殊的任务。"

林成金摆着手说:"还特殊任务?什么事儿呀?神秘兮兮地给我发号施令!"

梅花枝板着脸说:"你把搓板给我搁床前去!"

林成金马上就是一个笑脸:"媳妇,你看了喜来乐的电视后,动不动就要我跪搓板。怎么不给我再来一个怕老婆顶灯哩?我听你的还不行吗?什么事呀?"

别看林成金在外面死皮赖脸的谁也不敢惹,在家里可是"妻管严",梅花枝让他往东他不敢往西,让他追鸡他不敢撵狗。梅花枝被林成金服软的几句话逗乐了,笑着说:"爬一边去!你要是当面一套,背后一套,咱两个就去民政局!"

林成金说:"别别别呀!我听你的。"

梅花枝下达命令了:"请那个女队员来咱家吃顿便饭。"

林成金眉毛一皱:"为什么呀?心血来潮了。"

梅花枝说:"这位女队员很有同情心。你刚才气我的时候,她解劝我几句。我听着是那个理儿,更感觉这几年来有人抬举我了。也感觉到她是咱们的福星,一定能帮咱家摘掉贫困户的帽子。"

林成金哭丧着脸说:"别呀!我好不容易挣来,还没有暖热呢!你知道,每当我拿着红本本在村里转悠的时候,特别是领救济的时候,多少人羡慕嫉妒呀!不行!"

梅花枝听到这里,又是气塞嗓门,喘着气骂起来:"真是临死挨一耳巴子,死不要脸了。你知道不知道,娇娇打来电话了,如果再不摘掉贫困户的穷帽子,就不认你这个老爹了!"

林成金吃了一惊:"这这这……"

梅花枝眼圈儿红了:"你不要娇娇,我可是离不开她!我身上掉下来的肉呀!"

林成金挤一下眼睛:"我我我……"

梅花枝伤心地啜泣起来:"就你这个样子,叫我以后怎么办呀?"

林成金哭丧着脸说:"我听你的行了吧!"

梅花枝说:"那好,我给咱妈打电话,请她回来准备饭。"

林成金又跳起来:"这这这……人家来不来不好说,就咱家脏乱差的环境,我也嫌丢人呢!再说,为什么只请那个女的客呀?"
　　梅花枝说:"我就是与她对缘法,想给她说说心里话儿。"
　　现在,林成金带着郝梦媛到家了。
　　跨进院子,林成金看见院落里打扫得干干净净,心里那个美呀!朝着厨房喊起来:"花枝,我完成任务了。"

第十四章 妻子甜甜的说情声

杨志业下乡扶贫的第一顿午饭就这样结束了。他想起了临下乡前的晚上，爱人娟子亲手做了他平时最爱吃的几道菜为他饯行。今儿个一碗方便面就解决了问题，心里有一种说不出来的寒酸味道。

吃过午饭后，杨志业发现自己口袋里的烟抽完了，刚刚买烟回来，手机突然响起来了。他看了看，是娟子打来的。娟子在县医院工作，是一位很有爱心的护士。两个人结婚以来，非常恩爱。他急忙接通手机，一个非常甜润的声音传进耳朵里："杨杨，你到了吗？"

杨志业说："到了。"

"嗳吔！到了也不给我打个电话，叫我一直就这么惦记着。"娟子声音嗲嗲的。

夫妻之间，也许这样的表达更能体现他们之间的真情感受。杨志业心里甜蜜蜜的，急忙解释说："这不是刚吃过饭嘛！"

娟子声音很甜，话语里带着心痛："几点了？乡下吃饭也没个准儿。哎！杨杨，以后有事没事别忘了给我打电话，晚上还要视频聊天。"

"好的。"

"每天晚上八点。不过，我上班例外。记住了？"

"记住了。娟子，哎！我有事告诉你。"

"什么事呀？"

"我扶贫的这个村,党支部书记叫赵启福,住在你们医院里。你凑空去看看他。"

"什么病呀?"

"摔伤了。应该在你们科。"

"好的。我晚上七点的班,上班就去看望他。"

"谢谢你!还有事吗?"

"哟!怎么谢我呀?我还有一个重要的事没给你说呢!"

"什么事呀?"

娟子声音轻柔柔的:"是这样的,我想问你一件事,上次我们一起去教育局托欧阳办理我妹妹转校的事,你还记得吧?"

杨志业回答说:"我当然记得。哦,他叫欧阳普照,是教育局人事科副科长,你的高中同学。哎,对了,他的老家就在我下乡的华苑村附近,凑空我去他家看看。"

娟子继续说:"刚刚接到欧阳的电话,说是妹妹已经转到咱们城里第一高中了,安排在重点班了。"

杨志业为娟子妹妹的转学事儿,真的没少跑腿,听说转学成功,心里很高兴:"你告诉欧阳一声,表示感谢。就说等我回去,在鸿运酒店请客。"

娟子笑了:"人家不要我们请客。不过托我转告你为他办一件事,也算是给你说说情吧!"

杨志业问:"说说情?我已经与单位脱钩了。再说了,有什么情求我的,无职无权的。"

娟子不高兴了:"还没有说什么事你就开始推脱了。滑头!"

杨志业笑了笑:"究竟啥事呀?"

娟子说:"华苑村有个叫穆不言的,请帮忙将他家作为扶贫困难户来重点扶持。"

杨志业说:"刚刚来报到,冷板凳还没坐热,两眼一抹黑。再说了,这样的事组里村里民主评议,张榜公布,乡镇复查决定的。我们只是对已经审定的名单再次进行核对。"

娟子很生气:"说你脚小还真的扶着墙走路了!人家刚刚给咱们办过事儿,转脸就过河拆桥!"

杨志业有点抓狂!娟子可是家里的第一把手,平日里什么事都是顺着她的。再说了,爸爸身体不好,三天两头要住院,妈妈上了年纪照料不过来,还多亏了娟娟伺候照料。对娟娟,他是满心的激动加感谢,不应该让她的面子掉地下。可是,这是精准扶贫,谁穷就帮助谁,怎么还有人要来开这样的后门?简直不可思议,也无法回答。

话筒里传来娟子急促的"喂喂"声。

杨志业说:"我听着呢!"

娟子说:"忘记告诉你了。穆不言是欧阳的表舅舅,亲亲的表舅舅。你就帮帮他吧!再说他的贫困户已经组里报到村主任手里了。村主任说,只要工作队同意,就可以确定了。到时候就替他说几句好话得了。就你知我知,风不刮树不摇的。"

杨志业心里很纳闷,村主任怎么可以这样表态呢?而且工作队刚刚到村,穆不言就摸清了队员们的联系方式开始托人情?心里虽然很疑惑,对于妻子的纠缠还是尽量把话说得委婉一些:"这事要经过集体讨论才能确定。再说了,我只是一个队员,小拇指一样的队员。这样吧,你让我先了解了解他家的情况吧!"

娟子说:"你好像在给我耍滑头?"

杨志业笑着说:"不敢不敢,我的亲!无论什么时候,就是地老天荒我都听你的!"

娟子很高兴:"这就好!"

杨志业话又拐弯了:"哎!不过,我还是要再次把实底交给你,重点扶持户推荐是要实事求是,经群众推荐、公开公平提名的,要在村里公示,经镇委审批才能确认,不是我一个人说了算的。所以,我真的是水牛掉井里——有力也使不上啊!"

娟子恼火了,声音很大,震得耳朵"嗡嗡"响:"杨志业,你芝麻大的官儿,就这么难说话了?连我的账你也不买?你叫我脸往哪搁呀!"

杨志业听见话筒里妻子"呼哧呼哧"的喘气声，可是他还是把最原则的话儿抛过去了："扶贫是件严肃的事情，马虎不得，不管是谁我都得按政策来办。不然，村民会有意见的。对不起！"
　　话筒里传来娟子的抽泣声。接着，对方手机挂断了。

第十五章　春天的一片绿

郝梦媛心里一直打着问号，刚才那么多人去请吃饭，吕书记没有同意，齐保国也极力阻止。怎么林成金刚一出面，他们两个人都同意了呢？本来，她是要坚决推辞这顿饭的。可是一想到梅花枝诚挚厚道而又可怜兮兮的样子，心就软下来。她在大学毕业后，参加县里组织的村官考试，在一个村里担任了三年党支部副书记，去年考进退役军人服务中心。也正是村官的经历，这次又被选派参加到扶贫工作队。对于农村的工作，应该说比较熟悉。像梅花枝这样的农村妇女，虽然因为种种原因没有赶上时代的发展步伐而掉队贫穷了，但是她们都是争强好胜不甘落后的具有一身正气的女人。只要帮助她提高认识，做好转化工作，找准致富的路子，很快就会脱贫的。再说，她真的不愿意看见她的女儿娇娇就这样与父母亲不相来往呀！也许，这次的饭局，就是扶贫工作的开始。

林成金家的院子坐落在山坡前面。房子后面，就是蜿蜒几十里的楚长城，长城对面是弯弯的白河。一围已经开裂的红石头院墙将几间低矮破旧的石砌房屋圈住，墙皮上可以见到常年水蚀风吹日晒而凹凸不平的印痕。偌大的院落，显得有些空荡荡的。角落里的杂草已经吐露出嫩芽。唯有那棵忍冬的枝藤像弯曲的手臂攀着墙，努力地向上伸展着缠绕着，将自己的躯体固执地爬到院子前面的架子上，绿荫遮掩着半个院子。绿油油的嫩叶沐浴在温暖的阳光下，给人一种幽美、恬静的感觉。忍冬架下,摆放着一张小方桌和几把椅子。桌子上放着一个茶瓶和几个瓷碗。

当这些景物映入郝梦媛眼帘以后,她就把想象中林成金家的认识彻底颠覆了,有些郁闷的心情为之一振,一定是梅花枝为了迎接我这个新来的村民,命令林成金把院子打扫得干干净净的了。更令她感到意外的是,这株春意浓浓的忍冬树,给人一种美的享受和愉悦的心情。

她站在院子前面,浏览着春天赐给人间的美景,忽然之间悟出来些什么,问林成金:"你们这里叫作石头庄?"

林成金有些局促地答道:"是啊!这些房子都是就地取材用石头盖起来的。"

郝梦媛说:"我刚才看到村子里还有那么多的石磨石磙石碾石耢石槽,还有石臼什么的。"

林成金说:"没有用的东西。"

郝梦媛笑了笑:"不一定吧?废物还能利用呢!"说着话儿,两个人走进院子。

厨房里走出来梅花枝,非常高兴地给郝梦媛打招呼:"妹子你请坐。哎哟,还没有请问你尊姓大名呢?"

郝梦媛笑着说:"姐,我姓郝,赤耳郝,叫梦媛。"

梅花枝笑着说:"真好!梦圆,我们的梦一定会圆的。"

郝梦媛点着头说:"梦媛就是梦圆。我们的中国梦一定要实现的意思。"

梅花枝说:"真好!真好!妹子,你先歇着,马上开饭。"说着,拉过来一把椅子,请郝梦媛坐下来。

郝梦媛说:"吃饭不急。我们是来扶贫的,很想了解一下你家的情况。"

林成金说:"好好!"

郝梦媛站起来,把目光移向上房,两个黑洞洞的窗户像一双大睁着的眼睛,诧异地打量着这个新来的客人。她问:"可以进屋看看吗？"

林成金眯着眼睛，有些局促不安地说："贫困户的家。哦！不怕检查。你看看我们够不够格！"他犹豫着推开堂屋"吱吱"作响的那扇老式木门。

梅花枝狠狠瞪一眼林成金，气呼呼地斥责着："你说的算人话吗？滚一边去！"

林成金龇牙一笑，闪过一边。

梅花枝陪着郝梦媛走进堂屋。

这是三间老式的青砖青瓦房子，起架的重梁，笔直的杉木檩条。由于出前檐的延伸，屋内的光线很昏暗。即便是窗外明媚的阳光，也难得让屋内的人儿光鲜亮丽起来。已经老化的墙壁似乎用手就能抓下几把粉末下来。没有玻璃的窗户，冷不丁地从屋子外面刮进来几缕凉风，不敢让人设想寒冷冬天风雪交加的情景。屈指可数的几件摆设，显得偌大的房间空荡荡的……

郝梦媛暗暗叹息，低声问道："姐，可以看看你的卧室吗？"

梅花枝笑着说："当然。不过，可不要笑话俺哪！"

东屋里，靠后墙摆放着一张柴床，床前是一张三屉桌子。桌子上搁着几包中草药，淡淡的草药味儿不时传来。床的另一头，一把高脚椅子上摆着一个旧式的电视机。也许，这就是这个家庭最值钱的物品了。

郝梦媛心里沉甸甸的，走出她的卧室，指着西间问道："这是成金哥的卧室？"

梅花枝撩开帘子，说："你看看吧。"

郝梦媛站在西间门口，一股脚臭味、霉烂味儿顿时扑来。屋里是一张旧床，床下面胡乱放着几双脏兮兮的鞋子。靠近西墙根处，是两个纸箱子和一个柜子。柜子的一扇门没有关合，里面胡乱塞着衣物什么的。刚才卸车时他要来的两件衣服，一件就在箱子上放着，另一件已经穿在身上了。

林成金不知道什么时候走过来，偷偷拉一下梅花枝的衣服，不好意思地朝着郝梦媛说:"惹你见笑了。"

郝梦媛还没有开口,刺鼻的味儿呛得她几乎要干哕。她转身走出堂屋,来到西厢房。非常昏暗的光线下可以看到灰黄的墙面,从梁上、檩条上垂下来无数个的蜘蛛网在微风中摆动。古老的房梁下面,杂乱地堆放着简陋破旧的家具。忽然,她看见里面堆放着面箱子、簸箕、箩筐、斗、升子和古老的十六两老秤。郝梦媛觉得怪怪的,问:"哎!这是什么?"

林成金咧嘴一笑:"过去的家具。"

郝梦媛问:"怎么都堆在这里?"

林成金不好意思地说:"这座院落是财主的房子,新中国成立后生产队当作保管室。我父亲是生产队保管,改革开放以后,生产队的生产工具都堆放在这里了。后来我父亲把这座院落买下来。这些过去的生活工具扔了可惜,留下来又占着地方。"

梅花枝说:"这些都是过去的生产生活用具,要说没什么用了。我们懒散,没有处理。"

林成金说:"可不是嘛!自从花枝得下这个病以后,我们没心思去拾掇。"

郝梦媛想起刚才齐保国谈到的村委开发生态旅游的设想,说:"也许会有用处的。老年人怀旧,青年人喜欢穿越,喜欢了解过去。有些地方专门将这样的物品展览出来,很受欢迎的。"

林成金咧嘴笑了:"无用的东西,一元不值八毛的。"

梅花枝说:"媛媛妹子说得对!咱们这里古迹很多,这房子物品都是过去的,一旦开发利用,说不定还能派上用场哩!"

说着话儿,一位六十多岁的大娘将炒鸡蛋、空心菜和馒头端上来,笑嘻嘻地说:"饿坏了吧,闺女?"

梅花枝介绍说:"这是我妈。刚才打电话喊来帮忙的。她做的青椒炒土鸡蛋,请你尝尝。"

郝梦媛说:"谢谢大娘!"

大娘说:"不用谢。赶快动筷子吧!"

梅花枝说:"俺妈已经六十三岁了,身体多好啊!你看把俺院里院外的卫生打扫得多干净啊。"

说着话儿,大娘将一碗锅贴儿端过来了。

郝梦媛已经很饿了。她刚接过大娘手里的饭碗,闻到诱人的香味儿,林成金家的大门就被人"砰"地推开了。

第十六章　岁月红尘锁不住的魅力

随着大门的打开，一个女人快步走进院子。

这个女人就是李俊英。

李俊英身后跟着周万新、石建强、吴兰香和十几个村民。

李俊英四十四五岁的年纪。虽然已经过了青春岁月，长年的辛劳给她眼角留下浅浅的鱼尾纹，不过，她那浓密油亮的短发，仍是那么乌黑，大大的眼睛仍然那么明亮，那高高的鼻梁下紧抿着的嘴唇，还显示着青春一样的活力和刚毅的个性。犹如一首经典的老歌，岁月的红尘锁不住她的魅力。虽然美貌会随着时间失去，然而那举手投足间的风华依旧楚楚动人。是的，岁月的年轮沉淀在她身上的，不只是为人处世方面的成熟，还有那更加丰富饱满的内涵。

郝梦媛被这样的场面吓了一跳，急忙放下饭碗站起来，很客气地说："什么事啊！大家都请坐下来慢慢说。"

李俊英看一眼这位年轻漂亮的女孩子，满脸的怒气立马转换为笑容："哟！你就是新来的扶贫干部？我叫李俊英，是华苑村村民。正好，你给俺评评理。"

梅花枝已经发现李俊英两眼里射出一股逼人的怒火，不知道她是为何事而来，急忙站起来，很客气地问道："二婶，有事吗？"

李俊英说："花枝，没你的事，二婶不怪你。我就问问成金，他为啥与我过不去？"

林成金看一眼气呼呼的李俊英和那十多个气势汹汹的来人，不由得心里一惊。知道是刚才带着蔡老板在她的林子里用爆破剂开土取样，崩断了几棵辛夷树，被她发现后前来纠缠了。再看看她身后跟着的那些人，也都是自己的对立面儿，准是来看笑话的，更是为李俊英帮腔的。哼哼！几棵树怎么着？我还要把这架山坡争过来呢！柳书记那里，我可是告上御状了。再说了，这次带着工程师去采样品，那也是村主任的安排。心里想着，脸上还是带着笑容："二婶，啥事呀？"

李俊英脸色很不好看，快步走到林成金面前停下脚步，两眼喷射出来的怒火简直要把人烤着："成金，你不要和尚戴个道士帽——假装迷瞪僧！刚才带着什么人在我地里转悠？"

林成金龇牙一笑，话语里充满了火药味："我的蚂蚱爷呀！转悠怎么了？你坡地有金子银子丢了还是咋的了？"

一句话把李俊英气个大愣怔，不由得提高了声调："你怎么这样说话呢？"

林成金没事人一样地说："又不偷你的抢你的！"

李俊英被这句胡搅蛮缠的话气得脸色发青了。她用手指着林成金的鼻子说："你说什么？你们在我的林子里挖探槽把你姑父摔伤住院，今天又放炮炸断我的辛夷树！这两条罪状条条违法要判刑！"

赵启福昨天夜里摔伤住院的事李俊英已经知道了。她心里那个火苗儿"呼呼"地冒起来，正准备找林成金算账，谁知道他上午又带着开矿的老板在她的玉兰园里放炮取样找金子，把几棵辛夷树炸断了。原来，李俊英的玉兰园里，一部分坡地种的是辛夷，大部分种的是玉兰。辛夷既可入药，也可提取香料。辛夷经过嫁接以后，就是玉兰，价值很高的风景树。林成金点起来的两把火儿已经烧得她再也难以忍耐，立即喊来自己的知己朋友前来与他算账。

石建强、吴兰香、周万新和十来个同来的乡亲们都被林成金的无赖臭犟做派气坏了，七嘴八舌地质问着："怎么这样说话呢？""还讲不讲理了？""毁坏了人家的树还有理了？"

林成金眼睛四下转了转，嬉皮笑脸地说："放什么炮啊？放炮要用炸药，买炸药要经过审批。未经审批就是犯法的事儿！我这是放鞭炮，看把你们吓得大惊小怪的。肚脐眼放屁——腰（妖）气了！"

李俊英气不打一处来了，厉声质问说："什么鞭炮？鞭炮能把我两把粗的辛夷树炸断？"

林成金伸一下舌头，嘻嘻哈哈地说："二婶哎！是爆破剂。"

李俊英说："我不管你是鞭炮还是爆破剂，炸坏我的辛夷树就是不行！"

林成金龇着牙，两手并拢伸到李俊英面前："哎哟，我的二婶呀！你把我铐上吧！判我刑吧！"

李俊英被林成金的无赖样儿气晕了，双手掐腰，两只脚蹦跳起来："去年到现在，你带着人在我山上挖坑伤人毁树，骑到我头上拉屎撒尿。我今天来就是讨要说法。你不认错，我要马踏五营，杀你个丢盔弃甲，鸡飞狗上墙！"

林成金满不在乎地戏谑起来："咦咦咦！恶恶恶！老虎要吃人哩。你坡地里有矿，挡得住别人去勘探取样吗？"

石建强、周万新、吴兰香和那些一块来的人都吃了一惊。怎么，林成金他们真的要开矿？前年蔡老板开铁矿，坑了全村人。现在，又在做开矿的发财梦？如果破坏了玉兰园，将来怎么向外开放？

梅花枝听到这里，也觉得怪怪的。这个林成金，平日里懒得油瓶倒了都不扶，怎么瞒着她还要开矿？异想天开呀！

"开矿怎么着？也不能不经同意就在人家的林地里放炮取样品！""森林法有规定，滥砍偷伐要判刑！""恶人先告状。凭什么跑到柳书记那里发狂咬人？""就他们挖探槽摔伤人的事儿，也要负民事赔偿责任。"

大伙儿气得牙根痒痒的，都把矛头对准林成金，你一言我一语的很难听。

林成金心里嘀咕起来：自打权有智把赵启福摔下探槽造成骨折的消息告诉他以后，心里就很不安。虽然说那几个探槽确确实实是按照蔡老板、权有智他们的安排自己喊人挖的，但是，赵启福一旦追究起诉，肯定会把自己当作被告爬大堂，输理赔偿人家的医疗误工护理费。既然如此，只好破罐子破摔了。他朝着周万新、吴兰香他们抱着拳说："请请请！快快快！你们现在就给公安局打电话，举报我吧！"

林成金耍起了无赖。他凑到周万新、吴兰香面前，双手伸得长长的，要他们给他戴上手铐。周万新、吴兰香被这种死乞白赖充好汉的吓人模样唬住了，不停地往后面退着。石建强知道，林成金这人可是吃柿子专拣软的捏，他这个样子，真的把人给唬住了。他身子一横，站在林成金面前："林成金！耍赖不是？走，我陪你去公安局！"

林成金抬头看了看这位八十多岁的退伍老兵，心里嘀咕起来，倚老卖老！碰一下这个就要瓜熟蒂落的老面瓜，就是土地爷胳膊——麻缠的事儿。咱还是不理你的茬儿为好。于是，他急忙身子一扭，准备溜出去。

林成金快步走到门口，就被李俊英堵住了。

李俊英是什么人？高中毕业后在边境线上经过战争，从风风雨雨中走过来的女强人，民兵排长。她曾经背着赵启福翻山越岭一口气跑了十五里，将他送往军队医院救治。后来担任华苑村妇女主任的时候，也是风风火火，敢想敢做，见不得歪风邪气，眼里揉不进一粒沙子。她为人热情而又忠厚，脾气刚烈而富有同情心。早几天，当她知道林成金将她告到县委书记那里，非常非常的生气，在亲家赵启福的劝说下，等待着新来的第一书记解决纠纷，还她清白。想不到赵启福摔在林成金挖的探槽里断了胳膊，林成金毫无收敛又带着蔡老板在她的林地里放炮采样，真是蹬鼻子上脸，欺人太甚！忍无可忍的情况下，她和几个对脾气的乡亲们来到林成金家兴师问罪，想不到林成金倒打一耙子，胡搅蛮缠耍起了无赖。李俊英满肚子的怒火上来下去，下去又上来，本来是要抓着林成金去村委，当着新来的第一书记和扶贫工作队员评评理见个高低的。如今，林成金鬼头蛤蟆眼就要逃走，她岂肯放过？她快步上前，一把抓着他的衣摆："跟我见第一书记去！"

话音刚落，林成金身子一软，"扑通"倒在李俊英面前，"唉哟唉哟"叫起来。

李俊英愣怔在那里了。

林成金这一做派，真的是小猴把老猴耍了。

常言说得好，讹人有讹人之理，骗人有骗人之法。林成金这么恰到好处的倒地，李俊英一百张口也说不清楚呀！

李俊英焦急起来，这可怎么收场呢！

就在李俊英无计可施的时候，只见梅花枝气喘吁吁地弯下腰把脚上的鞋子脱下来了。

梅花枝是一个是非分明的人。当她终于明白李俊英拥着门子找事讲理的原因所在后，心里那股怒气已经腾腾燃烧，眼看着自己丈夫耍赖的下作样子，脸上一阵青一阵红的。她脱下脚上的鞋子，就要甩向林成金。

李俊英暗暗点头，这个台阶也只有梅花枝可以帮她下来了。她一把拉着梅花枝，故意大声说："花枝！别打他。我的话还没说完呢！"

梅花枝扬着手里的鞋子没有撂出去："二婶，还有啥话没说？"

李俊英说："我一个寡妇儿，你的二婶子，没有得罪过你，也没有得罪过成金吧？"

梅花枝说："二婶，私情上说，一个林字掰不开，你是长者。再说了，当年咱们华苑村'三亚男'谁不知道，我还是接着你的妇女主任干下来的。你没有对不住俺家的地方。"

李俊英说："是呀！可是成金前天跑到县里，在县委书记那儿把我告了！"

梅花枝傻眼了："这这，他怎么做这样的事情！气死我了！"说着说着已经上不来气了，一屁股坐在地下，"呼哧呼哧"大喘起来。

林成金侧歪在地下，乜斜着眼睛瞄着人们。当他看见梅花枝急赤白脸"呼呼"喘气的样子，知道把她气坏了，身子一挺坐在地下大声小气地要挟起来："花枝可是个病秧子，气着她，搁你家养去！"

胡搅蛮缠气死众人呀！石建强指着林成金说："人过留名，雁过留声。成金啊！人活着没脸没皮地混日子也就罢了，但不能不要良心吧?你昧着良心把李俊英告到柳书记那里,她什么事对不住你了?你就是告李俊英,也不该把赵书记牵连上啊!赵书记为了咱华苑村脱贫致富跑腿操心,找朋友托关系筹集资金上项目,如今石头庄、玉兰园、桃花园、楚长城和豫西作战指挥部的旅游开发已经初具规模。可是,县里的先进集体也被你几句瞎话给坏了!倒数第一呀!我们今天就是来问问你,你该不该信口开河?你这样做天理良心何在?你拍拍心口窝子好好想想!"

吴兰香接着说:"人活一张脸,树活一张皮。你是跟着好人学好人,跟着巫婆子跳大神。你跟的什么人?人家用手指指一下,你就蹿上去咬人。也不问个是非明白。"

林成金歪着头朝着吴兰香嚷嚷起来:"我说婶子啊!说什么蹿上去咬人?我这不是一条狗了?"

吴兰香笑着说:"人家开矿你出的什么头啊?挖探槽摔伤人,崩石头炸断树,哪一件事儿没有你?"

梅花枝听到这里,知道林成金又办了几件没有脚后跟的事儿,气得嘴唇发青,两手颤抖,高举鞋子,朝着他头上甩过去。

第十七章　对手优雅笑了

鞋子在空中快速飞向门口，只听得有人"哎呀"了一声。众人目光齐刷刷朝喊叫声看去，哎哟哟！梅花枝手中的鞋子怎么砸到吕彦彰的头上了？

吕彦彰怎么来到林成金家了呢？

原来，郝梦媛看见一下子来了这么多人找林成金说理，担心出了什么事情，急忙躲在一边给吕彦彰打电话报告了情况。

吕彦彰接到郝梦媛的电话，立即带着齐保国、杨志业和权有智来到林成金家。

走在前面的吕彦彰前脚刚刚踏进大门，就被迎面而来的林成金撞了一个趔趄。吕彦彰还没有站稳身子，就听见"呼"的一声，一个什么东西不偏不倚"啪"地砸在脑门上。

刚才，林成金虽然坐在地下，两只眼睛可是没有闲着的，当他看见梅花枝将鞋子高举起来的时候，已经快速站起来向大门外跑去。这样既可以避免被老婆打着，也可以借故脱离这个是非之地。谁也没有想到第一书记已经来到门口。他一膀子几乎将吕彦彰撞倒在地，自己没命地跑出院子。

梅花枝明明是朝着林成金甩鞋子的，怎么砸在了第一书记头上？梅花枝吓得一个愣怔，气喘吁吁地解释着："哎！不是！我是……对不起。"

吕彦彰弯腰捡起掉在地下的鞋子，看了看光着一只脚，满脸尴尬的梅花枝，笑着说："哈哈！瞄得好准哟！"

梅花枝看见吕彦彰额头上起了一个红红的包，气喘得更厉害了："对不起！对不起！"

吕彦彰把鞋子递给梅花枝，笑着问："怎么，两口子闹别扭了？"

梅花枝还没有来得及回答，就被林成金接上了话茬："第一书记，前天柳书记可是同着全县乡镇领导和第一书记的面将我反映的问题交给你解决的。今儿个，你刚刚上任，你看，这么多人反而向我兴师问罪来了。"

林成金看见第一书记带着村委干部来到家里，忽然想起来柳书记交代他的话儿，眉头一皱计上心来，身子一扭转过来，几句话就反客为主把李俊英告上了。

这不是恶人先告状吗？林成金的做派把李俊英气得不行，刚要反驳什么，吕彦彰开口了："哦！你反映的问题一定要解决。不过眼下你们这是怎么了？是不是你又招惹花枝了？要不，她怎能把鞋子砸向你？"

林成金龇龇牙，再看看已经气昏头了的妻子，不由自主地把自己藏在吕彦彰身后。

吴兰香"哼"了一声说："俊英，这是新上任的第一书记。有什么事就说出来，免得让人背后使坏砸砖头告黑状。"

石建强、周万新和那些前来找林成金算账的人们都齐声附和着。

吕彦彰被群情激奋的场面震惊了。他转过头来，两眼紧紧地盯着林成金，神情非常凝重地问道："成金，究竟怎么回事儿？"

林成金嘴唇动了动，就被李俊英阻止了："不行！今儿个是我举报的，我先说。"

吕彦彰看着满脸通红的李俊英，问道："举报？好，你说吧。"

李俊英一字一板，逻辑非常清晰地说起来："我一个农村妇女，与世无争，踏踏实实做农活，安安生生过日子，从来没有招惹谁，更不要说得罪谁了。平白无故的，林成金带着开矿老板蔡阔峰和地质队的什么工程师几次来到我的林地里转悠，未经我同意竟然在我地里挖探槽。今天上午，他们放炮将我几棵辛夷树炸断了。我来说说理，他不但不认错，反而狡辩说是放鞭炮，故意拿气人的话噎我！我的要求就是，一是向我赔礼道歉，二是赔偿损失。"

李俊英说完，吴兰香就接上话茬了："我们这些人也是来找林成金算账的。"

吕彦彰看着满院子气呼呼的人们，问道："算什么账呀？"

吴兰香说："赵启福书记和村委会开发华苑村景观的计划，其中的玉兰园是主要项目。林成金不知道从哪里引来的开矿老板，在李俊英的玉兰园挖探槽炸石头，不但炸毁了辛夷树，还摔伤了人。他们为了个人利益损害了我们华苑村村民们的利益，影响了华苑村美丽乡村建设，这是极端的自私，这是与全村村民作对，这是破坏精准扶贫。"

吴兰香上纲上线的话好像吃了枪药一样的冲人！权有智不由得暗暗吃惊。她的话看似批评林成金，其实枪口都是对准他击发的，心里不免有所顾忌。唉！林成金是一摊烂泥糊不上墙，弄不好就要坏事儿，还是卷旗收兵吧！他没有等到吕彦彰开口，就黑丧着脸批评起林成金来："成金，你看看你干的事，真的犯众人厌恶。抬手不打笑脸人嘛，现在就给你二婶认个错！"

李俊英知道，权有智才是林成金背后的大神祸事的主儿。她不满意地打断他的话说："我话还没有说完呢！更为可气的是，他平白无故将我告到县委书记那里，说什么我占了你的林地。我占了你的林地，你有什么证据？拿出来让大家看看。"

吴兰香附和说："对呀！弓是弯的理是直的，孙娃有理说死爷。你有证据就拿出来看看。"

周万新说："千年字据会说话，不是谁空口无凭就可以把人家管理了几十年的土地讹走的。再说了，当年那些村干组干很多还健在呢。"

李俊英指着林成金的鼻子问："这些天来，你带着人在我地里转悠，什么意思？发现什么金子银子了？"

林成金心里犯寒碜，墙倒众人推呀！大家伙儿可都是向着李俊英的。他一时被大家的质问惹急了，挤着眼说："就，就是，发现金金金……"

权有智听说李俊英因为辛夷树被炸断的事儿带着十几个人去林成金家里说理儿，担心这个油嘴葫芦把他给卖了，急忙跟着吕彦彰来到林成金家里，一边若无其事地抽着烟，一边思忖着应对的办法。想不到林成金关键时刻真的掉链子，眼看着就要把他指使他去挖探槽炸石头取样品的底儿泄出来，急忙随机应变，把烟蒂狠狠地摔在地下，还咳嗽了两声。

林成金结巴了几下没有后话了。

李俊英眼看着权有智这么几个怪异动作以后林成金就要打退堂鼓，心里更气了："林成金，好歹我也是你近门婶子。你怎么这样对待我？我有什么错？即使我做错了什么事，你该不该将我告到县里？现在同着大伙的面，你要讲清楚！"

大伙儿附和着李俊英："告状油子，有本事就把那些苍蝇蚊子举报了，也好让纪检监察机关拍死他。举报一个种地的老农民，你本事大呀！""李俊英是抱你娃子扔井里了，还是与你有什么深仇大恨？""举报也要实事求是，诬告反坐。""举报也不是你的专利。你会举报，我们也会举报，今儿我们就要举报你！"

权有智眼看大家伙儿的话越说越难听，而且还话中有话，把他比作苍蝇蚊子了，心里很着急。嗨！到此刹车吧，免得偷鸡不成蚀把米。他朝着李俊英和那些村民们"嘿嘿"一笑，充当和事佬："我看冤家宜解不宜结。人民内部矛盾，没有必要脸红耳赤的一定要分个青红皂白，争个你高我低的对不对？"说到这里，又把脸转向林成金，十分严肃地批评起来："成金，你就是胡来！你既然将你二婶的树弄断了，按照规定，就该赔偿。就是不赔偿，也要赔礼道歉弯腰鞠个躬吧？"

林成金显然没有理解权有智的意思，脖子一梗，气呼呼地顶撞说："你这是什么话？木匠斧子一边砍哪！老鼠钻进风箱里——我这不是两头受气吗?"

权有智心里骂着娘,嘴上做着解释说:"你理解到哪里了?我这不是劝劝你们大事化小,小事化了吗?构建和谐社会嘛!"

李俊英听到这里,知道权有智这是在唱双簧,十分不耐烦地顶呛说:"权主任,你也是全村一千多口当家的,还是什么法定代表人。怎么没有一点是非原则呢?林成金这胆量,还不是你给他惯上去的?"

真的是揭人不揭短,打人不打脸哪!权有智脸红一阵子青一阵子:"你怎么是吸铁石啊?我说句话就被你吸住了。"

李俊英冷笑着说:"风不刮树不摇,老鼠不咬空心瓢。自己做的啥事,自己清楚。"

权有智知道这位当年的妇女主任一旦撒泼野起来,还很不好对付。他急忙打退堂鼓:"好好好!就当我放闲屁。有事你给第一书记反映。"

李俊英说:"权主任,这事与扶贫工作有关吗?你是村主任,应该你处理。林成金炸断我玉兰树的事咋处理?"

权有智说:"处理,一定要处理!三天以内如果不处理,你就找我行了吧?"

李俊英说:"好!三天以内处理,这可是你同着大伙儿说的。那我就等三天。"

权有智被挤到了墙角了,只好说:"就是我说的,三天以内处理。不过,村里还要调查一下,你们就先回去吧。"

李俊英想,同着第一书记和扶贫工作队员,还有这么多村民们,既然权有智出面解决,那就耐心等待吧!于是,她面对着林成金和权有智微微颔首,淡然一笑,又朝着那些与她一同前来的乡亲们,挥一下手,大声说:"都散了吧!"

向对手优雅一笑,既有大度的宽容风范,又有一个爽快的好心情,你就不必担心败北了,说不定对手早已在心里向你投降了。

吕彦彰看着散去的村民们和权有智神秘莫测的眼神,隐隐约约有一种山雨欲来的感觉。

第十八章　乡亲们是哭还是笑

吕彦彰下乡后的第一次会议开始了。

权有智简单的几句开场白以后，齐保国就华苑村的基本情况和扶贫工作开展情况作了较为详细的汇报："华苑村 300 户 1649 人，低保户贫困户 90 户 362 人。最近几年，按照上级扶贫政策，在党支部的领导下，已经有 69 户 313 人摘掉贫困户的帽子，现在还有 21 户 49 人没有脱贫。除去智障残疾五保户和因病因残的人，还有 5 户 13 人是本村的老大难户。"

吕彦彰问："什么是老大难户？你们怎么界定的？都有谁？"

齐保国说："老大难户就是一时脱不了贫的人户。比如林成金，四十二三岁，棒棒的劳动力，因为爱人梅花枝常年病号而戴上贫困户的帽子以后，酒场里转转，牌场里玩玩，等靠要的懒汉思想作怪，不思进取。还有那个满村子大声喊叫老婆回家吃饭的杜承汉，单身汉，被搞传销的骗得一无所有，自己还顾不了自己。另外还有一个叫任立志的，很聪明的人，母亲高血压偏瘫后，药罐子不倒，老婆车祸以后卧床不起，两个孩子还在上学，力不能及呀！还有一个人，因为抢夺犯罪被判刑三年，刚刚回到家里。"

吕彦彰问："他叫什么名字？"

权有智说："费理同，小名费力。"

郝梦媛问："我们进村时见到两个唱戏的艺人，是不是咱们村里的?"

齐保国说:"是的。他们是夫妻,脱贫户。两个人眼睛虽然看不见,但是勤劳。镇里孙书记组织机关干部帮他们在承包的坡地上栽种了几百棵水蜜桃树,每年桃子成熟的季节,村里就帮忙联系果品公司前来采购,去年收入两万块呢!先期投入的资金归还以后,净收入万把来元。再说,闲暇的时候,他们外出唱戏挣钱。吃穿花销不用发愁。经过他们多次要求,村里考评核算,确确实实达到了不愁吃,不愁穿,教育、住房、医疗、养老有保障的两不愁四保障,今年就不再认定他们为贫困户了!"

吕彦彰听到这里,觉得一种暖暖的热流涌满了心田。这一对淳朴勤劳的夫妻真的值得我们尊敬和学习。

郝梦媛说:"他们会唱戏,可以外出宣传党中央国务院的精准扶贫政策。"

权有智说:"是啊!他们还真的忙个不停呢!已经有不少脱贫户打过来电话邀请!保国哥,你继续汇报吧!"

齐保国看一眼催促自己发言的权有智,好像是下定决心似的接着说:"哦!还有一个叫穆不言的,他的孩子们都在外打工,日子过得还算滋润。可他硬要说自己符合贫困户的条件,小组已经报到村里了,要我们审定呢!"

杨志业听到这里,马上想起娟子交办的穆不言的事情,不由得暗暗叫苦。这个欧阳,怎么把烫手的山药撂给我了。对,听听村干部们的看法。

吕彦彰知道,赵启福就是因为没有给穆不言上报为贫困户而被停职的。他刚要了解一下穆不言的情况,就被权有智打断了:"至于贫困户的认定问题,那是下一步工作。我想讲这么两点意思:第一,今天的会议是第一书记和扶贫工作队员来到华苑村的第一次会议,我作为村主任,向第一书记和两位队员表个态,坚决服从命令听指挥,配合你们把华苑村的扶贫工作做好。第二,谈谈对扶贫工作的认识,供各位参考。精准扶贫的背面是粗放扶贫。原来我们在扶贫工作中对上级精神理解不透，执行不动，看表面现象，比如谁家穷了，或者孩子们上大学缴不起学费了，天灾人祸了，房屋破烂了，就给人家确定为低保户贫困户，有通过人情关系办的，所以底数不准不清。也有扶贫对象由基层干部推测估算，扶贫资金就'天女散花'了，以至于'年年扶贫年年贫，年年还等新精神'，造成挤占浪费国家扶贫资源的现象发生。还有应当是扶贫对象的却没有得到扶持，造成应扶未扶、扶富不扶穷等社会不公，老百姓十分不满意。这次你们来了就好了，华苑村的扶贫工作有了依靠了！"

齐保国听着权有智的发言，心里十分不满意。这个人言行不一，口是心非，完全是在做表面文章，是在唱高调，脱离华苑村的实际情况。而且，他说的这些情况指向哪里？是华苑村吗？是谁数字造假？是谁扶富不扶贫呢？是指向赵启福的吗？其实他说的这些问题才是他的真实写照。出于对在扶贫工作中做出极大贡献的党支部书记赵启福的保护，养成军人耿直性格的他再也按捺不住一腔怒火，气呼呼地质问道："你指的是哪方面的事？"

权有智"呵呵"一笑说："当然是外村的事。我这只是打个比方。"

齐保国说："今儿个是给扶贫工作队汇报咱们村的扶贫工作，外村的事还是不提为好，以免产生歧义。"

权有智看一眼吕彦彰，做个无可奈何的样子，尴尬一笑："好好！我就谈谈自己的想法吧！我认为扶贫工作不是'漫灌'，不是无的放矢，一定要有针对性，一定要有啃硬骨头的攻坚精神，要把钱用在贫困户身上，要做及时雨，决不能雨后送伞，一定要做雪中送炭的事。"

吕彦彰说："我非常同意你说的'及时雨''雪中送炭'。党中央国务院提出的精准扶贫很有深意。首先要精准，什么是精准？精准即扶持对象精准，项目安排精准，资金使用精准，措施到户精准，组村派人精准，脱贫成效精准，确保各项政策好处落实到扶贫对象身上。"

齐保国说："对！扶贫工作既不是隔墙撂砖头，砸住谁是谁，也不是人人有份，皆大欢喜，而是谁贫穷就扶持谁。决不能眉毛胡子一把抓,要确定真正的贫困户。"

吕彦彰接着说:"这一次,我们要对村委会初步确定的名单进行精准识别。为什么要精准识别?尽管各级政府三令五申要求,一定是真的贫困户才能申报,不要总是定村组长的亲戚朋友,要经得起考验,要对历史负责。村小组干部素质也是参差不齐,难免出差错。所以,一定要按村委会、村小组提供的名单,按照统一的要求,百分之百入户调查。"

齐保国说:"有些人看见给贫困户发放救济、帮助项目资金眼睛红了,明明是小康之家,也要削尖脑袋扎进贫困户行列。这次,上级提出精准扶贫非常好,非常及时。"

权有智听着这些话儿,好像都是带着刺儿冲着他来的,脸上飞红了。因为,在过去的几年里,他利用村主任的身份,给自己亲戚、知己和朋友当然也有提着礼品来求他的人办过低保户贫困户的手续,其中穆不言,就是他前年通过关系办理的。

吕彦彰说:"经过多年的减贫扶贫工作,现在剩下的都是'硬骨头'。按照我县 2019 年年底彻底脱贫的工作要求,还有两年多的时间。可以说时间紧任务重。这次我们进驻华苑村,一定要按照县委县政府的要求,一是要解决钱和政策用在谁身上、怎么用、用得怎么样等问题。二是扶贫必须要有精准度,专项扶贫更要瞄准贫困村民,特别是财政专项扶贫资金务必用在贫困村民身上,用在正确的方向上。三是一定要有'啃骨头,攻坚拔寨'的冲刺精神,不怕困难,不怕麻烦,深入到贫困户家逐项落实,把年均收入核实清楚,把调查表填准确,还要拍贫困户家的照片,边走边在村庄看,如果有比较破烂的房子,一定要去问问是否列入贫困户了,没有列入,要问清楚为什么没有列入,如果合乎条件,一定要补进来。最后,逐户逐人建档立卡,完善手续。四是我们在座的各位就是华苑村扶贫脱贫的领导,是中坚力量。我们不但要抱着对党对人民高度负责的精神来干好我们的工作,更要按照习总书记'政策好不好,要看乡亲们是哭还是笑'来检验指导我们的工作。"

接着大伙你一言我一语发表了各自的看法。最后，齐保国将各位贫困户的人员登记表格交给吕彦彰，请他们熟悉情况，进入角色，开始对这些人员摸底核对，张榜公布。

第十九章　三个老党员

会议刚刚结束，吕彦彰接到了吴兰香打来的电话："你好！你是吕书记吗？"

吕彦彰看了看手机号码，不熟悉，而打来电话的女人知道他的身份。他问："你好！请问你哪位呀？"

手机里传来一阵爽朗的大笑声："你看我！忘记告诉你了。我就是农家乐的吴兰香呀！"

吕彦彰想起来了，那个坚决要请工作队员吃饭的老人家，急忙客气地问道："你好！请问有事吗？"

吴兰香说："我们三个老党员想去给你汇报汇报思想。"

吕彦彰心里一热，这些老党员的党性还真强。他说："好呀！什么时间？"

吴兰香说："就现在吧！"

吕彦彰说："好，我等着你们。"

不一会儿，吴兰香、石建强、周万新已经来到村部了。

其实，他们已经是第四次见面了。

吕彦彰、杨志业、郝梦媛很客气地与他们打招呼握手。吴兰香先是做了自我介绍，然后又把石建强、周万新介绍给三位工作队员。

石建强很高兴地将助听器戴在耳朵上，指着吕彦彰笑起来："嘿嘿嘿！转业军人？"

吕彦彰说:"是的。"

石建强问:"在哪里当兵的?"

吕彦彰说:"广西。广州军区的。"

石建强高兴地拍一下手:"我在昆明军区当过几年兵。"

周万新、吴兰香对视一笑。吴兰香说:"太好了,你们都是军人出身。不用说,参加那场保卫祖国的战争了?"

吕彦彰点点头。

石建强说:"真是巧得很哪。你是军人出身,我也是军人出身。那我就不绕弯子了。"

吕彦彰说:"你是老前辈,有事尽管讲。"

石建强说:"我们三个人是不同年代入党的共产党员。但是,不忘初心,方得始终,为的是实现我们党的最终目的。现阶段来说呢,就是按照习总书记说的撸起袖子奔小康。所以,我们作为一名共产党员,抱着实事求是认真负责的精神,给你们汇报一下我们村里的一些情况。"

吕彦彰很高兴:"对对!我们也是初来乍到,很多情况不熟悉,不了解。你们给我们介绍情况,有利于下步精准扶贫工作的开展哪!"

石建强说:"这就是党员的责任,也是担当嘛!"

吕彦彰说:"太好了。"

石建强还是军人耿直的性格,说话不绕弯子,开口就介绍起来华苑村村情:"华苑村的地理环境你们今天上午已经看到了,看到的就不说了。我们今天只给你们说说民情。"

吕彦彰点点头,取出笔记本,开始做记录。

石建强看一眼吴兰香和周万新,直截了当地说:"简单地说,我们村的民情就是一汉子、一能人、两大难缠、三亚男、五远景。"

吴兰香解释说:"乍一听,好像不明白。其实,这是我们村村民们的高度总结。"

石建强笑了笑说:"我这叫开场白。请咱们以前的村主任周万新给你们做详细的介绍。"

几个人把目光转向周万新。

周万新看了看三位工作队员，微微一笑，开始说道："我们是党员，党员做事就是要心底无私，光明磊落。今天，你们来到俺们华苑村扶贫，这真是千载难逢的一件大好事啊！我们既为党中央国务院的决策而高兴，也难免对你们有一些担心。为什么？因为赵启福不在任上，华苑村的民情你们一时摸不透，担心你们走弯路。今天，你们来到华苑村以后一切的一切，我们耳闻目睹，特别是你们严守工作纪律的作风，使我们看到了希望。于是，在吴兰香同志的建议下，我们对你们已经进行了考察。在考察的基础上，我们觉得要切切实实履行党员的权利和义务，应该向你们介绍华苑村村情民意。"

吕彦彰听到这里笑起来，问道："对我们已经进行了考察？"

吴兰香笑着说："是呀！我们就考察了一件事。"

吕彦彰问："哪一件？"

吴兰香说："吃吃喝喝上。我们几个老党员觉得，现在考察下乡干部是否公道正直，一心为民，就是要看他的嘴。如果管不住嘴，吃喝成风，贪吃多占，就不是真正的好干部。'东西南北中，无处不吃公'，吃掉了民心，伤害了老百姓。于是我们商量着以请吃饭来试试你们。结果，我们刚刚走进你们的屋里，就被你们挂在墙上的《扶贫干部杜绝吃喝风承诺书》和《扶贫工作纪律》挡了驾。"

郝梦媛笑着说："是呀！习近平总书记批示，要'严格落实各项节约措施，坚决杜绝公款浪费现象'。我们扶贫工作队一定要用自己的实际行动，杜绝广大人民群众深恶痛绝的餐桌上的腐败。"

杨志业忽然明白了什么，笑着问："你们强拉硬拽地逼我们吃饭。为什么又放弃了？"

吴兰香眼里闪烁着一股无法遏止的怒火："当我们的这个举动被别有用心的人就要利用的时候，当然要放弃。"

周万新说："本来嘛！就是试试你们。想不到有人要利用我们，如果被人利用就适得其反了。"

吕彦彰、杨志业和郝梦媛俱是一惊。郝梦媛问："被利用？"

吴兰香说:"买卖心不同呀!我们是处于一种责任和关心,而别人是处于一种阴险的算计。你们想,如果你们真的到我们家里吃一顿便饭,被别有用心的人拍照发到网上,这是一个什么概念?"

是呀!如果真的这样,扶贫工作队还怎么开展工作?

杨志业气呼呼地问:"是谁这么干的?"

郝梦媛说:"你怎么忘记了?当时吴大婶说是权有智安排的嘛!权有智当时也承认是他安排的。"

吴兰香笑了笑说:"我们三个老党员是想以此来考察考察你们的,而权有智是要利用我们的善心诚意来抓你们把柄的。"

吕彦彰、郝梦媛和杨志业都吓了一跳。

郝梦媛问:"你为什么接到一个电话后放弃了?"

吴兰香说:"权有智打电话安排林成金抓拍工作队员吃请的照片和录像,被梅花枝听见了,所以她打电话阻止我。接着,她又让林成金来请你去她家吃饭,就是为了打乱权有智的险恶用心。"

吕彦彰、郝梦媛心里油然升起一种对梅花枝的感激之情。

吴兰香接着说:"这就叫作'两邪夹一正,想正不得正;两正夹一邪,想邪不得邪'。在华苑村,永远都是邪不压正,正必压邪。满满的正能量。"

石建强说:"你们初来乍到的,我们三个老党员有责任、有义务向你们汇报一下华苑村的民意民情,以便你们在扶贫工作中有所侧重。"

周万新笑了笑,继续介绍下去:"要想做好华苑村的工作,必须了解一汉子、一能人、两大难缠、三亚男、五远景。了解了,工作就好做了。"

吕彦彰说:"对,了解村情民意就是做好精准扶贫的第一步。"

周万新接着说:"一汉子指的是赵启福,在边境线上立过战功的退伍军人,老家是诸葛亮躬耕地南阳市人。复员来到咱们华苑村,带领村民们战天斗地,脱贫致富,已经初见成效。一能人指的是权有智。"

杨志业、郝梦媛几乎是同时发出的问声："权有智？"

周万新面色凝重，点了点头："是的，这是人们背后对他的说法。笑面虎，内心奸猾。他是村里最先富起来的能人，点子多，脑袋尖，上面关系也不少，跟着开矿的蔡阔峰合伙挣了一些钱。手里有钱以后，嫌弃自己的老婆了，离婚不离家。当上村主任后，就是不为村民们谋利益。听说在李俊英的坡地里发现了黄金矿，因为不是他们的承包地，想方设法要把那块林地弄到手里呢！"

吴兰香说："他自己不出面，暗地里支持林成金。"

周万新说："就是那种当面叫哥哥，背后捅刀子的人。有人给他送了一副对联：看人是人不是人，似鬼像鬼真是鬼。横批是：人鬼难辨。不是他暗中捣鬼，我怎么会下台了呢？"

吕彦彰方才明白，老周是上一届的村主任。问道："怎么回事呢？"

周万新"嘿嘿"一笑："不提也罢。提起来气人。"

吴兰香说："同着第一书记说说也没啥。当时差额选举华苑村村主任，候选人就是上一届村主任周万新和权有智。两方旗鼓相当，都没有超过半数。第二轮选举时，权有智不知道从哪里弄来十几个低保户的名额，到处送人拉选票，其结果，他比老周多了两票，当上了村主任。"

吕彦彰微微点头。

周万新接着说："至于两大难缠，我也有必要给你说说。第一难缠，就是林成金。白天，他会对干部们横挑鼻子竖挑眼的找足问题，与你吵吵闹闹让你丢尽面子难以开展工作。晚上，他又会偷偷地找到你作自我批评。黑黑红红的阴阳两面人。今天上午发生的一切你们都看到了。如今有了贫困户的帽子，更是谁也奈何不了他。稍不如意，就是上访举报告状维权的，人见人烦。第二位难缠，是穆不言。别看他平日里不吭不哈的，心里做事，哑巴蚊子叮死人，一心要争当贫困户。暗访组来我村检查扶贫工作，林成金、穆不言怎么恰巧就在路口等着了。有人说是权有智给透的气儿。一番不实的言论，把赵启福整垮了。"

吕彦彰问:"怎么是不实的言论呢?"

吴兰香说:"穆不言两个儿子两个媳妇,都在外地打工,听说当上老板了。他怎么也要当贫困户呢?还不是天上掉下来的馅饼吃着香。"

石建强说:"他家的老大,跟我的孙子石玉平是战友。退伍后就去了南方。已经七八年了。"

郝梦嫒问:"既然如此,暗访组为什么认同了穆不言反映的情况呢?"

周万新叹口气说:"老穆会演戏呀!"

吴兰香说:"我活了六十来岁了,只知道有摆阔炫富的,没见过装贫炫穷的。你们不是要走访的吗?到时候就知道了。"

周万新看了看手机,接着说:"时间不早了。我接着说说三亚男吧!三亚男其实是三个女的。因为她们有男子汉的气魄和干劲,所以人们都以这样的冠名来褒扬她们。第一位女亚男就是吴兰香。"

吴兰香笑着说:"这是介绍我呢!"

吕彦彰笑了笑,继续听下去。

周万新介绍说:"吴兰香是当年大队里的铁姑娘,耕种耧耙、垒堰挖渠无所不干。后来担任大队的妇女主任。是一位敢想敢做,心直口快,公道正派的人。第二位亚男就是刚才与林成金说理的李俊英。她娘家在云南边境线,当年护送赵启福的华栋栋牺牲后,就是她背着赵启福一口气跑了十五里山路送往医院的。后来二人产生了感情,确定了恋爱关系。赵启福退伍后没有回到南阳市而是来到华苑村看望烈士的母亲。为了照顾烈士母亲,与烈士的遗孀林秀英结婚。李俊英不远几千里来到咱华苑村,想不到自己心爱的人与他人结婚。她默默地接受了现实,与石头庄的林景芳结婚成家。后来接任吴兰香当妇女主任。她的最大特点就是敢想敢干,而且心地善良。林景芳走后,供养女儿林淑娴大学毕业,与华栋栋的儿子结婚了。"

吕彦彰说:"哦!赵启福与李俊英结为亲家了?"

周万新点点头说:"是呀!也算是对当年那段纯洁爱情的一种补偿,一种延续吧!"

吴兰香说:"后一句话不妥当吧?"

吕彦彰笑了笑说:"应该是亲上加亲。"

周万新接着说:"第三位亚男就是林成金的爱人梅花枝。梅花枝年轻的时候身体很棒,高考落榜后接任李俊英担任妇女主任。她为人很正派,脾气刚烈,争强好胜,不愿意沾公家他人一点光,也不愿意落在他人屁股后面。一次因为感冒后淋雨受风,伤了肺,落下了气喘的毛病。权有智给林成金弄到低保户的指标后,梅花枝一气之下把那个红本本撕了。后来他们的女儿娇娇大专毕业回到家里,又把钉在门口墙上的贫困户牌子砸了!贫困户的手续和牌子是林成金后来又补办的。至于五大远景,即对自然风光白河挂壁的开发,对历史人文景观楚长城、棠梨树的氛围营造,对玉兰园、桃园的经济开发和旅游的造势,对红色旅游牵牛指挥部的宣传以及美丽乡村的建设,今天齐保国已经给你们介绍了。我就不再啰唆了。"

吕彦彰非常认真地听完了周万新对华苑村民情的介绍,停下手中的笔,准备征询他们对扶贫工作的建议和意见,衣兜里的手机突然响起来。

第二十章　在那芳香四溢的花季年龄

　　县第一医院外科赵启福的病房里，响起了轻轻的敲门声。

　　花梦君打开房门，看见门外站着一位五十出头的妇女，非常客气地说："原来是弟妹。请进屋。"

　　来人是吕彦彰的爱人卢飞娣。

　　卢飞娣中等偏高的个儿，一头修剪得非常漂亮的披肩长发。她脸色微红，雍容中透出成熟，涵养里显出端庄，言行举动中透出独有的风韵、雅致与从容，释放着独特的魅力。好像一杯淡淡的清茶，品味着的是清香，回味着的是甘醇。她走进屋里，笑着说："有你在这里护理，太好了。"

　　卢飞娣与花梦君很熟悉。她们的爱人不但是同一战壕的战友，而且在一次去边境祭奠他们牺牲的战友时就认识了。

　　花梦君请卢飞娣坐下来，很客气地解释说："启福受伤以后，保国要我来医院陪护他。其实我还有一个任务。"

　　卢飞娣问："还有一个任务？"

　　花梦君说："在城东新区刚买的房子正在装修。"

　　卢飞娣说："太好了。等你搬进城里住，我们可以天天见面。"

　　花梦君说："是呀！不过这是为朵朵准备的。"

　　卢飞娣问："朵朵要结婚了？"

　　花梦君说："没有。她马上就要回来了。保国的意见就是要朵朵去他战友李大恒的扬生生物科技有限公司工作,支援李大恒的辛夷油和新上马的恒利康酵素研制开发。回城里总要有个住的地方嘛!"

卢飞娣问:"朵朵谈朋友没有?"

花梦君说:"还没有。"

卢飞娣说:"朵朵结婚的时候一定要通知我。"

花梦君说:"那当然。"

三十年前,花梦君正是芳香四溢的花季年龄,村里数一数二的漂亮姑娘,前来求亲的男孩子们拥破了院门。那时候,她心中的白马王子,是一位在边境线上参加作战的高中同班同学,那些喜欢她的求婚者全部吃了闭门羹。在等待着复员以后洞房花烛、百年好合的憧憬中,她得到了天塌地陷般的噩耗,他在一次作战中牺牲了。那个天天出现在她的生命里的笑容,最后还是如晨雾般消散了。而那个笑容,就成为她心中深深埋藏的一条湍急河流,无法泅渡。那河流的声音,就成为她每日每夜绝望的歌唱。花梦君哭得泪人一样,在哀思中过了他三周年的忌日,才与一位农村青年结了婚。

谁知道命运的安排竟然捉弄了这位美丽善良的姑娘。花梦君的女儿花朵朵两岁以后,那个男人去南方打工了。她在家里带孩子伺候双亲。在盼望男人回家团聚的日子里,她竟然收到了法院转来他的一纸离婚诉状。从此,她与那个男人离婚了,自己带着朵朵回到了娘家。

在人生的道路上接连遭遇两次严重打击的花梦君心灰意冷,对生活失去了信心。

日子就这样一天一天地过去,花梦君的心情像灰暗的天空一样郁闷……

直到有一天,花梦君看到了一篇文章,那是报道一位参战负伤老兵身残志坚,坚决要求回到家乡带领村民们脱贫致富的故事。

故事的主人公就是华苑村的时任村主任齐保国。

花梦君为齐保国的故事感动落泪了。

爱可以是一瞬间的事情,也可以是一辈子的事情,每个人都可以在不同的时间爱上不同的人。失去让人悲伤,遗忘让人坚强。于是,在齐保国根本意想不到的情况下，花梦君将一封自荐信寄给他。

齐保国看着这位离婚女人的来信，忍不住两眼潮湿。自从受伤失去生育能力以后，他从来没有奢望结婚，组成家庭。他含着眼泪，把自己不能生育的情况告诉了花梦君。

十几天以后，齐保国收到了花梦君的回信。那是她经过多天的慎重考虑以后，给他做出的毅然决然的响亮回答："在这个世界上，最容易受伤的是感情，明知道会受伤，可是由于你的出现，决定我再一次尝试。也许，我会落寞会心痛，但是我却拥有别人不曾拥有的幸福，所以我知足了！真正的坚韧，应该是哭的时候要彻彻底底，笑的时候要敞开心怀，说的时候要淋漓尽致，做的时候要毫不犹豫。"

人间三月共芳菲，又是花香满人间。

于是，花梦君与齐保国结婚了。两个人恩恩爱爱度过了二十多年的春秋。现在，五十来岁的她虽然芳华不再，但她就要等到了磨难岁月馈赠给她的礼物的幸福时刻——女儿花朵朵研究生就要毕业了。

卢飞娣心里突然涌动着激动的浪花，暗暗地为花梦君的人生点赞：人的一生有多少花开花谢，草青草黄。有遥远漫长而又曲曲折折的路，她都坦然面对，一路走来。她是一位女人中的强者。他们的爱，早已被细细密密的岁月针脚缝合成一件再也贴身不过的衣服。

她们结束了谈话。

卢飞娣轻轻地走到赵启福病床前，微笑着说："兄弟，彦彰要我代他向你问好！"

赵启福还在打着吊针，他微微点头，轻轻地说："谢谢你，谢谢彦彰同志。"

正在说话儿，房门又一次被敲响。花梦君开开门，原来是一位二十七八岁的美丽护士。她穿着洁白的护士服，如瀑布般的黑发在白帽子下轻轻飘洒着，明亮的眼睛楚楚动人，细密的眼帘，不停眨动着的睫毛，给人的感觉是闭目睁眼的间隙都是那么的袭人。卢飞娣、花梦君看着这位美丽亮眼的护士，真的好喜欢啊！

花梦君还没有搭上话儿，这位漂亮护士已经站在赵启福床前，微笑着作了自我介绍："我叫刘娟娟，是这个科的护士。刚来接班，第一件事就是来看望赵叔叔。"

声音像铃铛一般的清脆。巧巧的嘴巴说出来的话儿多么温馨暖人哪！

赵启福微笑着点点头："谢谢娟娟。"

刘娟娟笑着说："不用谢。您有什么事儿，可以随时联系我。"说着话，将一个温度计放在赵启福的腋窝里，接着摸了摸他的脉搏开始量血压。

卢飞娣、花梦君看着刘娟娟熟练的动作，流露出赞许的表情。

刘娟娟拔掉针头，关闭输液管子，告诉花梦君说："阿姨，赵叔叔低压八十高压一百三，脉搏正常，温度三十六点七。高压稍微高，不过没有关系，这是用药后的反应。"

花梦君长出了一口气说："哦！这我就放心了！"

刘娟娟说："另外，我还要代表我的爱人杨杨，就是杨志业向你问候。他今天去你们村扶贫了。听说你住院了，给我打电话要我来看望你。"

赵启福看着这位态度和气的护士，笑着说："谢谢你！谢谢杨杨！"

刘娟娟说："不用谢！我就在这个科里上班，有什么事了就给我说。等一会儿我把我的手机号给你留下来。"

赵启福说："太感谢你了。"

卢飞娣心里很高兴，问道："你是杨杨的爱人？"

刘娟娟说："是呀！阿姨认识杨杨？"

卢飞娣说："我叫卢飞娣。吕彦彰我们一家的。"

刘娟娟高兴地说："哎呀！卢阿姨！大老板啊！"

原来，吕彦彰的爱人卢飞娣下岗以后，自己筹资在县城开办了格海电器专卖门市部。经过多年的打理，现在已经在全县开办了八家连锁店，生意越做越大了。卢飞娣还是一位爱心人士，她不但按照吕彦彰的要求安排退役军人来她的公司工作，而且她的商品对全县退役军人及其直系亲属实行九五折的优惠。"

卢飞娣说:"什么大老板,以后就喊我卢姨。"

刘娟娟甜甜地答应着:"是!卢姨。"

刘娟娟说着,从衣兜里掏出一张饭卡,交给花梦君说:"阿姨!这是医院伙上的饭卡,你拿着。"

花梦君推辞说:"不用不用。"

刘娟娟嗔怪着说:"阿姨,你不要推让了。你要是不收,杨杨会批评我的。"

刘娟娟下午给杨志业打电话替穆不言说情被拒,虽然心里十分不高兴,但是,还是按照杨杨的建议,不但看望了赵启福,还为他们购买了医院食堂的饭卡。

花梦君只好将饭卡收下了:"谢谢你!"

刘娟娟说:"阿姨!不要说客气话!赵叔是战斗英雄,是复员退伍军人的骄傲。帮助你们我心里高兴。"

刘娟娟交代了一些注意事项,离开了。

就在花梦君送走刘娟娟的时候,卢飞娣从提兜里掏出一沓子钱,刚刚把钱塞在赵启福的枕头边,电话突然响起来。

卢飞娣急忙走出病房,来到楼梯旁,打开电话,手机里传来一位女人的声音:"卢姐,在哪儿忙呢?"

卢飞娣说:"是雨竹呀!我在第一医院看望病人。"

雨竹问:"怎么晚上去看望?"

卢飞娣说:"老吕下乡扶贫去了,我一个人忙不过来。"

雨竹问:"老吕是不是在华苑村扶贫?"

卢飞娣说:"是呀!"

雨竹笑着说:"我就是为华苑村一个人说情的。"

卢飞娣说:"哎呀!这么凑巧?说什么情啊?"

雨竹说:"有一个叫穆不言的,是我一个拐弯的亲戚,下午给我来电话了。事也不大,就是在研究贫困户的时候,不要为难他就行。他的贫困户名单已经组里报到村里了,听说要经扶贫工作队核实审查决定的。"

　　卢飞娣笑着说："这样子的事情还要转圈拐弯的找人说情？只要是贫困户，国家有政策的。"

　　雨竹说："不是不放心吗？礼多人不怪呀！提前打个招呼，引起注意就行。哎，卢姐，记着给你家的老吕打电话呀！"

　　对于闺蜜雨竹的要求，卢飞娣不但没有拒绝，反而一口答应下来："小菜一碟。我现在就给他打过去。"

　　雨竹很高兴："好好！我等你回话。"

第二十一章 含着眼泪奔跑

吕彦彰与妻子卢飞娣通过电话，又一次感觉到了华苑村扶贫工作的阻力。

进驻华苑村以来，吕彦彰所经历的事情既有积极向上的正能量，也有消极落后的负能量。当然，按照县委的工作部署，只要在党支部的领导下，深入群众，依靠群众，逐家逐户对照审查，贫困户的认定就不难落实。可是，进村还不到一天，穆不言竟然就通过关系找到了自己的爱人，找到了杨志业的妻子。看来，穆不言可不是不言啊！他要争的是贫困户的帽子。

吕彦彰因为妻子的电话，终止了与几位老党员的谈话，打完电话以后，已经十点多了。石建强他们告辞了。

吕彦彰送走了几位老党员回到村部，看见屋里的电灯还在亮着，与他同住一间的杨志业正在与妻子视频聊天。西屋郝梦媛那里，隐隐约约传来低微的抽泣声，不由得心里一惊，敲开房门，看见郝梦媛泪眼凄凄地坐在椅子上，看着手机发着呆，还不时地抽泣着。放在旁边的手提电脑荧屏上几个大字非常醒目——扶贫日记。

郝梦媛急忙转过脸去抹一把眼泪，苦笑着问："我的声音传得很远？"

吕彦彰说："没有。我也是走进院子后才听到的。"

郝梦媛说："这就好。要不然被村民们听见，还不笑话我。"

吕彦彰问:"是不是今天让你去林成金家吃饭的事?"

郝梦媛摇摇头。不过她还是问了一句:"为什么要我去他家吃饭?而我们坚决拒绝了村民们的邀请?"

吕彦彰说:"为了扶贫工作的需要。"

郝梦媛说:"通过梅花枝来做林成金的工作?对!这个女人当家,有一股子争强好胜不甘人后的倔劲儿。"

吕彦彰说:"对!我也看出来了。"

郝梦媛说:"那个林成金,天不怕地不怕的样子,其实很怕梅花枝。"

吕彦彰说:"我也看到了。"

郝梦媛说:"我今天去他家没吃成饭,不过发现一个怪怪的现象。"

吕彦彰问:"什么现象?还怪怪的。"

郝梦媛说:"梅花枝身体不好,走几步都气喘吁吁的。可是一旦生了气,就要用鞋子甩她的男人。"

吕彦彰下意识地摸了摸还隐隐作痛的脑门,苦笑着说:"这个我也看到了。"

"我很疑惑,林成金为什么次次都被这个病恹恹的女人打中了呢?"

"为什么呢?"

郝梦媛笑了笑说:"他是故意让她打中的。"

吕彦彰很奇怪:"为什么?"

郝梦媛说:"我去他家吃饭,发现他家大门后面放着好几双干净的鞋子。我问这些鞋子为什么都放在这儿,林成金说,这都是准备给他媳妇在家用的。奇了怪了?林成金说,梅花枝脾气躁,只要生气了,她要是打不着他,就要气得昏过去。所以,梅花枝一旦生气,抓起鞋子就要甩他。甩过了,气出了,梅花枝就没事了。要是在外面遇到林成金惹她生气的事儿,恼怒紧急之下,脱下鞋子就甩过去了。那怕是光着脚丫子。"

吕彦彰说:"这两个人,真的很有意思。"

郝梦媛说:"是啊!习惯成自然。有时候,梅花枝不开心了,林成金还要故意逗逗她,一旦林成金被甩得龇牙咧嘴的,梅花枝哈哈一笑,啥事都消停了。"

吕彦彰笑着说:"真是趣闻奇事。"

郝梦媛说:"还有呢!梅花枝生气甩鞋子的时候,林成金每次都必须'中招'故意让她打在身上。也许这样才可以彻底消除老婆憋在心里的气,以免加重她的病情。"

吕彦彰忽然明白了:"夫妻之间就是冬天饮冷水,冷暖心自知。其实,这也是一种诚挚的爱呀!"

郝梦媛说:"是呀!"

吕彦彰说:"如此看来,咱们要做好林成金的转化工作,摘掉他头上的贫困帽子就要从他媳妇身上开始。"

郝梦媛说:"对!只要咱们做通了梅花枝的工作,让她帮助林成金改掉等靠要懒惰的坏习惯,立志长智,咱们帮助找好项目,扶持资金,他们家很快就会脱贫的。"

吕彦彰说:"对!看来你今天去他家吃饭,收获很大呀!"

郝梦媛说:"我也明白了你同意我去他家吃饭的良苦用心了。"

吕彦彰说:"因为林成金告了赵书记,有一种逆反心理,认为我们与支书一个鼻子出气。你去他家吃饭,就拉近了我们与他之间的距离。当然,即使家常便饭,我们也要按照规定付款的。"

"这个我知道。"郝梦媛擦了擦眼泪,委屈地长叹一口气:"只要帮助他家脱贫致富了,我受一点抱怨也就值了。"

吕彦彰问:"你怎么哭了呢?"

郝梦媛说:"吕叔,现在就说说家事。这不是工作场合,我就叫你吕叔吧。"

吕彦彰说:"好呀!更亲切呀!"

郝梦媛说:"是这样的,刚才雷鸣远我们视频了。"

吕彦彰问:"怎么,他惹你了?"

郝梦媛苦笑着说:"来华苑村之前,他和我大闹了一场,说什么不管我是当第一书记还是工作队员,都不同意我来到贫困山村。要么在机关当我的小科员,要么与我分道扬镳。"

吕彦彰知道,雷鸣远与郝梦媛是河南大学不同届同学。雷鸣远不但长得帅气,而且很有经商意识和管理水平。大学毕业后,在父母的支持下,在城里开办了超市。由于经营得法,利润丰厚,已经是县里响当当的知名人士了。这次郝梦媛下乡扶贫,是在自愿报名的基础上,由单位充分考虑后决定的,当然也有刻意培养的意向。想不到郝梦媛刚刚下乡,就被不理解不支持的男朋友气哭了。不过,他还是劝解郝梦媛说:"梦媛,小雷一定是与你开玩笑的。"

郝梦媛说:"不是,他说的是实话。"

吕彦彰说:"你们大学同学,谈了这么长时间了,怎么会为这件小事分道扬镳呢?要说,下乡肯定不如在城里,条件差,还会遇到很多意想不到的难题和困扰。出于关心,他给你提个醒。"

郝梦媛摇摇头:"就是关心我,也不该提出分道扬镳呀!多伤人哪!"

吕彦彰笑着说:"故意气你的,别在意。他也不敢!"

郝梦媛笑笑说:"我郝梦媛也不是好惹的。"

说着话,忽然听见外面脚步嗵嗵的,杨志业也走过来了。

杨志业看见郝梦媛手提电脑上那几个醒目的大字,问道:"怎么?真的写扶贫小说呀?"

郝梦媛说:"尝试吧!今天一天经历的事情挺新鲜传奇的,记录下来。暂定名为《扶贫日记》。"

杨志业笑着说:"哈哈哈!那我们都会成为你这个传记小说里面的主人公了吧?"

郝梦媛说:"那当然。不过,你要给我提供素材哟!"

杨志业说:"这不就是来给你提供素材的嘛!"

郝梦媛笑起来:"真会急转弯。"

杨志业说:"我的那个刘娟娟,上夜班,刚才给我视频聊了几句。"

郝梦媛说："聊了那么长时间了。都说的啥呀？"

杨志业说："都老夫老妻的了。个人得失一句没说，全是扶贫的事。"

吕彦彰暗自思忖着，有所指地说："扶贫的事？看来，大家都关心这项工作了。"

杨志业苦笑着说："娟娟这是下马威，很厉害的狼牙棒。"

郝梦媛问："啥意思？"

杨志业说："我已经给吕叔汇报了。不知道什么人通过哪个渠道把咱们的信息透出去了。嗨！真麻烦。"

郝梦媛问："究竟啥事呀？"

杨志业说："这就是你写小说的素材了——通过娟子给我说情，一定要给华苑村的穆不言确定为贫困户。"

郝梦媛说："你看这个穆不言，能量很大啊！就是那个老头儿，拉着一只奶子羊，站在玉兰树下，板着脸瞪着眼睛不说话的那个？"

杨志业说："应该是。"

郝梦媛不以为然地笑起来："他只要够条件，犯不着到处找人说情打招呼。开玩笑吧？"

杨志业说："不是开玩笑，真的。"

郝梦媛问："难道真的是把人家漏掉了？要不，赵书记怎么被停职检查？"

杨志业眉头挽起来了，摇摇头："不知道。不过我已经听出来了，这个人难缠。咱们一定要注意工作方法。"

一直没有接话的吕彦彰说："你接到了娟子的电话，我也接到了你卢姨的电话，也是这个人托的关系。这样吧，这个事情，咱们以后多加注意，了解实情。够条件的，当然要评上，不够条件的，当然不能评上。要按照标准执行。"

杨志业说："我看这个华苑村，有一股潜流啊！"

吕彦彰说："潜流倒说不上，没那么严重。不过，好像把穆不言评上……嗯！我明白了。"

郝梦嫒问:"你明白了什么?"

吕彦彰眉头皱起来了。不过,他没有直接把自己内心的所思所想说出来:"一切结论在于调查之后,届时我们要认真调查核实。"

杨志业想了想说:"只要穆不言是贫困户,就说明了什么……"

郝梦嫒一语中的:"赵启福负有不可推卸的责任。"

杨志业"哦"了一声,说:"我也明白了。"

吕彦彰说:"有问题就解决问题,有矛盾就解决矛盾。咱们就是冲着这个来的。"

郝梦嫒说:"对!这个村子比较复杂,要不怎么影响了全县的扶贫工作排队?"

杨志业的脸色变得严肃起来:"为穆不言贫困户的认定问题,赵启福被停职检查。如果他够条件,赵启福就要被处分;如果不够条件,赵启福就解脱了。"

吕彦彰微微点头,接着说:"今天一天的时间,咱们摸弄了不少情况。现在,咱们开个小会,我提几条建议,大家讨论讨论。赵启福书记已经为华苑村脱贫致富打下了底子,绘制了蓝图。什么蓝图呢?就是生态旅游开发,建设美丽乡村,让村民们富起来。棠梨树、玉兰园和桃园、石头庄、作战指挥部、楚长城和白河挂壁,这些都是非常好的资源。怎么开发利用?咱们一是要宣传造势,利用广播电视、新闻报刊、互联网和微博微信这样的平台。还要利用人脉资源,通过咱们建立朋友圈、微信群介绍这里的远景规划,邀请人们前来参观旅游。二是上下联动,什么意思?比如雷鸣远,我们可以与他联系,在这里开办连锁超市。请梦嫒把这个建议说给他。杨杨喜欢与驴友们车友们旅游,可以邀请他们来这里旅游、钓鱼、参观楚长城和白河挂壁,在象征爱情的棠梨树下拍照留影。我可以在我的战友群里向他们提建议,支持赵启福他们创立退役军人创业协会,在这里开办企业。另外,这里的辛夷产量位居全省第一,可以由齐保国与他的战友李大恒的扬生生物科技有限公司建立产供销关系。三是左帮右扶,就是要利用贫困户的朋友、邻居和我们即将成立的退役军人创业协会,对所有的贫困户进行引导帮扶。四是长短结合，短期的增加收入与长期的脱贫致富产业要捋顺好。产业脱贫才是大的格局、长远的方向。另外，宣传造势才能引起人们的关注。我的救命恩人，尖刀排排长刘剑，现在是省影视部门的负责人，要与他和电视台电台报社以及宣传管理部门加强沟通，征得他们的支持。我的老领导江山同志是省旅游局的，请他和旅游局的同志前来实地考察。同时，我们要与县文联加强联系，请我们县的作家、诗人、画家、摄影家、曲艺家前来华苑村采风，举办以华苑村景观为征文的大赛活动、诗歌朗诵会、画展、摄影展以及演出等活动，借机将华苑村的愿景规划推出去。我们还要把外出打工的特别是具有特长的能人吸引回来，投资开发，共谋发展。"

杨志业听完吕彦彰的初步打算，觉得缜密可行，十分高兴地说："这个设想很不错，我马上就建一个驴友车友群。"

郝梦媛也说："我要发动我的同学和朋友参与到咱们的扶贫工作中来。"

吕彦彰说："你是省市作家协会会员，可以与南阳市的作协主席和作家们，还有咱们县里的会员们加强联系，请他们来华苑村采风。"

郝梦媛说："好的。我马上就给文联张主席打电话，把咱们的想法告诉他。"

吕彦彰又说："赵启福、权有智、齐保国他们也要建立华苑村的朋友圈，宣传造势，扩大影响，号召外出打工的，在外地工作的乡亲们为家乡的建设出谋划策。"

三个人，就如何帮贫致富开始了热烈的讨论，各自说出了自己的打算。最后，吕彦彰取出一个文件夹子，把那些表格分给杨志业、郝梦媛，安排下一步的工作："这是齐文书交给我们的低保户贫困户花名册和表格，表格里填写着他们的基本情况。咱们先熟悉一下。明天，咱们就要正式进入角色，按照县里的规定标准，逐一落实到户，然后张榜公布。"

已经是半夜了，郝梦媛屋里的灯还在亮着，她熟悉完低保户贫困户的基本情况，已经开始创作自己的扶贫小说了。

第二十二章　时光流逝的芳华岁月

　　东边山岗上升起一轮红彤彤的太阳，熠熠的光辉染红了满天的朝霞。

　　吃过早饭后，李俊英来到了她的玉兰园。

　　映入眼帘的是镶嵌在春天大地上的五彩斑斓的世界，是一簇簇的玉兰花开放，是一股股的清新醉人花香。

　　昨天上午，林成金同着华苑村的部分村民们，向新上任的第一书记来了一个下马威，要求解决所谓的李俊英侵占他坡地的纠纷，还说这是县委柳书记亲自交办的重要工作。李俊英因为林成金反映赵启福扶贫不力的事儿已经十分生气，正好借着林成金把她辛夷树炸断的由头，去到他家里讨要说法。

　　谁知道林成金死硬臭犟，不服输认错。

　　李俊英气得一蹦老高！

　　这片玉兰树林，是她的永远纪念，是她的梦想追求，是她实现烈士遗愿的丰硕成果。那年的春天，她按照赵启福留给她的地址，找到他的老家，方才知道他已经把户口从南阳市迁往华苑村。一路询问打听，几经颠簸寻找，好不容易来到大山深处的白河岸边。谁曾想到，赵启福已经生活在他的班长华栋栋的家里。她心里掠过一丝阴影，怀疑自己是否走错了人家。因为她曾经用生命救助的，不仅仅是一位可爱的解放军战士，更是她心目中的白马王子。可是，当她站在门口打听赵启福的时候，一位两三岁的小孩子走过来，稚嫩的回答声把她吓得一个愣怔："你找我爸爸有事吗？"

李俊英还以为自己听错了，怎么？这么快的速度？赵启福什么时候结的婚生的儿子呀？急忙问道："你爸爸叫什么名字？"

小孩子答道："赵启福。"

这不啻晴天炸雷，李俊英被震晕了。她强支撑着身子没有倒下去："是吗？你妈妈叫什么名字？"

小孩子答道："我妈妈叫林秀英。"

李俊英还是不愿意认为这是真的，也许是同姓同名："你叫什么名字？"

小孩子答道："我叫华卫国。"

李俊英愣在那里了。

很快，听见门口说话声的林秀英走过来。这是一位二十三四岁的农村少妇，中等个儿，紫棠色的脸庞，一副忠厚实在的样子，眼睛里透出一种善意的微笑。她很客气地问道："你找谁？"

李俊英说："我找赵启福。"

林秀英笑着说："对！这就是赵启福的家。"

李俊英耳朵边再次响起一声振聋发聩的炸雷，觉得有人用重磅击打着她的脑袋，再也无法支撑自己酥软的身体。她用尽全身气力，想骂一声负心的赵启福。可是她没有骂出来，整个身子已经瘫软倒在地下。

林秀英吓坏了，急忙扶起倒在地下的李俊英，轻轻地呼喊着她："妹子，妹子。你这是怎么了？"

李俊英挺起身子坐起来，嘴唇哆嗦着又问："我要打听一个人。"

林秀英问："打听谁？"

李俊英说："一位退伍军人，他叫赵启福。"

林秀英说："你已经问过了。你们认识？"

李俊英两眼含泪，不停地点着头："是的！我的男朋友。"

林秀英倒吃惊了，两只手颤抖得几乎扶不稳眼前这位陌生而又美丽的少女。她反问道:"你的男朋友?"

"嗯!"

林秀英是一位忠实憨厚、心地善良的农村妇女。听到这话,知道面前这位女子是接力救助自己现任丈夫赵启福的第二位救命恩人。赵启福的女朋友找上门来了。她以极度不安的眼神看一眼面前这位远方的来客,声音颤抖着说:"请屋里坐。"

李俊英走进屋里,看着屋里简陋的设施,心里油然升起一丝同情。她知道,赵启福曾经向她介绍过华栋栋的家庭。这是伏牛山深处极其平凡的家庭,年人均收入几百元的山区贫困户。不过,军烈属们在政府的救济下,除了生活上的保障外,其他一切依然还很落后。她也想到了赵启福面对的现实,一个失明的母亲,一个没有父亲的孩子,一个失去丈夫的农村妇女。赵启福,你伸出救援之手,帮助烈士的家庭,为他们排难解忧甚至给予金钱的援助,我李俊英也不会眨眨眼睛的。可是你为什么与她结婚了呢?

世界上,百思不解的是人心的变化呀!

李俊英两眼不停地流着眼泪,就像百爪挠心般地疼啊!

林秀英看见了。

林秀英突然朝着李俊英跪下来,非常郑重地给她磕头,声音里满满的感激之情:"好妹子,是你救了赵启福,是你给了他第二次生命。我要谢谢你。"

李俊英再也控制不住自己的泪水,像决堤的河流滚滚而下。她急忙拉起林秀英,两个人相拥着,尽情地痛哭着。

林秀英是一位知道感恩的人。

换一种角度去看待人生的失意与不幸,对生活时时怀有一份感恩的心情,则能使自己永远保持健康的心态、完美的人格和进取的信念。感恩,是一种歌唱生活的方式,它来自对生活的热爱与希望。

李俊英终于擦干了眼泪,深情地说:"他是一位为保卫国家受伤的最可爱的解放军军人,我有责任救护他。哪怕是死,我也从不后悔。"

林秀英哽咽着,激动地看着面前这位远方来客:"姑娘,你一定饿了。我给你做饭去。"

　　感恩之心,就是我们每个人生活中不可或缺的阳光雨露,一刻也不能少。无论你是何等的尊贵,或是怎样的卑微;无论你生活在何地何处,或是你有着怎样特别的生活经历,只要你胸中常常怀着一颗感恩的心,随之而来的,就必然会不断地涌动着温暖、自信、坚定、理解、善良等等这些美好的处世品格。自然而然地,你的生活中便有了一处处动人的风景。

　　林秀英来到厨房,掩上房门,又一次难以控制地哭起来!

　　林秀英不是为自己伤心痛哭,而是为了这位曾经救过赵启福性命的李俊英啊!赵启福在婆婆的执意要求下与林秀英结婚了。李俊英失去了自己真诚爱恋的赵启福。是她伤害了这位少女纯真纯情的心啊!

　　林秀英啜泣着,泪珠儿滴湿了衣服。

　　门开了,李俊英走过来,抱着林秀英。

　　两个人哭了好长时间。

　　李俊英说:"姐姐,他这样做,才是真正的赵启福。要不,我真的就不理解他了。你不要难过,我原谅他了。"

　　林秀英又哭了:"妹子,你以后就是我的亲妹子!"

　　李俊英破涕为笑了:"我的好姐姐,谢谢你。"

　　林秀英紧紧地握住李俊英的手:"妹子,你就住下来吧!赵启福去边境了。他要把这些情况告诉华栋栋,还要去你的家乡,给你认错。"

　　李俊英语出惊人:"姐姐!我不走了。我要在这里结婚成家!"

　　林秀英惊得瞪大了眼睛:"这是为何?"

　　李俊英说:"我完全理解赵启福。他之所以这样选择,是为了烈士的家庭。我无任何抱怨!为了帮助他实现烈士的遗愿,为了了却思念的痛苦,我也要把家安在这里。得不到的,我可以经常看到。经常看到他,我就满足了。"

　　感觉到了的东西,我们不能立刻理解它,只有理解了的东西才更深刻地感觉它。

每个人都有自己的信念支撑，走过岁月的风风雨雨，总会去要呈现这种信念、精神、勇敢和伟大。

心若向阳，无畏苦寒。

李俊英真的不走了。她住在林秀英的家里，在赵启福和乡亲们的介绍下，选择了玉兰村的林景芳结婚了。从此，她在这里开始了新的生活。为了实现烈士华栋栋的遗愿，改变山区落后面貌，她和丈夫林景芳承包了野牛岭这架山坡，开始植树造林生涯。一晃，二十多年过去了，上千亩的玉兰树已经成材见到效益了。更为可喜的是，赵启福要把华苑村打造成为旅游景观地点。她爱着绿海一样的玉兰树林，为了亲眼见证华苑村旅游景点的建成，拒绝了女儿林淑娴和女婿华卫国要她进城的多次请求。想不到林成金竟然处处与她唱对台戏，又是找黄金挖探槽，又是举报她侵占了他的林地闹纠纷。

被李俊英看作生命一样重要的玉兰树林，承载着烈士的遗愿和华苑村彻底脱贫致富奔小康的美丽憧憬，怎容得林成金肆意破坏呢！

李俊英来到自己的林子里，准备把那几棵炸断的辛夷树修剪一下，忽然看见有人快步跑过来，朝着她"啊啊"着——这是赵启福的哑巴儿子缘缘。紧接着，有人高声大调地喊起来："俊英！俊英！"

第二十三章　别出心裁的邂逅

　　李俊英听见是权有智的声音，心里暗暗思忖，他来干什么呢？

　　权有智声音更大了："俊英！俊英！"

　　李俊英知道权有智是黄鼠狼给鸡拜年，没安好心眼。不过，她还是答应了一声。

　　权有智快步走过来，满脸带笑："俊英，你出来一下，有人找。"

　　李俊英问："是不是林成金来给我赔礼儿？"

　　权有智气呼呼地附和着说："这个林成金，很不像话！你炸断了你婶子的辛夷树，既然做错了，就该自己当面鼓对面锣地说说清楚，认个错儿赔个不是求得原谅也就算了。又没有逼着你通过村里的大喇叭赔礼道歉，怎么不好意思了？有什么不好意思的？这是你的亲亲婶子的，人家还不是大人不计小人过，原谅你了。可是，就是不愿意亲自前来。怎么？屁股下坐着千顷田地低了你的身价了？这不，一定要委托我代表他给你认个错的。"

　　李俊英听着这些话儿，知道是这个老油条吃荆条扇箩头自己生编乱造的。因为权有智喜欢正话反说。不过她还是顺着他的意思说道："你说这孩子，难道我这地里有宝贝疙瘩有黄金白银？领着什么人在我地里又是取土挖探槽还要放炮炸石头？生生地往我眼里揉沙子插棒槌。真是欺人太甚！"

　　权有智郑重其事地说："成金通过我给你赔礼道歉。将军头上能跑马，宰相肚里能撑船。大人不跟小人怪。你是他婶子哩！就原谅他吧？"

李俊英绷着脸说："不行！一定要当着我的面认错。"

权有智笑着说："得理还要让人嘛！不然的话，人家又要说你鸡肚心肠了。"

李俊英说："我不管！不当面认错说明他没有诚意。不行！"

权有智看着李俊英较劲认真的样子，摇头晃脑叹着气说："那好！既然你不给我这个面子，也不给林成金一个台阶，就等于我啥也没有说。你该怎么着就怎么着。"

李俊英冷笑一声问道："嗨嗨！你这个主任怎么推活船哪！要挟我不是？"

权有智轻描淡写地说："问题没有这么严重吧？我知道你还是为林成金给柳书记反映你们之间的纠纷生气不是？"

李俊英"呸"了一声说："他维什么权哪！我怎么就成了他举报的对象了？唉？你是这里的老门老户，当年土地承包的时候，你应该知道，这块坡地是寸草不长的石板地，没有人要。林景芳是老实人，才把这坡地承包下来的。我们家承包手续齐全。你怎么与林成金一个鼻孔出气呢？穿的连裆裤吧？"

权有智脸上红一阵子白一阵子的。要不是林成金捅的娄子引起吕彦彰的过问和批评，他才不愿意来听讥讽的话儿，受窝囊的气儿。他强忍着一肚子的怒气，不停地"啧啧"着嘴："哎呀！俊英，你刀子嘴呀！刀刀见血。我怎么就跟林成金一个鼻孔出气呢？"

李俊英笑着说："关键时刻，你为什么没有一句公道话呢？"

权有智说："我这不是好心办坏事了吧？调解一下，和为贵嘛！"

李俊英说："我是刀子嘴豆腐心。算了算了！既然村主任亲自调解，我就不再追究了吧。"

权有智笑了笑："再说了，启福是党支部书记，你们是亲家，要做个榜样的。"

李俊英觉得这话带着刺儿，立即反驳起来："哎！这话不对！干部的亲戚也要讲究原则，也要保护自己的合法权益呀！"

权有智心里明白，再纠缠下去就要背篙撑船，适得其反了。他笑了笑，从衣兜里掏出几张一百元的票子，朝着李俊英晃着说："好好好！这是五百块钱，林成金赔偿你的树钱。"

李俊英"哼"了一声问道："日头从西边出来了，林成金是出血的人吗？"

权有智说："不管哪来的钱，你只管收下就是。"

李俊英说："不蒸包子蒸口气。看在梅花枝的面子上，钱就不要了。但是，我坚决要求林成金同着我的面，当然你一定要在场，给我认个错儿。"

权有智"啧啧"嘴说："得理不饶人啊？低头不见抬头见的。"

李俊英说："什么意思？"

权有智说："没什么意思。打了不罚，罚了不打，不能让人家两边吃亏吧？"

李俊英听到这里，心里头突然涌动起一股难以遏制的怒火。这个权有智，怎么与林成金穿的一条连裆裤子啊！她怒气冲冲地一把抓过权有智手里的五张一百元的票子，狠狠地摔在地下，厉声喝问道："什么两边吃亏？我看你的屁股坐歪了！"

权有智想不到李俊英发火驳回了他的面子，恨得牙根痒痒的。他强忍着一腔怒火，弯下身子把钱捡起来，正要怼呛李俊英，忽然听见身后有说话的声音。扭头一看，来人六十多岁，黝黑明亮的大背头，酒糟鼻子，黑豆眼，尖尖的薄嘴皮咧成瓢样大的口儿，朝着权有智喊起来："权主任，叫我好找呀！"说着，快步走过来。

权有智扭头一看，蔡阔峰。哎呀！真的是气是祸事根苗，倒是把正经事儿给忘了。他急忙答一声："蔡老板，稀客呀！"

李俊英看见来人，拉着缘缘扭头就要走，却被权有智拦住了："俊英！先别走，有事儿。"

李俊英停下脚步。

权有智快步迎着来人，老远就把右手伸出来，紧紧地握着那人的手晃动着："蔡老板，你好你好！"

蔡老板也握着权有智的手，很客气地说："权主任，忙什么呢？"

权有智说："瞎忙。这不，来看看俊英家里的玉兰树。"

蔡老板掏出一盒黄金叶，递给权有智一支，两只眼睛却不停地瞄着李俊英。口里称赞着："早就听说这里的玉兰园品种多，名气大，真的是眼见为实。玉兰树不但长势好，而且花儿开得也鲜艳。汽车刚刚开到山下，一阵阵香味直透车窗。"

权有智急忙给蔡老板点上烟，自己也点着了，笑嘻嘻地问道："最近业务怎么样？"

蔡老板很优雅地吐出一口烟雾，卖弄似的说："在东关又盖了几座，销售势头不错。哎！你们村里有个叫花梦君的已经买了一套房子。我听说是咱们村的，价格上优惠不少。"

权有智说："她是我们村文书齐保国的爱人。她的女儿朵朵研究生就要毕业了，为宝贝女儿准备的。"

蔡老板笑着说："那不是更好了吗？凑时间喊上乡亲们去我公司玩玩。我请客。"

权有智答应着，从嘴里喷出一股股浓浓的烟雾，开始奉承起来："还是你有眼光啊！赚个盆满钵溢。"

蔡老板说："但愿如此吧！"

李俊英心里说，这个蔡老板不就是前年在邻村开矿的蔡阔峰吗？输了官司却死活不愿意赔偿被拘留了的大老板？还说什么一听说是华苑村的就优惠了？说这样的话不觉得寒碜！现如今又让林成金在自己的玉兰园挖探槽，他来干什么？对，听听他们说的啥。不过，他们虽然说着话，可是蔡阔峰的眼睛毫不掩饰地在她的全身上下移动着，最后目光停在她的胸前。这是干什么嘛！李俊英一气之下拉着缘缘就要离开。

权有智胖胖的身躯一横，把李俊英给拦住了："俊英，忘记给你介绍了。这位就是咱们县城很有名气的房地产开发商蔡大老板。你们说说话儿。"

李俊英心里那个气呀，就要把肚皮炸裂了。她身子一闪，拉着缘缘头也不回地走了。

　　权有智大睁着眼看着李俊英满脸怒气地离去，嘴唇都气得乌青了。

第二十四章　隔着玻璃亲嘴儿

就在权有智无法下台阶的时候,手机响起来。他打开手机,吕彦彰的声音传进他的耳朵里:"权主任,在哪儿呢?"

权有智故意大声说:"我在路上。第一书记啊!有事么?"

手机里传来吕彦彰生气的声音:"什么有事吗?咱们今天不是要去贫困户家里走访的嘛!"

按照吕彦彰的安排,从今天开始,三位扶贫工作队员由权有智、齐保国陪同入户走访调查,深入了解和掌握未脱贫户家庭基本情况、致贫原因、脱贫难点、发展需求,真正做到"不漏一户,不落一人"。认真规范填写贫困户精准扶贫明白卡,确保各项信息准确无误,对在走访中发现的问题,及时进行记录、分析,与村干部沟通协调,真正做到"走访不漏户,户户见干部",确保不折不扣达到各项标准要求。

权有智明明知道自己耽误了走访贫困户的大事情,不敢再绕圈子,急忙做着自我批评说:"你看我这记性,马上就到了。"

吕彦彰说:"好的,等着你。"

权有智挂断手机,朝着蔡老板拍着手说:"你看你看!全怪我!考虑不周。真是计划赶不上变化。今儿个是扶贫工作队走访的日子,第一书记要求我们村干部陪着。时间紧,任务重,咱们改日再说吧!"

蔡老板听着听着脸色就由晴变阴了,很不高兴地责怪起来:"我说老权啊!你忙,我难道是个闲人吗?几个建筑工地,哪天不是电话打爆、忙得屁颠屁颠的？你说你弄这事儿。闭门羹啊！猫咬尿脬儿空喜欢呀！叫我这老脸往哪搁呀！我丢过这样的人吗？"

权有智哭丧着脸说："好事不在忙中起嘛！"

蔡老板还是埋三怨四、喋喋不休地说："我说过乡里人难缠，怎么样？你这大媒红当得不太顺心不是？还什么周密计划、精心安排？"

权有智与蔡老板什么关系？他们这是要干什么呢？

原来，蔡老板当年开矿的时候，与一心也想发财的权有智结识以后，两个人在西村开起了铁矿。因为防水护堰被大雨冲垮后冲毁了老百姓的庄稼和财物，蔡老板被起诉后输了官司，因为他依仗自己"是龙都有三分水，我也不是无根蓬"的"根"，以种种理由拒绝执行法院的生效判决，被司法拘留十五天，还赔了受害人的经济损失。真是赔了夫人又折兵。后来开矿形势不好了，蔡老板立马改行做起了房地产开发生意。权有智与蔡老板个人之间形成了一荣俱荣、一损俱损而且无话不说的兄弟般的关系。蔡老板老伴去世后，很想再找一个老来伴照顾生活起居，委托权有智在乡下给介绍一个。权有智立马就想起李俊英。只要李俊英同意与蔡老板结合，就等于蔡老板不费吹灰之力，将母羊和羊羔全部弄到手了，不但抱得美人归，还有千把亩含有金子的玉兰园哪！再者说，赵启福对于李俊英的那种想法就会竹篮打水一场空。让他前头脚踩空，立马翻跟头。岂不是一举两得、一石二鸟？在他的策划下，蔡老板如约而来。谁知道蔡老板一见钟情，两只眼睛不停地扫视着李俊英，眼珠子盯着人家丰满的胸脯不会转动了。权有智知道他看上这位农村的资深老美女了！按照他们二人的约定，由权有智安排一个奇遇，让蔡老板当面看一下。如果看不上眼，扯个理由就开路了。他站在那里，铁塔似的纹丝儿不动，一定是目测过关了。可是，李俊英没给他任何胡思乱想的余地，明白蔡老板的来意后，转身就走开了。权有智气得话都说不出来了。

要说还是怨蔡老板，什么事情也不可能一蹴而就呀！心急喝不得热稀饭嘛！就是看上眼了，也不能盯着人家的胸部动也不动呀！也要遮遮眼哪！权有智这边怨着蔡老板，那边暗暗骂着李俊英，还不是喜欢着她的初恋情人，亲家公赵启福不是？哎！你越是给我难堪，我越要强拉弓硬上箭，这个大媒红还当定了。心里这么想着，嘴上给蔡老板解释说："好事多磨。也是我办事没有站稳脚后跟——没有提前给人家打个招呼。再说了，你当时不是说要先暗中看看，入眼了再正式提亲的吗？"

蔡老板觉得自己操之过急了，急忙自责地说："对对对！不怪你。也是我隔着玻璃亲嘴——急死个人儿。心急喝不得热稀饭嘛。"

权有智笑着说："你的眼睛怎么不会转动了？看把人家盯的，叫谁也不好意思了。"

蔡老板说："都怪我。她可是亮眼哪！"

权有智问："城里那么多时髦美人儿。她入得了你大老板的眼吗？"

蔡老板"嘻嘻"笑了："明知故问呀？拿我开涮不是？"

权有智一本正经地说："哪能呢！既然她吸引着你的眼球了，这样子，你先回去，等我忙过这几天，就专事专办。中不？"

蔡老板很高兴："中中！等着你的好消息。"

蔡老板、权有智来到路边，蔡老板将汽车后备厢里的两条南阳红香烟、两件武士特酿酒交给权有智。

权有智客气几句，便与蔡老板告辞，骑着摩托车匆匆地赶往村部。

第二十五章　一出一出唱下去

权有智赶到村部，抬头看看日头就要正南了，吕彦彰急得在村部院子里转来转去，自己也觉得十分尴尬，满脸愧疚地做着自我批评："真不好意思。家里有点急事，让你久等了。"

吕彦彰是带过兵打过仗的，时间观念非常强，干任何事情从来就是雷厉风行，见不得拖拖拉拉、疲疲沓沓的，对于权有智的迟到非常恼火。权有智的主动检查，还是难以完全消除心里的火气。他十分严肃地说："我是军人出身，从来就是丁是丁卯是卯的。以后咱们一起工作的时间里，请严守工作纪律，尊重我的职业习惯。"

权有智心里说："说你腿瘸可真的拄起拐棍了。"嘴里可是一连串的自我批评："是是是！农村干部，八点开会九点到，十点才能听报告，听着报告睡大觉，会议精神不知道。时间观念不强，拖拉散漫惯了。我以后多加注意，一定改正。"

吕彦彰没有再说什么，由权有智陪着去穆不言家。

一走到穆不言家院子外，吕彦彰就被一阵阵腥膻气味熏得干咳了几声。原来门口拴着一只奶子羊。奶子羊看见来人，抬起头来，不停地"咩咩"叫唤。吕彦彰走进院子，竟然被眼前的境况惊呆了：破烂的院墙，朽木板栅栏大门，院子里堆满了乱七八糟的东西，三间没有粉刷的平房黑咕隆咚的。屋檐下，一个面色灰瘦、满脸皱纹的老汉正在院子里剥玉米粒。虽是阳历三月中旬的天气了，可他身上依旧穿着一件露着破絮的棉袄。他看见来人，丢下手中的活儿，站起身子，眯着眼睛看着来人。

权有智将摩托车上的一袋精粉、一袋大米扛过来，放在院子里，"呼哧呼哧"地喘着粗气。看着无动于衷的穆不言，大声提醒着："第一书记来家里走访了。还愣着干什么？"

穆不言脸上绽露出一丝不自然的笑意，手足无措地说道："哎呀，你看我这老花眼，没看清啊！"

吕彦彰将一壶花生油和几件衣服交给穆不言，笑着问道："忙什么呢？"

穆不言将花生油和衣服随手放在身后边，回答着吕彦彰的问话："搓玉米。"

吕彦彰走到屋檐下，打眼向堂屋看去：屋内陈设简单而凌乱，谈不上什么家具。地面上湿漉漉的坑坑洼洼的。东间的门已经关上。西间卧室床上挂着一个没有撩起的灰不溜秋的蚊帐。东屋厢房里，可以看到放在锅台上的几个馒头和一盘子剩菜。吕彦彰心里打着鼓儿，这就是"两大难缠"之一的穆不言和他的家吗？他打量着这位六十来岁，看似瘦弱的老实的庄稼人。他怎么也不相信，面前这人给暗访组反映了不实的情况，引起了一场华苑村扶贫工作不力的强烈地震，导致县镇村主要领导挨批评受处分。也难以叫人相信，这个并不起眼的庄稼人，动用了那么多的人脉关系来为他认定贫困户说情。他微笑着自我介绍："我是县里派到咱们华苑村扶贫的吕彦彰。"

穆不言很客气地说："欢迎第一书记来到贫困户家里走访。"

穆不言说着，从怀里掏出一盒已经揉得皱巴巴的低价香烟，抽出一支，递给吕彦彰。

吕彦彰摆着手说："谢谢！我不会抽烟。"

穆不言将烟递给权有智，自己也抽起来。

烟雾在院子里慢慢地升起来消散去。

权有智抽着烟，用眼睛狠狠地瞪着穆不言，大声提醒道："怎么？站客好打发不是？"

穆不言好像忽然明白了，急忙在院子里转了一圈，最后还是把他刚才搓玉米坐的那把三条腿椅子拉过来，轻轻地放在吕彦彰旁边，很客气地说："请坐吧！"

吕彦彰屁股刚刚挨着椅子，身子便侧歪着倒向一边。

权有智"哎呀"一声，眼疾手快地扶着吕彦彰。

吕彦彰借助权有智的力量，没有倒下去。

权有智急忙扭过脸去，暗自笑起来。

穆不言一脸惊恐的样子，嘴巴哆嗦着："哎哟！哎哟！我的蚂蚱爷呀！"

权有智转过脸来，气呼呼地说："去去去！再穷也穷不到这个地步吧？搬把好的椅子过来。"

穆不言哭丧着脸，一副无可奈何的样子说："这就是最好的了。"

已经站起来的吕彦彰制止说："站着说话更随便。"

穆不言说："真不好意思啦！"

权有智在院子里屋子里看了看，真的没有一把可以坐的椅子，讥笑着说："这真的是站着说话不腰疼了。嘻嘻！"

吕彦彰开始询问起穆不言家里的基本情况："家里几口人？"

穆不言说："我和老伴，还有老娘在家里。"

"三口人？"

"三口人。"

吕彦彰从穆不言家里的基本情况、承包的土地山林、收入支出等情况询问起来。穆不言一一做了回答。当问到有没有儿女在外打工的话题时，屋里突然传来一个女人的吆喝声："不出去着急呀？不关你事，在屋里好好坐着。"话音刚落，一个八十来岁、身穿红棉袄、头发乱得像鸟巢一样的老太太从上屋东间里磨蹭着走出来，身后紧跟着一个六十来岁的妇女。

吕彦彰看了看屋里走出来的两位女人，揣测着那位身穿红棉袄的老太太精神有点儿不太正常。

身穿红棉袄的老太太走到屋檐下，朝着吕彦彰傻傻地笑了笑。然后,把那壶花生油和几件衣服提在手里。

六十来岁的妇女走过来,一把扶住穿红棉袄的老太太,嘴里嘟嘟囔囔着:"都什么季节了,还要穿红棉袄?放下,放下,你提得动吗?回去,回去!不关你啥事。"

权有智好像对打搅了第一书记问话的两位老年人十分不满意,板着脸说:"你们回屋里待着!别影响第一书记调查走访。"

穆不言先是朝着吕彦彰自责地笑了笑,然后转过脸去,朝着六十来岁的妇女射出一股让人不寒而栗的阴冷幽光。

六十来岁的女人身体哆嗦着,急忙扶着那位老太太回到屋里了。

穆不言再次转过脸来,笑着给吕彦彰解释说:"那位是我妈,八十岁了。精神有点儿不正常。"

吕彦彰问:"这一位呢?"

穆不言说:"我女人。"

吕彦彰问:"你妈是怎么回事?"

穆不言说:"抑郁。整天想念在外地打工的穆兴造成的。"

吕彦彰问:"诊治没有?"

穆不言说:"诊治?那也要有钱呐!再说了,也不用诊治,一会儿清楚一会儿迷糊的。"

吕彦彰说:"那更要诊治了。"

穆不言说:"只要给穆兴通上电话,什么病就好了。"

吕彦彰觉得这话说得怪怪的,问道:"手机普及的年代,难道通电话也很难吗?"

穆不言长叹一口气说:"可不是音信很少嘛!"

吕彦彰问:"你几个孩子?"

穆不言指了指满屋的破烂家具,长叹一口气说:"养了两只狼娃!别提他们了。"

吕彦彰问:"狼娃?怎么回事呀?"

穆不言苦笑着指了指院子外面那棵白杨树。白杨树高处,偌大的鸟窝里露出一只喜鹊的脑袋,偶尔喳喳叫唤几声。他心情忧郁地说:

"人哪！就像这只喜鹊，嘴对着嘴喂养它的儿女们。可是，等到这些儿女们羽毛长起来了，翅膀硬了会飞了，就再也不回来了！"

吕彦彰问："你的孩子们飞到哪里了？"

穆不言说："两个孩子，远走高飞了——都在外地打工。户口也迁走了。"

吕彦彰问："打工的收益如何？"

穆不言哀哀地长叹一口气说："要说老板按照合同给钱，我们家也不至于过成这个样子。可是，偏偏遇到了黑心老板，说是破产了，白干几年。唉！这工打的！"

吕彦彰问："怎么几年的钱都不给了？"

穆不言说："这个我就不清楚了。"

吕彦彰说："可以通过法律手段保护自己的合法权益呀！"

穆不言说："都是乡下的老实人，遇到问题就没辙了。"

吕彦彰问："孩子们在哪里打工呀？"

穆不言"嘿嘿"一笑："没问过。可能是在广东，也可能是在福建吧？"

吕彦彰说："咱们县里市里在那边有同乡会呀！可以通过他们与当地的劳动部门交涉解决。"

穆不言说："早知道有这个同乡会就好了。"

吕彦彰问："媳妇和孙子们呢？"

穆不言说："都去外地了。"

正说着话儿，屋里的两个女人又走出来，穿红棉袄的老太太憨笑着，嘴里咕咕哝哝骂着谁也听不清的话儿。穆不言的女人急忙跟出来，两个女人在院子里一个追着一个骂着。闹得不可开交的当儿，老太太把拴奶子羊的绳子解开了，奶子羊很快不见了。穆不言苦笑着朝吕彦彰点点头，快步离开了院子。

权有智眼看着访问难以继续进行，就拉了吕彦彰一把："你看你看！他们家就是这个样子，一团散沙捏不成团儿。咱们已经看过了，就是这样的家庭，贫困线以下的收入。"

吕彦彰在穆不言这儿了解的情况和权有智介绍的差不多，只是眼见的境况更令人震撼而已。

　　吕彦彰走出院子以后，突然想起来周万新的提醒，不由得暗自揣测，难道穆不言真的是在演戏？

　　权有智看一眼默默无语的吕彦彰，长叹一口气说："你说穆不言家的日子咋过得这么熬煎人呢？"

　　吕彦彰没有接话，心里隐隐觉得有一些解不开的疑惑：儿子媳妇都在外地打工，怎么就是贫困户呢？既然是贫困户，为什么动用那么多的人说情呢？

第二十六章　谁在寻觅逝去的记忆

赵启福终于从止疼药物效力减退的沉睡中醒过来。

他慢慢睁开眼睛，看见了面前这位站立着的女人。她乌黑浓密油亮的短发下，漂亮的眼睛里透着一丝不安和心疼。这使他想起来自己在边境线上受伤苏醒后见到的那双焦虑和哀伤的眼睛。是的，一模一样的眼睛，一模一样的眼神。此刻，她抽搐的面容，抖动的嘴巴，透出她那种直达心扉的阵阵隐痛。

她就是李俊英。

赵启福完全清醒了。

他好像听到了自己心口窝里蹦跳的"咚咚"声音，竭力地眨巴了几下眼睛，在李俊英的搀扶下坐起来，微笑着说："你来了！还带着缘缘？"

李俊英站在他的对面，微微地点点头，拉着身边的缘缘，眼圈红红地说着比画着："叫爸爸，叫爸爸。"

缘缘"啊啊"着，伏在赵启福的怀里。

赵启福满脸带笑，伸出右手，抚摸着他的头发："我的缘缘，想爸爸了吗？"

缘缘转过脸来，在赵启福脸颊上亲了亲，两行眼泪滚流而下。

这位孩子，是赵启福九年前在山上的护林房外捡来的。那年十月间的一天夜里，赵启福被护林房外的婴儿啼哭声惊醒了。他披衣下床，打着手电筒循着声音寻去，护林房外的柴草堆里一个被毛衣紧紧裹住的娃娃儿手脚乱蹬，扯着嗓门儿哭得好不叫人心痛。一个稚嫩的小生命啊！赵启福抱到护林房，就着灯光一看，是个男孩儿！毛衣里夹着一封没有署名字的委托信，写着孩子的生辰八字，还有两千块钱。是谁这么狠心，把亲生儿子未经受托人的同意就委托他人抚养？简直是奇葩怪事。赵启福四处打听，也没人来认领。他就让林秀英把这个娃儿养起来，还给他起了个好听的名字缘缘。为了这个孩子，有人把他举报了，差一点丢了村支书的位子。叫人意外的是，这孩子是个哑巴。一家人急呀！他抱着孩子到市医院检查治疗，没有效果。哑巴就哑巴吧，哑巴也有生存下去的权利呀！林秀英视如己出，十分宠爱。不过，这个孩子也很机灵，跟着他的两个哥哥华卫国、赵阳看图认字，学会了一千来个字。林秀英走后，赵启福因为村里的事情多，缘缘常常由亲家李俊英看护着。

赵启福为缘缘擦去了眼泪，小声说道："不要紧的，爸爸很快就会好的。"

缘缘点点头，依偎在爸爸的身旁。

李俊英听着赵启福与他的儿子对话，心里上上下下翻滚折腾，五脏六腑都仿佛挪动了位置。前天，当她从吴兰香、石建强那里得到赵启福摔伤住院的消息以后，一腔怒火腾腾燃烧起来，一种从未有过的气愤包围了她。第二天，她就要找林成金算账的时候，野牛岭林地里传来奇怪的响声。费理同告诉她，林成金又在她的林地里寻找什么黄金矿，还把几棵辛夷树炸断了。她再也难以控制自己，在乡亲们的支持下，立即向林成金兴师问罪。

李俊英以激烈的方式使得心头的气愤暂时得到宣泄。但是，内心里还是觉得一种从未体验过的悲痛包围了她。自从林景芳走后，她想到了重新组合家庭，想到了那个死了老婆、现在还是单身的赵启福。为什么那种真挚爱情还在为他燃烧着？是不是女人对爱总是一往情深？是不是女人都太过天真？是不是还在默默爱着那个曾经伤透她心的初恋人？难道，有一天真的与他分开了，她是否会发现，离不开彼此的，是她，而不是他？

是的，当年她之所以果断地远离家乡在这个大山里生活下来，真实的原因只有她知道，舍不下那一份赤诚的真心相爱呀！

李俊英想起了与赵启福的初恋，历历往事，如在眼前。爱情真的是一个将一对陌生人变成情侣，又将一对情侣变成陌生人的快乐而又残酷的游戏吗？

当得知赵启福受伤住院的那天夜里，李俊英彻夜未眠，眼泪不停地滚落着。她用力擦着，使劲擦着……成串的眼泪还是滴湿了被子。她为赵启福停职检查的境况担心，更为他遭遇到的意外伤害心疼，也为自己的后半生担忧。谁愿意孤单度日，谁愿意孤苦一生，若不是情到深处难自禁，又怎会柔肠欲碎，泪眼蒙眬？

在这个纷纷扰扰的世俗世界里，能够学会用一颗平常的心去对待周围的一切，也是一种境界。可是，李俊英还是难以自制。当她站在赵启福面前的时候，就仿佛又回到了炮火连天的边境前线。她将赵启福背到后方医院后，站在手术室外面，等呀等呀！终于等到推出手术室的那辆推车，她疯一般地扑上去，趴在他的身边，尽情地让泪水哗哗地滚流着。现在，她又一次站在他的身边，看着她曾经舍命相救、真诚相爱过的那位军人，像少女情窦初开时的激动，再也无法克制自己的情感，只觉得苦涩的胆汁直往嘴里涌来，鼻子一酸，两行泪珠"啪嗒啪嗒"地滚落下来。

赵启福深情地望着泪水滚流、胸脯剧烈起伏的李俊英，不知道该用什么话来安慰她。他有些手足无措地说："如果你哭，我也会掉泪的。"

其实，李俊英之所以悲催流泪，那是对往事的回忆和看到赵启福时的心疼。今昔相比，感情的闸门一旦打开，还真的像当年一样难以关闭。

李俊英想起来了。当年她从边境线上千里迢迢来到华苑村见到赵启福以后，因为愤懑悲伤激动而流泪，他就是用这句话来安慰她。这句话的意思就是感同身受。这是战场上英勇杀敌不怕死的铁血汉子，在自己最爱的初恋面前发出的内心真言。李俊英为这句透露出心底的话儿熨平了满腹的委屈和心酸，于是红着眼睛带着勉强的笑说："只有我们两个人的时候，我才毫无顾忌地让泪水滚流，这才是真情实意的情感迸发，才会平复我心中的哀伤和无尽的苦恼。"

话语深沉，真情所致，勾起历历往事。

如流水般的岁月已经飞逝而去，曾经的泪痕处，风华正茂的岁月里总会留下魂牵梦绕的旧梦。回首往事，那些依旧沉醉在脑海深处的一幕幕剧情，想起来满满的都是愉悦和感动啊！

赵启福一时想不起用什么最恰当的话来回答李俊英，他有些答非所问地讷讷说："我知道。不过，你也应该知道，我与你一样感同身受。"

李俊英激动地微笑着，默默地点了点头。有了这句话，她觉得已经很满足了——赵启福心里，依旧把她当自己的最爱。她面对着赵启福坐下来，开始向他叙说扶贫工作队进驻华苑村的工作进展情况，叙说自己去林成金家马踏五营讨要说法。最后，她气呼呼地向他叙说权有智给她介绍对象的经过。

赵启福听完李俊英的话，情不自禁地抖动着身体，以至于伤口剧烈地疼痛起来。他以难以掩饰的激动问道："你说什么？"

李俊英看见赵启福吃惊激动的样子，知道这个消息震惊了他。其实，她之所以急匆匆地赶到这里，除了探望，就是要把这个消息告诉他，就是要看看他的表现。就算你不说，我也知道，我们早已经融入彼此，你中有我，我中有你。只是我们曾经牵着的手，因为你一个伟大的承诺而不得不收回去。现在，你已经实现了你的诺言，我们完全可以再次牵着彼此不再年轻的手，一路风雨地走下去。

看着赵启福由于激动而痛苦的表情，李俊英开始自责起自己，后悔不该过早地把这个刺激的消息告诉他。不过，她还是从这件事上发觉了他内心世界的秘密，感觉到了真情实爱的回音。她安慰他说："赵哥，你是大江大河里走过来的人，应该保持一种波澜不惊的心态。如果我没有这个自信，怎么可以在这种情况下把这个消息告诉你？"

赵启福被李俊英这句铿锵有力的话征服了。他觉得，李俊英身上有一种内在散发出来的令人欣赏赞叹的吸引力。她像无花果，虽然没有花的绚丽，却已经有了果实的厚重。虽不以艳丽的花期诱人，却能酿出浓郁的美酒，甘甜绵长，让人贪杯，让人沉醉，让人久久回味。

　　赵启福知道，李俊英以成熟的风韵吸引着他的目光。她自从丈夫去世后没有再婚，那是她在真情的岗位上锲而不舍地等待着真情。其实，这些年来，他心里每天都是在想着她念着她，他从来也没有丢下那段生死救助中建立的诚挚爱情。自从他送走了林秀英以后，他觉得一定要等到她去世三周年以后才考虑再婚的事情。就是再婚，也要给华栋栋一个交代呀！也许这就是一种对逝去亲人的报答。当然，他也曾多次想给李俊英坦露心机，多想把自己的爱画作一幅美丽的彩虹献给她，多想把自己那颗滚烫的心交给她。他觉得，从她身上，可以寻觅到曾经逝去的记忆，可以变得更加聪明和智慧，可以折射出人间大爱的身影，可以弥补感情世界的空白。

　　现在，赵启福终于明白了一切，内心十分激动和喜悦，微笑着说："是的，我明白了！"

　　李俊英"哼"了一声说："我也不是他让我改嫁谁就改嫁谁的。"

　　这是抛给赵启福又一个坚定不移的爱情信号。

　　赵启福"怦怦"心跳，故意说："我知道你心里有谁。"

　　李俊英笑了。她弯下身子，将嘴巴贴着赵启福的耳朵，像初恋时的那种神秘和情真意切，很认真急切的样子问："谁？"

　　赵启福也压低了声音，笑着说："你说是谁就是谁。"

　　模棱两可的回答，把李俊英逗乐了。她故意怪怪地笑起来："明知故问。你也不问问他给我介绍的什么人？"

　　赵启福好像很无所谓地说："不就是一个大老板嘛！"

　　李俊英正话反说："你这个人，真的是波澜不惊啊！"

　　赵启福非常认真地盯着李俊英的眼睛，郑重其事地说："我关心的是你的态度。"

　　李俊英眼睛并没有转移，明亮而又凝重的眸子里透出坚毅的目光，微笑着说："我是心静如止水。"

是的，她的心里，守望着的是不变的真情。

赵启福觉得巨大的惊喜从心底油然而生，幸福瞬间蔓延到了全身。

第二十七章　傻帽子越拢越高了

权有智家院子里葡萄树架下面，他和林成金两个人头抵着头，悠闲自得地喝着酒抽着烟，低声嘀咕着什么。缭绕的烟雾透过翠绿的嫩叶，飘向远方。

权有智与林成金是老酒友了。

那一次，林成金被评上贫困户，权有智撺掇着他请客庆贺一下。

林成金虽然满口答应，就是不敢把权有智请到家里。因为，梅花不同意。

权有智说得多了，林成金只好买了两瓶低价的白酒，趁着梅花枝回娘家，喊来了权有智。两个人就着一小碟子花生米，有滋有味地喝起来。

两个人正喝得高兴，忽然飞来一只鞋子，砸在林成金的后背上。梅花枝回家了。林成金一把抓起酒瓶子，喊一声快走，两个人飞也似的跑到野牛岭山根下，继续喝酒聊天。

不知不觉，红日西坠，两个人喝了一斤多，醉意上来了，肚子也不停地咕咕叫着提意见。林成金忽然看见坡底下就是一块葱地，急忙走过去，抓起一把薅起来。嘿！刚刚浇过水的，一拔就出来。林成金口齿不清地喊起来："哈哈！美酒就大葱，得劲儿呀！"权有智也走过来，两个人坐在葱地的地梗子上，吃着葱，喝着酒，忽然看见穆不言站在他们面前。

穆不言跺着脚大声喊叫起来："你们两个肚子里长了酒鳖子的酒鬼，怎么跑到我的葱地里喝酒呀？你们看看，吃了我半畦的大葱了。"

醉眼朦胧的林成金咧着嘴嘻嘻笑着说："我这是在请权主任的客。"

穆不言说："请客喝酒也不该就着我的葱呀！天下少见。"

权有智瞪着眼说："吃了你的葱又该咋的？咋呼啥？"

穆不言一副无可奈何的样子说："嗨！我前天刚刚浇了人类尿啊！"

权有智、林成金被吓了一跳，低着头抠着喉咙眼儿"嗷嗷"干哕起来。

现在，两个人又喝上了。

林成金"滋溜"喝下最后一口武士特酿，"吧唧吧唧"抽完了第一根烟，又接着权有智递过来的第二根抽着了。眯着眼说："到底是房地产老板，酒好，醇香，不烧心，百分之百粮食造，喝一口就美到心里头了；你看这烟，南阳产的南阳红。喝着美气，抽着得劲。"

权有智又举起酒瓶，给林成金面前的酒杯倒满了，很难为情地说："神好请，鬼难送。李俊英给我玩大的，怎么向蔡老板交差？"

林成金挤着眼说："为了将这块地弄到手，又是给她介绍对象，又是给她制造麻烦哩。我这不是已经按照你的意见，把赵启福'黑'上了，也把李俊英告到县委书记那里了？"

权有智说："蔡老板刚才给我打来电话了，李俊英这块地里真的有黄金，含量很高。他们正在完善手续，一定要开采。"

林成金说："既然在李俊英那块林地里发现了黄金，就给她交个实底，赔偿款给高一些不就行了？干吗自寻烦恼呢！"

权有智说："你看你看！软蛋了吧。要退套了？李俊英是好惹的吗？背后站着一个村支书。只有把赵启福扳倒，李俊英才不会刺刺儿。再说啦，红眼病可是很厉害的传染病，当年蔡老板输官司的教训要汲取。"

林成金点点头说："对对对，还是你棋高一着啊！要不是你提前给我和老穆出主意，赵启福这杆大旗倒得了吗？"

权有智阴沉着脸说："我给你出什么主意了？信口开河！"

林成金说："放心。不就是在你面前说说嘛！"

权有智说："当年，赵启福真不该鼓动着村民们将蔡老板告到法院，我也是没有逮着黄鼠狼惹了一身骚。"

林成金说："听说暗访组暗访以后，已经把咱们村的扶贫工作先进牌子给摘了。赵启福的村支书干不干还不好说呢！"

权有智吐出一口浓烟，脸上透出莫测的神色："树不倒，挖坑小。逮不着兔子不收鹰啊！"

林成金说："我看什么事儿都没有那么轻巧。你比如说吕彦彰进村的那一天，你让我去拍工作队去村民家里吃请喝酒的照片，结果怎么样？人家压根儿就不中招。"

权有智脸色非常难看了："不愁羊不吃麦苗儿。那个女干部不还是去你家了？"

林成金说："不是你想的那样。人家是借这个机会去看望花枝的，一口水也没喝。"

权有智说："瓜无滚圆，人无十全。方法大似气力，牛大还有捉牛的法儿。咱们走着瞧。"

林成金说："还走着瞧？要说我真不该出头露面的。一个是我本家婶子，一个是我近门姑父。我这是犯浑了吧？"

权有智脸色立刻难看起来："少在我面前耍小聪明。关键时刻断电掉链子不是？你尾巴扬起来，我就知道要拉什么屎了！"

林成金哭丧着脸说："你这话难听——把我比作牛马驴咋的？"

权有智眼睛鼓起来了，气呼呼地质问道："你这个人不够义气吧？这几年不是我罩着你，看看你家门口挂着的'贫困户'牌子，光荣匾似的。这个牌子哪来的？什么低保户贫困户？年年吃救济？每次县里镇里来慰问，衣服被子大米食用油，还有嘎嘎响的人民币少了你的？就是过年的对联儿，也是村里发下来的。"

林成金说："这个我知道，你是我的恩人。可是这个牌子也是有利有弊呀！"

权有智问："什么意思？"

林成金哭丧着脸说："唉！娇娇不就是因为门前挂着这个牌子气跑的？嫌丢人哪！"

权有智瞪着眼说："她嫌丢人为什么不来一个咸鱼翻身？与亲亲的爸妈不相往来，什么能耐？"

林成金说："她不是没有能力吗？再说，花枝药罐子不倒，怎么翻身？"

权有智说："所以，蔡老板这里一旦开上金矿，你门前的牌子还真的可以摘去。不过，就看你的表现了。"

林成金摇摇头说："可是我手里没有子弹呀！没子弹心里就虚呀！"

权有智不解地问："什么子弹？"

林成金说："我凭什么跟我二婶争坡地？"

权有智喷着嘴说："你犯浑呀！你是说证据不是？不是说李俊英的林权证被你拾到了？"

林成金说："拾到又怎么样？人家的林权证即使丢了，可是我的林权证也不敢拿出来见太阳啊！"

权有智想了想说："我明白了。不过没有关系呀！我前天听齐保国说，村里保管的很多手续都泡坏了。再说当年你爹在世的时候，可是没少给林景芳种树浇水护林子。冲着这一点，你就可以当一回搅屎棍子搅茅缸。"

林成金龇着牙大声说："哎呀！打这个比方多不好听呀！"

权有智急忙指了指上房又摆着手说："小点声！那人听见该我背时了。"

怎么回事儿？

原来，当年权有智跟着蔡老板开矿挣了几个钱，开始嫌弃自家的黄脸婆了，在外面勾引了一个年轻时髦的离异女人，回到家里闹离婚。权有智的女人叫张彩云，一百成的老好人，对于自己男人坚决离婚的行为毫无办法。两个孩子虽然反对父亲与母亲离婚，可是在权有智的淫威下，也奈何不了这个变心的父亲。于是，权有智将上房的两层小楼给了妻子和孩子，自己只分得西屋偏房两间。谁知道开矿形势越来越不好，国家的管理越来越严。他暗中投资蔡老板的铁矿也因为铁粉价格跌落和华苑村村民们的赔偿纠纷而破产。矿被封了，赔偿出了，权有智落毛的凤凰不如鸡了，那个看着他钱袋子瘪下来的女人远离他而去了。孤身一人的权有智如今蜗居在家里，原来幸福美满的家庭彻底地败落下去了。

林成金龇着牙做个鬼脸儿："喝多了，喝多了。"

权有智一把将酒瓶子抓到自己手里。生气地说："什么喝多了？喝多了就不要再喝了。"

林成金龇牙一笑，从权有智手里夺过酒瓶子，给自己酒杯里倒满了，坏笑着说："哎！我说大主任哪！你费心巴力的，可是鸡子拴到门槛上——里外叨食，两头捞好处吧？"

权有智黑丧着脸问："怎么这么说话呢？哪件事呀？"

林成金耷拉着眼皮只管说："别撩人家了！蔡老板六十多岁了，老牛吃嫩草呀！"

权有智心里说，这种短视眼嘴跑风的人，还是不能把实情底话告诉他。便笑着说："什么老牛吃嫩草？人家手里有钱哪！当老板娘不是？"

林成金撇着嘴说："我看，你这样做，醉翁之意不在酒，一心要拆我姑父的台子板吧？"

权有智瞪着眼问："什么意思？"

林成金笑着说："当年我二婶拼着命将我姑父背到后方医院，救命之恩哪！他们是生死之交的恋人。我姑父为了照顾烈属一家，忍痛割爱才娶了我姑林秀英。如今我姑走了，我二叔也走了。我二婶与我姑父是不是应该再续前缘，度过鹊桥走到一起了？宁拆十座庙，不毁一门婚嘛！"

权有智拍着林成金的肩膀，"啪"地打一个响指说："哎，聪明！

是这个理儿，提醒我了。可是，蔡老板那些东西好吃难消化呀！你说怎么办好呢？"

权有智从来没有夸奖过他呢！林成金心里美滋滋的。说："可是，这事儿保不齐也就是咱们看戏的掉眼泪——替他人担忧。我二叔走三四年了，我姑姑也走好几年了。他们也没有走到一起嘛！说不定心里有隔阂。"

权有智摇着头说："不对呀！他们能有什么隔阂？你姑父在护林房里捡来的那个哑巴孩子，这几年不就一直由你二婶养着的？"

林成金骂着说："是呀！不知道是哪个缺德的，把自己的孩子偷偷放在他的护林房，害得我姑父因为违背计划生育政策被罚款，还差一点丢了村支书。"

权有智喷着嘴说："看看！看看！一揸没有四指近。是亲三分向，不向急慌慌。"

林成金眯着眼说："什么事儿也得有个是非不是？"

权有智问："现在找到那个人了吗？"

林成金说："不知道。"

权有智说："扯得远了。"

林成金说："蔡老板开矿的事儿，你让我冲锋陷阵，得罪人的事儿都是我干的。他给我什么好处呀？"

权有智心里不高兴了，这个弯弯绕的，绕了半天是给我讲价钱。嘴上说："事情办成，一定给你信息费。"

林成金摇着头说："信息费？我不干。我要入股提成，我要脱贫更要致富。"

权有智更不高兴了。看来，这个人的傻帽子被自己越拢越高了。可是，要扳倒赵启福，争到那架山，还真的离不开这难缠的贫困户。于是，就拿话稳住说："这个事儿，我当不了家。不过我可以提建议。下次见到蔡老板，我一定替你说说话儿，胳膊肘不能朝外拐嘛！"

林成金咧嘴笑了："那中！肯定中。我听说你是暗中投资合伙的？你这一票很关键。"

权有智狠狠地瞪一眼这个油嘴葫芦，批评说："哪壶不开你掂哪壶。而且还是个老太太吃蚕豆——软磨硬顶的主儿。"

林成金说："实话实说嘛！"

权有智说："不要扯远了。咱们说点正经的。"

林成金问："什么事儿？"

权有智趴在林成金耳朵边上，郑重其事地说："最近，上面还要来检查，你听我的信儿，到时候，你就……"正说着话儿，林成金的手机响起来。

林成金看一眼来电号码，是郝梦媛打来的，急忙接着了："你好！郝干部，有事吗？"

郝梦媛说："我和县里的雷总马上就去你家看看。"

林成金满脸带笑，以激动的口吻说："好好好，我马上回去。"

林成金知道，这些年来，但凡市县镇里干部来华苑村检查工作，慰问低保贫困户什么的，都少不了来他家里访贫问苦的。听到郝梦媛的这个消息，他心里很高兴。

权有智也听见了，朝着林成金摆一下头，果断地说："走！我陪你回去。"

第二十八章　情到深处甜蜜蜜

郝梦嫒知道，只要自己给雷鸣远使一点小性子，他就是船离码头也要调回来的。

中午的时候，一辆大众小轿车停在华苑村村部门口，从车里下来一位二十七八岁的年轻人。他从后备厢里面提出几个包包，径直走进村部。

郝梦嫒已经来到门口。尽管她使性子不接雷鸣远的电话，还是看到了他发来的信息，按时前来迎接。

两个人把大包小包提到屋里。郝梦嫒用自己的毛巾给雷鸣远擦了擦脸，接着又给他拍打了衣服上的灰尘，温柔地说："谢谢你又想起了我。"

郝梦嫒温柔的笑意、可心的话儿把雷鸣远逗乐了，闷了三天的气一下子就消失得无影无踪了。他笑着说："啊！梦嫒，我真切地体会到，距离使人产生万分的思念，思念督促我们必须拉近距离。"

郝梦嫒的心里绽开了朵朵鲜花，就要蹦出来了似的笑起来："你来看望我不但是对我工作的最大支持，还是对诚挚爱情的最好证明。"她说着，把已经放温的茶水送到雷鸣远的唇边："正好可口。"

雷鸣远顺从地喝了几口，满脸都是感激和喜悦。

虽然，郝梦嫒三天来没有与雷鸣远视频聊天，也没有与他通电话，其实，心里还是很想念的。毕竟，他们已经谈了五年恋爱了。五年来，从来没有闹过矛盾，即使有些时候她使使小性子，不到一天就会和好如初了。这次下乡扶贫因为他的不支持甚至反对的言行，郝梦媛一气之下竟然三天没有与他联系。她想到这里，也觉得自己有些过分，不该使性子。更没想到他这么快就来看她。她心里涌满了激动和甜甜的蜜意。她将杯子放下，用餐巾纸轻轻地给雷鸣远沾了沾嘴唇，将双手搭在他的肩膀上："你业务那么忙还来看我。"

雷鸣远拉着郝梦媛的手，轻轻地说："几天不见，我真的很想你。做梦都在想呢！"

郝梦媛歪着头，看着雷鸣远那富有魅力的嘴唇，笑着问："是真的吗？"

雷鸣远点点头："那还有假吗？你在身边时你就是一切，你不在身边时一切就是你。"

郝梦媛为这句话激动起来，甜甜地笑着说："这话我信。"

雷鸣远顺势将郝梦媛拉到自己的怀里，抚摸着她的满头秀发，讷讷地问："你是否知道？虽然，我们相距这么远，你走出了我的视野，却永远走不出我对你的那种无可名状的思念；你远离了我的身影，却永远不能远离我对你的无限的真情。"

郝梦媛心里涌动着激动和幸福，将身子紧贴着雷鸣远的胸脯，尽量地释放着自己独具的魅力和女性的娇媚温柔，进行着自己情感方式的安慰，同时也感受着他的激烈的心跳。她笑语连连："其实，我们从曾经的陌生变为熟悉，从熟悉变为知心知底知己，时间创造着真挚真诚真爱，使你我的距离悄然靠近靠近再靠近。你的身影也永远留在我的心里。在你的生活中，也许我不是最完美的最出色的，可你却是我今生最难以忘记的！真的，我也很想你。"

雷鸣远的心跳得更快了。他轻轻地吻着她的头发，微笑着说："是啊！自从你下乡以后，我才真正领略到了孤独和惆怅的滋味，经受着分离的愁苦和思念的煎熬，还有那无休止的期盼。为什么你的一举一动都让我心潮起伏？为什么我总害怕与你哪怕是半天的分离？"

郝梦媛微微倾起身子，笑着用纤纤细手点一下雷鸣远的额头，娇声地笑道："是的，因为我们在一起的时候是甜蜜的幸福的。所以有人把幸福比作是一个美丽的玻璃球，跌碎散落在了世间每个角落，有的人拾到多些，有的人拾到少些，却没有谁能拥有全部。我愿将我拾到的全部分给你，让你比我更幸福更长久！"

雷鸣远将郝梦媛揽得更紧了，轻轻地吻一下她的脸蛋："我不！我们应该把我们拾到的合二为一，让我们的生活更幸福更长久。"

郝梦媛轻轻地踮起脚，将额头抵着雷鸣远的额头，轻声细语地说："是的！合二为一，我们的幸福才会更长久。"

雷鸣远用额头轻轻地摩擦着郝梦媛的额头，开心地说："只要我们心中有爱，我们就会幸福。幸福就在当初的承诺中，就在今后的梦想里。"

郝梦媛笑着说："幸福就是牵着一双想牵的手，一起走过繁华和喧嚣，一起守候寂寞和孤独；就是陪着一个想陪的人，高兴时一起酣畅大笑，伤悲时一起涕泗横流。你看，天空中有你我最喜爱的颜色，现实中有你我最相配的角色。白云依靠着蓝天，蓝天包容着白云，就像现在的我们，无拘无束地相拥着幸福着，使我们忘记了一切，只有充满着爱的世界。多美！"

雷鸣远眼神里透出十分开心的笑意："是啊！真的是白天有你就有梦，夜晚有梦就有你。只要与你在一起，我就幸福着快乐着。"

郝梦媛歪着脑袋，很认真地问道："生命中，有一个人可以去惦念，那就是缘分；有一个人可以惦念自己，那也是幸福。你说对吗？"

雷鸣远抓起郝梦媛的一只手，无比激动地说："亲，请把我的手指放在你的心上，闭上眼睛，你会感觉到我指端传来的每秒一百次跳动的脉搏，每一次跳动都是我在对你说，我真的好想念你！"

郝梦媛将雷鸣远的手轻轻地握住，歪着脑袋，笑嘻嘻地说："你的眼睛已经毫无保留地告诉我，你真的把我当作最喜欢的女朋友。有的时候，我的固执也是一种撒娇，也是一种无奈，也可能是宣泄。鸣远，你千万千万别介意。我是无意的！"

雷鸣远笑着说："我知道，你是给我闹着玩的。你看春天的阳光那么美好，它洒满了整个世界。梦媛，我对你的爱，就像这洒落在你身上的阳光。你，就是我的整个世界。真的，我的心随你而动，如影随形。你的一颦一笑，让我魂牵梦绕啊。"

郝梦媛的心跳得更加厉害，她再次踮起脚，用香唇吻着心爱的人，用温柔的可人的语气说："我们相遇真的就是天意，相互理解才能长久。如果你把心里想的落实在行动上，就应该理解我支持我。"

雷鸣远笑着说："当然！我应该支持你的工作，不应该设置任何障碍。不过，你也要理解我对你的关心。也许只有爱，才在这种障碍中体现出来。"

郝梦媛微笑着摇摇头说："也许有一定的道理。不过，我还是认为，关心不是干涉。在个人的追梦中，每个人都有自己的奋斗目标。"

雷鸣远笑着解释道："选择最为重要。你的选择不代表我的选择，所以才对你下乡扶贫支持不够。请原谅！不过，咱们五一结婚的时间可是铁定了的。"

郝梦媛听到这里，给雷鸣远一个真诚的微笑："看看我这里扶贫工作的进展情况吧！"

郝梦媛再次在雷鸣远的脸上轻轻地吻一下，开始给他泡山蜂糖茶水。这是她下乡以前，爸爸托熟人在五朵山购买的。下乡以后，忘记喝了。现在突然想起来，急忙给自己的心上人泡了满满一杯端过来："这是纯正的五朵山土蜂蜜。"

雷鸣远接过来，一种淡淡的花香味扑鼻而来。他轻轻地呷了一口，便喊起来："真甜呐！甜到心里了。"

爱情，刚开始就像一杯青茶，既解渴提神，又略带苦味；情到深处，才像蜂蜜一样甜。

这种爱的感觉真好。

郝梦媛莞尔一笑，非常认真地做起了自我批评："我不该挂断你的电话。那是很伤人心的。"

雷鸣远好像非常理解似的，微笑着说："我知道你的用意，还不是想要我来看你？"

一句玩笑似的话儿,把两个人之间的小小矛盾完全化解了。郝梦媛非常高兴地说:"当然!我就是想请你来看看这里的风景的。哎!对了,趁着还没有吃饭,咱们出去转转?"

雷鸣远问:"怎么?你的同事呢?"

郝梦媛笑着说:"吕书记和杨志业听说你来看我,非常高兴。他们去农家乐安排午饭了。"

雷鸣远心里很激动,吕书记和杨志业还不是借口离开?他真的想喊一句理解万岁!他立即按照郝梦媛的安排,开着汽车径直来到林成金的家里。

第二十九章　误会中的真情

郝梦媛和雷鸣远手里拎着几个包包向林成金家走来。

林成金刚刚回到家里，就看见郝梦媛和一个干部模样的年轻人手里提着包包来到他家门口，按捺不住心里一阵激动，附在权有智耳朵边小声说："还是贫困户好啊！你看，扶贫工作队这才来几天啊，已经两次给咱送货到家了。"

原来，扶贫工作队下乡的当天，已经将退役军人服务中心捐助的物品送给了华苑村所有的低保贫困户。

权有智看着林成金高兴的样子，轻轻拍一下他的肩膀："怎么样？贫困户的帽子戴着不错吧？"

林成金龇牙一笑："月月有问候，季季有效益，年年有救济。感谢感谢！"

两个人说着话，迎着郝梦媛、雷鸣远快步走过来，接着了那几个包包。

林成金笑得像啤酒冒花子似的："谢谢领导关心！谢谢你们大老远地前来看望我这个贫困户！"

权有智跟着说："党中央国务院的决策真英明，对贫困户无微不至的关怀，真是没说的。请坐！花枝，快给领导们沏茶！"

梅花枝已经来到院子里，看见郝梦媛和一位年轻人带着好多的包包，还以为是县里领导来看望贫困户的，头也没抬就转身回到堂屋了。

　　林成金知道，凡是上级来慰问的什么领导，只要是给贫困户发放救济款还是物品什么的，梅花枝一概不参加。嫌丢人哪！刚开始村里在家门口挂贫困户的牌子，她坚决不同意。后来支持着娇娇给砸了。这件事儿，弄得权有智很不高兴。有时候上级带着物品前来慰问，摄像机照相机抓拍着，梅花枝不是闭门谢客，就是躲起来。权有智心里很是不舒服！你看你看，今儿个领导提着大包小包来慰问看望，起码也该沏杯茶说说话呀！就这样的态度，气死个人也！可是他也知道这个当过妇女主任的不好惹，就狠狠地白她一眼，从衣兜里掏出一盒皱巴巴的南阳红烟，抽出一支递给雷鸣远："请您抽烟。"

　　雷鸣远笑着说："谢谢！我不会抽烟。"

　　权有智吆喝着林成金："给领导沏茶。"

　　雷鸣远制止说："不用了，小坐一会儿就走了。"

　　权有智说："领导们在百忙之中前来看望贫困户，我代表华苑村所有的贫困户表示感谢。"

　　郝梦媛看着权有智满脸通红酒气熏人的样子，知道他打岔码了，笑着说："他不是领导。他是……"

　　权有智非常认真地抢着说："我知道领导们都很低调。不愿意扰民，更不愿意给老百姓增加麻烦。这样吧，已经到了吃饭的时候，我安排。"

　　郝梦媛急忙制止说："权主任，你不用安排了。刚才吕书记已经安排在吴大婶的农家乐了。"

　　权有智说："那好。既然安排了，恭敬不如从命。"

　　就在林成金手忙脚乱泡茶的时候，郝梦媛已经去到上房将梅花枝喊出来了。

　　梅花枝看见雷鸣远拿来的物品，心里很不乐意，躲在屋里不准备见面的，听郝梦媛介绍说是她的男朋友特意来看望她的，急忙来到院子里，不好意思地道歉说："哎呀！我的好兄弟，姐不知道你是来看望我的，还以为又是领导们来看望低保户贫困户的。真不好意思！"

雷鸣远说:"梦媛给我打电话说,要是来华苑村,一定要来看看大姐的。"

梅花枝说:"多谢你们心里有俺。让你破费了。"

权有智、林成金听着他们的对话,才知道弄错了,拉着长脸尴尬地站在那里。

郝梦媛说:"姐,他今儿来带着任务的。"

梅花枝问:"什么任务?"

郝梦媛说:"鸣远是经营超市的。他来这里考察以后,如果可以在咱们华苑村办个超市连锁店,就请你参加来管理。"

梅花枝高兴地拍着手说:"太好了!你看我们这里怎么样?村部对面就是文化广场,豫西牵牛作战指挥部,左边是棠梨树,右边是白河挂壁,前面是白河,后面是楚长城。还有石头庄、玉兰园和桃园。一旦开发起来,就是一个很好的旅游景点。开办超市,既便民又大有效益。只是,我身体不行。"

郝梦媛说:"有病治病。哎,吕书记已经与县扶贫办李主任联系了,他们马上就要安排医院专家来咱们华苑村扶贫义诊。听说有一个裴医生,是治疗肺心病的专家。治好了,就参与管理售货什么的。大家共同致富。"

梅花枝说:"太好了太好了!"

雷鸣远说:"等我回去后召开董事会商量商量,如果大家没什么意见,马上就行动。"

郝梦媛说:"吕书记的爱人卢飞娣的格海家电就是专卖电器的。到时候,两家联手,百货电器什么的都有了,买东西方便多了。省得跑远路。"

权有智一时愣在那儿了。这样的好事,怎么就被一个女孩子抢占先机了?不是赵启福背后指点的吧?嘴上表示着很赞成的样子说:"有眼光。如果村里的愿景规划落实了,在这里开办一家超市会赚大钱的。"

几个人坐在二花架子下面,七嘴八舌地议论起来华苑村的脱贫致富计划，议论起开办超市的成本和收益。林成金只是闷着头听着，因为他既不相信梅花枝去管理一下超市就会发财，也不敢惹她生气。不过，花枝真的有个事儿干着，谁嫌钱扎手呢！

　　说着话儿，郝梦媛的手机响了。吕彦彰要他们去农家乐吃饭呢！

　　郝梦媛、雷鸣远刚刚走出门口，就听见梅花枝喊道："梦媛妹子，请等等！"

第三十章　说你脚小还真的扶着墙走路了

郝梦媛停下脚步。

梅花枝追过来，气喘吁吁地说："上次想请你吃顿便饭，结果有事没吃成。你留下的这一百块钱现在退还。"

郝梦媛说："姐，不要再提钱的事了。算是我第一次来认你这个姐带的礼物吧！"

梅花枝不依，两个人推让了好长时间。没办法，郝梦媛只好收下了。

就在梅花枝与郝梦媛推让的时候，已经走在前面的权有智和林成金忽然看见文化广场那边停下来几辆小轿车，从车上下来七八个男男女女，有的背着照相机，有的扛着摄像机，去到棠梨树下参观拍照摄像。这阵势，就好像是大领导前来视察的。权有智踮着脚打着眼罩看了又看，非常认真地揣摩了一会儿，凭他这几年当村主任的经验，认定就是上面来人了，因为领导们下乡检查指导工作都是前呼后拥，又是拍照又是摄像的。你看这群人，穿着打扮很不一般，人马哄哄的，一定是大领导下乡视察来了！嗯，就这么办！心里一激动，主意就来了，附在林成金耳朵旁说："看见没有，很像走访视察的大干部。"

林成金这会儿酒劲已经上头了，晕晕乎乎进入极度兴奋的状态。他醉意朦胧，眨巴着眼睛问："大干部怎的？不是给我送温暖来了？"

权有智笑着说："吃惯梅子不嫌酸哪！"

林成金龇着牙说:"你什么意思嘛?"

权有智四下看了看,附在林成金耳朵边耳语几句,最后说:"我这就给吕彦彰他们打电话。他们一旦前来接待,记住,你要同着这些大领导的面,毫不犹豫地上前抓着吕彦彰的衣领子要求解决与李俊英的林地纠纷。"

林成金歪着脖子推脱着:"不行!花枝就在咱们身后边。气坏了咋办?再说了,抓人家的衣领子,还不拘留了我?"

权有智说:"你看你这个人,说你脚小还真的扶墙走路了?气壮如牛胆小如鼠呀?谁敢拘留你?哎!贫困户呀!给领导反映问题怎么了?维权呀!保护自己的合法权益呀!当事者不能迷!你打退堂鼓要窜套?那什么就没你的了。不要说我不给蔡老板提建议。"

林成金噘着嘴说:"那我可是舍得一身剐了。"

权有智撇着嘴说:"你看你看,这话说得,又不是把你推向屠宰场!"

林成金气呼呼地说:"这话难听。我是猪牛马羊呀?"

权有智"嘿嘿"笑起来:"打个比方嘛!"

说着话,权有智从怀里摸出手机,拨通了吕彦彰的手机,说是有领导已经来到棠梨树这里了。

权有智打完电话后,又特别交代林成金说:"见好就收啊!"

林成金问:"怎么个见好就收?"

权有智说:"我现在回避一会儿。到时候看我眼色行事。什么事没有。"说完,溜到一边去了。

不一会儿,吕彦彰、齐保国、杨志业从村部走来了。

那七八个男男女女在棠梨树下拍照摄像以后,沿着白河北岸,说说笑笑地向白河挂壁走去。

林成金满脸通红,酒气冲天,一溜歪斜地晃悠过来,躲过那几个前来视察的大干部,在半路上截住了吕彦彰。见面就是高声大调嚷嚷着:"吕书记,你这是干吗去?"

吕彦彰问道:"有事吗?"

林成金两眼红红的:"当然有事呀!请问吕书记,你同着柳书记立下的军令状,什么时候落实?"

跟在吕彦彰后面的齐保国吃了一惊,怎么,借酒发疯哪!他把林成金拉往一边,小声说:"有什么事以后再说。"

林成金龇着牙说:"齐文书,这件事与你们村干部有关系。你应该主动回避。"

齐保国一愣!林成金一句话把他顶到南墙上了。他耐着性子解释说:"你与李俊英的纠纷,我们已经开会商量过了。"

林成金不停地挣扎着身子说:"搪塞我不是?我等不及了。"

齐保国倔脾气冒上来了:"解决纠纷,应该凭证据说话。请你把手续拿过来看看,然后立马现场丈量。"

杨志业接着说:"我前天不是已经通知你了吗?把手续拿出来,我们马上就会现场丈量的。"

别看林成金嘴硬,心里却凉了,没影道踪的事,我到哪里拿手续去?只好撒谎了:"手续丢了。"

齐保国说:"没有证据,你胡闹什么?"

林成金眨巴着眼说:"没证据就该被别人欺负?你们当干部的,办法总比困难多。"

齐保国说:"说话要实事求是。常言说,字过千年会说话呀!你没有手续就是没有证据。没有证据怎么解决?"

林成金突然想起来权有智曾经说过,村里保管的林权证底册遭遇大水泡坏了,不利于我的证据消失了。既然如此,这茅缸就要搅下去。对了,趁此机会打探一下李俊英的林权证底册还有没有。他趔趄着身子,摇摇欲倒地凑到齐保国身边,怼呛说:"背着抱着一般沉。我的丢了,李俊英的拿出来我也认。"

齐保国毫不客气地把林成金顶回去了:"谁主张谁举证。空口无凭不行。"

杨志业知道遇见酒晕子了,走过来附在齐保国耳朵旁说:"喝多了!不理他。"

几个人正要离去。

林成金又凑到吕彦彰前面，大声大调地吵吵起来。

很快，林成金的吵闹声惊动了前面那些下乡视察的干部们，不约而同地都停下脚步，齐刷刷的目光瞄向这里。

好极了！轰动效应就是这样制造出来的！他们既然都在看热闹，我就再闹大一点儿。林成金心里说着，毫不犹豫地一把抓住吕彦彰的衣领子，不依不饶地喊起来："你是第一书记，该不该负责处理民事纠纷？"

人们都蒙圈了。

就在此时，听见有人大声喝道："林成金！你这是干吗？松手！"

大家循着声音看去，一位三十多岁的年轻人快步走过来，一把抓住林成金的手脖子，用力一拽，把他扯开了。

这位年轻人，就是石建强的孙子石玉平。

石玉平在部队是侦察兵，退伍后去外地打工，因为村里要成立退役军人创业协会，他昨天下午才回到华苑村。刚才，他听见这边人声嚷嚷的，赶过来一看，恰巧撞见林成金抓着第一书记的衣领子胡搅蛮缠。那种军人疾恶如仇的脾气爆发了，一把将林成金拽过来了。

林成金按照权有智的意思，就是要同着那几个暗访的大干部给吕彦彰一个大大的难堪，造成轰动效应的。没想遇到退伍军人出身的石玉平，不免心里有点儿憷。他双眼溜溜地四下扫视一下，怎么，权有智哪去了？当时说好的，只要到了一定的火候，达到了一定的目的，他就会出面制止一下，自己也好借机下台阶卷旗收兵的。他不出面，还不是要我再疯再癫一些呢！疯就疯得更狠一些，癫就癫得更狂一点吧！索性就势一歪，倒在地下，双手紧紧地抱着石玉平的小腿儿。

石玉平心眼儿直，哪见过这样的场面？怎么办呢？焦躁中也是急中生智，急忙弯下腰来，将嘴巴贴近林成金的耳朵，悄声说道："吵什么吵？大嘴咧咧着，让大伙儿都来看看你新镶的大金牙？"

林成金一愣，什么大金牙？迷茫地瞪着石玉平。

石玉平说："玉米皮儿卡了一嘴儿。"

嗨！可不是嘛！今早上喝的是玉米糁儿。怎么，玉米皮儿都卡在牙缝里了？林成金急忙低下脑袋，一只手就去抠牙花儿。

石玉平刚刚脱身，就看见一只黑皮鞋"嗖"地从他眼前落下，"啪"地砸在林成金的脑袋上。

原来是梅花枝的皮鞋甩过来了。

林成金双手摁地，身子一跃，"噌"一下子飞步而逃！

林成金跑到路旁一座公厕旁边，"呼哧呼哧"喘着大气，忽然看见权有智从厕所里走出来，朝着他不停地丢着眼色打着手势。

林成金没有弄懂权有智的意思，倒是看见他身后走过来一位大干部。这位大干部歪着头看了看挤眼睛打手势的权有智，又踮起脚看了看张着嘴喘着气的林成金，不由得哑然一笑，悄悄地走到权有智的身后，在他肩膀上拍了一下。

权有智冷不丁被人拍了下肩膀，扭头一看，哎呀不好了！被暗访的大干部看见了。他急忙灵机一动，随机应变地朝着这人咧嘴一笑，接着大声呵斥林成金："什么事都要有个规矩章程的。你凭什么纠缠第一书记？他这不是才上任吗？你的事放不凉！待一边去！"

林成金傻眼了！这是什么意思？说好的在关键时刻你去拉架劝阻我下台阶。这可好，你躲在一边，让我把第一书记的衣服领子抓了，把人给得罪了，你反过来充好人！不行，我要顶呛他两句。林成金脖子梗一挺说话了："你是让我继续闹下去呢？还是见好就收呢？我摸不着门闩儿了。"

权有智的脸儿"唰"地红透了，心里暗暗骂起来："就是做贼也不能给你搁伙计了。太阳底下晒我呀？"心里这么想着，嘴上依旧高声大调地批评林成金："喝酒不说事，说事不喝酒。你醉醺醺的要干啥？回去吧。"

林成金气得真想骂娘！不过，他远远地看见梅花枝已经去到吕彦彰面前，只好开溜了。

第三十一章 退役军人的象征——尊严和荣誉

梅花枝喘着大气说:"吕书记,你看我这个没脸没皮的男人,气死我了。我给你赔个不是。"

几天来,吕彦彰按照县委的部署,已经开始对贫困户走访摸底。至于林成金与李俊英的林地纠纷,下乡以后已进行了初步了解。林成金的又一次突然发难,他觉得自己确实有责任。他看着梅花枝愧疚的样子,好言安慰说:"我们的工作没做好,请你谅解。"

想不到梅花枝很直白地说出了自己的意见:"吕书记,李俊英是林成金的近门婶子,而且俺们两个人很对脾气,关系非常非常地好。她没有侵占俺家的林地,当然也就没有什么纠纷了。林成金是吃饱了撑的,你不要放在心上。"

两种截然不同的声音?吕彦彰觉得不可理解了。刚要开口详细询问一下梅花枝的理由,忽然听见有人喊起来:"哎哟,彦彰,原来是你呀!"

吕彦彰循着声音看去,对面站着一位红光满面的老干部,笑眯眯地看着他,那双已经伸出来的手等着他去握住。

这是一张熟悉的面孔,这是曾经一个战壕的战友,这是生死与共的弟兄。在那场保卫祖国的战斗中,就是他带着一个排的战士们打了一场艰难的突围战斗。吕彦彰就是在这场突围战斗中受伤的,身上至今还残留着一百多块细微弹粒,由于太过细小而无法取出,阴雨变天的时候，浑身无处不在刺疼着。最为烦人的是，每逢外出安检的时候，警报器就会发出尖利的响声，他不得不将自己的军人退役证和伤残荣誉证拿出来交给工作人员验审过关。十多年后，老排长转业回到了省旅游局工作，吕彦彰转业回到了老家。八年前，吕彦彰在他和刘剑的安排下，返回曾经战斗的地方，费尽千辛万苦和周折，将他担任战斗小组长时牺牲的战友钟伟华遗骨带回祖国安葬。这次吕彦彰来到华苑村以后，确定了开发华苑村生态旅游、建设美丽乡村的意见，并将这个想法告诉了老排长，邀请他在方便的时候前来华苑村参观考察，想不到老排长还是雷厉风行的军人作风，这么快就来到华苑村了。

这位老干部就是吕彦彰的老排长江山。

吕彦彰无法控制自己的激动，快步向前，立定向老排长敬礼："报告排长，战士吕彦彰向你报到。请指示！"

江山立即将伸向吕彦彰的大手抽回去，用标准的军人回礼作答："请稍息！"

江山回过礼后，快速地用那双握枪的大手紧紧地抓着吕彦彰的手，用力地摇晃着。

当韶华与军装邂逅的时候，他们在部队的大熔炉里接受着锻炼，度过了别样的青春年华。在那一场保卫国家的决战中，他们用自己的热血和汗水回报了祖国和人民。他们的青春没有留下空白。他们在同一战壕里建立了生死友情！此时此刻，久别重逢的两个战友都是十分地激动和愉悦，他们面对面地看着笑着，眼眶里不自觉地都挂满了泪珠。

人们以喜悦的心情围着他们，看着他们相拥相抱，看着他们泪流满面。

许久，吕彦彰擦了擦眼泪抱怨起来："排长，你怎么不事前打个招呼呢？"

江山笑着解释说："我的彦彰同志啊！你在战友微信群里介绍了华苑村的愿景规划，配发了华苑村那么多的照片和说明，还一个劲地热情相邀，你说，我能不来吗？这不，我按照你的要求带着你老嫂子，还有儿子媳妇孙子孙女和两位朋友过来看看。"

江山说着，把来人一一给吕彦彰做了介绍。

吕彦彰心里充满着喜悦和感激！他热情洋溢地说："欢迎你们多多指导，多提宝贵建议。"

江山说："我已经退居二线了。局党委最近开会要求我们这些退下来的老同志站好最后一班岗，做一些调研工作，寻找旅游资源，加大生态旅游开发和美丽乡村建设。老战友这里有资源，我理应支持嘛！"

吕彦彰说："太好了！排长，来到华苑村就是回到家了。今天是周六，明天考察完以后再回去。不影响孙子们上学吧？"

江山说："不影响。"

吕彦彰说："那就住下来吧。住下来请你的战士、现任华苑村文书齐保国代表村两委班子给你汇报扶贫工作和美丽乡村建设的愿景规划。"

江山的两只眼睛在人群中寻找着，大声喊道："齐保国！"

齐保国立即从人群里走出来，在江山前面不远的地方停下脚步，双腿并拢，立正敬礼："报告排长，战士齐保国奉命报到。"

自卫还击作战的时候，江山是排长。一次，他奉命带领一个排的战士深入敌后侦察敌情。在他们完成任务撤离的路上，被敌人包围了。为了突破敌人的包围，由战斗组长吕彦彰带领战士钟伟华阻击敌人，排长江山带领着齐保国和其他战士突围。在茂密的山林里，齐保国发现一个悬崖后面没有敌人，立即向江山做了报告。当大家顺利地从悬崖撤离下来以后，遭遇到了敌人埋下的地雷。齐保国就是在排雷时被地雷炸伤的。

江山把齐保国拉到身旁，紧紧地握着他的手，仔细地看着生死与共的战友，泪水不听话地又一次滚落着，激动地问道："保国，你一切都好吗？"

齐保国的眼泪也流出来了："排长，我很好。"

江山问:"我听说你结婚了?"

齐保国说:"是呀!老排长,连我自己都没有想到,我真的结婚了。"

江山说:"在我们这个伟大的国家中,热爱英雄已经成为人们的传统。你是幸运的。"

齐保国哽咽着说:"我真的很幸运。我要感谢国家,更要感谢花梦君。是她给我一个家庭,给我一生一世的爱。所以,我要回报社会,报答这个爱,要为精准扶贫奔小康贡献自己的力量。"

江山说:"我们是曾经的军人,是和平的使者,肩负着忠诚与责任。我们曾经默默践行许下的承诺,守护着祖国的繁荣与稳定。我们是铁血柔情的汉子,心中除了国就是家,用坚实的臂膀保护着亲爱的祖国,用纯洁的情感呵护着人民。现在,为了国家的强盛,为了实现中国梦,我们在为精准扶贫而攻坚奋斗。曾经的军人,是尊严的象征,是荣誉的象征。我们就要像当年在战场上那样,以永不言败的拼命精神,一定要攻下这个山头,一定要打赢这场民富国强的战争!我,你们的老战友,一定用最诚挚的战友情来千方百计地支持你们!"

铿锵有力、激人奋进,实实在在的战友话语,迎来大家的阵阵掌声。

权有智懵了!林成金懵了!怎么,今儿个出门遇见扫帚星了还是咋的了?原来,人家是战友呀!

第三十二章　春绿中美丽的花朵朵

春天的景色多好呀！

你瞧，小草从大地妈妈的怀抱中探出了小脑袋，正好奇地观察着这个美丽的世界：白河两岸的野花在微风的轻抚中，揉弄着黄的眉绿的眼，舒展着轻软的胳膊；垂柳伸出了嫩绿的叶子，贪婪地吮吸着春天的乳汁；几只长尾巴的小鸟在枝头婉转歌喉，好像要把大自然的美全都唱出来。喜笑颜开的紫玉兰花向春姑娘快乐地招着手，在阳光的照耀下，更加鲜艳夺目；远处，绿油油的麦苗儿正在茁壮成长，麦田旁生长着一垄垄黄灿灿的油菜花；池塘清澈见底，水中倒映着绿树红花。与春天伴奏的，还有白河挂壁的欢唱和一位美丽的姑娘。你看，在微微春风的吹拂下，一位女孩子哼着欢乐的歌曲从对面快步走过来了。

她像一片轻柔的云在蔚蓝的天空中飘过来，清丽秀雅的脸上荡漾着春天般的笑容。靓丽的黑发飞瀑般飘洒下来，修长的眉毛下，一双晶亮的眸子熠熠生辉。她穿着卡其色的风衣，展现出里面白色的羊绒套头衫，深蓝色的牛仔裤，一双白净漂亮的运动鞋，衬托出苗条的身段，显得曼妙纤细，清丽绝俗，气场飞扬。

这位女孩子就是花朵朵。

花朵朵是省城一所大学化工专业的研究生——这是在爸爸妈妈的建议下选择的专业。因为，华苑村的辛夷树可是个宝啊！辛夷既是一种名贵的香料和化工原料，也是一种观赏绿化植物，市场上曾多年供不应求。除药用外可替代对人体有害的人工合成香精，亦可用于高档卷烟和食品加工，又可用于日常生活及化妆品。华苑村辛夷树种植面积大，资源丰富，自然条件得天独厚，利用辛夷提取香精香料，对振兴经济必将起到显著作用。如果把辛夷香精的提取提升到更高的档次，将会对辛夷的种植推广发挥巨大的作用。如今，花朵朵毕业论文已经完成，趁空闲时间，就回老家看望父母来了。

　　回家的事儿，花朵朵没有提前给妈妈打电话，想给她一个惊喜。可是回到家里，才知道妈妈在县医院护理摔伤的赵叔叔。吃过饭后，爸爸骑着摩托把她送到公路旁等公共汽车去县城。

　　这里是山区，公共汽车不多，花朵朵等得焦急的时候，一辆黑色的小汽车在她身边停下来。

　　车窗落下来，一位帅气的青年人很客气地问道："你好妹子，请问附近有水吗？"

　　花朵朵看一眼问路人，一位二十七八岁的帅哥儿，身穿蓝色西服，举止优雅，气度不凡。她虽然对对方第一次见面就用妹子来称呼她有些不快，但是很客气地微笑着回答道："这边就是白河。"

　　这位帅哥就是雷鸣远。他客气地道一声谢谢，打开车门下来，掀开引擎盖，从后备厢里取出一个白色的塑料水壶，向白河走去。很快，雷鸣远提着水壶返回来，麻利地给汽车加完水，两眼不停地看着花朵朵身旁的旅行箱和她身上背着的旅行包，微微地笑着。

　　花朵朵不好意思起来，不知道这位帅哥在笑什么，不由得也笑起来。

　　雷鸣远不知道她此时想到了什么，对着自己就是甜甜的笑，眉毛弯得像月牙儿一样，仿佛那灵韵也溢了出来。一颦一笑之间，优雅的神色自然流露，让人不得不惊叹于她清丽灵秀的光芒。于是，他说："谢谢你！你这是去哪里？"

　　花朵朵微微摇头："谢倒不用。我要去县城看妈妈。"

　　雷鸣远很高兴，用征询的目光看着花朵朵，好像是在与她商量：

"如果没有不妥的话，请你上车吧！"

花朵朵犹豫一下，用少女固有的警觉打量着面前这位年轻人，最终做出了决定："好吧！"

雷鸣远非常麻利地打开后备厢，将花朵朵的旅行箱放进去。

汽车启动了。

雷鸣远觉得心里已经掀起波澜，心跳加快了。他想，什么事情都是缘分，要不是给汽车加水，要不是自己唐突地询问她要去哪里并且热情相邀，这位美丽的女孩无论如何也不会与他并肩而坐。

大前天晚上，雷鸣远在与女朋友郝梦媛视频聊天中，又为她下乡扶贫的事儿闹僵了。本来，两个人在大学确定恋爱关系以后，双双回到家乡已经五个年头了。当时两个人曾经约定，等到他事业有成的时候就结婚。她那时候报考了大学生村官，在农村里生活了好几年。出于对退役军人工作的热爱，她考上了退役军人服务中心，回到了县城，有了一份稳定的工作。他也在县城成功地开办了一个大型超市和几个连锁店，年纯收入几十万元。说好的就在五月份登上婚姻的殿堂。可是，郝梦媛却报名参加了扶贫工作队。扶贫工作是党和国家的重中之重，不是一年半载就可以结束的。再说，郝梦媛事业心极强，非常执着敬业。结婚恐怕又要推迟了。为此，他几次劝她不要报名，而她好像跟他较劲似的报名了，而且分到距离县城百十里的大山深处。他心里的那个气呀，在前天晚上的视频聊天中爆发出来了。

雷鸣远在气头上的时候，甚至说出了要在城里再找一位不分开的体贴的能帮助他打理业务的女朋友。气话使他心里得到了一丝快感，但气哭了郝梦媛。不过他也后悔了。只图一时用狠话刺激她，并没有想到雨不大淋湿衣裳、话不多伤人心肠的严重性。迁怒于人，其实就是无能的表现。这不，他为向她解释和道歉与她拨了十几个视屏聊天电话，郝梦媛一直拒接。他心里很不安，今天早饭后就开车直达华苑村。

现在，雷鸣远与郝梦媛和好如初了。而且，在她的建议下，他答应在华苑村开设一家超市，答应由梅花枝这样的低保户贫困户前来营业。这样做，既有拓展业务的收获，更有支持未婚妻的表现，还有扶贫的实际行动，心里自然是很高兴很满意的。

花朵朵坐在副驾驶员的位置，以极其兴奋的心情，观赏着春天的美景。雷鸣远几次欲要张口问问她的姓名和职业，话到嘴边又咽下去了。第一次相遇，虽然不是擦肩而过，也不好意思就问人家的隐私呀！他想了想，忽然想到了棠梨树和召女的传说："我虽然是第一次去华苑村。不过，召女的传说倒是多次听到过。"

花朵朵显然对这个话题很感兴趣。她扭过脸去，看一眼雷鸣远，很优雅地微笑着问："是吗？你可记得召女在棠梨树下唱的歌儿吗？"

有杕之杜，
生于道左。
彼君子兮，
噬肯适我？
中心好之，
曷饮食之？

有杕之杜，
生于道周。
彼君子兮，
噬肯来游？
中心好之，
曷饮食之？

雷鸣远一边开车，一边吟诵着。

雷鸣远的声音非常凝重，充满情感，抑扬顿挫中显现出不凡的文学功底和语言能力。

花朵朵十分高兴："对极了！一字不差。召女，就是生长在我们华苑村棠梨树下的女孩子。"

雷鸣远暗暗感激郝梦媛带他参观了棠梨树，讲解了它的传说和故事，而且很快就派上了用场。他笑着问："华苑村的女孩子个个都漂亮无比。你说，这是为什么？"

花朵朵说："遗传。还有常年饮用白河水。"

雷鸣远笑了："其实，咱们伏牛县，咱们南阳市，白河流域的女子们都长得个个貌若天仙呀！"

花朵朵说："是呀！流经伏牛山区的白河水吸收了各种矿物质，最后来到咱们华苑村，经过了棠梨树，带走了棠梨树的灵气。所以，男的帅女的靓。"

雷鸣远问："我还听说，棠梨树见证了召女的爱情，见证了古往今来的有情人儿。只要是在它的身旁默默许愿，就一辈子幸福美满，白头到老？"

花朵朵说："是的！所以，经常有人自发地来到这里。情窦初开的年轻人，热恋中的青年男女，结婚后的小夫妻，甚至银婚金婚钻石婚的老年夫妻也要来这里表达爱意，在棠梨树下照相留念。"

雷鸣远说："在这满含诗意的棠梨树下照相留念，太有意义了。"

花朵朵说："对呀！你刚才照相了吗？"

雷鸣远说："照了。我不能落下遗憾哪。"

花朵朵问："哎！你是来旅游的吧？"

雷鸣远说："我的女朋友就在华苑村哪！"

花朵朵问："她叫什么名字？"

雷鸣远笑着说："你还不认识吧？"

花朵朵说："不会吧？像我这么大年龄的，我怎么不认识呢？"

雷鸣远说："你真的不认识。她是刚刚成为华苑村村民的。"

花朵朵说："那我就不认识了！她是谁呀？"

雷鸣远说："驻华苑村的扶贫工作队队员。"

花朵朵说："那我真的还不认识呢！"

雷鸣远觉得十分的惬意愉悦。今天来看望郝梦嫒，不但得到了她的谅解，还与这位花一般的美女不期而遇。她真的就像花朵一般，那么的靓丽，那么的纯洁，那么的热情，那么的朝气蓬勃。寂寞的旅途中由她陪着，真的可遇不可求呀！

忽然之间，雷鸣远心里涌动着无可名状的落寞感，不自觉地放慢了行驶速度。回家没有太多的事情，还是多说一会儿话吧。他心里想。可是，说什么呢？一直都是花朵朵说着话儿，介绍着华苑村的奇闻趣事，介绍着她的生活和学习情况。

汽车就要进县城了。

雷鸣远竟然不自觉地贸然问道："你谈朋友了吗？"

花朵朵好像什么也没有意识到，优雅地笑起来，清脆的声音像铃铛一样好听："谈朋友？想都没有想过。"

雷鸣远不知道说什么好了，腼腆地问："不知道你喜欢什么类型的？"

花朵朵笑着说："我真的还没有想到这个问题。如果要谈的话，当然是事业型的。"

雷鸣远不觉心里一阵悸动，问道："为什么？"

花朵朵说："这种人开拓精神强，不怕吃苦，有担当，有责任心。"

雷鸣远说："由此看来。你也是一位开拓型的女子。"

花朵朵说："我的开拓要依靠科学。因为，科学的东西来不得半点虚假。"

雷鸣远说："是的。人与人之间的信任也是如此。"

花朵朵说："那当然。"

雷鸣远问："你的工作有着落吗？"

花朵朵说："看过我妈后，就去扬生生物科技有限公司见董事长李大恒。"

雷鸣远说："太好了！如果需要我，请打电话。"

花朵朵接过雷鸣远递过来的名片看了看，大大方方地说："我给你拨过去，也把我的号码存上。"

花朵朵拨通了雷鸣远的手机。

雷鸣远的心好像被谁揪起来，莫名的忧伤袭扰心头，有一种惆怅春风落尽花的不舍。

第三十三章　葛花儿开了

喜鹊叽叽喳喳的欢叫声中，一阵阵清纯袭人的葛花香飘进了吕彦彰的住室。

吕彦彰被扑鼻袭人的花香弄醒了。他揉揉眼睛坐起来，忽然听见门外一阵窸窸窣窣的响声。什么声音，这么细微轻轻？接着，是快步奔跑的脚步声。他立即穿衣下床，快步走出住室，打开了村部大门。

大门的门把上，挂着一个塑料袋子。

这是什么？

吕彦彰取下塑料袋子，感觉热乎乎的，一股香喷喷的味道直扑鼻腔。哎呀！这是谁送来的葛花菜饼？

自从扶贫工作队员们拒绝了村民们热情相邀的那一顿饭后，已经多次遇到村部大门门把被挂上好吃物品的事儿。有馒头，有蔬菜，有鸡蛋，有土特产，甚至还有宰杀以后洗净的土鸡。而且，村民们每次把好吃的挂在门把上以后，就会敲敲大门，提示他们前来取走。吕彦彰他们访问了不少的村民们，没有人承认。后来，吕彦彰只好把这些飞来的馈赠一一记账，一旦知道是谁送来的物品，就照价付钱。

可是，这么长时间了，华苑村的村民们好像达成了共识，形成了统一口径，谁也没有告诉他们究竟是谁这么干的。

吕彦彰四下寻找，终于看见一位穿着粉红色上衣的女孩子，朝着石头村那边飞跑着。黑黑的头发在奔跑中散开落下又散开飞起来。

这是谁家的孩子？

吕彦彰立即从后面跟上去。

一层雾气，从白河河面上悄悄地飘过来，沿着陡峭的山崖，被轻溜溜的山风送到了野牛岭。

雾气淹没了梯田，淹没了庄园，淹没了林海。

太阳出来了。金灿灿的光芒洒满了野牛岭，编织出来一幅人间的山水画。

野牛岭山上，葛花儿开了。

葛花，就是"千杯不醉"的花儿。葛花树，是依附在其他树上爬高的藤一样的树儿。缠缠绕绕的葛藤儿伸出一簇簇嫩嫩的枝叶，枝叶丛中，粉紫色的花儿一嘟噜一嘟噜的开得好艳好密好香呀！在晨风的轻轻拂动下，好像是一个个穿着紫衣裙的小姑娘在欢快地跳着舞。

小女孩终于在一棵树旁停下脚步，抬起头来，好像在喊着什么。

吕彦彰朝树上看去，一位八九岁的男孩子正在捋着葛花。

这不是缘缘吗？村支部书记赵启福那位被"委托抚养"的儿子？

小女孩朝着树上的缘缘喊叫着，比画着。

缘缘朝树下的小女孩笑了笑，将挂在树杈上的篮子取下来，用绳子系好，放下来。

小女孩接过满满的一大篮子葛花，抓起一把，用力地嗅了嗅，脸上绽开了笑容。

突然，缘缘喊叫起来。他一定是看见吕彦彰而告诉小女孩的。

小女孩抬起头，看见面前站着的吕彦彰，微微一笑："伯伯，你起得好早啊！"

这是一位活泼可爱的小女孩子，白净的瓜子脸盘，弯弯的眉毛下一双水灵灵的大眼睛。

吕彦彰弯下身子，笑着说："你也起得很早嘛！"

小女孩说："是的！今天是星期六，我和缘缘约定来采摘葛花的。然后，我们两家都吃。伯伯，你喜欢吃葛花菜饼吗？"

吕彦彰说："是的，我很喜欢。"

小女孩清丽秀雅的脸上洋溢着春天般的笑容,很高兴地说:"太好了。"

吕彦彰问:"你叫什么名字?"

小女孩答道:"任嘉怡。"

吕彦彰问:"你几岁了?上几年级?"

任嘉怡说:"九岁了。上三年级。"

吕彦彰问:"你刚才给我们送去了葛花菜饼?"

任嘉怡机灵的大眼睛眨了眨:"伯伯,我是想请你尝尝我们家乡的特产。"

吕彦彰高兴地说:"谢谢!这个特产城里人很少吃得到的。"

任嘉怡笑了,继而,脸上掠过一丝不安,很天真地请求着:"可是我……请你一定要替我保密。"

吕彦彰笑了笑:"保密?为什么?"

任嘉怡压低了声音:"伯伯,这是我爸爸让我给你们送去尝尝鲜的。他告诉我不能被你们和村里人发现,可是还是被你发现了。爸爸知道了,一定会批评我的。"

缘缘已经从树上爬下来,站在任嘉怡身旁。如果不知道内情,还以为他们是兄妹两个呢!

吕彦彰笑着问:"为什么呀?"

任嘉怡很认真地说:"我爸爸说,不要做了好事就急于告诉别人。何况这不算什么多大的好事儿。"

吕彦彰又问:"可是你爸爸为什么让你把葛花菜饼送给我们吃?"

任嘉怡歪着头,甜甜的声音好动人哪!她说:"我爸爸说,扶贫工作队的队员们是捧着一颗心来,不带半根草去。他们来到华苑村以后,工作那么繁忙,有时候就是一包方便面,很多时候吃不上青菜,可是从来不去村民们家里吃饭。他们是全心全意为老百姓谋福利的,全心全意帮助老百姓脱贫的。这一兜子葛花菜饼,是俺家向你们表达的一点心意呀!"

任立志的话从他女儿的口里说出来,听得吕彦彰鼻子酸酸的,两只眼睛潮湿了。

　　任嘉怡又说:"村里有文化的人说,回报的前提来源于无私的奉献。贫困户感谢你们。"

　　吕彦彰在这位九岁的小学生面前感动得泪眼哗哗的。

　　任嘉怡接着说:"俺们华苑村的人从来就是知恩感恩的。"

　　吕彦彰问:"这是你爸爸说的?"

　　任嘉怡正要回答,忽然指着山坡下急匆匆走过来的中年人说:"伯伯,我爸爸来接我们了。"

　　吕彦彰转过身,朝山下看去。

第三十四章　捧着一颗心来

清晨,东边的地平线泛起了一丝丝亮光,小心翼翼地浸润着浅蓝色的天幕。

亮光愈来愈呈现出粉红色,愈来愈明亮了。

新的一天从远方渐渐地移了过来。

大地苏醒过来了,鸟儿开始了歌唱,微风轻拂着绿树草丛和清澈的河面。

吴兰香双手端着钢精锅,沿着白河北岸,匆忙地向村部走去。

趁着天色还早,她要将这锅刚刚熬制好的黄花苗绿豆排骨汤送给工作队。

不过,她是偷偷送去的。

春末夏初,天气变幻无常,扶贫工作队员们为华苑村的贫困户们忙得不亦乐乎,吃饭又不应时,早一顿晚一顿的,而且还常常是一包方便面解决问题,哪能不上火的?吴兰香心里很着急。对!为他们熬制一锅去火解毒又有营养的黄花苗绿豆排骨汤。这可是咱们伏牛县的特产,既好吃又败毒的。当然,要亲自动手,不能被外人知道。

吴兰香真的很担心。因为,吕彦彰他们一旦发现,就会坚决退回或者照价付钱的。

扶贫工作队员来到华苑村扶贫,吴兰香、石建强和周万新这些老党员心里十分高兴,国家出人出钱出力帮助老百姓脱贫致富,自古以来绝无仅有的大好事呀！从古到今，每一个朝代，但凡关心老百姓生产生活的，国家就强大，事业就兴旺，老百姓的生活就安定幸福。反之，如果人民群众不富裕，国家不强大，侵略者就会寻衅滋事，乘虚而入，甚至发动战争。现在的国家领导人高瞻远瞩，从老百姓的脱贫致富抓起，何愁国家不强大起来？政策很好，很得民心。可是，他的具体执行者怎么样？是不是蜻蜓点水，走马观花，走过场搞形式？是不是吃吃喝喝，抹嘴走人？心里头没有底儿。几个老党员商量来商量去，决定在扶贫工作队来到华苑村的那天就去探探他们的底，摸摸他们的脾气。所以，吴兰香他们喊上几个老党员来到村部，死缠活缠地邀请他们去家里吃饭喝酒，想不到吕彦彰就是不给他们面子。也许是他们刚来，还要装装样子的。后来，时间长了，他们又试探了几次，照样的不为所动。看来，干部们的作风彻底转变了，这次的扶贫工作是动真的了。吴兰香他们在以后的观察中，确确实实感受到了吕彦彰他们严守纪律的工作作风。

不需要再试探他们了。

因为，村民们都看到了，扶贫工作队员们起早摸黑，逐户逐人走访了解收入，逐户逐人访贫问苦，逐户逐人建档立卡。有时候，为了核实一个数据，他们不厌其烦地翻山越岭，串村走户。华苑村，二十平方公里的范围，去一次大山里的村民家，就需要一整天啊！全村一千多人，他们跑了多少腿，流了多少汗哪！

乡亲们说，他们是捧着一颗心来，不带半根草去。他们是来帮助我们脱贫致富奔小康的，真心实意为老百姓办事的。难道，我们不应该报答感谢吗？

吴兰香他们要想表达一下对工作队员的心情时，不知道要有多难。

因为，有党的纪律。

因为，还有别有用心的人利用村民们的厚道和热情大做文章。

吕彦彰他们来到华苑村的第一天中午，权有智发现吴兰香邀请扶贫工作队员吃饭，不但不予制止，反而极力撺掇。还暗中唆使林成金利用村民们请工作队员吃饭的机会偷拍照片摄制录像以备向上级检举揭发。此事被梅花枝知道以后，立即告诉了吴兰香，还逼着林成金将郝梦媛请到她家来吃饭，彻底打乱了权有智的如意算盘。

善良的心几乎被别有用心的阴险行为利用。

正因为如此，吴兰香只好"偷偷地干活"。

现在，吴兰香已经端着自己的拿手厨艺——一锅黄花苗绿豆排骨汤偷偷地来到村部外面。

忽然，一阵急速的脚步声传过来。

吴兰香循着脚步声看去，一位八九岁的小姑娘从村部快步跑出来。

这不是贫困户任立志的女儿嘉怡吗？

吴兰香心里嘀咕开来，一个八九岁的孩子，大清早的来到村部干什么？

嘉怡已经离开村部大门。

吴兰香急忙躲在一边，等到嘉怡离去，这才伸出脑袋朝扶贫工作队的住室看去。啊！吕彦彰已经走出来，从门把上取下一个打着包的塑料袋子，看了看，转身将袋子送进厨房里。

吕彦彰从厨房里走出来，快步地追出大门。

吴兰香急忙将自己藏在东边院墙外面。

村部里静悄悄的。嗯！好机会。吴兰香快步走进村部，将一锅热气腾腾的黄花苗绿豆排骨汤倒在一个钢精锅里，开心一笑，转身就要离开。

嘉怡究竟将什么挂在门把上？吴兰香心里想着，掀开了炒锅上的盖子。

一股葛花菜饼的香味儿扑入她的鼻子。哈哈！这个小精灵，原来是把这个特色食品送给工作队队员们尝尝鲜了。

哈哈！不约而同啊！

小嘉怡，有你的！

吴兰香将盖子盖好，快速地离开了。

第三十五章 人心回归泪蒙蒙

　　一位中年人快步走过来。

　　来人就是华苑村的贫困户任立志。

　　任立志四十六七岁了。这个年龄段的人出生在20世纪的70年代。他们经历过火热激情的岁月,度过艰苦朴素的生活,也基本上都接受过或多或少的教育。他们知道过日子比树叶还稠。他们不怕苦,不怕累,努力为生计去奋斗。他们安分守己,知道什么可以做,什么不可以做。他们没有自己享乐的意思,只是为了不让自己的儿女再过自己当初那样的日子,把希望寄托在儿女的身上,希望儿女有一番作为,有一个安稳舒适的生活。可是,任立志的生活也许与大多农村这个年龄段的人有所不同。九年前,已经怀孕的妻子在去镇里的路上遭遇了车祸,妻子受伤后生产了。女儿嘉怡就是在不足月的车祸中生下来的。

　　任立志是不幸的。肇事的司机不见了,妻子受伤落下残疾不能劳动了,还要他来伺候照料,而他的母亲因为高血压也常年卧床不起。他的儿子今年已经是大学一年级了,女儿嘉怡是小学三年级的学生。沉重的负担,压垮了他的双肩。他想得更多的是怎么能把余下的不咸不淡的日子打发完,给母亲和妻子以及儿女一个较好的交代,让他们的生活好起来。

　　任立志又是幸运的。自从国家实施精准扶贫以来,他的生活开始发生了极大的变化，除了对他的母亲和妻子实施大病医保以外，还为他们办理了低保户。令人难以忘怀的是儿子上大学的一切费用，都是村党支部号召村民们捐助的。现在，扶贫工作队已经多次来到他家里嘘寒问暖，多次给予救济。最令人感动的，赵启福已经为他申请了无息贷款。而这笔无息贷款，将给他的花工手艺提供一个良好的展示平台，那就是与赵启福即将毕业回到家乡的儿子赵阳开发玉兰树的新品种。

更为叫人感动的是，吕彦彰和他的扶贫工作队员杨志业、郝梦媛不止一次地来到他家里，与他探讨确定产业致富脱贫的方法和路子。他们的心，全都扑在老百姓奔小康的路上。

任立志真的想感谢他们，想请他们来到自己家里吃一顿便饭。可是，工作队有他们的纪律，不能强人所难。昨天，嘉怡突然提出来，她已经和缘缘约定去野牛岭采摘葛花，炕一盘子葛花菜饼请工作队员尝尝鲜。任立志听后，心里荡漾起一阵阵激动的涟漪，一个不到十岁的孩子，竟然想到了这些，这是一颗感恩的心。他立马同意了。今天一大早，父女二人一个烧锅，一个炕葛花菜饼。趁着天还早，他让嘉怡给扶贫工作队员们送去了。

这样做，真的是强人所难了。

好长时间了，嘉怡还没有回家。任立志来到野牛岭，远远地看见吕彦彰正在给嘉怡说着什么。他急忙走过来，很客气地给吕彦彰打招呼："吕书记，起得好早呀！"

吕彦彰笑着说："你看这葛花，好香呀！"

任立志说："是呀！今年是'立春晴，水均匀'，葛花开得早。葛花开的时候，我们就采摘下来炕着吃。"

吕彦彰说："口感很好的。"

任立志说："真的是个稀罕物。过了这个季节就吃不到了。"

吕彦彰说："是呀！"

任立志说："嘉怡昨天与缘缘他们采摘了不少，今天早上我就炕了一大锅。去我家尝尝鲜？"

吕彦彰说:"好好!"

任立志扛着笆头,几个人朝石头庄走去。

石头庄组有二十多户人家,傍山依水,散落在山脚下。房子都是就地取材,用石头砌成。不仔细看,分不出谁家家境如何,仔细观察,差距便显露出来。那些房基坚实、高脊大瓦、围墙高筑、院门宽阔、可以进去三轮和小汽车的,不用问,是日子过得滋润的有钱户。

任立志在前面带路,来到一处老式瓦房的院落,这是一座孤零零的石头房子,已七扭八歪,靠路边房山墙上顶着两根木杆。

吕彦彰走到木杆处,很仔细地看了看,问道:"还可以吧?"

任立志说:"是的。"

吕彦彰第一次来任立志家里走访的时候,看见裂开缝隙的石头墙,与杨志业和齐保国共同将这架山墙固定好的。最近,工作队为他申请的建房款就要下发了。

吕彦彰走进院子,一张自制的轮椅上,坐着一位四十多岁的女人。这就是任立志的妻子春桃。据说,她当年可是一个很能干的铁姑娘呀!车祸猛于虎啊!看把人家害得残疾了。

任立志推着轮椅,在吱吱嘎嘎的响声中,来到太阳光下面。

太阳照在春桃灰黄色的脸庞上,衬托出她身体分外虚弱。她看见吕彦彰,微笑着打招呼:"吕书记来了。"

吕彦彰点点头,微笑着说:"要多晒晒太阳,可以补钙。有时间还要出去转转,改换一下环境。"

任立志叹了一口气说:"早些年可是很能干的。车祸,车祸,九年了啊!唉!"

吕彦彰问:"肇事司机一直没有找到?"

任立志说:"没有。当时是晚上,黑灯瞎火的,也没有监控探头。不过去年年底,出现了一个非常奇怪的现象。"

吕彦彰问:"什么奇怪现象?"

任立志说:"我听赵启福说,有一个神秘的电话打到村部了,询问九年前春桃受伤的过程以及现在的情况和春桃的姓名地址邮编什么的。"

吕彦彰问:"是不是有人要捐善款了?"

春桃摇摇头说:"谁有这么好的心呢?"

任立志说:"我们也不抱什么幻想,自己的困难还要自己来解决。"

吕彦彰问:"他为什么要问地址邮编什么的?"

任立志说:"不过是随便问问。"

春桃说:"不过这个电话又打到了立志的手机上。"

吕彦彰问:"说的什么?"

任立志说:"还是打听九年前发生的那次车祸。不过后来的电话号码和打电话人的口音变了。"

吕彦彰问:"你们查这个电话的地址了吗?"

任立志说:"查了。第一个电话是咱们河南信阳的,后来的电话是湖南的。"

吕彦彰一时也揣摩不出什么原因,只好转换话题说:"我们已经与民政局联系了,很快就会为弟妹配备一个轮椅的。"

春桃连声感谢说:"谢谢你们。"

吕彦彰走进堂屋。破旧的条几上摆放着一台旧式电视机,一对破旧的沙发,墙角堆着些装粮菜的编织袋。屋里还有一个破旧柜子,其余的就是一些破烂了。唯一让人感到高兴的是两边的界墙上张贴着十几张三好学生的奖状。

吕彦彰很认真地看了看奖状,十分高兴地说:"两个孩子学习都不错!"

任立志笑着说:"我一直教育他们知识改变命运,所以他们学习很努力。"

吕彦彰心里一阵激动。也许,任立志的另一个情怀就是把希望寄托于他的孩子们身上。

任立志说着,隐隐约约觉得屋子里一股股霉烂变质的气味很是呛人,正想阻止吕彦彰进屋,可他毫不介意,已经走进东间。

东间屋里的床上躺着一位七十多岁的老大娘。

吕彦彰弯下腰想给老大娘说什么,看见老人还在睡着,顺手将耷拉下来的被子拉上来掖好。那被子已不见一点本色。他竟然又是鼻子一酸,满眼潮湿。

两个人返回到堂屋里。吕彦彰问了一些任立志家里的事情,任立志一一做了回答。

吕彦彰看见任立志在回答他的问题时,眼睛湿润潮红。有些问题他无法用言辞来表达,只是一声悠长的叹息,便道尽了心中无尽的酸楚和无奈。

说着话,任嘉怡已经跑到厨房里,把几碗玉米粥、馒头和葛花菜饼放在堂屋的小方桌上,很客气地说:"伯伯,吃饭了。"

任立志有些局促不安地说:"家常便饭。尝尝葛花菜饼吧!"

吕彦彰说:"嘉怡刚才给我们送了那么多。"

任立志说:"这孩子。不是说不告诉你们吗?"

吕彦彰说:"是我看见的。哎!你这是第几次给我们送吃的?"

任立志说:"只此一次。真的。"

那么,送给扶贫工作队员们东西的还有谁呢?

吕彦彰心里突然涌动起一种难以掩饰的激动。

因为纪律的约束,扶贫工作队员不能去村民家里吃饭,村民们在理解的同时,把诚挚的爱心化为一种不为人知的实际行动,暗暗地支持着扶贫工作队员的工作,关心着他们的生活。

华苑村民风淳朴,老百姓多么忠厚善良啊!

精准扶贫政策让人民又回归到了当年那种党和政府与人民鱼水情深之中。

吕彦彰再也控制不住自己的眼睛,泪花儿突然滚落而下。

第三十六章　是谁点燃感恩的灯

天已经大亮了。

吴兰香心里特别高兴,为了表达一下心情,怎么像做了什么错事一样偷偷地溜进村部,害怕被发现,害怕被批评。可内心里,真的是在偷偷地乐着。

吴兰香刚刚回到农家乐,就看见一辆小轿车停在门前的停车场。

吴兰香很高兴,嘿!大清早的已经有生意了。急忙打电话通知杜承汉:"承汉,快过来。有客人。"

话音刚落,一位三十七八岁的客人走过来。他高高的个子,笔挺的身板,说话满脸带笑:"你好老板,有什么吃的?"

吴兰香看着面前这位神采奕奕,面带微笑的来客,很熟练地介绍着她的服务内容:"手抓饼,油烙馍,水煎包,茶鸡蛋,胡辣汤,绿豆稀饭,豆腐脑,小米汤。"

客人笑着说:"给我来一份胡辣汤和手抓饼吧!"

吴兰香说:"不过,还要请你稍等等。"

客人说:"没关系。"

客人坐下来,看着正在忙乎着的吴兰香,问道:"你刚才去的地方是不是村部?"

吴兰香笑了笑:"是的,我们华苑村村部。"

客人问:"我看见一个小女孩从村部跑出来。哦!这是她掉下来的作业本。"

客人说着，从口袋里取出作文本。他看了看作业本上的名字，轻轻地问道："她叫任嘉怡？"

吴兰香想起来了。这个作业本，一定是任嘉怡在跑步离开村部的时候丢下的。她说："是的！应该是小学三年级了。"

客人微笑着，打开作业本，里面是密密匝匝的作文。

当他翻到最后一篇作文的时候，《感恩的灯》这个题目一下子就吸引了他的眼球。

他心里非常激动，接着看下去：

每个人心中都有一盏明亮的灯，这是感恩的灯。

父母给予了我生命，我感恩，让我能体会一个美妙的世界。

老师授予我知识，我感恩，让我在学习中不断前进。

解放军叔叔保卫着国家的领土，我感恩，让我们生活在无忧无虑的和平环境中。

警察叔叔保护着我们的安全，我感恩，让社会变得安定和谐。

精准扶贫给予了我们富起来的希望，我感恩，让我们摘掉贫困的帽子富裕起来。

我家是贫困户。

我出生的那一天，爸爸的机动三轮车被大汽车撞翻了，车上的妈妈受伤了。就是在这样的情况下，我来到了人间。

我是幸运的，因为我活下来了。

可是，妈妈残废了，不幸和眼泪伴着我长大。

我们家因为母亲还有我长期有病的奶奶而成为贫困户。

现在，党中央国务院精准扶贫致富奔小康的伟大决策实施了。扶贫工作队进村了，我们一家就要脱贫了。

感谢扶贫工作队对我家的帮扶。

我家生活在扶贫工作队的帮助之下，生活在国家的优惠政策之中。

就让我们用心去感恩那些曾经帮助过我们的人吧，让我们在心中点燃一盏感恩的灯!

　　客人看完了这篇小学生的作文,久久地沉默着,脸上凝结着庄重和不安。

　　他把作业本交给吴兰香,很客气地说:"请你将任嘉怡的作业本送还给她。这是一篇发自内心真实感受的好作文。"

　　吴兰香接过作业本,微微的一声叹息:"这个孩子是不幸的。那一天,她爸爸开着机动三轮车去给奶奶看病,被一辆大卡车撞翻了。她妈妈受伤了,早产生下了她。"

　　客人胸脯微微起伏着。

　　吴兰香继续说:"可恨的是那位司机,他撞人以后逃逸了。看给人家害的,多可怜哪!"

　　客人的呼吸急促起来。

　　吴兰香说:"不过,就在前年年底的时候,有人来到我的农家乐吃饭,是个六十多岁的大卡车司机。他问起了这件事,好像是来打听什么的。临走的时候,还向我要了任立志——就是这个女孩爸爸的电话号码。后来,他还给任立志打过电话,给村委会打过电话,询问任立志爱人遭遇车祸的经过和目前的处境。可是后来,什么消息也没有了。"

　　客人低下头,擦了擦眼睛,很快就恢复了平静。

　　吴兰香说:"唉!你说这事儿,已经过去九年了。就是肇事的车主,也不会想起这次事故了。"

　　客人点点头又摇摇头:"也许他真的要给予受害者赔偿,只是,后来发生了什么特殊事情。"

　　吴兰香未置可否,用疑惑的目光看着这位情绪起伏的客人。

第三十七章　用脚步丈量责任

按照县委的部署，扶贫工作队要在对贫困户的家庭收支情况核实确定以后统一张榜公布，接受群众监督，上报乡镇认定。

穆不言的贫困户认定难住了吕彦彰和他的包户干部杨志业。

首先，穆不言对于扶贫干部的走访不予配合。

现实生活中有些人有些事确确实实比较麻缠的。比如说扶贫工作队员对贫困户家庭收入的调查，很简单的事情，一点儿也不复杂，可是在穆不言那里，人为地把事情复杂化了。杨志业抱着很强的责任心，很真诚地去为他做事，去了解他的家庭情况，了解家庭的收入支出，等等。本来可以很快办理的事，应该没有任何的麻烦障碍，可穆不言就是不予配合，不是假装迷瞪僧，就是胡搅蛮缠瞎抡胡侃。眼看就到了上级规定的截止日期，杨志业急得干瞪眼。

穆不言的戏演了一出又一出。

杨志业没有更好的办法，只好蹲在门槛外面等人。

你有你的千条计，我有我的老主意。穆不言干脆彻底躲避，把老婆和母亲送往岳父家里，来一个铁将军把门，三天两头不在家，致使蹲门槛守空房的杨志业次次扑空。有一次，穆不言半夜里回家，想不到被杨志业挤在墙角了。穆不言没办法，交代他明天再来。第二天一大早，杨志业按照约定来到穆家，铁将军又把门了，人不知道又躲到哪里去了。打电话联系，手机没有话费了。杨志业只好把话费替他交上了。好不容易打通了电话，穆不言说走亲戚去了。

遇到这样的人，还不把人生生气出病来？

眼看全村的低保户贫困户已经调查完毕，家庭收入也核算完了。杨志业还没有见到穆不言呢！焦躁中，杨志业索性紧紧盯着穆不言的一切动向，还暗地里交代村民小组组长和吴兰香、周万新、石玉平、杜承汉这些积极分子，随时报告穆不言的动向。这一天终于又将穆不言挤在墙角了。穆不言说要进山捋葛花，杨志业想，机不可失，可以一边帮他捋葛花，一边核算他家收入。于是，杨志业背着一架竹梯子，呼哧呼哧地跟着穆不言去到楚长城下的野牛岭。他爬高登低的，帮着穆不言捋了半天的葛花。穆不言还是绕来绕去地不予配合。还有一次，穆不言说在大山里采摘野菌。这明显是说谎，野菌还没长出来呢！杨志业并不点破，问准了地点，约着组长爬了十几里的山路，翻越山崖时鞋子撕开了崴了脚，他只好用山上的葛条捆着撕裂开来的皮鞋，翻山越岭来到穆不言所说的地方。哪有什么人？

组长气得直跺脚，发誓赌咒说从今以后坚决不再陪着杨志业干这种一分钱不挣还枉搭工的赔本买卖，一气之下辞职了。

气归气，扶贫工作还要按照程序继续走下去。

杨志业计算了一下，为核算穆不言的家庭收入，他已经跑遍了华苑村二十多平方公里的范围，累计二百多公里的路程啊！这么简单的事情，遇到这么一个麻缠的人，哭笑不得啊！

扶贫工作队员们在用脚步丈量责任。

终于有一天，杨志业又将穆不言堵在家了。

穆不言也实在找不出什么更好的理由了，只好将就着配合了一次。

在阴暗的堂屋里，杨志业坐在那张缺了一条腿的椅子上，在不能保持平衡而晃动发出"吱嘎吱嘎"的响声中，穆不言的家庭收入终于算出来了。

按照这个计算，穆不言家庭人均收入还不到一千五百元。

当贫困户的人均收入张榜公布的时候，有人反映说，穆不言这是在装穷。因为，逢年过节，穆不言就会收到儿子汇来的钱。在没有被认定为贫困户之前，他家的厨房里，经常传出来的肉香可是非常诱人的。一反常态的是，他戴上贫困户的帽子以后，虽然还是酒肉不断的，不过，那只是一家人偷偷享用而已，再也不敢公开地炫耀了。就是赶集，也不愿意与他人一道了。

如果认定穆不言为贫困户，村民们意见很大。对于村民们反映的穆不言的两个儿子在外打工已经买房的情况，由于穆不言既不提供手机号码，也不告诉打工地址，很难认定村民们反映的情况是否属实。如果不认定穆不言为贫困户，他已经脱贫的事实是什么？你有什么事实来推翻外地暗访组的结论？

就在吕彦彰、杨志业为穆不言贫困户的确定难以下决心的时候，卢飞娣、刘娟娟又向她们的丈夫施加压力了。

吕彦彰、杨志业十分烦恼。

就在这个时候，石玉平找到吕彦彰，很高兴地说："老班长，穆不言贫困户的认定问题，我有办法解决了。"

吕彦彰问："什么办法？"

石玉平说："好歹我也是侦察兵出身，不信揪不住他的狐狸尾巴。"

吕彦彰制止说："什么狐狸尾巴？这样说不妥。"

石玉平说："对对！不该这样说。至于我怎么得到的信息，你就别管了。"

吕彦彰提醒说："能得到穆不言家里实际情况的信息当然很好。不过，一定要依法办事。"

石玉平神秘兮兮地笑着说："放心吧老班长！习总书记说，'我坚信，中国共产党成立一百周年时，全面建成小康社会的目标一定能够实现。我坚信，中华人民共和国成立一百周年时，把我国建成富强、民主、文明、和谐的社会主义现代化国家的目标一定会实现。我更坚信，中华民族伟大复兴的梦想一定会实现！''扶贫开发贵在精准，重在精准，成败之举在于精准。'为了实现中国梦，为了全面建设小康社会，我一定要为你打赢华苑村这场扶贫攻坚战提供确切的情报。"

　　吕彦彰心里很高兴。这个年轻的退役军人，还保持着果断、顽强、自信和不服输的战斗精神。他与穆兴是战友，也许可以通过其他战友之间的联系得到穆不言家庭的实际情况。他说："好吧！你得到有关情况后，立即向我汇报。"

　　石玉平很高兴地走了。

　　石玉平的建议提出后，杨志业忽然有了自己的办法。他提议说："真的是灯下黑。穆不言利用我们的亲属为他说情，我们为什么不反其道而行之？吕书记，解铃还须系铃人。那就见见这两个托情的人吧！"

　　吕彦彰也悟过来了，对呀！通过她们，或许可以了解到穆不言的更多情况。

　　想到这里，吕彦彰决定和杨志业回一趟城里。

第三十八章 两只孤雁飞呀飞

本来，李俊英这次进城，是要去陪护赵启福的。

赵启福当然很高兴。毕竟，由自己的初恋、现在已经结为亲家的李俊英护理，比花梦君随便多了。可是，当李俊英向他讲起林成金与她所谓的林地纠纷以后，赵启福很快就犯了打算，他告诉李俊英说，为了配合吕彦彰解决林成金与她的林地纠纷，她必须立即回到村里。再说了，赵启福几架山坡的林子，总得有人照看着吧！李俊英觉得赵启福从大局出发，考虑全面，接受了他的意见，这才刚刚走到她的玉兰园，赵启福的电话就打过来了。她接通手机："哎！赵哥，我刚刚到家，正要给你报个平安呢！"

赵启福说："到家就好。"

李俊英问："有事吗？"

赵启福说："对！有事儿。"

李俊英问："什么事儿呀？是不是淑娴、卫国要探家的事？"

赵启福说："部队里有紧急军务，他们暂时不回了。我给你说另外两个事儿。"

李俊英问："什么事啊？"

赵启福说："赵阳回家的事。他刚刚给我打过电话了。"

李俊英说："好啊！"

赵启福说："我在住院，赵阳还没有学会做饭炒菜。"

李俊英说："可怜天下父母心哪！没关系，回来就在我这里吃饭。"

赵启福说："也好。不过，给你添麻烦了。"

李俊英笑起来："还要说说客气话儿？见外了吧？你就是在家又咋的？不也是不会给孩子做顿可口的应时饭菜？他回来了，有人给你做个伴儿，说说话儿，该有多好啊！"

赵启福说："要说是这个理儿。不过，你不也是这个样子吗？要不是缘缘给你做个伴儿，多寂寞孤单呀！"

李俊英听出话音来了，赵启福总是要借个因儿牵连上两个人的关系。心里又是一番感慨呀！是啊！当年两个人炽热感情火花碰撞的时候，爱的意思千方百计都敢表示出来，现在怎么了？绕弯子了。唉！赵启福啊！你当年战场上冲锋陷阵的劲儿哪去了？既然你要绕着弯子提这件事，我不妨反其道而行之，给你来一个袖子里面装棒槌——直来直去，看你怎么回答我。她笑着问道："两只孤雁飞呀飞，一个东来一个西，怎么就是飞不到一块儿呢？"

电话里面，李俊英听到了赵启福激动的唏嘘声。

其实，赵启福想要的就是这样的结果。

李俊英呢，也为自己突然大胆地将心底的真实想法提出来而震惊着。她知道，他也是没话找话说。赵阳回家的事儿，早在一个月前已经决定了。他要回到家乡，建设家乡，为乡亲们脱贫致富发热发光贡献力量。赵阳这种热爱家乡的心情，赵启福是理解并支持的。当年，他自己不就是抱着这样的雄心壮志离开城市留在这里的吗？他是借着赵阳回家的事儿想给她聊天儿。你听，话筒里一阵激动的叹息以后，赵启福的话儿竟然带着一种挑战质问的味道："就是呀！难道还缺少那根月老牵过来的红线线？"

李俊英心里暗暗一笑，嘴上变成了气呼呼的抱怨语气："什么月老牵过来的红线线？也可以抛过来一个红绣球嘛！"

"对对对！"

"难道还要等到日落西山红霞飞？晚了！"

"可是，一旦她不来接呢？"

"想得太多了吧？哈哈哈哈！她为什么不接呢？"

话筒那边，是一阵阵高兴到极致的开怀大笑。接着，赵启福好像故意逗她的乐子："唉！都什么年纪了？我看还是与卫国、赵阳、淑娴他们通个气儿。"

这是在留余地吗？不是。这是他一直以来用不凋谢的希望和不灭的向往与追求，编织新的锦缎彩虹。他这样的表达，彻底透露出了他对她的挚爱真情。李俊英再也难以按捺满心的激动，笑得像春三月里的桃花一样："老滑稽！终于说出你心里的纠结所在了。"她说到这里，急忙改口附和着说："也是！给孩子们商量商量也是应该的，他们也一定会理解和支持你的。"

赵启福、李俊英虽然有过纯洁无瑕的真挚爱恋，但是，由于事态的变化，他们各自有了家庭，而且经过了二十多年的风风雨雨，本该与自己的爱人相携共度一生，不料在人生的路途中痛失相依为命的伴侣，这对他们来说无疑是最沉重的打击。在这样不上不下的年龄段，当一方撒手而去再也不能相聚时，除了不可名状的悲哀痛苦，还有茕茕孑立和孤独落寞。在失去一方的痛苦折磨中，他们不约而同地都想到了对方，想起了那曾经真诚相爱的初恋。于是，他们都在努力寻找最恰当的燃点，来重新点燃被搁置在一旁很久的心灯。

于是，在赵启福和李俊英的心中，同时亮起了一盏心灯。

李俊英还想就这个话题继续说下去，电话那头的赵启福忽然转换了话题："另外，还有第二个事我必须告诉你。"

李俊英觉得赵启福的口气很是严肃，不由得心里"扑通"一跳，急忙问："什么事儿呀？"

赵启福说："还是林成金说的事儿。"

李俊英说："这个事儿呀？就等着他求我原谅的那一天呢！"

赵启福说："私凭文约官凭印。你要实话实说，你究竟有没有林权证？"

李俊英笑着说："有啊！"

赵启福问:"既然有证据,为什么不拿出来?弄得第一书记很难决断。"

李俊英说:"林成金既然将我告到柳书记那里,他就应该把他的证据拿出来呀!字过千年会说话。空口无凭。他的证据在哪里呢?"

赵启福解释说:"按照民诉法的规定,谁主张谁举证,林成金应该向第一书记提供证据。但是,他不提供证据并不影响你提供证据嘛!"

李俊英笑着说:"哎呀我的赵哥呀!你这话说得怎么这么轻巧啊?林成金明摆着是恶人先告状,提供不来证据就等于他吐口吐沫自己舔起来好了。"

手机里传来赵启福不高兴的声音:"这不是叫第一书记为难吗?"

李俊英笑着说:"不是。我是气着林成金哪!"

赵启福说:"不能因为这件事情影响咱们村的扶贫工作,不能给第一书记添麻烦。"

李俊英说:"这个我知道。"

赵启福说:"我担心权有智在后面出歪点子把林成金当枪使。你想,他们在你的林地里发现了金矿,联合着蔡阔峰来开采,一旦开采就要毁坏辛夷树,破坏生态环境,影响到美丽乡村建设,最关键的是扶贫工作。你这架坡也有几百亩呀!当年栽种这些辛夷树的时候,不就是因为它的观赏和经济价值吗?"

李俊英省过神来了,说:"对呀!"

赵启福说:"另外,他们一方面通过林成金维权争执含有黄金地段的坡地,另一方面给你提亲说媒。为了什么?"

李俊英想了想,完全明白内中的原因了。她气呼呼地说:"原来他们这是唱的双簧戏呀!扮猪吃老虎,包藏着祸心的呀!赵哥,你放心,他们别想得到我的坡地。"

赵启福说:"习总书记说,绿水青山就是金山银山呀!如今,华苑村打算成立华苑旅游公司,玉兰园就是主要的景观场地,县里扬生生物科技有限公司因为业务需要正准备与我们村签订长期的辛夷产供销合同，花朵朵已经被特聘到那里了。蔡阔峰这个人私心重，一旦他开采黄金的手续批下来，把这块地征收过去，这成片成片的辛夷树就完蛋了。前年，他们在西村开采铁矿的时候，可以说是贪念在心里疯长，疯狂的破坏性开采造成生态破坏水源污染，恢复植被需要多少人力和物力呀！而且我们这里还是南水北调的备用水源地。从这个大局出发，为产业扶贫考虑，我们一定要用我们的实际行动来保护好这里的植被和生态环境。为了华苑村的愿景规划，为了咱们村那些低保贫困户彻底地脱离贫穷，为了实现老班长华栋栋的遗愿，你必须把林权证提交出来。"

李俊英听到这里，彻底地明白了赵启福的真正用意。嗯！还是人家站得高看得远啊！看来，林成金这一招是醉翁之意不在酒啊！她语气铿锵地说："好！我听你的。我只要有林权证，他们就别想从我手里把这架林地讹走。"

赵启福十分高兴地说："等一会儿第一书记就会去你家里了解情况，请你好好配合。"

李俊英说："哎呀赵哥，你这是在做我的思想工作呀！放心吧赵哥，当年的民兵排长李俊英仍然会以大局为重的。我一定配合吕书记解决好林成金与我的林地纠纷。"

李俊英挂断电话，忽然听见自己的玉兰园里传来"嗵嗵"的响声。她悄无声息地走过去，原来又是林成金。他在干什么？啊呀！鬼鬼祟祟的林成金竟然把两家林地之间的界石挖出来，挪到她的辛夷林地栽起来，足足有三十米呀！她又气又急，掏出手机，拍了照片，录了像。然后扯着嗓子大声吼起来："林成金！你在干啥？"

林成金被吓得一个愣怔，我的蚂蚱爷！人背时放屁都会砸到脚后跟，刚动手就被自己的对头抓了个现行。他急中生智，顺手抱起那块几十斤重的界石，"嘿嘿"笑着说："你就权当啥也没看见。我这是吃饱了撑的——在练习搬运大功哩！"

第三十九章　用公正的心秤称斤论两

吕彦彰、杨志业和郝梦媛第一次来到李俊英的家里。

这是一座非常干净的小院子，一围红砖院墙将一栋两层小楼圈住，红漆的铁皮大门外面，对称地种着两棵紫玉兰树。透过盛开的玉兰花，可以看到两只可爱的小鸟捉住梢头上的嫩叶，四目相对，呜呜啾啾，相依相偎，无限柔情。屋檐下挂着的那一串串红红的辣椒分外耀眼。小院外是一片绿油油的菜地，一垄垄的生菜、莴苣、韭菜、小葱和空心菜在春风中摆动着。

这真是一个美丽的农家小院！

李俊英已经迎接到门外，笑嘻嘻地欢迎说："快请进，快请进！"

吕彦彰、杨志业和郝梦媛走进院子。李俊英推开堂屋门，笑着解释说："刚刚到家。我给你们烧水去。"

吕彦彰说："不用了不用了，咱们随便聊聊。"

李俊英说："哪能呢！再不济也要尝尝我家白开水的味道吧？"

郝梦媛说："婶子，你们说话，我来吧。"

吕彦彰坐下来，看一眼风尘仆仆的李俊英，笑着问道："启福怎么样？"

李俊英说："恢复得不错。只是偶尔还是疼。"

吕彦彰问："齐嫂在那里怎么样？忙得过来吗？"

李俊英说："我这次去看望赵书记，本来是要替换齐嫂的。可是赵书记一定要我回来。齐嫂也劝我回来配合吕书记解决好林成金与我的林地纠纷。他们担心为这个事影响咱们村的扶贫工作！要说齐嫂，心里装着的是扶贫工作啊！"

吕彦彰暗暗感激花梦君，她想到的是社会稳定，是精准扶贫的大局。他笑着说："齐嫂真的是一颗赤诚跳动的爱心哪！"

李俊英说："是啊！"

吕彦彰说："俊英啊！扶贫工作队来到华苑村的重中之重就是精准扶贫，这是上级的要求。要完成这个伟大的任务，首先就是要稳定。林成金既然提出与你有林地纠纷，有纠纷就要解决。这件事不能影响我们精准扶贫这个当前最大的中心工作。我今天来就是想听听你的陈述，把这个纠纷解决好。怎么样？"

李俊英说："保护每一个公民的合法权益，这是法律赋予的权利。我愿意配合你解决林成金故意制造出来的所谓纠纷。"

吕彦彰说："请你讲讲当年承包林地的情况。"

李俊英说："好的。"

二十年前，华苑村将集体保留的几架山坡承包给村民们。林景芳与他的哥哥林景春承包的是野牛岭这架山坡。当时林景春身体不好，儿子林成金不爱劳动，他家只承包了野牛岭山头下面五亩较好的坡地，并且种上了桃树。当时的村组干部赵启福、周万新、石建强和吴兰香在现场划边界栽界石，后来县里还分别给承包人颁发了林权证。

林景春去世后，林成金懒惰不爱干活，妻子梅花枝身体不好不能劳动，他们家原来在白河北岸承包的三亩好地租借给蔡阔峰堆放矿渣，这里的桃园也不及时管理，以至于荒芜下来。而林景芳和李俊英都是勤劳而且很有远见的庄稼人，自打承包了野牛岭的山地后，开始栽种辛夷、玉兰树，如今已经是林海花海一片了。

桃树寿命较短，一般二十到二十五年以后树势开始衰老了。林成金家的桃树已经不怎么挂果了，即使挂几个果实，因为无人管理很快就脱落了。去年冬天开始，原来在西村开矿的蔡阔峰和权有智带着人在林成金家的桃树林里悠来转去的，很快就来到李俊英的玉兰园里转悠了，偷偷在她的玉兰园里挖探槽，用爆破剂取石头采样品，不但造成赵启福摔伤住院，还把李俊英的几棵辛夷树炸断了。

李俊英很快就将所谓的两家纠纷的起因经过讲完了。

吕彦彰听得很仔细，偶尔会提出一些问题，李俊英都认真地作了解答。最后，吕彦彰问道："可否让我看一下林权证？"

一向随和的李俊英态度忽然变得执拗起来："不中！"

吕彦彰疑惑不解了。

来李俊英家之前，吕彦彰与赵启福通过电话，详细地了解了林成金与李俊英之间的关系，当年承包山林的经过和形成纠纷的原因。赵启福向吕彦彰作了全面的汇报。并且告诉吕彦彰，他一定会做好李俊英的工作，积极配合他处理这件民事纠纷。可是，一经与李俊英接触，在关键问题上完全是一种不积极配合甚至抵触的态度。在吕彦彰的心里，那一杆公正的秤还没有办法来称斤论两，因为他需要事实和证据，才能辨明是非曲直，才能做出决断。

李俊英的态度之所以发生一百八十度的转变，不愿意提供自己的林权证，那是因为刚才她看见林成金去她的玉兰园里挪动了当年经村组干部在两家边界栽上的界石。

界石，就是两家林地的分界线，是使用坡地权利的证明。

看来，林成金在权有智、蔡阔峰的暗中支持下，为了在我的林地里开金矿不择手段啊！无中生有的侵权纠纷，明目张胆的探矿找矿，今天，竟然偷偷挪动了界石，手段如此之卑鄙，其实就是为了谋取个人私利。为了个人私利，毫无顾忌地往我眼里揉沙子插棒槌，甚至无中生有地牵连他人，真是欺人太甚了！既然如此，我为什么要主动地将自己的证据提交呢！既然你们要玩火，就让你们自焚吧！本来，李俊英在赵启福的开导下，觉得要想证明赵启福的无辜和保护自己的合法权益，最有效的办法就是提供自己的林权证。因为那上面不但填写着详细的长宽尺寸，东南西北四至，还有县政府的大印。可是，面对极不讲理的林成金，她心里的那股怨气怒火无法强咽下去。她不能像赵启福那样，轻而易举地放弃了对林成金因为挖探槽造成的胳膊骨折的追究。蔡阔峰、权有智极端自私自利，干的是兴一家坑万家，一人笑万人哭的坏事，是与精准扶贫唱对台戏。对！对于他们唆使的、因为私利熏心被利用的林成金，不能就这么顺从地将自家的林权证拿出来。这样做，虽然可以以证据不可改变的强大证明力、用铁的事实驳斥林成金的胡搅蛮缠。可是，这也太便宜了他。不能让不讲理的小人就这么快地输了。林成金是麻烦制造者，就应该由他来出示证据。当然她也知道，林成金根本拿不出什么证据，他家压根儿就没有承包争议的林地。正因为如此，林成金自己酿成的苦果就由他来品尝吧！

李俊英决定，暂时不将自己的林权证提供给吕彦彰。

吕彦彰问："为什么不中？"

李俊英说："不中就是不中。因为他是原告！按照国家法律规定，谁主张谁举证。他既然提出我侵占了他的林地，就把他的林权证拿出来晒晒太阳，省得发霉变质。"

吕彦彰看了看涨红了脸的李俊英，耐着性子解释着说："不管是原告还是被告，都应该提供自己的证据嘛！为了使你们之间的纠纷早日解决，你出示一下自己的林权证又有何妨？"

李俊英眼见吕彦彰脸色不太好看，笑着说："不是我执拗。要说我这个人从来就是豁达大度的，不会与人过不去，不会抬死杠固执己见的。但是，对于林成金，我就是一个态度——你们看过他的林权证以后，我自然而然就会将我的林权证提供给你们。"

杨志业有点着急了，直言快语地说："林成金就是一个好事的人。他既不提供证据，又到处告状喊冤好像被冤屈了一样。你既然有证据，让我们看一看有什么不行的呢？"

此时，郝梦媛已经将开水烧好了。她给大家泡上茶，挨着李俊英坐下来，轻声劝解说："为了减少纠纷，你要配合我们把化解矛盾的工作做好。"

李俊英说："我不是揣着明白装糊涂的人。我只是转不过这个弯弯来。恶人先告状的事儿，为什么一定要我先出示证据？再说了，前天省旅游局老领导来咱们华苑村考察的时候，梅花枝同着大伙儿的面已经说得很明白,这些年来我们两家相安无事,没有谁家侵占谁家林地的事。"

李俊英的讲述,倒是把吕彦彰他们几个人问住了。是呀!原告的妻子已经向你们出示了最好的证言,为什么还要一个劲儿要被告出示林权证呢?

吕彦彰笑着解释说:"是的!梅花枝说过这样的话。但是,我们要彻底地解决纠纷,必须依理依据去证实某一件事情,还需要更多的人证物证书证。而且必须取得某个事情的发生发展过程中的最有力的证据,这就是不变证据的一种——书证。在林成金不提供书证——林权证的情况下,我们必须见见你的林权证。只有见到这个'字过千年会说话'的证据,我们就有了判断是非责任的依据和决心。"

李俊英认真地听着吕彦彰的解释,知道他的良苦用心就是慎重。但是,她还是想不通,还是不愿意将自己的林权证提供给他。

郝梦媛看着一时难以下台的吕彦彰,接着劝解李俊英:"其实,吕书记的想法就是平息化解纠纷。你想,当前全村村民们一个心思脱贫奔小康,咱们不能把主要精力用在这件纠纷上面。为了早日把这件纠纷解决,请你把林权证交给我们看看。婶子,不就是举手之劳嘛!"

李俊英笑起来:"梦媛,你们说得都对,我应该听。可是,我刚才又一次看见林成金偷偷摸摸地去我的玉兰园。你猜他在干啥?"她越说越气,眼里闪现着一股无法遏制的怒火,声音也颤抖起来,"挪界石!把我们两家林地中间的界石挪到我这边三十来米。你说,这是什么行为?这是毁灭变更对自己不利的证据,是往我头上拉屎拉尿的欺负我,我忍得下吗?所以,林成金提供不出来我侵占他林地的证据,我的林权证是绝不会出示的。"

嗨!问题的症结还是出在林成金身上。

第四十章　春风吹得叫人醉

病房门开启了。

吕彦彰、杨志业轻轻走进来。

正在给赵启福分拣药片的花梦君转过身来,看见身后站着的吕彦彰和杨志业,莞尔一笑:"啊!你们到了。"

吕彦彰微笑着说:"到了。"

花梦君把一杯温开水和药片递给赵启福,轻声说道:"已经到吃药的时间了。"

吕彦彰微微点头。

赵启福也看见吕彦彰和杨志业了,朝着他们微笑着打过招呼,很快将药片咽下去。

吕彦彰看着花梦君,心里油然升起深深的敬意。

当过兵的人嘴里都会有一句口头语:生命中有了当兵的历史,一辈子都不会懊悔。生命中获得军嫂的荣誉,一生中都值得珍惜。花梦君,这位退役军人的妻子,就像一块无瑕的碧玉,映出一颗晶莹透彻的心房。心房里,永远装着祖国山水,连着绿色营盘和曾经同一战壕的战友。

花梦君,你是一首动听的歌呀!

赵启福服完药后,立即下床站起身来,双脚立正,就是一个标准的军礼:"报告老班长,战士赵启福正在住院。请你指示。"

吕彦彰马上回礼："请坐下。"

退役军人都知道，以后不管谁的官儿当大了或者当上大老板了，他们见到曾经的老兵，总是尊称老兵为"老班长"。这是一种最为朴素的战友情和对老战士的尊重。

赵启福坐下来，非常高兴地说："老班长啊！你刚刚去华苑村，千头万绪那么多事情，还要亲自来看我。"

吕彦彰说："不来看你，天天惦念着哩！"

赵启福说："嫂子已经来看过我了，还偷偷地在我枕头下塞了两千块钱。"

吕彦彰把杨志业介绍给赵启福后，赵启福立即站起来，与杨志业握手："谢谢你委托娟娟问候我，谢谢娟娟的精心护理。"

杨志业问道："好多了吧？"

赵启福说："好多了。我刚才还给娟娟说，请马上给我办出院手续。成立退役军人创业协会的事还没有着落，着急呀！"

吕彦彰说："没关系。等你回去以后，咱们共同想办法。"

赵启福说："虽然我被停职检查，可我还是共产党员，是一位退伍军人。我还欠华班长一个债。这个债就是把华苑村退伍军人组织起来，创业致富。更要借扶贫工作的东风，带动全村村民脱贫致富。"

吕彦彰知道，赵启福所说的债，就是华栋栋牺牲前的遗言和赵启福的承诺——建设华苑村，摘掉贫困帽。为了这句军人战场上的承诺，他信守了并且做到了！是的，军人的赵启福在战场上是英雄，退役以后，依然还在以军人的忠诚和担当书写着辉煌。他就像一匹驮载着重物的骏马，砥砺前行，永不言退。

那一年，在保卫祖国的战斗中，赵启福受伤了。奉命将他送往战地医院救治的班长华栋栋背起他刚刚撤离阵地，敌人的炮弹突然打来，在生死存亡的关键时刻，华栋栋把生留给战友，把死留给自己，他立即趴在赵启福身上。战友赵启福得救了，华栋栋永远地倒下了。

华栋栋牺牲前，向赵启福提出了两个愿望：回到我的家乡，按照战前兄弟们的互相承诺，尽一份儿子的孝道；帮助那里的村民们脱贫致富。

赵启福含着眼泪答应了。他复员以后，践行了自己的诺言，从南阳市来到伏牛山下白河岸边的华苑村。

为了改变山村贫穷落后的面貌，赵启福因地制宜，带领村民们植树造林，如今，华苑村已经是林海一片了。为了走出穷山村，赵启福带领大家开山凿石，修桥筑路，如今已经通上汽车了。为了彻底地脱贫致富奔小康，赵启福带领村委会一班人，为那些低保贫困户逐家逐户地想办法拿方案，寻找致富门路。现在，赵启福受伤了，在他的心里，依旧想着工作，想着精准扶贫。

这些，吕彦彰在走访中无数次地听到过，心里是满满的感动。他说："回到华苑村以后，我们见到的听到的一切，都是满满的正能量，都是在做着如何脱贫致富奔小康的事儿。这是可以肯定的。至于穆不言反映的问题，柳书记交待的有话，我们正在核实，事情总会有个分晓的。柳书记要我转告你，你现在的首要任务就是安心养好伤，我们盼望你早日康复。我们等着你，就像我们在前线一样去拼搏去战斗去克难攻坚。"

柳书记是一位理性的干部，在穆不言反映他贫困户的认定上，坚持冷处理，不但通过吕彦彰带来了他对赵启福的问候，并且指示他认真核实穆不言的家庭现状，实事求是地解决他贫困户的认定。吕彦彰的话，带来了县委书记对一位农村基层干部的关心和爱护，就像春天的风，吹得叫人心情激荡叫人愉悦叫人微醺。自接受反省检查以来，只有吕彦彰这句理解的话儿，触动了赵启福的泪点儿，他两眼潮湿了："老班长，请你放心。我一定要安心养伤，争取早日回去，为实现华栋栋的遗愿，为华苑村村民们早日脱贫贡献力量。"

吕彦彰点点头："我今天回县城就是来看望你，也带来了华苑村村民们的问候。他们祝愿你早日康复，早日回到工作岗位上。习近平总书记说，金杯银杯不如老百姓的口碑。干部好不好不是我们说了算，而是老百姓说了算。村民们才最惦记你想念你理解你。"

公道自在人心啊！

憋闷在心里的委屈被吕彦彰实实在在的话儿化解了。赵启福忍不住哽咽起来："谢谢乡亲们。这些天来，我收到了很多乡亲们的问候电话。请你转达我对他们的谢意。"

吕彦彰说："还有一件事，就是了解一下当年林景芳、林景春他们承包野牛岭林地时的有关情况。我想，在当前大家伙儿一心一意脱贫致富奔小康的前进路上，如果林成金反映的问题不解决，势必影响华苑村的精准扶贫工作。我是向你讨教的。"

赵启福笑起来："我的老班长，你也太谦虚了。"

吕彦彰说："要说，我的农村工作经验真的不如你。"

赵启福说："林景春、林景芳和林秀英三人是堂叔伯关系，我就是林成金的姑父。当年量地栽界石时，石建强是群众代表，周万新是组长，吴兰香是妇女主任，我担任党支部书记。当时的情况是，在野牛岭，林景春只承包了五亩土质好的坡地，剩下的几百亩坡地由林景芳全部承包了。"

吕彦彰问："当时是否发放了林权证？"

赵启福说："发了。林权证是我亲手送给林景芳和林景春的。"

吕彦彰皱着眉头说："昨天我们去李俊英家里询问了有关情况，但事与愿违，李俊英没有把她的林权证拿出来。"

赵启福一怔："这都是事前沟通好的。她的性格，向来就是直来直去心不藏奸的。为什么没有给你看呢？"

吕彦彰说："我也很不理解。后来经过她的解释，我们才知道，林成金挪动了两家林地之间的界石。"

赵启福非常生气地说："挪动界石就说明人家的林地是他的吗？关键是林权证，那才是硬硬实实的证据。双方只要都出示林权证，纠纷就一定会迎刃而解。"

吕彦彰说："李俊英因为一时的气愤，怄气不出示林权证是可以理解的。可是作为原告的林成金以各种理由不出示证据，很奇怪呀！"

赵启福想了想说："其实，林成金林权证上就是五亩坡地，根本不敢拿出来。另外，还要小心他背后的推手。"

吕彦彰立马想起了李俊英的提醒。他问:"牵涉到某些人的利益?"

赵启福说:"我的担心就在这里。争议地点发现了含有黄金的矿,含有黄金的矿被发现后就有了争议。"

吕彦彰、杨志业省悟过来了。

杨志业说:"蔡阔峰才是真正的推手!"

赵启福说:"是的!无风不起浪。不过他在暗处,面上的推手就是权有智。"

吕彦彰点点头。

赵启福说:"采矿有采矿的法律和程序。但是,我们还要考虑到两个问题:一是他们通过林成金把李俊英的坡地争到手以后,就会申请开矿的手续。那么,蔡阔峰一旦要在这里开矿,村里正在开始的生态旅游项目就会受到严重影响。因为那里是华苑村的玉兰园,是主要的景观带,也是咱们村的辛夷主产地,是扬生生物科技公司的货源地,更是低保贫困户入股脱贫的产业项目啊!可以说,这里是咱们华苑村的聚宝盆。二是白河是南水北调的储备用水水源地,一旦污染,后果非常严重!"

杨志业听到这里,"呼"地站起来,攥着拳头说:"这不是要砸烂华苑村的聚宝盆吗?"

吕彦彰想了想说:"表面上看似一件简单的土地争议纠纷,没有想到纠纷的背后牵涉到个人膨胀的私利与扶贫工作中产业项目的开发使用的矛盾。如果处理不当,真的要影响华苑村的扶贫工作,小觑不得。因此,调取证据,冷静地找准处理的方法,保护公民、集体和国家的利益,确保扶贫工作顺利进行,必须慎之又慎。我看这样,下午我去林业局查查,一旦找到当时的存底,一切问题就迎刃而解了。"

赵启福说:"老班长,其实村里也留有最原始的丈量林地的存根,请保国同志再找找。"

吕彦彰说:"保国已经找到原始底册了。可是因为前年涨大水被浸泡得什么也看不清了。所以,要想解决这个纠纷,李俊英才是关键啊!"

赵启福点点头。

吕彦彰接着说:"另外,请你介绍一下穆不言的家庭情况。"

赵启福将穆不言的家庭情况介绍以后,特别强调说:"老班长,有句老话叫作'哑巴蚊子叮死人',穆不言是不好对付的。我停职检查的事儿,全是因为他呀!"

吕彦彰说:"目前,对他的贫困户的认定,我们不是也打住车了?犯着难呢!"

赵启福说:"不过,他儿子穆兴可是共产党员,退伍军人,为人正派正直,诚信可交。听说已经当上大老板了。我和保国商量过,想请他回来领头成立退役军人创业协会,帮扶低保贫困户创业致富。只是自从穆不言戴上低保户的帽子以后!任谁也问不出穆兴的联系电话了。"

吕彦彰点点头,表示赞同说:"成立退役军人创业协会的想法非常好。我们一定要想办法联系上他,请他出面为华苑村的美丽乡村建设,为帮扶低保户贫困户出把力。"

正说着话儿,刘娟娟快步走过来,看一眼站在一旁的杨志业,满脸严肃地问吕彦彰:"吕叔,志业下乡后表现怎么样?"

吕彦彰笑着说:"当然很好了。哎!志业告诉你了吗?今天晚上我请客。"

刘娟娟说:"哎呀!吕叔,你是算着我今天晚上没有班儿才安排的吧?"

吕彦彰笑着说:"对呀!是志业告诉我的。另外,我还想请你通知一下欧阳普照。"

刘娟娟说:"太好了。当时就给人家许过愿的。可是,我这不成了借花献佛吗?"

正说着话儿,花梦君、花朵朵陪着雷鸣远走进来。雷鸣远将怀里的一大束鲜花放在床头柜上,笑着说:"我来看看赵叔叔的。赵叔叔好!"

大家都十分高兴，说了一会儿闲话。雷鸣远不好意思地说："这都回来好几天了，梦媛提出在华苑村办超市的建议还没有给飞娣阿姨联系呢！"

花朵朵说："吕叔，就请你给阿姨打个电话督办一下吧。"

吕彦彰说："好啊！不过，提出这个建议的梦媛没有回来，有点遗憾。"

雷鸣远语气里带着抱怨说："有空就写她的扶贫小说，听说还邀请县里的作家、诗人去采风，家也懒得回了。"

吕彦彰说："采风是我安排的，为了宣传华苑村。这次她没有回家，是我让她留下来的。一旦有个什么事也好有人接头。"

花朵朵说："她还不是为了俺华苑村的扶贫工作？"

雷鸣远笑了："她刚才给我打电话了，说是要我把超市打下来的办公用具、电脑以及书籍送给华苑村学校。我这就给办公室主任打电话安排一下，凑时间就去华苑村。"

杨志业高兴地拍着雷鸣远的肩膀子："哎呀我的雷总弟弟，知识扶贫呀！"

花朵朵说："怎么样？这是梦媛想与你见面的借口。一举两得呢！"

正说着话儿，卢飞娣也来看望赵启福。吕彦彰说："正好，今天晚上咱们做东，大家一起吃顿便饭，商量商量怎么帮扶华苑村贫困户脱贫的事儿。"

卢飞娣说："好好！在哪儿请客呀？"

杨志业说："玉兰大酒店。"

刘娟娟高兴地附和说："对！玉兰大酒店。"

卢飞娣问："准备请谁呀？"

吕彦彰说："当然是在座的各位。还有你的那位闺蜜，以及扬生生物科技有限公司的老总李大恒。"

第四十一章　多功能的朋友圈

　　春姑娘像一位深藏不露的美容师，迈着轻盈的步伐，悄悄地来到了伏牛山。她带来的微风吹绿了原野和山林，她用柔和的手抚摸着大地，她将淅淅沥沥的春雨洒向人间。白河岸边，柳树舒展开了黄绿嫩叶的枝条，宛如一群群绿色的仙女在河边梳洗着秀发。对岸，桃树、梨树、杏树、苹果树竞相开出了鲜艳的花朵，散发出一阵阵沁人心脾的花香。红灿灿的太阳，湛蓝蓝的天空，嫩绿绿的原野……这五彩缤纷的色彩为什么会不约而同地选择了春天？

　　同样，人们也选择了五彩缤纷的春天。你看，文化广场那边一下子停了那么多的摩托和汽车，那些穿着运动鞋，背着双肩包，挎着照相机、摄像机的青年男女们一路说笑着向棠梨树走去。

　　郝梦媛被喧笑嘈杂的吵闹声吸引着，不自觉地走出村部，看着这令人激动的一幕。她想，这些前来旅游的人们，一定是看到了电视台的宣传片，当然还有微信的作用。多功能的朋友圈啊！她快步跟上几个青年男女，问走在前面的领队："你好！你们是来旅游的吧？"

　　那位领队说："是呀！哎！我问你，这里有农家乐吗？"

　　郝梦媛指着吴兰香家的农家乐说："有啊！就在那儿。"

　　领队的说："谢谢！"

　　郝梦媛问："你们是从哪个渠道知道这里的景点的？"

　　领队的说："朋友圈呀！"

郝梦媛问:"你们是哪里的?"

领队的说:"我们是南阳理工学院和南阳师范学院的。周六,出来旅游踏青。"

郝梦媛忽然想起了什么,笑着说:"太好了。哎,回去记着做宣传哪!"

领队的说:"只要这里的风景好!"

正说着话,两辆小汽车"吱"地在他们身旁停下来,从车里下来几位男女,一个女的手里拿着话筒,还有一个男的背着摄像机。拿着话筒的女主持走过来,笑眯眯地问她:"大姐,我们是县电视台来采访的。请问你是这个村的吗?"

郝梦媛停下脚步,微笑着回答说:"是的。我是刚刚来这里的村民。"

女主持说:"太好了。请帮个忙。"

"帮什么忙?"

"给我们介绍一下华苑村准备开发的旅游景点。"

郝梦媛问:"你们是做专题片的?"

女主持说:"省旅游局打过来电话,对华苑村旅游开发的考察报告很感兴趣,要制作专题片评审用的。"

吕彦彰提出的宣传造势已经有了效果。华苑村这么美好的生态景观很快就会被更多的人知道了。郝梦媛心里那个高兴啊,真想唱一支歌儿。忽然,她看见刚刚下车的两个人正向村部走去,他们是谁?她正想问问有什么事儿,手提兜里的手机突然响了。

雷鸣远的电话。

"喂,媛媛,我现在在医院里,嗯!看望赵叔叔。这样子的,我打算给华苑村赠送几台电脑、办公用具、书籍和作业用品。"

郝梦媛又是一个激动。这不但是雷鸣远对她工作的支持,更证明了对她的挚爱程度。她非常高兴地说:"太好了。你什么时间来?"

"凑时间吧!"

"好的好的!来时记得提前告诉我。"郝梦媛通完电话,看着还在等待的摄制人员，笑着问道："要我配合你们干些什么？"

女主持说："随机采访。给我们介绍介绍华苑村的景点呀！"

郝梦媛问："我可以吗？"

女主持笑着说："形象，一流的；音质，优美；说话很有节奏感。如果用普通话就更好了。"

郝梦媛忽然想起了什么，笑着说："普通话没问题。哎，我把村主任喊来，他的介绍更有力度呀！"

女主持很高兴："这样更好。你给他打电话吧！"

郝梦媛立即拨通了权有智的电话。

电话通着，但是没接。再次拨过去，依旧没有人接。郝梦媛只好给齐保国拨电话。

很快，齐保国接电话了："梦媛，有事吗？"

郝梦媛说："齐叔叔，今天接到什么通知没有？"

齐保国说："没有呀！"

郝梦媛又问："也没有人来暗访检查吧？"

齐保国说："没有呀！"

郝梦媛放心了。

原来，郝梦媛看见两个干部模样的人去了华苑村村部那边，吕彦彰、杨志业正好回县城了，一旦上级前来检查扶贫工作，她应该接待汇报呀！既然没有人前来检查扶贫工作，那就请更了解华苑村村情民意的齐保国来介绍介绍愿景规划吧！她接着说："县电视台来两位记者，要对华苑村进行采访录像，你过来一下，给他们介绍介绍情况。"

齐保国说："太好了。我马上过去。"

郝梦媛刚刚打完电话，就听见有人喊她的名字，扭头一看，原来是县文联的张主席应邀带着作家协会、诗词协会、摄影协会、美术协会的会员们前来采风。她急忙和他们打过招呼，打电话喊来了一个组长，请他带着他们采风去了。

齐保国很快来到棠梨树下。在电视台记者的安排下，齐保国、郝梦媛带着他们走访了华苑村的几个景点，介绍了华苑村开发利用景点和美丽乡村建设、精准扶贫的打算和做法。

两个人陪着电视台记者忙到天近中午的时候，郝梦媛的手机响起来："喂！吕书记呀！有事吧？啊！不知道啊！刚才我看见两个人去到村部，只看见背影，不知道是柳书记。哎哟！我真的没有看清楚呀！哦！柳书记亲自来华苑村调研……太好了！太好了！"

"记者们的采访结束了吗？"

"结束了。"

"你现在就去穆不言家里，柳书记正在与权主任和几个贫困户座谈了解扶贫情况。"

郝梦媛心里"咯噔"一跳，保不准林成金又要信口开河啦！

第四十二章　访贫问苦百姓家

怎么回事啊？

原来，江山回到省城以后，立即将在华苑村的调研情况形成报告，呈报给旅游局党委，引起了局党委的重视。主管局长还亲自给柳书记打电话询问华苑村旅游开发、美丽乡村建设以及精准扶贫的有关情况。柳书记觉得华苑村的美丽乡村建设及其旅游开发规划是一个惠及千家万户脱贫致富奔小康的非常好的项目，应该给予全力的支持。他立即让县电视台的记者们来到华苑村采访制作专题片，在向旅游局呈报的同时加大宣传力度。而他本人则对华苑村的扶贫工作进行专题调研。

为了得到更翔实的华苑村扶贫工作情况，柳书记事前没有给任何人打招呼。以至于他和扶贫办李主任来到村部时，没有见到一个人，只好由李主任打电话联系吕彦彰，才知道吕彦彰回县里了。柳书记让李主任打电话把村主任叫来。

权有智接到电话，心里一阵激动，真是山里无老虎，猴子称大王。平日里，一旦有上级的领导来华苑村视察走访开个现场会什么的，露脸的都是党支部书记，村主任也只是个配角。这次吕书记不在家，作为村委会的法人可是要露露脸了。真的应了林成金说的"槽里没马驴值差"了。这就拜见县委书记去！越想越有劲儿。刮了刮胡子，擦了擦皮鞋，换了一身新衣服，把摩托开得飞也似的来到村部，看见柳书记后就是一个哈腰和满脸谄媚的笑,远远地把手伸过去了:"柳书记呀!您好!您辛苦了。您在百忙中来到我们华苑村,深入群众访贫问苦,真是俺们老百姓的好领导,群众的贴心人哪!我是华苑村村主任权有智,您有事尽管吩咐。"

这个村主任咋的了?好像走街串巷卖当玩杂耍的生意人?怎么油嘴滑舌的?真是人上一百各形各色。柳书记心里想着,接着权有智伸过来的手握了握,直截了当地说:"我今天和扶贫办李主任来华苑村两个目的,一是请电视台的记者对你们华苑村的自然旅游资源和人文旅游资源制作成专题片,向省市旅游局推荐,向社会推介。二是见见你们村里的低保户贫困户,聊聊天。"

权有智心里想,什么聊聊天,不就是开座谈会搞调查研究吗?好像七品县太爷私访似的?在哪儿聊天?嘴上小心问道:"柳书记,我这就通知他们来村部?"

柳书记想了想说:"我看就去穆不言家里吧!"

哎哟我的天哪!去他家?什么意思?有针对性?醉翁之意?刘墉私访下南京?嗯……对对对,好极了!让你们去闻闻奶子羊的腥膻味儿,坐一下三条腿的椅子,见识见识穆不言的贫困程度吧!嗯呀!低保户贫困户人的素质也是参差不齐呀!有的人会装穷叫苦,有的人敢说敢讲,也有的人见到大干部腿肚子抽筋吓得走不动路了。既然书记要见,那些憨傻智障、见了你哇哇乱比画、鼻涕涎水的你见吗?好好!你要见的是低保户贫困户,就让你见见呗!见哪些人呢?任立志这样的人就不能让他见,喜欢实话实说。费理同、杜承汉也不能通知,一个是刑满释放人员,一个是神经病。麻烦,自找没趣吧?对!就喊这几个人来吧!

权有智心里盘算着,一连拨出好几个电话。

穆不言怎么也想不到县委书记要在自己家里召开低保户贫困户的座谈会,猝不及防呀!一定是权有智的歪主意。对!把我的情况向县委书记推介,落实我向暗访组反映的问题?理直气壮地戴上贫困户的帽子也是有可能的。谢谢你的关照啦!可是,为了戴上贫困户的帽子，家里的电器产品还有那些不值钱的家具都藏到了孩子们的外婆家了。就是那几把椅子也藏起来了。眼下这样的穷酸样子，怎么办？就是故意做给人家看的，再不济，也得弄几把像样的板凳椅子吧？总不能按照权有智的主意像对付吕彦彰、杨志业那样也给县委书记坐三条腿的椅子？想到这里，穆不言立马去邻居家里借板凳椅子去了。

权有智带着柳书记、李主任来到穆家，院子里空落落不见人影，只有那只奶子羊不停地"咩咩"叫着。心里正在疑惑着，柳书记、李主任已经走进老穆的上房屋了。怎么着也得陪着领导们呀！他急忙跟进，看见两个领导已经看完了西间来到东间门口。权有智想，这就是最好的展示，必将产生极好的效果。谁知道就在这个时候，穆不言的老婆和他的母亲又像上次吕彦彰走访时那样，一个穿红一个穿绿，一个在前一个在后，在屋子里院子里转悠追逐起来。

权有智心里那个得劲儿，按现在时兴的话说，正想给老穆点赞。忽然看见老穆搬着几把椅子走进院子里，对着两个在院子里转悠的老人吆喝道："去去去，回屋里待着去。"

两个老太太刚刚回到上屋东间，林成金带着几个智障的老实巴交的低保户贫困户来到了。

那些蓬头乱发、满脸污垢、走路东倒西歪的智障人在林成金的指挥下，走进穆不言的上房堂屋里。柳书记好像并无什么反感，笑眯眯地招呼大家坐下来，还亲自给大家倒开水。接着，分别询问了林成金、穆不言家庭的基本情况和主要经济来源，比如家里有几口人，人均年收入多少钱，啥原因造成收入低，家里种了几亩地，一年打下来的粮食有多少，能卖多少钱，家里养了几只鸡，几头猪，几只羊，几头牛，一年能卖多少钱，地里种了多少棵树，一年能创收多少钱，几口人在外打工以及致贫原因，致富打算。林成金、穆不言和那几个老实巴交的都做了回答。问到那些智障人的情况的，就由权有智代为回答。

柳书记问完了这些人家庭的基本情况，开始征询他们对精准扶贫工作中的意见或建议的时候，权有智觉得自己是村主任，担心影响低保户贫困户提意见，主动要求暂时回避，柳书记同意了。

权有智待在院子里，一边抽着烟，一边支棱着耳朵听林成金、穆不言的发言。

其实，除了那几个智障的老实巴交的低保户贫困户，林成金、穆不言都是权有智担任村主任前后给他们解决的低保户贫困户，谁没有得到他的好处？感谢还来不及呢！刚才他打电话的时候，还给这两个人做了特别的交代。他们不敢说自己的坏话，踩自己的鞋帮儿。至于他们要说别人的坏话提提意见什么的，与己无关！再说了，堂屋聊天的声音还是能够听得到的。权有智听着听着，心里嘀咕起来，咋的了？不热闹啊？林成金本来是个刺头儿敢说敢讲的，今儿个好像换个人儿似的，好像很不高兴的样子，低着头噘着嘴没有把吕彦彰解决他与李俊英纠纷的事反映给柳书记。一心要当贫困户的穆不言倒是发言了，他依旧强调着家庭的困难，收入的微薄，埋怨着赵启福看人下菜碟和工作队工作拖拉浮躁，还没有把他认定为贫困户。权有智心想，穆不言已经给吕书记提意见了，林成金关键时刻可不能掉链子，趁机把他与李俊英纠纷还未得到解决的事儿反映上去呀！过了这个村就没有下个店了。嗯！给林成金发个消息点拨一下。

权有智把信息发给林成金了。

权有智发完信息，看看手机已经十一点半了，屁颠屁颠地来到堂屋，哈着腰笑着问道："柳书记，我这就去安排午饭？"

柳书记看看手表，笑着说："就不给你们添麻烦了。"

嘿！这话儿说的，多实在啊！听说柳书记也是军人出身，干工作扎实捞底，认真负责，没有任何官架子。下乡的时候，后备厢里带着行李，如果晚了或者是哪些事情没做完，干脆就住在乡镇、村部甚至是老百姓家里，与你促膝长谈，亲如一家。所以，伏牛县的老百姓都称他为"暖心书记"。

权有智笑着说："您百忙之中来到俺们深山村视察，为贫困户脱贫真是辛苦了！去我家便饭一餐总是可以吧？"

柳书记说："等一会儿电视台的同志回来再说吧。"

权有智没办法，只好"好好"地答应着。

就在这个当儿，权有智把眼色递给林成金了。

林成金今儿个咋的了？

原来，凡是县乡领导来华苑村，谁空过手？看望的第一人，就是林成金哪！今天来华苑村的可是县委柳书记！还有那个陪着柳书记的扶贫办李主任，都是空着手啊！眼里还有没有我这个贫困户？心里那个气呀，憋着憋着就憋不住了。对，老调还要重弹，就把与李俊英林地纠纷的事儿再开一炮。可是，嘴唇动了几动，没敢把炮弹发送出去。咋的了？心里不踏实啊！你说李俊英占你地了，拿不出证据呀——自己家里的那个林权证敢拿出来么？犹豫着的时候，权有智的消息来了。消息上说的啥呀？"既然要向蔡老板交好差，就应该好好表现表现"，就这么十九个字，弄得林成金脑袋瓜子"轰"地大了，骑虎难下了。不把这件事闹下去，别想得到蔡老板的入股承诺、信息费和权有智的满意，还谈什么脱贫发财摘帽子。想到这里，林成金"呼"地站起来，脸上挂着怪怪的坏笑，吸溜一下鼻子，大声喊道："柳书记，我要给你提意见！"

嚯！这声音大的，要把房子震塌！再说了，一个乡巴佬贫困户竟敢给县委书记提意见！穆不言被吓得一个愣怔，急忙阻止说："提意见干吗这么激动呢？小点声也没人说你是哑巴！"

林成金很不自然地笑道："不好意思啊！柳书记，我就是这样的脾气，二百五半吊子。你知道的。"

柳书记依旧和颜悦色地说："欢迎你给我提意见。"

林成金想了想，吸一下鼻子说："那天在县里，你可是同着那么多的干部们亲口给我说过，吕书记来到我村的第一件事就是解决我与李俊英的土地纠纷。金口玉言哪！现在已经十多天了，什么结果也没有，这让俺一个弱势的贫困户怎么办？"

林成金说完了，无可奈何地摊开两只手，用期盼的眼神朝着柳书记呆呆地看着，一副可怜兮兮的样子。

本来，柳书记这次来华苑村的另外一个目的，就是惦记着林成金与李俊英的纠纷和穆不言贫困户的认定事宜。因为，见微知著。这关系到一个县甚至一个市精准扶贫的进展程度和工作评估。还没有谈到这个话题，林成金就突然发问了。他笑着说："这件事情，我当时是做过安排的。"

林成金以得意的目光瞟了穆不言一眼，接着说："可是吕书记只是问了问，没有结果了。"

柳书记知道，吕彦彰就此事向他汇报过，为了化解可能激化的矛盾纠纷，应该适当冷处理。第二个原因，林成金没有提供证据证明李俊英侵占他的林地，而且他爱人梅花枝给工作队反映过，他家与李俊英从来没有任何纠纷，更不要说侵占他家林地的事了。因此，林成金的请求很难得到支持。便笑着给他解释说："无论过去现在打官司，最关键的就是证据呀！俗话说'当堂不让父，举手不留情'，这就是说一旦要论个是非明白，父子爷们也要让证据来说话，只有证据，才能辨别是非曲直谁对谁错。成金哪，我看你还是要积极配合吕书记，主动提供证据，这才是解决纠纷的最好也是唯一的办法。"

林成金听到这里傻眼了，你说你的林地被人家侵占了，这么冤屈的事儿，为什么不积极主动地提供证据呢！只好挤着小眼睛笑了："柳书记，你这话高啊！使我明白了要用事实说话的道理了。柳书记，不瞒您说，我是弱势的贫困户一个，虽然百分之百的冤屈，可是回家后就是找不到当年县里给俺颁发的林权证了。柳书记，我找到后就立马提供给吕书记，不能嘴上抹石灰——白说没用呀。纠纷解决了，就不会给你找麻烦了。"

柳书记笑着说："麻烦倒谈不上，这是工作嘛！最重要的是，成金呀！一定要跟上时代发展的步伐，才能甩掉贫困户的帽子，朝着小康前进。"

林成金当然不愿意被谁摘掉贫困户的帽子，可是县委书记的话，还得有个应对不是，忙笑着说："柳书记，你今儿个访贫问苦百姓家，我代表我自己向你表示感谢，同时我也要向你提个不成熟的小小建议，应该给郝梦媛一个大大的表扬。"

柳书记问:"为什么?"

林成金说:"一个女孩子家,住在我们山村里,访贫问苦找项目。吕书记才来几天就回家了。你看人家郝梦媛,成了常驻俺村的大使了。"

林成金在柳书记面前软硬兼施,从容应对,一褒一贬,几句话就把吕彦彰"黑"上了。哈哈!

权有智听着听着笑了。心里说,林成金,我一定要给你点赞!

权有智正在乐着,柳书记开口说话了:"这说明你对我们扶贫工作队员工作的关心和认可。谢谢你!不过,我还要给你解释一下,吕书记不是因为自家有事儿回家,而是为了扶贫工作回的县城。"

林成金急忙改口说:"对对对!人家用不着给我请假。我这是只看表面现象。不过,我们村通往白河挂壁的断头路,真的应该修复了。"

穆不言接着说:"还有原来蔡阔峰开矿时堆在那里的矿渣,一旦下大雨被冲进白河,就会造成堰塞湖的。"

其实,林成金、穆不言的建议,是权有智事前让他们提出来的。他的目的,当然是为了给村委工作抹黑。

柳书记详细地询问了白河挂壁那边断头路和废弃矿渣对白河的影响情况,十分高兴地说:"这个建议提得好。我们一定要解决。"

柳书记结束了与低保户贫困户的座谈,即将离开的时候,突然看见那几个智障的老实巴交的低保户贫困户把门给堵住了。

第四十三章　习惯成自然

咋回事儿？

原来是林成金使的歪点子。

什么歪点子？

市里县里乡里凡是有领导来华苑村看望慰问低保户贫困户，权有智就会把林成金和一些关系户、智障的老实巴交的低保户贫困户介绍给领导们慰问。没有带物品的领导们来了咋办？林成金有门儿啊，把那些智障的老实巴交的低保户贫困户组织起来，看他的眼色行事，只要他拉拉左耳朵，他们就会围着领导们不走了。一旦给了钱或者物品后，他就拉拉右耳朵，他们就散了。这就叫作习惯成自然。刚才权有智暗地里嘱咐林成金喊上这么几位智障的老实巴交的低保贫困户，就是要林成金在关键时候发发难。柳书记是一位爱民亲民书记，经常走村入户访贫问难，今天临时动议来华苑村走访调研，偏偏没有带钱，也没有带来慰问品。这不，林成金拉了拉左耳朵，几个低保户贫困户搬着凳子，坐在门口，把柳书记给堵住了。

你说林成金这事弄的，像话吗？

柳书记和李主任被堵在屋里出不来了，看着这一张张表情木然的低保户贫困户，两个人都惊讶了——不约而同呀！好像事前都约定好了的？怎么回事儿？看着眼前这些尴尬的场面，李主任解释说："座谈会已经结束了，请各位回去吧。"

低保户贫困户们啊啊着，憨笑着，谁也没有挪挪屁股动动身子。

李主任有点心焦起来，朝着院子里喊起来："权主任！权主任！你过来一下。"

权有智躲在院子里，心里像吃了棉花糖儿般地偷乐着。听见李主任的喊叫声，赶忙从隔壁跑过来，站在门口，歪着脑袋朝那些堵着门口的低保户贫困户看了又看，似乎明白了什么，大声嚷嚷着："让开！让开！这是干什么吗？"

没有人回应。

权有智非常生气的样子，拉开这个堵着门口的人，那个人又堵着门口了，拉开那个人，这个人又把门口给堵住了。岿然不动啊！权有智累得"呼哧呼哧"地喊着："这是咋的了？这是咋的了？"

林成金偷偷地乐着。穆不言依旧是那张木然的毫无表情的模样。

柳书记看着这样乱乱的场面，突然想起来了，华苑村这样的场面已经听不少干部们讲过，他们这是要捐助呀！他附在李主任耳朵边问："你口袋里装钱多不多？"

李主任说："千把块！"

柳书记说："他们是要咱们给予捐助的呀！"

李主任说："是呀！"

柳书记说："一共是八个人。"

李主任问："每个人捐助多少？"

柳书记说："每人一百元吧。"

"好！"李主任说着，从内衣口袋里掏出来一沓子钱，刚刚分发给这些人，就听得门外一个女子的问话声："这是咋的了？"

柳书记循着声音看去，一位二十多岁的女子来到村部，哦！这不是扶贫工作队的郝梦媛吗？

林成金看见郝梦媛，心里有点儿发怵。毕竟，她与梅花枝既是好朋友，又是对口帮扶的直接领导呀！

怎么办？

这些天来，前往华苑村参观棠梨树、白河挂壁的人一天比一天多起来，吴兰香的农家乐忙得不亦乐乎，而且，郝梦媛的男朋友还要在村里办超市。到了夏天，西瓜可是抢手货啊！白河岸边林成金曾经租赁给蔡阔峰的那几亩土质好的坡地，父亲林景春在世的时候，年年种的西瓜都是供不应求的。后来农业局专家在这里取样化验，含硒的成分非常高。父亲去世后，这块好地被林成金出租了。蔡阔峰现在拍屁股走人了，这么好的地应该利用起来让它有所收益了。梅花枝在郝梦媛的鼓励下，决定在这块地里种上香味西瓜，增加收益，摘掉贫困户的帽子。香味西瓜，皮薄肉厚，比一般西瓜甜四到六倍，放在屋里香气袭人，有"瓜中皇后"的美称。再加上这块含硒的土壤，一定很受消费者欢迎。可是没有资金没有人力呀！梅花枝忧愁了几天后，终于把自己的想法说给郝梦媛。郝梦媛与吕彦彰合计以后，建议退役军人服务中心主任廉龙动员中心的同志们牺牲星期天休息时间，把这块废弃的土地给整理出来了。接着，他们想办法解决了购买种子肥料的资金，还与吕彦彰、杨志业帮助他家把西瓜种子给种上了。你说，郝梦媛现在前来保驾了，怎么办？给她这个面子么？

　　林成金想着想着，不由得又抱怨起来：我一个贫困户有何不好？年年有慰问有救济，还能见到大领导。你帮俺种瓜，还说什么种瓜得瓜种豆得豆，一年就可以达到最低收入线。这可好，梅花枝有了事由儿，天天逼着我不是去地里浇水，就是去施肥。稍有不从，不是吆喝就是破皮鞋甩过来，我这是何苦呢！

　　林成金想到这里，嬉皮笑脸地说："不碍我啥事。"

　　其实，刚进院子时，郝梦媛就看见林成金躲在柳书记身后，怪动作不断，好像孙大圣似的在抓耳挠腮。那些低保户贫困户眼睛都瞄着他的两只手行动。这个林成金，原来是在暗地里指挥着一场围攻战哪！

　　郝梦媛从林成金和穆不言身上，看到了一个奇怪现象：他们觉得被评上贫困户，就好像是跑赢了一场竞技比赛，完成了一种不可思议的"逆袭"，得到救济和捐赠就是理所应当。

　　是的，这些看上去好像令人难以理解的黑色幽默中，确有其充分的理由与内在的逻辑：戴上贫困户的帽子就可以得到更多的扶贫救助资金和捐赠，可以享受更多的优惠免费免税的政策。这就是典型的不思进取的懒汉思想和投机取巧。

郝梦媛十分生气了，怎么办？嗯！给梅花枝打电话。

其实，那些贫困户的怪异动作，也被柳书记发现了：你看他们个个目光游离，交头接耳，最后都把目光聚焦在他的身后。不由得扭头一看，咋的了？林成金好像是一个合唱团的总指挥，两只手动来挥去地做着怪动作。心里立即明白了什么，暗暗一笑，突然问道："成金，你这是在干什么？"

林成金被柳书记的问话吓得一个愣怔！扭头一看，"刺棱"打个寒战，身子一弯，大步跨到门口，一把推开那些堵着门的低保户贫困户，箭一般地冲出去！

一只破旧的皮鞋，重重地砸落在林成金的后背上。

第四十四章　请记得感恩

从来没有与丈夫拌过嘴红过脸的卢飞娣，刚刚与吕彦彰吵了一架，委屈地趴在床上抽泣起来。

吵架的原因，还是因为穆不言的贫困户认定问题。

卢飞娣的闺蜜雨竹是一位直言快语的女人，心里头从来都是阳光灿烂的。当年卢飞娣下岗的时候，吕彦彰因为身上那些没能取出的弹片作怪住院去了。卢飞娣一时不能接受下岗的打击，又不能把这个消息告诉住院的丈夫，回到家里闷头大哭了一场。就在这个时候，雨竹来了。她什么话也没有说，从手包里取出两万块钱，放在她的面前，笑着说："飞娣，这是当前的大形势，哭有什么用？这是两万块钱，也许可以帮你起飞，创造一个令你也想不到的辉煌！"

铿锵有力、给人振奋和充满希望的话语，坚定了卢飞娣从零干起的决心。她用雨竹资助的两万元启动资金，成立了新格海电器专卖门市部。在市场经济、名牌效应残酷激烈的竞争中，她的公司崛起腾飞了，事业蒸蒸日上了。为了做大做强她的格海电器专卖，占领市场，卢飞娣还在全县设立了八个连锁销售点。她不但腰包鼓起来了，而且还被选举为人大代表，成为一方的知名人士。

当然，这一切的一切，还要感谢那个给卢飞娣精神上物质上支持的雨竹。

可是雨竹从来没有提及过去，没有要求任何的回报。

现在，雨竹这么一个小小的请求，吕彦彰竟然没有答应。

"你说，我与雨竹这样的关系，一个亲密无间的闺蜜，一个曾经解救我们于极度困难之中的好人。如果拒绝了她这一个小小的请求，让我以后在伏牛县如何立足，让我如何再见到她？"

吕彦彰知道，自己的妻子，曾经的军嫂是一位心胸宽阔、顾全大局的人。当年他转业回到地方，她被安排在一个企业并且很快下岗的时候，她没有向组织上提过任何要求；当他因为胸腔部位无法取出的两块弹片隐隐作痛需要住院治疗的时候，她竟然不好意思向组织上伸手要钱。可是现在，她为什么坚决要向他求情要他去违背原则政策呢？

吕彦彰百思不得其解，穆不言与雨竹究竟是什么关系？于是，他轻轻地走到卢飞娣身旁，微笑着问："飞娣，不要哭了。请你消消气儿，然后告诉我，穆不言与雨竹什么关系？"

卢飞娣抬起头来，接过吕彦彰递给她的面纸巾，擦去两行泪水，还是不停地抽抽搭搭的："那我先要问你，人该不该永存报恩之心？"

吕彦彰说："那当然啊！滴水之恩当涌泉相报。"

卢飞娣问："是的。在我们困难的时候，人家毫不犹豫地挺身出手救急，使我们有了这么大的企业和效益。这个拉我们一把的人该不该忘记？"

吕彦彰说："当然不能忘记。"

卢飞娣问："雨竹的事是不是咱们的事？"

吕彦彰说："当然。可这不是雨竹的事，她不过是在替他人说情。"

卢飞娣问："你知道穆不言与雨竹什么关系？"

吕彦彰问："什么关系？"

卢飞娣说："舅舅与外甥女的关系。"

吕彦彰心里想，既然是这么亲密的关系，可以通过她了解一下穆兴、穆中的有关情况。他问："这种关系，你不是刚刚才告诉我的吗？"

卢飞娣说:"是啊!雨竹也是刚刚告诉我的嘛!当年雨竹父母亲去世后,是穆不言把她拉扯大的。"

吕彦彰说:"哦,把一个孤儿拉扯大,真的很不容易。"

卢飞娣问:"你说这种关系,我们该不该给人家帮帮忙?"

吕彦彰说:"应该!"

卢飞娣又生气了:"请记得感恩,因为没有人天生就应该对你好。既然你也知道有恩报恩,就这么芝麻大点的上下嘴唇一碰就可以解决的事儿,你一直不答应呢?"

吕彦彰笑了笑,站在卢飞娣面前,亲昵地将双手搭在她的肩膀上,微笑着说:"感恩是对亲人朋友的一种回馈心理,感恩是一种对施恩者的亏欠心理。但是,我们不能拿着原则做交易。其实,飞娣,我这不正在帮着华苑村村民们脱贫致富吗?"

卢飞娣问:"脱贫致富,你是怎么帮的?"

吕彦彰说:"大的方面,我打算引导村民们以入股的方式开发华苑村的生态旅游。对于贫困户,根据不同家庭的不同情况确立不同的产业项目。"

卢飞娣问:"穆不言呢?你打算怎么帮助?"

吕彦彰说:"至于穆不言,主要的问题就是他的贫困户的确认。"

卢飞娣生气了,将吕彦彰的双手拨拉开去:"说了半天不就是确定一个贫困户吗?小菜一碟,你就给他确认得了,又不让你自己掏腰包。"

吕彦彰觉得是要好好给她讲讲国家关于精准扶贫的有关政策要求了。他拉着妻子坐下来,笑着说:"飞娣,自打我下乡以后,还没有把国家关于精准扶贫的有关政策精神给你说说。今天,我简短截说,你听过以后,就知道我的良苦用心了。"

卢飞娣说:"扶贫政策我懂。天天晚上看新闻联播:精准扶贫就是粗放扶贫的对称,是指针对不同贫困区域环境、不同贫困农户状况,运用科学有效程序对扶贫对象实施精确识别、精确帮扶、精确管理的治贫方式。一般来说,精准扶贫主要是就贫困居民而言的,谁贫困就扶持谁。你说说，穆不言是不是贫困户？"

吕彦彰说："是不是贫困户我现在还不能给你答复。因为还没有研究决定。"

卢飞娣问："我听说你已经去他家里走访了解。你得到的情况怎么样？"

吕彦彰说："任何事物都有两面性。从他家的现状看，真的不怎么样。"

卢飞娣说："不怎么样就是贫穷，你就要认定人家是贫困户。再说了，组里都报上去了，你何必跟人家过不去呢？有一句俗语说，大闺女要饭死心眼。我看你就是个死心眼。"

吕彦彰面对妻子的步步紧逼和批评，依旧态度平和地解释道："飞娣，华苑村一千五六百口人的眼睛可是雪亮的，谁富谁贫都看得一清二楚。不是可以暗箱操作，不是通过关系就可以轻易被认定为贫困户。穆不言现在的居住情况，给人一个值得同情可怜、应该大力扶助的贫困户印象。但是，他的两个儿子媳妇都在外打工。他的儿子穆兴还是退伍军人。如果我不把这些事情查清楚就盲目地认定他就是贫困户，村民们一旦不认可，不但给扶贫工作造成不好的影响，还以为我这个第一书记没有原则，势必影响整个扶贫工作。"

卢飞娣停止哭泣，很认真地听着吕彦彰的耐心解释，不过心里还是转不过弯来。国家扶贫政策是很好的，是为了圆我大中华彻底崛起的梦想，是屹立于世界民族之林的创举。但是，在具体实施中就不能灵活运用吗？就一个贫困户，你一句话就可以解决的嘛！为什么放着好人不做呢？卢飞娣越想越气，气呼呼地反驳说："什么不好影响？我听说暗访组就是在去穆不言家里一趟后把华苑村的先进给撸了。现任书记赵启福被停职检查。"

吕彦彰说："赵启福是一位公道正派的退役军人，是一位具有责任心的党支部书记。他之所以没有给穆不言评上贫困户，当然有他的理由。不要认为仅仅是一家贫困户的认定，它关系到党的扶贫政策是否落实到实处，关系到贫困户彻底脱贫奔小康的大事。对该评上而未评上，不该评上而评上的工作中的失误，是要执行工作纪律的。也正因为如此，我这个负直接责任的第一书记更要慎之又慎呀！"

卢飞娣的火气又冒上来了。说了半天，你怎么还是老调重弹啊？她气呼呼地瞪着吕彦彰说："权在你手里，想给他认定为贫困户五八，不想认定为贫困户四十。"说着，起身去到卧室，把门"砰"地关上了。

吕彦彰走过来拉了拉门把，嗨！锁死了。他苦笑着返回到客厅里，一个人坐在沙发上，无聊地喝着已经寡味的清茶。这时，石玉平打来了电话："报告老班长，我是石玉平。"

吕彦彰问："你好玉平！有事吗？"

话筒里是石玉平非常认真的口气："穆不言这个山头被我攻下来了。"

"什么？不准乱来呀！"

石玉平十分激动的声音："没有。我只是动用了一点点小聪明而已。"

"什么小聪明？"

"是这样子的。"石玉平说，"引蛇出洞啊！"

"什么引蛇出洞？"

"为了了解我的战友穆兴的情况，最近几天我是有事没事都往穆不言家里走走的。今天晚上，也就刚刚，我还没到穆不言家里以前，给他拨打电话，冒充传销的语气，他气得挂了电话。我去他家后，将手机揣在衣袋里，暗暗给他又拨打电话。哎，他看了一眼骂起来，说是诈骗电话，气呼呼地把手机扔在桌子上。你说巧不巧，这个时候真的有电话打来了。他在气头上就是不接。我将手机抓过来，一眼认出是外地号码。你猜是谁的电话？穆兴。"

吕彦彰很高兴，问："穆兴的？真的是他吗？"

石玉平说："绝对是他。我们上下铺住了一年啊！"他接着说，"我接通手机，对方第一句话就问：'爹，我是穆兴，你怎么挂断呀？明天有快件寄回去……'话还没有说完，穆不言一把将手机抢走了。"

吕彦彰心里很高兴，有了穆兴的手机号码，就可以与他取得联系。他说："太好了！有了穆兴的手机号码，我们就可以了解他的情况。"

石玉平说："谁说不是呢？我已经按照这个号码与穆兴取得联系了。"

"什么？雷厉风行啊！"

"老班长，你这是表扬我还是批评我？是不是我没有请示就擅自行动？"

吕彦彰说："应该给你一次口头表扬的奖励。"

石玉平笑起来："临机处理嘛！老班长，是这样的，我告诉穆兴说，党中央习总书记精准扶贫奔小康的政策深得民心，县里派出的吕书记、扶贫工作队员已经来到咱们村里，华苑村要成立退役军人创业协会，赵启福设想的五大愿景，华苑村走向小康的目标就要实现了。"

吕彦彰说："对呀！我们的愿景规划还需要我们的青年人来奋斗实现呀！"

石玉平说："所以我说，回来咱们在一起打拼吧！"

"穆兴什么意见？"

"他详细地询问了扶贫工作队来到华苑村的扶贫情况，华苑村的愿景规划和美丽乡村建设，看样子很感兴趣，说是已经几年没有回家看望父母亲和乡亲们了。他将那边的工作安排一下就回来。"

"太好了！"

"我们从小一起玩尿泥长大，同班同学，一起参军，一起复员。他听我的。"

"他在外地干得怎么样？"

"他给我做了简单的介绍。他弟穆中在技校学习的是车工，在宁波打工，后来弟兄们联手自己干，已经成老板了。赚了，还买了房子和汽车。"

吕彦彰心里一块石头落地，放下手机，想着就穆不言的贫困户认定终于有了眉目，歪在沙发上睡着了。

第四十五章　釜底抽薪又何以堪

吕彦彰邀请欧阳普照在玉兰酒店聚餐以后，杨志业、刘娟娟意犹未尽，喊着欧阳普照在滨河公园转悠了半天。原来，他们都是健步运动者，晚饭后喜欢在公园里健走锻炼。今天天气温和，加之心情高兴，三个人边走步边闲谈，自然而然，话题就扯到了穆不言的贫困户认定上了。

欧阳普照已经将上衣外套脱去，搭在胳膊上，还不停地擦着满头的汗珠子，兴致很高地提起了穆不言的事儿："志业，前几天我给娟娟说的事儿，为难你了！"

杨志业问："你是说穆不言要戴贫困户帽子的事？"

欧阳普照说："是呀！远门子的邻居舅舅。"

刘娟娟听到这里，心里很是不舒服，远门子的邻居舅舅，你何必费那么大的心思呢？看我把杨杨逼的，便接上话说："哟！邻居舅舅啊！算盘珠子拨拉半天才找的亲戚呀？我的大科长啊！你看我为这件事给俺杨杨逼的，差点离婚！害得我哭了半夜。"

欧阳普照转过脸来，好像不相信似的晃着脑袋问："啥？离婚？给你闹着玩的吧？"

杨志业一本正经地说："嗨！俺家啥事都是我顺着她的。就因为这件事我没有答应她，又是哭又是闹的。逼得我做不完的检查呢！"

欧阳普照心里不怎么高兴了。怎么？你没答应她，没答应她就是没答应我呀！这是故意变着法儿给我传递信息的吧？

刘娟娟笑着说："他把我气得呀，前天去日杂门市部转悠半天要买几个搓板呢！"

欧阳普照听到这里，暗暗为刘娟娟点赞了，还是妻管严好呀！嘴上却说："跪搓板哪！你不心疼？"

刘娟娟笑道："不心疼。"

欧阳普照问："日杂门市部买得到搓板吗？"

刘娟娟笑起来："还真的买不来木制的啦！害得我在网上查了半天。"

欧阳普照问："塑料的可以不？"

刘娟娟说："不行。不经跪。"

欧阳普照问："我说娟娟，搓板还要买几个呢？"

刘娟娟说："买个七八个吧！长久用着呢！"

欧阳普照看着杨志业问："这样吧，我找个木匠，怎么样？"

杨志业笑着说："娟娟做决定吧。"

刘娟娟偷偷捏一把杨志业，故意绷着脸说："还当真的了？"

欧阳普照认真地说："哎呀！真不好意思！我是赶着鸭子上架，为难你们俩了，害得你们为我的事准备那么多搓板。哥给你道歉。"

杨志业问："道什么歉哪？"

刘娟娟说："理解万岁！"

欧阳普照说："完全理解。不过，你也要理解我呀。"

杨志业觉得这句话说得不可理喻，嘴张了张还没有开口，刘娟娟发话了："你说这贫困户的帽子，谁愿意戴着呢？"

欧阳普照说："我这不是拉不开面子嘛！所以你们也要理解我的难处。"

杨志业笑着问："穆不言还真的把你的底火烧起来了？"

欧阳普照说："我知道，国家政策就是精准扶贫。不符合条件的低保户贫困户这次还要认真清查取消。"

刘娟娟问："这句话的意思好像是态度大变了？"

欧阳普照笑起来："实话告诉你，我也下乡扶贫了。"

杨志业问："你也下乡了？分哪里了？"

欧阳普照说："是呀！我分到紧挨着华苑村的杏花山村了。"

杨志业说："太好了！以后有什么事可以互相联系，互相帮助。"

欧阳普照说："放心！我们工作队的同志们还说要去你们那里拜访取经呢！"

杨志业说："拜访取经倒不敢当，欢迎前来指导。"

欧阳普照说："客气话就不要说了。我说杨杨啊！这次下乡扶贫前，我参加了学习班，学习了习近平总书记的讲话，学习了党中央国务院的有关精神政策，真的提高了认识。我们一定要按照国家的政策来精准扶贫，绝不能因为有了关系有了人情有了村干部的后台就是低保户贫困户，没有关系没有后台没有人情的只能靠边站。这是不正之风。不但要坚决杜绝，还要进行严厉的查处。我反复思量，在穆不言贫困户的认定上，我不应该给你们打电话说情。"

刘娟娟笑起来："哟！欧阳同志呀，还是洗洗脑子好！"

杨志业被欧阳普照一番真情实话感动着，笑着说："是呀！既不能让任何一个贫困家庭掉队，也不能让那些不贫困的关系户吃空饷，多吃多占昧了良心。扶贫款不是唐僧肉，谁想吃就吃的。"

欧阳普照认真地说："对！扶贫工作就是要看真贫、扶真贫、真扶贫。"

杨志业忽然问："你说什么穆不言是你的远门子邻居舅舅？可是我们在家访的时候，他可没有认你这个外甥呀！"

欧阳普照拍打一下杨志业的肩头，压低了声音："这样说不是更有力度吗？要是一般平平的关系，就不会引起你的重视嘛！"

杨志业说："原来如此。"

刘娟娟问："究竟是谁托的你呀？"

欧阳普照说："华苑村村主任托的人情。"

原来是权有智的运作呀！

刘娟娟打破砂锅问到底："你与这个村主任什么关系？拉弓上箭

地催得好急。"

欧阳普照笑起来："去年下乡去华苑村检查学校教育设施时认识的。平时没有打过交道。"

杨志业接着刚才的话题问："我倒是听说，穆不言的老大可是非常正派能干的退伍军人。"

欧阳普照说："这些情况我就不知道了。权有智给我打电话时把穆不言家说得黄连水泡出来的苦瓜一样苦不堪言的。我也就相信了他的话。"

刘娟娟气呼呼地说："坚决不能让那些有关系、靠关系、拉关系的能人冒充低保户贫困户吃空饷。也不能让那些仗着黑恶社会势力的人冒名低保贫困户沾国家的光。要把这些违反国家法律政策的干部和巧偷嘴吃的假低保贫困户当作过街老鼠，人人喊打！"

欧阳普照大笑起来："对呀！不但不能被评定上，评定上的还要坚决地毫不留情地予以撤销。"

杨志业点头表示同意。

不过，作为最有发言权的了解情况的村主任权有智为什么要为穆不言贫困户的认定求人托情？

杨志业立即感觉到了问题的严重性。如果不把穆不言认定为贫困户，暗访组做出的调查结论就会被推翻，对赵启福的处分就会被撤销。如果认定穆不言为贫困户，这些反常现象如何解释？

第四十六章　兄弟，哥带你回家

隔着那道门，卧室里的卢飞娣辗转反侧，不能入眠。

卢飞娣天生性格温柔，感情含蓄，心中有着不二的真爱。

"最可爱的人是军人，最可敬的人是军嫂。"卢飞娣突然想起了军人们的这句口头禅。

卢飞娣与吕彦彰相识于他刚刚参军时那一场欢送文艺晚会。那时候，她是县高中文艺宣传队的一员。

在卢飞娣的心目中，解放军军人就是责任感，就是意志力，就是自信心，就是坚定顽强，就是最可爱的人。

两个人相识不久，吕彦彰在保卫祖国的作战中受伤了。

那是吕彦彰在一次执行侦察任务中，排长江山带领着一个班的战士深入到敌人后方，侦察敌人的炮兵阵地。就在任务完成撤离的时候，他们被敌人发现了。

为了突破包围，排长临时任命吕彦彰为战斗小组长，和战士钟伟华负责掩护。

激烈的枪战中，战士钟伟华的胸部被一颗子弹穿透了。

吕彦彰急忙爬过来，喊道："伟华！伟华！"

钟伟华艰难地睁开眼，喘着气，用游丝般的声音说："哥哥……请带我回家……"

吕彦彰的年龄比钟伟华大一天。

吕彦彰抱起钟伟华，用力地点着头："兄弟！哥一定带你回家！"

钟伟华脸上带着满意的微笑，歪倒在吕彦彰的怀里。

枪声终于停下来了。

夜里，悲风呜咽，硝烟散去。吕彦彰将随身携带的铁锹取下来，开始给他的战友钟伟华安排长眠之地。

南边，五十米，是一条小溪；北边五百米，我军的青峰山高地；东边，是一座断崖；西边山下，是一条蜿蜒小路。吕彦彰将地形地貌熟记于心，开始挖墓穴。

吕彦彰捡起一堆石子，在挖好墓穴的下面，摆放出八一五星的图案。

终于，吕彦彰抱起钟伟华，将他轻轻地放入墓穴里。然后脱下军帽，挺起胸脯，朝着他的战友钟伟华敬礼，敬礼，再敬礼！

"放心吧兄弟，哥一定会带你回家的！"吕彦彰满含着泪水，轻轻地答应着。

一锹一锹的泥土，覆盖在烈士的尸体上。一阵一阵撕心裂肺般的痛，震撼着失去战友的心。坟墓修好以后，吕彦彰把剩余的石头堆上去。接着，将附近的一棵幼小松树起出来，栽种在坟头前。

当我军猛烈的炮火在敌人阵地铺天盖地炸响的时候，撤退时踏中地雷身负重伤的吕彦彰被尖刀排排长刘剑舍命救出，终于撤回到我军阵地。

二十年后，妻子卢飞娣经营的新格海家电销售风生水起。他们手里有钱了。

时光的流逝，岁月的变幻。钟伟华牺牲前的遗言不但没有淡化吕彦彰的记忆，而且那份承诺像虫子一样，无时无刻不在吞噬着他的心。多少回，睡梦中，他回到了战火纷飞的战场，见到了牺牲在他怀里的战友钟伟华。

一天夜里，卢飞娣又一次被吕彦彰的哭声惊醒了。她拉开灯，看着满眼泪花的丈夫，轻轻问道："怎么，又想起你的兄弟了？"

吕彦彰满眼热泪，点点头说："是的。我又做梦了。梦见了我的兄弟钟伟华。他要我带他回家。"

在对战友的怀念中，伴随着几分的凄凉和悲壮，令人揪心落泪。

卢飞娣也跟着掉泪了。

岁月无情，一晃三十年过去了。丈夫在钟伟华坟前许下的诺言一直没能实现。没有实现的诺言，成了他的心结。几乎每天夜里，他都会做同一个梦，都会在梦中说着同一句话"兄弟，哥对不起你呀"，都会看见他泪流满面。现在，我们有钱了，可以践行自己的诺言了。于是，卢飞娣说："那你就去一趟吧！"。

吕彦彰在老排长江山和刘剑的协助下，办理了出国签证，聘请了外语翻译，开始了酝酿已久的南国之旅。

斗转星移，物是人非。凭着记忆，凭着感觉，凭着那刻骨铭心的诺言，在莽山葱岭，在峡谷丛林，吕彦彰回到了当年的战场，寻觅着早已模糊难辨的路径，辨别着似曾相识的地方。一切的困难和危险都已不在话下，只有实现对战友的承诺才是他的最终愿望。历经二十多天的寻找，终于找到了，找到了！当年的那堆石头，如今已被荒草覆盖；当年的那棵小松树，如今枝繁叶茂。睹物思人，吕彦彰心潮起伏，忍不住泪水横流，悲声大放："兄弟！哥来看你了，哥来带你回家！战友！我没有食言，我不会不管你。战友！我来晚了，让你久等了。我对不起你呀！"

吕彦彰带着他的兄弟他的战友回家了。

一句话，一世情。

这就是对兄弟情的最好诠释。

这就是鲜血凝成的战友情！

路是自己选的，人是自己挑的。

卢飞娣一直为自己的选择而激动着。在她即将当上军嫂的那天晚上，她对吕彦彰说："我选择了你，我愿意用最美好的年华陪伴你，哪怕是千万里的遥望和等待。我对军人敬佩就是因为军人勇敢坚强，诚实信用，情感专一。你为国家，我为你！"

在实现对钟伟华的承诺中，可以看到吕彦彰金子一样的心。

卢飞娣一个人闷在卧室里，想起了过去，想起了丈夫的军旅生涯，想起了新婚之夜那句誓言一样的表白，想着吕彦彰好不容易回家一趟，又被自己拒之门外，心里很不是滋味。她悄悄地把扣死的门把扭开了，闪开一个小小的缝儿，偷看着丈夫打电话时眉头时而凝结时而扬起，时而沉思时而高兴的样子。当她从他只言片语中终于听懂了穆不言贫困户认定的核实情况，既为丈夫坚持原则而暗暗高兴，又为自己对他的蛮横态度暗暗懊悔。等到吕彦彰打完电话，她故意咳嗽几声，然后回到床上，等待着丈夫推门来到卧室。可是，等来等去，就是没有听见门响的声音。她长叹一声，打开卧室门，故意弄出"嚓嚓"的脚步声，可是，吕彦彰没有被惊醒。他歪在沙发上，发出轻微的"呼呼"鼾声。

吕彦彰睡得真香啊！

他累了。

自从下乡扶贫以后，他还是第一次睡得这么早这么熟。

卢飞娣深情地看着自己的丈夫，将一床被子轻轻地盖在他的身上，微微弯下身子，在他的额头上吻了吻，再也无法控制自己的情感，泪花儿飞溅而下。

第四十七章 林权证哪儿去了

"你实话实说,林景芳的林权证在不在你手里?"权有智抽出一根南阳红烟,递给林成金,神秘地问道。

林成金接过烟,笑着反问道:"怎么?不放心?"

权有智知道,吕彦彰担任华苑村第一书记的眼前任务就是解决林成金与李俊英的纠纷。要想赢得这个官司,李俊英的证据必须消失。也正因为他知道李俊英的证据消失了,就是村委会保管的底册也因为被雨水浸泡一并失去了证据的效力,他才撺掇林成金上访告状,以此争得那含着黄金的几十亩林地。可是,吕彦彰上任以来,对这起县委书记特别交办的纠纷久拖不决。久拖不决,就会给李俊英更多的时间去寻找失去的证据。为此,他觉得林成金还要加大力度闹下去。不过,吕彦彰也不会就那么轻易下结论的。他一直在强调谁主张谁举证,坚持要见见林成金所主张的林地被侵占的关键证据——林权证。当然,林成金的林权证是见不得阳光的,他不敢出示给吕彦彰。可是,态度强硬从不认输的李俊英也没有了林权证。原来,林成金曾经悄悄告诉他,李俊英的林权证丢失了,丢失的林权证被他捡到了,现在就睡在他床头的柜子里。眼见为实呀!所以,他又一次来见林成金询问落实林权证的事儿。

林成金漫不经心的样子把权有智气晕了。他面色严峻,煞有介事地说:"就像是打仗,这可是子弹呀!有枪没有子弹怎么行?放空枪还不如烧火丫头杨排风的一根烧火棍呢！"

林成金吐出一口浓浓的烟，满不在乎地说："李俊英不是也没有吗？"

权有智说："我知道你这是故意刁难吕彦彰。李俊英的子弹，不是在你手里吗？"

林成金坏笑起来："正因为如此，我才敢这样有恃无恐地闹下去。"

权有智提醒说："可你是原告啊，谁主张谁举证。"

林成金借机问道："对呀！人家要我提供证据怎么办？"

权有智十分严肃地说："这就是关键所在。你的证据见不得阳光，你不敢拿出来晒晒。拿不出证据就是理亏，还有什么屁放？"

林成金双手摊开，一本正经地说："就此打住，我不干了。"

权有智板着脸，紧紧盯着林成金逼问着："你再说一遍？"

林成金眨着眼睛说："我不干了。我就这么一个贫困户，人家也够抬举我了，年年季季逢节过年，县镇村里没有忘记我，还要帮我彻底脱贫。这是裁缝不带尺子——存心不量（良）的事儿。再者说，上次我偷挪界石的事儿，被李俊英拍照录像，不得已把界石复归原位。花枝没少给我生气，甚至要死不活的！"

权有智脸色非常难看了。这个人，就像一个陀螺，天生挨打的货！你不打他，他就不转了。他气呼呼地说："不干了？说得轻巧！你自作聪明，搬起石头砸了自己的脚，事情办砸了要退套？我问你：你贫困户的帽子谁给你戴上的？过河拆桥！"

林成金知道，权有智经常拿着给他争取到贫困户的事说事儿，就是要把他当枪来使。前年，他暗中与蔡老板合伙开矿，因为发财心切，防护堰没有修好就开工了。偏偏那年雨水多，大水冲垮了防护堰，造成了泥石流，很多村民庄稼被淹了，屋里进水了，遭受了很大损失的村民们在赵启福的支持下起诉了蔡老板。蔡老板败诉以后不得不赔偿了村民们的损失。暗中与蔡老板合伙的权有智也只好出血拿钱息讼了事啊！自此，权有智心里与赵启福结了梁子，处处使绊对着干。这次他鼓捣着林成金举报赵启福、李俊英，还不是因为发现李俊英的林地里有黄金？只要把这块地争过来，就是一大笔财富哪！林成金如果不干，就得不到入股的资格。再说，林成金心里还是有些害怕权有智，于是急忙解释说："我这不是担心没理的事儿不把握吗？"

权有智没头没脑地呵斥起来："弱智弱智！把着手也教不会的弱智！"

林成金对于权有智的无端指责非常不满，瞪着眼睛反问道："我弱智？你的高智在哪里？说出来我领教领教。"

权有智"呵呵"一笑，耐着性子解释说："蔡老板聘请的地质专家已经确定了，主矿带就在李俊英的林地里。只要在争过来的地方开挖洞口，就是一座金山哪！你想真正脱贫，努力的方向就在这里。哪怕蔡老板只给你百分之五的股份，你就是未来的大富翁啊！"

林成金听着这激动人心的话儿，心里又有了劲儿："这么说，我还得继续把这出戏唱下去。"

权有智说："劲可鼓不可泄，直至胜利。"

林成金猛吸一口烟，慢慢悠悠地从嘴里喷出一股蓝雾儿，有些担心地说："即使李俊英的林权证没了，我的林权证拿出来也是自己扇自己的耳光。那上面的四至界限非常清楚。当年我老父亲急于见效，种的是结果快的桃树。我叔种的是望春玉兰就是辛夷和玉兰树。明眼人一眼就看得出来的。搅茅缸也得有根搅屎棍不是？这次我挪界石还被李俊英抓了个现行。再说了，齐保国狡猾，保不齐没有给你说实话。"

权有智笑着摇着手，非常轻松地说："挪界石本身就是推的下扇磨，这是可变证据，你推不动，打的是被动仗。不过，村里保存的底册已经被雨水泡坏了，老天爷也挽救不了了。"

林成金问："真的假的？别胡球说。"

权有智说："我是眼见为实。那天审计局来审计村里的账目，我趁机翻看了一下当年发放林权证的底子，果然被浸泡得看不清字迹了，假不了。"

林成金拍一下大腿，激动地大声说："嘿！你怎么不早说呢？"

权有智拍几下林成金的肩膀子，"啪"地打了一个响指："不是早就告诉你了嘛！"

林成金忽然脸上又挂上了乌云："听说林业局也保存的有底儿。"

权有智听说，前天吕彦彰去林业局查找老底子无功而返。其实，蔡阔峰早就在林业局做好了应对准备。他担心林成金多嘴多舌而不敢实言相告："没事！蔡老板是个精细的人，没有摸弄清楚，他不会这么大的动作呢！"

林成金问："硬上弦儿？"

权有智拍打着林成金的肩头，"嘻嘻"一笑："金子山哪！谁不眼红？你就等着数票子数得手疼吧！"

正说着话儿，权有智的手机响起来："喂！吕书记呀！什么？哦！是，我马上通知林成金。好！什么事呀？哦！知道了。到林地争议现场调解。好好！"

权有智挂了电话，小声说："通知你去林地争议现场进行调解。你可要一口咬定不放松呀！"

林成金脸上蒙上一层阴影，情绪又一次低落下来，怯弱地说："已经解决过一次了，没有啥结果。不过我还是有点紧张。"

权有智批评起来："你看你看！低黄瓜上不去高架子。苦楚着脸咋的？不打自招啊！我告诉你，没事就是没事。不过，我可要给你敲个警钟，你家那个梅花枝，你一定要小心，她是个吃里爬外的主儿。上次同着省里来的老江，把你给卖了。"

林成金一听就来火了："傻里呱唧的晕子！为这件事，我真的恼了一次。"

权有智"啧啧"着嘴："还真的恼了一次？你敢吗？"

林成金说："我就是埋怨她几句。保不齐我还敢打她呢！"

权有智冷笑起来："打她身边走过去吧？那要等着日头从西边升起来。"

这话说得，什么意思嘛！林成金很不高兴，我的老婆有错误，也用不着你来挑唆！他脸红脖子粗地质问道："什么意思？打烂头你喝血呀？"

权有智看着林成金生气发火的二百五样子，知道自己话儿伤着这个半吊子了。他急忙解释说："工作队那个郝梦媛，她们好得一个妈生的似的，小心花枝把你家林权证献出来。"

林成金心里还是不高兴，怼呛说："你也是咸吃萝卜淡操心！再怎么说，她也是我老婆嘛！一个锅里搅稀稠的——胳膊肘不会向外拐。"

权有智撇撇嘴说："还是小心为妙。"

林成金瞪着眼说："吃着鱼拿着鱼——多鱼（余）！"

原来，吕彦彰回到村里以后，向村委会通报了即将与扬生生物科技有限公司签署辛夷的产供销一条龙合同。大家都十分高兴。认为一旦有了稳定的收购关系，华苑村民的收益将大大提高。但是，如果林成金与李俊英的林权纠纷处理不当，势必影响到村民们的情绪和美丽乡村建设以及扶贫工作。为此，吕彦彰决定和村委会同志一道，立即去玉兰园走访了解林成金与李俊英的林地纠纷。

林成金、李俊英二人接到权有智的电话通知，立即来到两家林地争议的现场。由林成金先将争议的事实、焦点、理由和要求作了陈述。林成金所说的主要事实和理由是，他父亲林景春在世时，承包着这架叫作野牛岭的一部分山林。他林地的东至与李俊英林地的西至是野牛岭山崖处。现在，李俊英的玉兰树已经超界二十五米，应该退回。至于挪界石的事，那是一气之下的冲动。就算我挪得不对，请你拿出你的林权证说话。

林成金颠倒黑白的一套一套搅理，把李俊英气得两眼冒火。她强忍着一腔怒气，做出的答辩理由是，两家在林权归属划分以后，各自管理着自己承包的山地，如今已经二十多年，向无纠纷。李俊英的山地当年承包以后栽种辛夷树和玉兰树，现在这些树的西至以东可以清楚地看到一排排辛夷树和玉兰树。而她家的西至以西就是林景春在世时栽种的桃树。林景春去世以后，林成金疏于管理，现在还有十几棵弯弯扭扭的老桃树开着稀疏的花儿,这里就是两家的分界线。而且,自己的林权证可以证明。

　　林成金就等着李俊英说出这句话呢!

　　果然,李俊英话音刚落,林成金就龇着牙笑了:"二婶,你是长辈,我是晚辈;你是强者,我是弱者。虽然说我把你告到县委书记那里,而且我还偷偷动了界石,这也是为了保护我的正当权益嘛!你既然说你有林权证,二婶,请拿过来,让吕书记过过目,丈量一下。如果我输了,哪怕我给你下跪你扇我几个耳光子我也受了。如果我告的有理,你就将多占的退还我就是了。"

　　李俊英听到这里,又是气又觉得好笑。搅茅缸的人还装出一副委屈相了。于是也当仁不让地说道:"好好好!这话可是你说的。你等着,我这就去拿林权证。扇耳光就免了。你下跪认输少不了的!"

　　林成金的话说得得劲吧?哎!激将法。劝将不如激将呀!吕彦彰多次要求李俊英把林权证拿出来,她就是不答应。这一次,哼哼!巧舌如簧的林成金这么几句发誓赌咒的激将话儿,不但改变了挪界石以后的被动局面,而且逼得李俊英立马就范了!心知肚明的权有智暗暗给林成金点赞了。行!反败为胜,关键时刻使出撒手锏了!

　　林成金看着赌气回家去取林权证的李俊英,心里那个美呀!真的想哼几声梆子戏。二婶呀!好戏还在后面呢!看你出场以后咋唱哩!

　　李俊英快步回到家里,从柜子里取出那个楠竹竹筒,拧开盖子,朝下磕了磕,一卷纸张落在地下。捡起来一看,哎呀!怎么是一张发黄的白纸呢?

　　林权证哪儿去了?

第四十八章　背着抱着一般沉

李俊英急出一头冷汗。

这白纸黑字的林权证是自己亲手藏在这个楠竹竹筒里面的，不会是谁使个变戏法把它变成这样子的吧？她仔细想了想，噢！前年蔡阔峰的护堤被雨水冲垮，大水冲到华苑村，因为家里进水，林成金帮忙将家里的物什搬到楼上晒太阳，别的没有人接触过呀！嗯，一定是他顺手牵羊了。好一个林成金！他这是倒打一耙子啊！怪不得信口雌黄还敢去柳书记那里告状，一心要将我几十米宽的林地讹走呀！想到这里，完全明白林成金的用心所在了。唉！全怪自己疏忽大意。林成金为把这块含有金子的山地弄到手，闹得昏天地暗的。为什么没有检查一下自己的手续在不在呢？前几天赵启福还提醒她看看林权证。自己以为藏得万无一失呢！也罢，既然林成金是原告，他就应该拿出证据来。谁主张谁举证嘛！林成金是原告一直坚持不提供林权证，我为什么赌这个气要出示呢！将军也不该将着我呀！那天梅花枝同着那么多人已经声明，没有人多占他们家的坡地。对！腾出时间问问梅花枝。如果梅花枝实话实说，事情就有反转过来的可能。另外，还要请齐保国再找找村部保存的老底子。

李俊英想到这里，扭头回到现场，把这个难题交给吕彦彰来决断了："吕书记，我走到半路上想着不对劲儿。林成金是原告，按照法律规定，谁主张谁举证啊！所以，我不能提供我的证据，让他的证据出来说话。他的证据就是你解决纠纷的依据。解决到哪儿我执行到哪儿。"

李俊英精吧？

吕彦彰犯难了呀！他为此事专门去了林业局查证。华苑村的林权证底册全都在，可是竟然没有查到李俊英的林权证底册，就连林景春的底册也不见了。怎么回事啊？现在，林成金不但拿不出自己的证据，反而私自挪动了两家的界石。李俊英据此拒绝出示自己的林权证，双方情绪严重对方，矛盾很难一时化解。作为县委书记直接交办的案件负责人，必须是非分明，直面问题。他直截了当地指出林成金的错误，并且批评他说："成金，在你与你二婶的纠纷没有解决之前，你私自挪动界石的行为是十分错误的！作为原告，对于自己主张的权利，有义务向我们提供证据。你不但没有提供任何证据，还私自变动了证据，作为被告，要求你出示林权证没有错！我看成金哪，你就先把林权证出示一下，这样更有底气嘛！"

刚才李俊英回家取林权证的时候，林成金心里美得想哼梆子戏。你去拿林权证？这辈子也别想见到原件了！哼！等着服输让地吧！如今听了李俊英这一番有理有据的话儿，大反转哪！脑袋"腾"地大了！对呀！谁主张谁举证，这是法律规定。我告她侵占了我的林地，我的依据是什么？当然是林权证啊！吕彦彰一改和事佬的态度，对我提出了批评，一而再再而三地要我举证，我的林权证敢拿出来吗？拿出来，就是输官司。嗯！这，怎么办啊？

林成金一时沉默不说话，倒是皇上不急太监急呀！权有智心里嘀咕开了：哼！吕彦彰这一把刷子刷的，看似和稀泥搪光墙，不亢不卑的，其实是软刀子扎人不见血哪！老婆儿纺花慢上劲呀！把烫手的山药撂给林成金了。

林成金没想到事情反转得这么快，急得不停地眨巴眼睛："这这这……我提供林权证？早知道尿床睡在筛子里了。嗨！背着抱着一般沉嘛！谁提供还不都一样？"

这时候，那些围观的村民们不乐意了，纷纷发表着自己的意见。

吴兰香的声音最大:"你说什么?背着抱着一般沉?那你为什么不把林权证拿出来?当年丈量土地发放林权证的时候,你还穿着开裆裤,毛屁小孩子!你知道个什么?也不问问当年参加量地的叔叔婶子们?"

林成金吭吭哧哧答不上话来。

吴兰香说:"三天不挨打,你就上房子揭瓦了!偷挪界石就不怕坏了良心?"

周万新接着问道:"当年林权证发放的时候,你知道是谁量的土地,是谁栽的界石?对应界石的标志物是什么?"

林成金看着这一群围观的乡亲们,心里"咚咚咚"乱了鼓点儿。砍的没有旋的圆,咱这是吃荆条屙笋头,吃瓦块攒砖头,生搬硬套的假话,我知道什么?我知道就是要把这一二十米林地弄过来给蔡老板开金矿,发大财甩掉这顶贫困户的帽子。可是,我的林权证敢拿出来吗?见不得太阳的!可这这这,也不能就此怂下来打退堂鼓不是!怎么应对?真是隔着玻璃亲嘴——急死个人了。

林成金不停地给权有智使眼色。

众目睽睽之下,这样的小动作瞒得了谁人?大伙看着林成金不停地朝着权有智又是眨眼睛又是歪嘴巴的,都讥笑起来。

石建强可是当年亲自丈量土地栽界石的人,实在看不惯林成金、权有智的所作所为,一手指着野牛岭坡头上那座牛头,又指着对面楚长城的一个垛口说:"当年我是这个村民小组的群众代表,老周是组长。搞山地承包的那年,我与村里的干部们给每家每户进行丈量,心里最清楚。你们两家的界石,正好对应着楚长城雉堞第七个垛口里,透出来的那棵野牛岭坡头下面千年银杏树的树干,三点成一线。不信咱们现在可以验证。杀了鸡子天就不会亮了?你挪也是枉搭工。"

林成金心里想,拴得住驴嘴马嘴,拴不住人嘴。吴兰香、周万新、石聋子一旦指证,就被证到死地里了,坏菜了!不由得眉头一皱计上心来,双手拍着屁股,双脚一跳蹦起来,大声嚷嚷着:"墙倒众人推不是?合着伙儿给我过不去。这状我不告了!"

林成金金蝉脱壳,头也不回地走了。

第四十九章　一笑一怒两人哭

华苑村贫困户的名单在村部的公告栏里公布了。

林成金第一个走过来,一眼看见公告里第一个名字就是自己,心里自然非常高兴。他眯着眼看下去,二十一户单单没有了穆不言的名字。再往下看,最后备注里才写着穆不言的贫困户暂时缓登。穆不言这人,脑袋削得尖,装穷叫苦玩心眼,想方设法一定要吃尖尖的饭碗。这次缓登,绝对不会答应,又有好戏看了。他想到这里,屁颠屁颠地来到文化广场健身器材处,在一张椅子上坐下来,单等着好戏开台。

权有智这个时候也来了。他远远地躲在棠梨树那边,也在等着穆不言的到来。其实,他心里很忐忑很纠结。前年,他为了多拉几张选票,看好了穆不言家里人口多选票多的优势,凭着自己与民政助理的关系,弄来了低保户的名额,硬是给穆不言办成了低保户。穆不言感恩,票票都投给了权有智。今年上级要搞精准扶贫,穆不言还让给他弄个贫困户的帽子戴上,找到他说情儿,还给他掂来一件武士特酿酒和两条南阳烟。贫困户没有名额指标,又是国家拿钱帮扶的,送给谁不都是一样的?权有智便给穆不言所在组的组长打了招呼。碍于面子,组长做了个顺水人情,把穆不言报到村委了。可是,穆不言心里还是不踏实,又请托县里的两个关系。一个是权有智认识的欧阳普照,一个是穆不言的远房亲戚雨竹。通过他们给第一书记和杨志业通融。没想到，被请托的这两个人先后回电话婉言推辞了。现在，穆不言贫困户的认定被暂时搁置。他是哑巴蚊子叮死人的主儿，岂肯罢休？马上就有好戏在后面了。

哎呀！好戏归好戏，剧情是怎么设计的？穆不言怎么表演？权有智心里可是没有底儿。一旦他恼怒中不管三七二十一把自己收受烟酒的事儿捅出来，不但丢人甚至还要被处理呢！现在打老虎拍苍蝇的，国家惩治贪腐的力度很大。再说，赵启福一开始就对穆不言贫困户的认定有意见，要不是自己给穆不言想办法出主意，赵启福当会反省检查。嗯！人都是利用关系，小心没大差。权有智正在想着心事，就听见有人"吭吭吭"哭着走过来。

这是谁呢？大老爷们，有泪不轻弹哪！权有智忍不住把脑袋歪过来看了看，哎哟喂！这不是刚刚从监狱里释放回来的费理同么？他哭什么哭？看看去。

权有智还没走出几步，肩膀被人拍了一下。扭过头来，咦！林成金。名单上公布的第一个贫困户。看把你乐的，吃了棉花糖似的！林成金"嘻嘻"笑着说："你看费理同，小庙神没有吃过大供馂，感动得哭了。"

权有智说："你懂个屁！他一个犯过罪的人，现在回到家里一穷二白的。国家没有忘记他没有遗弃他，按照政策给他评定为贫困户了。"

林成金龇着牙说："我听说有人给他提亲了。"

权有智两眼一瞪，问："哦！谁提的亲？"

林成金说："李俊英啊！"

权有智问："哪里的？"

林成金说："柯家庄的一个大龄女青年，叫柯紫岚。"

权有智摇着头说："成不了。"

林成金问："为什么？"

权有智笑起来："是有人给他介绍过对象。不过，人家女方一听说他是贫困户，立马就黄了。寡天地里烤火一边热，谁愿意嫁给一个贫困户呢？地黄瓜上不了高架子。"

林成金心里不是滋味儿。怎么样，别看他通过关系给人家办贫困户的，除了他有所图外，内心里还是瞧不起这些人的。

权有智看一眼没有接话的林成金，知道自己的话伤害着他了。急忙又回到刚才的话题上问："大龄？多大了？"

林成金说："三十二岁了。她父母亲急得到处托人介绍。该这小子走桃花运了。"

说着话儿，费理同走过来了，看见权有智和林成金，急忙擦了擦眼泪。

权有智问："理同，你不是在给赵支书看护林子吗？"

费理同说："是啊！这就去哩！"

林成金问："你哭什么呢？眼泡子肿肿的。"

费理同说："我对社会对人民犯过罪。国家人民没有忘记我，对我一视同仁。我感激，我感恩，我也惭愧。"

林成金说："对对！真的该感恩。"

权有智立马改换了话口气，见缝扎针逗能献好地拍着费理同的肩膀说："昨天晚上，村委对于你的贫困户认定问题讨论了好久。有争议是很正常的嘛！我当然投的是赞成票。不管什么人，只要是中国公民，落伍了就要扶他一把帮他赶上来。"

林成金撇撇嘴"哼"了一声。心里说，真是八哥的嘴，见样学样，看把自己吹的，救世主似的。

费理同说："权主任，谢谢你的关照。"

权有智打着官腔，惬意地笑着说："谢倒不用，咱的职责嘛！听说你谈上恋爱了？"

费理同说："是啊！"

权有智说："老大不小了。差不多了就把媳妇搬过来——该结婚了。"

正说着话儿，村部那边又传来哭泣声。林成金仔细听了听，丢了魂似的朝着哭声跑去。

我的蚂蚱爷呀!是花枝呀!她哭什么呢?

这是咋的了?

林成金快步跑到村部门口,看见梅花枝坐在地下,哭得泪人一般。吴兰香、石建强、周万新几个人劝都劝不住。

林成金轻轻地在梅花枝身旁半蹲下来,急切地问道:"花枝,咋的了?"

梅花枝看见林成金,擦一把眼泪,用手指着他的脑门子,气呼呼地骂道:"人活一张脸,树活一张皮。你看看你,多光荣啊!贫困户,第一家第一人。还不钻到地缝里死去!"

哦!原来如此。

林成金强笑着说:"打人不打脸,揭人不揭短。花枝,有话慢慢说。"

梅花枝说:"常言说,有智吃智,没智吃力。靠天靠地靠祖宗,都不是好汉。求亲戚,争救济,不如自己立志气。出自己的力,流自己的汗,自己的事情自己干。这些话,我给你说过多少次了?咹?你真的是提起来一张皮放下来一摊泥了?靠哭穷,博取同情;靠伸手,争得救济。不劳而获呀!如果这样继续往下坡滑去,就是神仙一把抓也难以治好你的贫困了。"

林成金知道,花枝最不愿意自家被评上贫困户。她是一位争强好胜,不甘落后的女强人哪!她要不是得了肺病,自己要不是贪图救济不爱劳动,怎么也戴不上这样的帽子。那一年,女儿娇娇重感冒,花枝带着她去村卫生室看病,药费是一百二十五元。可是口袋里只有十元哪!梅花枝不愿意赊账,带着娇娇来到大街上,眼泪儿不停地滚落着。就在这个时候,收头发辫子的喊叫声传进她的耳朵里。梅花枝喊住收购头发辫子的人,一把将自己留了二十来年的辫子剪下来,卖了二百元,为娇娇治好了重感冒。面对着家庭贫困的残酷现实,林成金不是凭自己的双手来改变,而是一心要争贫困户。林成金听着老婆的数落,自知理亏心虚,暗暗抱怨着梅花枝,嘟嘟什么?这几句话绑你嘴上了?但嘴上还是好言解劝说:"花枝,你这是咋的了?评上贫困户是值得高兴的事。你看人家费理同,高兴得哭了。你却在这里朝着自己男人发脾气。"

梅花枝还是满眼泪水,哽咽着说:"党和国家对贫困户这么好,真的是一个也不让掉队,一个也不让落伍啊!国家用这么大的精力,拨出这么多的资金,派出这么多的干部,来到村民中间,帮助扶持贫困户脱贫致富,叫谁不激动落泪呢?"

林成金"嘻嘻"一笑:"可不是嘛!我这不是也很激动高兴吗?"

梅花枝说:"我感谢国家,感谢习总书记。但是,我为我这样的家庭这样的男人感到脸上无光!"

林成金脸上再也挂不住了,小声制止说:"花枝,别把人丢在这里了。有啥话咱回家说。"

梅花枝说:"人争一口气,神争一炉香。林成金,我只有一句话,不蒸包子争口气,好好劳动,用自己的双手挣钱,甩掉贫困户的帽子。"

林成金看着妻子伤心落泪的样子,心里很不是个滋味。他想了想说:"花枝,我不是已经改正过来了吗?退役军人服务中心帮咱家在白河岸边整理出来的那三亩地,不是已经种上西瓜了吗?"

梅花枝指着公告栏里林成金的名字说:"还不是郝梦媛苦口婆心做通了你的思想工作?你要给我立下保证,明年别让我在这样的公告栏里再见到你的名字。"

林成金还没有回答梅花枝的话,忽然看见穆不言快步走过来,站在公告栏旁边看起来。随着他的目光在穆不言后面的"暂缓登记"上落下,他的脸瞬间变得通红,鼻翼张得大大的,额头上冒出豆大的汗珠。在极度的愤怒中,他紧握的拳头在公告栏上狠狠地砸了几拳。紧接着,他一把抓下村委公布的贫困户名单,三下五去二地撕碎了。

第五十章　大闹扶贫工作队

远远站在一边的权有智心里一阵惊喜:"好戏开演了!"

穆不言撕碎公布贫困户的公告,气呼呼地来到第一书记吕彦彰的办公室,"砰"地一脚踢开房门。他全身都在瑟瑟地抖动着,脸像蜡一样的黄,嘴唇上没有一丝血色,灰白的胡子一颤一颤的,一双深陷在眼窝的眼球,发出愤怒的红光,直直地盯着吕彦彰,把满手的纸屑用力地摔在他的面前,厉声厉色地质问道:"吕书记,你凭什么把我贫困户的名额公布为暂缓确认?"

昨天下午,两委会召开会议,就华苑村将要确定为贫困户的二十一个家庭四十九人逐户逐人的经济情况、房屋质量、年均最低收入算了一笔细账,进行了详细认真的讨论、对照和甄别,十分慎重地重新确认了二十个家庭为贫困户。因为穆不言拒不提供家庭成员的详细情况,无法知道年均收入的多少,是否低于最低生活水平线以下,所以大家一致同意把穆不言作为暂缓确认贫困户的决定公布出来,想不到捅了马蜂窝。这个一向沉默寡言的人如下山老虎一般凶恶地要把人一口吃掉。

吕彦彰此时正在与杨志业、郝梦媛商量就这些贫困户确认以后,因人而异确定帮扶产业项目的。穆不言失去理智的举动,把三个人吓了一跳。

吕彦彰站起来,搬过来一把椅子,微笑着说:"老同志,坐下来,坐下来。有话慢慢说。"

穆不言脸上暴起一道道青筋，一脚将椅子踢过一边，猩红的两眼瞪得滚圆，指着吕彦彰质问道："姓吕的，你给我解释清楚，我怎么就评不上贫困户？"

面对狂怒不计后果的穆不言，杨志业站在吕彦彰的身旁，以防他的再次冲动。

郝梦媛站起身子，给穆不言倒了一杯开水，客气地说道："穆伯伯，请你喝水。"

穆不言看一眼这位态度和蔼的女队员，没有伸手去接杯子，不过，话语有所缓和了："姑娘，我喝得下去吗？一肚子憋鼓憋鼓的都是气！"

郝梦媛轻声慢语地说："有气放放就好了，免得气着自己。"

杨志业说："穆伯伯，请你冷静冷静。"

这本来是一句劝解的话，想不到把穆不言给激怒了。哼！你是我的包干干部，还是欧阳普照的朋友，为什么不为我说说话儿？今儿个，我就单挑你了！穆不言想到这里，一只手就朝着杨志业的衣领子抓过来。

原来这都是林成金带的坏头儿。那次他就这么抓吕彦彰一次衣领子，吕彦彰也没有对他怎么样呀！穆不言见样学样，倚老卖老，也敢动起粗来了。

杨志业冷不丁被穆不言拽着衣领子，已经怒火难耐了。可是他不能稍微动弹哪！穆不言这么大年纪的人，如果动起武来，一旦有个意外怎么办呢？所以，杨志业只好站在那里，任凭你抓去！

穆不言抓着杨志业的衣领子用力一带，只听得"吱啦"一声响，竟然将人家的衣领子撕扯开了。

穆不言铁青着脸，厉声厉色地个顶个地单挑起来："杨志业，我今天就是冲着你来的！因为你是我的包干干部。"

杨志业被穆不言紧紧地抓着衣领子，动又不敢动。心里那个气呀，简直要把肚子憋破！你说这个穆不言，你的两个儿子在外地当老板，按照政策规定，不能被确定为贫困户。为了慎重起见，将你暂缓确认，这是对你负责，完全符合"精准"的扶贫精神。要怎么？动武吗？嗨！我就是稍微动一下膀子，就会将你推到大门外！可是你是我的父辈，是我们要帮扶的国家公民。我不能与你计较！杨志业用牙齿咬住自己的嘴唇，自己劝解着自己，终于，紧绷的面色缓和下来，嘴唇上却印着一排清晰的齿痕。

杨志业没吱一言，不做任何反抗的巨大忍耐力，令穆不言为难了。穆不言虽然紧紧地抓着杨志业的衣领子，看似气势汹汹的。其实，心里很虚——没有底气呀。

是继续抓着人家的衣领子僵持下去还是松开手？

没有台阶可下呀！

咦！一炮药放过，冷场了。

这样尴尬的场面，怎么应对？穆不言只好自己给自己找台阶。他突然冷笑起来："我就知道你们这些人都是上级派下来的精英，人人都有几把刷子的。"

杨志业笑着说："是呀！也不是谁想动武就可以动武的。"

郝梦媛瞅准时机走过来，掰着穆不言的手说："穆伯伯！松手了。"

穆不言正要凑这个台阶下驴，忽然听见门外面人声嚷嚷的。他扭头一看，大门外一下子涌进来十多个人，石建强、周万新、吴兰香、石玉平和几个村民走过来，齐刷刷地站在穆不言的对面，好像是保护吕彦彰、杨志业他们的一堵围墙。吴兰香一只手掐腰，一只手指着穆不言的脸说："老穆，你要什么疯？你胆敢动小杨一指头，咱们拴住日头下不来！"

穆不言看着这些来自村里的积极分子，时兴的话就叫正能量的群众，倔脾气又被激活了。他依旧是啄木鸟的嘴——硬硬的："你们要干什么？压制民主不让反映问题？"

吴兰香撇着嘴冷笑着说："还压制民主呢？这帽子戴的，压死人呀！你现在在干什么？"

穆不言说:"我这是在维权呀!"

吴兰香哼一声说:"什么维权呀!你是在侵犯人权!"

周万新说:"好像是要打架的吧?"

石玉平质问道:"有抓着人家的衣领子维权的吗?"

石建强两只眼睛直直地瞪着穆不言,上前往他身边靠了靠,气呼呼地说:"穆不言,还不是你了!有话说出理,有谷子碾出米。你讲理不讲理?就算你本事大,也不能在这个说事讲理的地方耍野动粗!"

大家你一言我一语地批评着,弄得穆不言难以招架了。他一边抓着杨志业的衣领子往后退着,一边咕咕哝哝反驳着:"墙倒众人推不是?"

石玉平笑着问:"穆伯伯,什么叫墙倒众人推?"

穆不言说:"众口一词都派我的不对。"

石玉平说:"孙娃有理说死爷。你有理,为什么动粗抓人家的衣领子?"

穆不言说:"抓衣领子?这是我讲理说法的一种方式。因为我拙嘴笨舌的说不过你们。"

石玉平说:"还是我爷爷那句老话,不要以为把鸡子杀了,天就不会亮了。你要是有能耐,就来抓着我的衣领子讲理说法。好不好?"

穆不言说:"你们爷孙俩不就是当过几年大兵吗?"

吕彦彰说:"当几年大兵有什么不好?你儿子穆兴不是也当过兵吗?我看还是要心平气和,有什么问题坐下来好好谈谈。"

郝梦媛笑着说:"穆伯伯,你过的桥比我们走的路还长。你是老人,有什么话我们都很愿意听。"

穆不言不笑假装笑地说:"梦媛,我知道你是一位好姑娘。我问问你,我是原来的低保户,为什么连贫困户也评定不上?"

郝梦媛正要解释,穆不言突然发难说:"一家千口,住持一人。千锤打锣,一锤定音。你是一般的工作队员,不当家。请吕书记回答我。"

吕彦彰微微一笑,不紧不慢地解释说:"你是老同志,我尊重你,也很愿意给你解释一下为什么将你的贫困户认定问题暂缓登记。"

穆不言心里有点发怵。这人遇事冷静大气，不是好对付的。他问："为什么？"

吕彦彰说："精准扶贫，关键就是精准。咱们县里去年的人均收入是三千三百元，没有达到这个数字的，才可以确定为贫困户。你家原来几口人？八口人！怎么是八口人？户口簿子上的。"

穆不言问："八口人怎么了？"

吕彦彰说："现在你家户口簿上是三口人。你孩子们哪里去了？"

穆不言说："他们打工经常变换工作单位，没有告诉我啊！"

吕彦彰语气加重了："我看你也是个直爽的人。可是在我们摸底排查确认贫困户的过程中，你没有向我们反映真实的情况。没有真实的情况，怎么好给你认定为贫困户呢？"

穆不言吞吞吐吐回答不上来了。弓是弯的理是直的。人家问的在理呀！孩子们在外发财了，可以说是腰缠万贯了。之所以把这个事瞒下来，还不是想戴上贫困户帽子使点帮扶款？对了，权有智曾经告诉他，政策规定凡是低保户，百分之百都可以定为贫困户。这是铁打不动的上级精神。终于，穆不言有理由了："权主任是一村之长，他告诉我说……"

"哎哟喂！老穆哥呀！你这是弄啥哩？哪来恁大的火气？"

打断穆不言的正是权有智。

穆不言真是一炮药，"呼隆"打出去再也没有储备的火药了。吕彦彰几句话就把他拿下了，就要揭老底了。一直在外面静观事态发展的权有智听到穆不言提起他名字，知道他要坏事了。这，怎么办呀？他急中生智，急忙推开众人来到屋里，把穆不言的话给截住了。

穆不言白一眼权有智，气呼呼地问道："权主任，你当时怎么给我说的？"

权有智笑着把话岔开了："老穆哥呀，别闹了。你大儿子穆兴回来了。"

重锤响鼓！气势汹汹的穆不言蒙了。什么什么？穆兴回来了？穆不言眨巴着眼睛，心里打着问号，哪壶不开你揭哪壶呀！当众揭发我不是？为吕彦彰他们提供我不是贫困户的证据？原来这人也是口是心非两面三刀！暗地里给我支招告黑状，现在当面兑水揭发我。对对对！他是村主任，我贫困户的缓登确认他有直接责任。嗯！现在出面制止我还不是讨好扶贫工作队？不不不！他是害怕我揭他的秃子疙痂才来阻止我。好好好！有初一就有十五，我就找你算账。穆不言想到这里，松开了抓着杨志业衣领子的手，转身一把抓着权有智的衣领子，怒火冲天地嚷嚷着："咱们同着吕书记评评理，你当初不是说我这贫困户百分之百没问题吗？"

权有智被穆不言突然抓着衣领子，挣脱中把椅子凳子茶杯"呼呼啦啦啪啪嚓嚓"碰倒在地了。

第五十一章　糊涂爸爸连阴天

吕彦彰、杨志业、石玉平急忙上前解围，穆不言还是不松手，眼看着权有智喘不过气来——白瞪眼了。

就在大家着急的当儿，门外传来一声高喝："住手！"

穆不言一惊，不自觉地松开双手，扭过头看看来人，激动中一声惊叫："穆兴，你回来了？"

权有智"咯喽"一声喘过气来，好像斗败的公鸡侧歪着身子，铁青着脸摸了摸被穆不言撕抓开裂的衣领子，牙齿咬得咯嘣咯嘣响，攥攥拳头跺跺脚，被石玉平拉走了。

围观的人们看着村主任被一个沉默寡言的老头子制服了，未免叽叽喳喳，评头论足。

吕彦彰看着渐渐走远的权有智，立即把目光转向穆兴。

穆兴三十多岁的样子，浓黑眉毛，一双眼睛闪闪有神。他看人时，十分注意；微笑时，露出一口整齐洁白的牙齿；他穿着一身非常合体的黑色西装，皮鞋擦得锃亮。他快步走过来，紧紧握住穆不言的双手，高兴地说："爹，我回来了。你看，意韵还有你的孙女都回来了。"

穆不言伸长脑袋看一眼门外面，他的儿媳秦意韵和孙女佳佳真的回来了。

"唉！"穆不言心里一声长叹，埋怨穆兴不该在这个时候回家，无形中将自己冒充贫困户的真相大白于天下。嘴上问道:"怎么也没有打个招呼?"

穆兴说:"你的电话总是打不通。越是打不通电话,我越是心急火燎地回得快呀。"

穆不言问:"怎么回来的?"

穆兴说:"开车回来的?"

穆不言问:"开车?谁的车?"

穆兴笑了:"咱们的车呗!"

穆不言心里一声骂娘,什么话也不问了,一把拉着穆兴的手:"回家去!"

穆兴被父亲紧紧抓住一只手,后面跟着秦意韵和佳佳,很快就回到常常想念的老屋了。

穆兴刚刚踏上久别的老屋大门口,突然被穆不言堵在门外了。他怒气冲冲地指着远方,厉声吼道:"你给我滚!滚得越远越好!"

满心喜悦的穆兴愣在那里了。

不知所措的秦意韵抱着哇哇大哭的佳佳,愣愣地站在老屋的门口,进退两难。

穆不言的老伴走过来,刚刚喊一声"佳佳",就被穆不言"呼隆"一声关上了院门。

穆兴不知道这是咋的了,老爹为什么发这么大的火。

石玉平看见穆不言把穆兴拒之门外,快步走过来,敲着大门,大声喊着:"穆伯,穆伯,开开门哪!"

穆兴也跟着喊道:"爹,开开门让我们进去。你孙女想你了,你让她见见爷爷奶奶。"

院子里传来穆不言炸雷般的怒吼声:"我没有你这个儿子。快滚!免得让我看见你就生气。"

吵声传得很远,乡亲们都围过来。不知道这个一向沉默寡言的倔老头儿怎么突然发起这么大的火,任谁也扑灭不了。即使因为贫困户的认定暂缓登记,你已经闹罢了工作队,又闹了权有智,怎么跟儿子儿媳孙女也过不去？不近人情，不可理喻，唱的哪一出啊？人们议论着，揣测着，还有人暗暗讥笑着。

石玉平眼看着人越围越多，又喊了几声门，穆不言再也不理睬了。

怎么办？

石玉平心里想，为了查清穆兴家里的实际收入情况，帮助工作队精准地认定贫困户，自己设法查找到了穆兴的手机号码，将华苑村成立退役军人创业协会和生态旅游一条龙的规划告诉了穆兴。穆兴这次回来，就是要为华苑村的彻底脱贫致富贡献力量再立新功的。而穆不言一直瞒着两个儿子的行踪，还托关系找熟人坚决要戴上贫困户的帽子，其实还是要争个面子的。就为这个不必要的面子，争得自己身累心累，争得不要儿子儿媳和孙女啦！这是何必呢？为什么要让穆兴吃闭门羹？唉！人哪！一旦有了私欲，远近厚薄也分不清楚。嗯！是了，穆兴的回家，把他贫困户的面具摘下来了。而且还是他正在借机找茬发火怒怼第一书记的关键时刻，儿子带着媳妇孙女开着高级轿车停在村部门前，这不是一指头戳在他的软肋上，就好像是同着那么多的人扇他的耳巴子？情何以堪呀！他一时迈不过去这个坎，转不过来这个弯，把一肚子的火儿都发在穆兴他们身上了。等他消消气再说吧。想到这里，石玉平说："老战友，先去我家里歇歇脚。等老爷子消了气儿，咱们再回来。"

真是糊涂爸妈连阴天。

一头雾水的穆兴没有更好的办法，表示同意了。

大门外面响起的脚步声渐渐远了，喧哗嘈杂的声音没有了。

蹲在大门里面的穆不言忽然感到一种难以抑制的悲伤堵住了喉头，无可名状的寂寥落寞袭扰上心窝。他悄悄地隔着门缝听了听，然后缓缓地站起来，隔着栅栏的缝隙，隐隐约约看见儿子高大宽厚的背影消失在巷道的转弯处。他转过身来，看着呆如木鸡的老伴儿，两行浑浊的泪水滚滚而下……

第五十二章　万亩桃园花正艳

　　费理同的心情特别好。
　　上午去看村委确定的贫困户名单，心里头扑通扑通跳个不停，真的担心自己没有被评上。毕竟，自己做过对不起国家对不起人民的错事，那是他心中永远难以忘却的罪过和创伤。可是，国家没有忘记他，没有嫌弃他。他回到华苑村以后，赵启福就来看望他，协调有关部门给他修复了因为几年无人居住而倒塌的房屋，给他解决了吃穿用的花费，还张罗着给他介绍女朋友。今天，还把他确认为贫困户。很快，扶贫工作队还要与他商量扶助的具体计划和项目。自己并不是低人一等被人冷漠，而是一位仍然受人关心的共和国公民。展望未来，依然是阳光明媚、花团锦簇的世界。
　　费理同走到半山腰，听见不远处传来喁喁的说话声，他停下脚步，向前方看去。
　　那是万亩桃花盛开的世界。不同品种的桃树次第开花了。白色的桃花洁白如玉，粉色的桃花如绽放灿烂笑脸的妙龄少女。水不再低吟，山不再寂静，鸟儿舒展双翅徘徊在花的海洋，蜜蜂儿与争芳斗艳的花儿悄悄地耳鬓厮磨，蝴蝶儿陪伴着花儿蹁跹飞舞。
　　桃花丛中，缓缓地走出来一辆三轮车。车子里，坐着任立志的爱人春桃和他的母亲。
　　费理同知道，这是任立志推着他的母亲和春桃前来踏青赏花游春了。他是个孝顺儿子,暖心丈夫。每年春暖花开的艳阳天,他一定要把这两个常年卧床不起的老病号推出来看桃花,看玉兰花,看连翘花,看杜鹃花。他正要与他们搭讪,忽然看见推着三轮车的还有第一书记和杨志业。

费理同还是有点儿拘束,虽然他们像亲人一样为他脱贫操心费力,就是有点不敢近距离接触。

吕彦彰也看见费理同了。他笑着问:"你不是在给赵书记看护林子吗?"

费理同说:"是的。不过,我刚才去村部了。"

吕彦彰问:"去看看贫困户的确认名单?"

费理同说:"是啊!"

任立志说:"我还没有去。不过吕书记已经告诉我了。"

费理同说:"太好了!哥,你这是推着俺嫂子来踏春看花的吧?"

任立志说:"是啊是啊!你嫂子被人撞伤后整天躺在床上,多寂寞呀!让她们也高兴高兴。"

费理同心里说,你爱人你母亲被吕书记推着游春赏花,还真够幸福的!

任立志喊道:"哎!理同,你过来帮一下忙。咱们把车子推到花开最好的那几棵树旁,给我妈她们照几张相片。"

费理同走过去,和吕彦彰、杨志业帮着任立志把车子推向桃树林子里。

几个人帮助任妈妈和任立志夫妻摆好了姿势,杨志业取出自己的手机,给他们拍了十几张不同的照片。接着,几个人又拍了几张合影。

费理同看看手机,已经是下午三点钟了,他正要与吕彦彰他们告别,吕彦彰忽然问:"理同,你对脱贫有何打算?"

费理同想了想说:"吕书记,我是这样想的。我现在还年轻,就是打一年工也能达到人均最低收入的平均线以上,很快就脱贫。不过,脱贫只是个小目标。我想学门技术,更想在咱们家里干出点成绩来。"

杨志业问："具体想干什么？"

费理同说："不能好高骛远，要脚踏实地。具体说就是想开发咱们的玉兰树，想在这玉兰树上创效益。"

任立志听到这里，忍不住一声叫好："我的兄弟！你怎么与我不谋而合？我也在想这个。"

吕彦彰问："这个想法非常好啊！你们是否知道？最近市里就要派人来咱们这里考察玉兰树，要从这么多的品种中挑选咱们市里市树。再说了，玉兰是咱们这里的强项，供不应求啊！咱们要开发生态旅游一条龙服务，就要把玉兰树做大做强。"

费理同、任立志不约而同地说："太好了！太好了！一工二得呀！卖树挣钱，开发旅游也挣钱。"

任立志说："我以前是花工，栽种修剪管理都没问题。可是怎么做大做强呢？"

吕彦彰说："我今天来就是想给你交换一些想法。你是花工，很有嫁接方面的实际经验。如果一棵树上开出几种颜色的花朵，该有多好看呢！"

任立志高兴地问："你怎么也有这种想法？要说嫁接几个颜色出来，真的很好呀！"

吕彦彰说："这是赵阳的想法。他马上就要回来了。"

赵阳是赵启福的儿子，林农专业的研究生。他决心回到家乡，要为华苑村乃至阳山镇彻底脱贫致富奔小康贡献力量呢！

任立志问："赵阳？"

吕彦彰说："是啊！前天他给我打过电话，其中说到培育开发多种颜色的玉兰树。"

任立志说："太好了！吕书记，我家里有地，就在我们这里搞个嫁接苗圃吧！"

费理同也说："我也要参加，现在就报名。"

吕彦彰很高兴，说："很好啊！这个苗圃就叫华苑多彩玉兰新品种栽培基地。不过，等赵阳回来后咱们还要在一起好好论证一下。赵阳还告诉我说，他已经着手培育矮化玉兰和盆栽玉兰了。"

任立志、费理同都十分高兴。不过，任立志提到了资金问题："好是好！资金问题怎么解决？"

吕彦彰说："项目确定以后，国家就会拨出一定的扶贫资金的。当然，我们也要想办法筹措资金呀！"

正说着话儿，费理同看见两个人影走到对面的桃花园里不见了。咦！他们要干什么？费理同心里打着问号，便向吕彦彰告辞说："吕书记，我还有些事儿，先走了。"

不一会儿，费理同又返回来，附在吕彦彰耳朵边说："吕书记，那边有好戏看了。"

吕彦彰笑道："什么好戏？"

费理同说："你看看就知道了。"

吕彦彰看着费理同神秘兮兮的样子，吩咐杨志业说："你去看看咋回事儿。"

第五十三章　桃花丛中人影儿动

自打赵启福住院以后，费理同接受他的委托看护着那两架山的树林子。

这两架山林，是赵启福落户华苑村以后，和他的妻子一棵一棵种出来的。

赵启福担任华苑村党支部书记的时候，这里还是光秃秃的山，大岩石上摞着小石块，连脚都没处下，寸草不长啊！就这样的荒芜下去，不但没有植被，而且水土也要流失，靠山吃山的老百姓日子何时才能好起来？于是，赵启福带领着华苑村的村民们在山上修建蓄水池，搭盖窝棚，开始了植树造林生涯。一晃，二十多年过去了，岁月如梭，光阴荏苒，连年来栽种的辛夷树，嫁接的玉兰树和籽生桃在白河两岸、伏牛山下已经是郁郁葱葱，鸟语花香了。

费理同一个人住在山上的护林房里也真够寂寞的，又没人做个伴说个话。好在那两场春雨过后，草木都复苏了，蕨菜吐出了嫩芽儿，春笋一个劲地疯长，野蕈戴上了小帽儿，紫地丁、蒲公英还有那些果树花儿争相怒放，满山遍野都是花的海洋花的清香，吸一口，就醉到心里啦！费理同多想邀请柯紫岚来到这里，与他一起观赏花一样的世界呀！

一想起柯紫岚，费理同心里就涌满了甜甜的蜜意儿。

那还是工作队刚刚来到的第一天，他路过李俊英的玉兰园，突然听见"噗噗"几声响,接着就是"呼啦呼啦"树倒地下的声音。他吓了一跳,弯腰朝玉兰园里面看去,林成金和另外两个人在里面不知道鼓捣着什么,不由得疑惑顿生,便将此情告诉了李俊英。

几天后,李俊英把西乡一位大龄女青年柯紫岚介绍给他。虽然说柯紫岚比他大了两岁,可是人长得还是挺顺眼的。他们见了面,还互相留了联系的手机号码和微信号。这是他回到家乡后,第一次接触了女人,开始了恋爱,人的尊严得到了再次的体现。两个人见面到现在,电话联系也不算少,由单一的问候到了比较深的比如对家庭状况的了解。费理同心里总是有些担心,毕竟自己过去犯过错,而且还是一位贫困户。谁愿意嫁给一个这样的人呢?想到这里,费理同心里就是一缕缕的惆怅,唉!就自己目前的状况,人家同意吗?也许就是和尚娶老婆——想想而已。

费理同自暴自弃,登时没了精神,蔫了。可是,再想想,人家柯紫岚并没有因为自己是贫困户就嫌弃呀!她直截了当地说,不怕汉子没衣食,就怕汉子立志气。现在国家政策这么好,提出了精准扶贫致富奔小康。只要立志脱贫,不愁摘不掉贫困户的帽子。关键就是你干不干,怎么干?只要愿意付出,就一定会脱贫致富。干什么呢?他想啊想的,就在这玉兰树上做文章吧。

费理同正在想着心事,忽然听见不远处传来说话的声音。循着声音找呀找的,花花搭搭的都是风吹树枝花摇动,只闻人声看不见人影儿。再仔细寻找一番,哎呀!好像是两个人儿。是的,就是两个人。一个男的一个女的,你推推我我推推你,互不相让,还挺激烈的呢!这不是在打架吗?他来不及细看,急忙离开林子,来到这边土路上,看见了吕彦彰、杨志业还在与任立志说话,就拉着杨志业来到桃树林。

费理同带着杨志业从原路返回,在一个土坎后面,终于看见那两个打架的人了!原来是杜承汉和柴春梅手拉着手在桃园里面观赏桃花儿呢。他心里"咯噔"一跳,杜承汉潇洒呀!自己的准岳母亲自做媒,把那个长相还不错的离婚女儿柴春梅介绍给他了。柴春梅三十出头，大眼睛，红脸盘儿，烫发头，一身浅蓝色的套服衬着线条分明的腰身。柴春梅一边担任着花卉公司的经理，一边还搞着电子商务。他们这么一结合，一个有苗圃，一个是经理，对外有电商销售，弯刀对着瓢切菜——对板眼儿。还愁挣不来大把的票子？同样都是贫困户，人家的步子就是迈得早迈得大嘛！他是又羡慕又嫉妒又高兴啊！

费理同正云天海雾地想着，杜承汉和柴春梅已经手拉手地来到树下面那块绿茵茵的草地上，说话的声音也传过来了。

柴春梅问："你这几天在忙什么？"

杜承汉笑着把话岔开了："我听说赵启福的儿子就要回家了。"

柴春梅问："回家看望他老爸？"

杜承汉说："不是。听说要回家乡发展。"

柴春梅说："人家研究生啊！真的要回大山里？"

杜承汉说："现在在哪里都可以人尽其才。我听说他要研究新的玉兰品种和籽生桃杂交新技术。"

柴春梅说："太好了！你几十亩地的籽生桃，请他给咱们开发出新的品种来，将来就可以卖出好价钱。"

杜承汉说："对对对！籽生桃好吃，就是个儿有点小，请他帮忙培育成大个的就更理想了。我听你的。"

柴春梅笑着说："不听我的？小心你的就是。"

杜承汉说："听听！一定听你的。"

柴春梅说："听我的就好。你想啊，咱们几十亩的桃园，一年就是几万元的收入。而且，咱们还要在桃园里喂上几千只黑凤鸡，既防虫子，又解决了鸡子的饲料问题。虫草鸡和虫草蛋都是原生态的，绝对卖上好价钱。"

杜承汉说："对呀！鸡子和鸡蛋长年供应咱家的农家乐和你的电子商务销售。"

柴春梅说："聪明。"

杜承汉说："真的是一举多得。"

柴春梅说："还要放养几箱土山蜂。"

杜承汉"咦"一声说："我怎么没有想到呢！"

柴春梅说："这就叫树枝上摘宝，嘴里面要宝，屁眼里掏宝。"

杜承汉问："什么意思啊？"

柴春梅说："树枝上摘宝，就是你那几十亩的籽生桃；嘴里面要宝，就是咱准备在山上放养的山蜜蜂；屁眼里掏宝，嗨！就是桃园里喂养的虫草鸡下的蛋呀！"

杜承汉笑起来："对对对！人能多吃四两豆腐。"

柴春梅转换话题了："你看你，刚才把我拉的？"

杜承汉说："这里没有人好说话呀！看把你不好意思的。"

柴春梅笑着说："那你也不该使那么大的劲儿呀！"

杜承汉"嘿嘿"笑着说："理解万岁！"

柴春梅也笑起来。

杜承汉说："我看咱们也该明确一下关系了。我找人给咱俩合合八字，择个好日子？"

柴春梅说："别慌。我还有话要说。"

杜承汉问："什么话？"

柴春梅说："我要等到你的籽生桃和黑凤鸡见到效益以后再谈结婚。"

杜承汉说："有苗不愁长。难道要我等到明年？"

柴春梅说："那当然。"

杜承汉想了想笑起来："你的意思我明白。"

柴春梅问："什么意思？"

杜承汉一把将柴春梅揽在怀里，贴着她的耳朵说："拔掉穷根，摘掉贫困户的帽子。"

柴春梅很高兴，有点不好意思地依偎在杜承汉怀里。

杜承汉就势搂住柴春梅的脖子，两个人亲了好长时间。

费理同瘾症啦！杜承汉在红艳艳的桃花丛中与女朋友亲吻拥抱，自己在一旁眼巴巴地看着。两种境遇，两样心情。他平时在电影电视上真没少见男女亲吻的画面，那不过是演员们在做戏。亲眼看见男女有滋有味地亲嘴拥抱，这可是大闺女上花轿头一遭啊！承汉多幸福啊！我费理同刚刚认识一位女朋友就违法犯罪进监狱。唉！这怪谁呢？全怪自己不懂法犯了法。木匠做枷自己戴自作自受啊！想想杜承汉，被搞传销的人欺骗以后回到家里，穷汉子一个，还时不时地发疯发癫满村乱喊呼叫。如今，在扶贫干部的帮助下，桃树苗壮成长，还要散养几千只黑凤鸡，放养土蜜蜂，一个漂亮的年轻女人依偎在他的怀里，多幸福啊！

唉！常言说得好呀！自己绊倒自己爬起来。自己绊倒了，做了对不起社会对不起被害人的坏事，但是，政府并没有忘记他，人们并没有记恨他。他回到家里以后，是赵启福和乡亲们给他支持和力量，帮助他修复了房子，帮助他在荒废的山坡上，种上了几十亩辛夷树。如今，辛夷树苗已经可以嫁接了。如果嫁接成功，就是一笔不小的收入。也正是有了脱贫致富的实际行动，李俊英才把柯紫岚介绍给他呢！

那天，李俊英给他介绍柯紫岚走了以后，他同柯紫岚谈了好久。要说柯紫岚也是一位漂亮时髦的姑娘，性格开放，为人直爽。谈到最后，她说出了自己的想法："现在国家政策非常好，习总书记提出了一个也不能掉队的号召。我对你的唯一要求就是，用自己的智慧和双手脱贫致富。什么时间甩掉贫困户的帽子了，咱们就什么时候结婚。"这话，跟柴春梅如出一辙。看来，落后就是不行，贫穷就没得老婆娶！

杨志业并不知道费理同遇见到什么奇奇怪怪的事儿，跟着他蹑手蹑脚地钻进赵启福的桃树林里，翻过一座坡，越过了几道土坎，果然看见桃花丛中有两个人影儿晃动。再仔细看，原来是柴春梅和杜承汉在桃园深处看花儿。俩人手拉着手，亲亲密密说说笑笑，挺温馨可意的样子。杨志业暗自为他们高兴。他看一眼费理同，这家伙正瞪着好奇的眼睛瞄着毫不知晓的杜承汉和柴春梅。嗨！这小子，干吗呀！人家谈恋爱，你搅和什么呀？正想离开这里，哎呀！那边两个人亲热起来。

费理同也看见杜承汉和柴春梅的鲜镜头了。咦！还挺浪漫哩！赶快走，被他们看见多难堪呀！费理同想着，忽然觉得被谁拉了他一把，哎呀！是杨志业呀！怎么把他给忘记了。好好！咱们走。

第五十四章　至纯至美玉兰园

郝梦媛一个人待在村部里将四十多位贫困户的基本情况、收入支出、造成贫困的原因以及脱贫计划和帮扶的产业逐一列表，准备明天上报镇政府确定备案。

已经是下午四点钟了，郝梦媛好不容易做完报表，信步走出村部，刚刚来到文化广场，忽然看见一位二十五六岁的小伙子背着双肩包，手里拉着一个沉甸甸的行李箱走过来。他一米八以上的个头，白皙的肤色，黑亮的头发，明亮的大眼睛，挺直的鼻梁。一袭略显紧身的黑色西装将完美的身材展露无遗。

这个高大帅气俊朗的小伙子是谁呢？郝梦媛正在揣摩着来人的身份，看见他拉着的行李箱突然反转倒在地下。他停下脚步，用了好大的力气也没能将箱子扶起来。郝梦媛略显羞赧地走过去，弯下身子，帮着他把箱子扶正。

"谢谢你！"他微笑着，很客气地说。

好像播音员一样的语速，清晰，悦耳。郝梦媛猜出来了，他一定是大学生或者是研究生。

郝梦媛莞尔一笑："不用谢！这是书籍吗？"

"是的！我读研的书籍，一部分已经发物流托运回来了。"

"你毕业了？"

"是的！刚刚把研究生论文交给老师后就往家里赶。"

"你学的什么专业？"

"农林。"

"哦。这个很好，现在很多学生不愿意报这个专业了。不过，在咱们中国农村还是大有前途的。"

"是的！我爸爸要我学这个专业的。"

"你爸爸？你是华苑村的？"

"是的！我爸爸是赵启福。"

"啊！太好了。你是赵阳吗？"

赵阳笑了，微微点头："我是赵阳。你是？"

郝梦媛说："我是新来的村民。"

赵阳认真地看着郝梦媛，笑着问："那你一定是郝梦媛了？"

郝梦媛忽然感觉到他们之间有一点心灵相通。她笑着点点头说："对！我就是郝梦媛。你爸爸告诉你的吧？我可以帮助你吗？"

赵阳笑着说："当然可以。我还知道，你在华苑村家喻户晓，很受乡亲们的尊敬和爱戴。"

郝梦媛有点不好意思地说："那是乡亲们抬爱我了。你把双肩包给我。"

赵阳说："不用，你帮我拉着箱子就行了。"

郝梦媛帮赵阳拉着行李箱，两个人并肩沿着水泥路向西边的村子走去。

穿过桃花盛开的桃园，前面是更加绚丽夺目、如同童话般迷人的玉兰园。玉兰花品种很多，花开的时间也不尽相同。不过，现在才是玉兰花盛开的季节。你看，一朵朵玉兰花盛开了，白色的，红色的，黄色的，紫色的，朵朵鲜艳靓丽。玉兰花外形很像莲花，盛开时，花瓣向四方伸展，清香阵阵，沁人心脾。玉兰花代表着报恩，把那种天然的至纯至美，无私地奉献给懂它的人。你看看，一阵风来了，它迎风摇曳，神采奕奕，宛若天仙。现在，郝梦媛又一次身临其境，感受着它的多姿绚烂和扑鼻异香，真是一种绝妙的享受。

郝梦媛已经被眼前五彩缤纷的玉兰花世界陶醉了。她停下脚步，取出手机,从不同的角度拍起照来。"太好看了!"她说,"它不妖娆,却艳丽;蕴含丰富,勾人心魄,叫人奋进。它高贵,却不张扬。饱满的花瓣,又极具独特的个性。真的是'霓裳片片晚妆新,束素亭亭玉殿春'啊!"

赵阳看着沉浸在玉兰花开中的郝梦媛,笑着问道:"这是明代睦石的《玉兰》诗吧。后两句是:'已向丹霞生浅晕,故将清露作芳尘。'"

郝梦媛笑着点点头。说道:"玉兰具有很高的观赏价值,花开时天姿绚丽,香脂凝玉,娇柔优美,异常惊艳。花叶舒展而饱满,优雅而款款大方。再加上清香阵阵,沁人心脾,实为美化家庭、街道的理想花卉。"

赵阳问:"你很喜欢?"

也许是在农村任职几年的工作历练,也许是对赵阳有所了解,郝梦媛一丝拘谨很快就消失了。她非常大方地说:"是的!'羽衣仙女纷纷下,齐戴华阳玉道冠'。哎!你帮我拍几张照片吧!发到朋友圈宣传宣传。"

赵阳笑着答应道:"好的好的!'信手拈来花几许,自此暗香闺中留'。"他接过来郝梦媛的手机,在她的建议下,从多个角度不同场景给多种姿势的她拍照着。

玉兰花下的郝梦媛真的太漂亮了。

赵阳非常认真地回看着一幅幅玉兰花下的郝梦媛寄情花香的照片,心已经醉了。他把手机还给她,微笑着说:"每一个画面都是美丽动人的。真的,很好看。"

郝梦媛微微一笑:"我听说玉兰花还有更深的寓意?"

赵阳说:"是的。玉兰花不但靓丽好看,还有非常美好的寓意:一是寓意着高洁的品质,二是寓意着坚贞和守护,三是寓意着感恩之心,四是寓意着德泽长存。另外,对于女性,如果经常赏视玉兰,品味它浓郁沁人的芳香,就可以留住岁月,青春永驻而娇颜常在。"

郝梦媛被赵阳的介绍而激动着,笑着问道:"是吗?这样说来,我真的要在这里住一辈子呢!"

赵阳说:"太好了!这是我们南阳市的后花园呀!"

两个人说着话,观赏着玉兰花开的美景。郝梦媛问到赵阳以后的工作:"你毕业以后打算怎么办?"

赵阳说:"回家创业。这不已经回来了嘛!"

郝梦媛说:"习总书记说,绿水青山就是金山银山。"

赵阳说:"是的!在天然氧吧充盈花团锦簇的美丽如画的山村生活,该是多么的惬意多么的温馨呀!"

郝梦媛不经意间瞟一眼赵阳的行李:"因此,你就回来了?"

当赵阳与郝梦媛的目光碰撞交织的刹那间,他心里头像触电一样倏然一阵剧烈的跳动。他回答的声音有些微微颤抖:"是的。我爸爸非常高兴。"

郝梦媛甜甜一笑:"你打算怎么干?"

赵阳转过脸看着郝梦媛,郑重其事地说:"就在这玉兰树上做文章。"

郝梦媛突然发现赵阳有一种特别引起他人瞩目的气质。她急忙问道:"做什么文章?制造更多的天然氧吧呀?经费何来?"

赵阳笑着解释说:"研发出更多的新品种,以适应市场的需要。至于经费,我爸已经给我准备好了。等我将这些书籍行李放到家里,马上就去县医院见我爸。"

郝梦媛十分激动。上午,退役军人穆兴回家了;下午,研究生赵阳回乡了。他们为了家乡的脱贫致富奔小康而放弃了优越的工作条件,为生养他们的家乡出谋划策贡献力量。华苑村,很快就有更大的起色了。她想到这里,再次将目光转向赵阳,睁大了眼睛盯着他的脸,仿佛给他灌输一种振奋的力量,支持他坚持下去直至成功。她笑着说:"太好了!我们一定支持你。"

赵阳兴奋地说:"好呀!那我可要撸起袖子加油干啦!"

他们两个像久别重逢的老朋友似的,边说笑边向赵阳家走去。

第五十五章　道是无情却有情

穆不言把穆兴他们赶走以后，反倒暗暗后悔起来了。整日里想儿子盼儿子，儿子回来了却被他拒之门外。唉！还不是因为争戴那顶贫困户的帽子造成的！想到贫困户的帽子，自然就想起了权有智。前年他为了与周万新竞争村主任，又是送礼，又是给人家弄低保户的名额作为交换条件。结果这一招还真成功了。他和老伴以及代表的另外几张选票都投给了权有智。周万新以两票之差落选了。权有智弄来的低保户名额还真的不是忽悠人，让他年年领到了一千多元的救济款。真是各有所取，相得益彰。今年精准扶贫，上级要求很严格，对低保户贫困户都要进行复查重新认定。他知道自己不够格，可是如果丢了低保户的名分面子上过不去，那就戴个贫困户的帽子吧。他带着一件酒两条烟去见权有智。权有智打保票说没有问题，给组长交代一下，只要组里报上来，村里就会批准。权有智还给他出了两个主意。一个是将暗访组领到自己家里，让他们身临其境，亲眼看见自己家庭的困顿。一个是趁第一书记走访时，让自己的母亲和妻子装出一副苦寒人家的样子。

前天，穆不言得到消息说，村委会与驻村的扶贫干部商量确认贫困户。他心里没谱儿，就直接找到权有智想办法。权有智说，扶贫工作队下乡的那天，他已经请托教育局的欧阳普照从中通融了。欧阳普照一定会帮忙的。为了证实自己确确实实通过欧阳普照帮过忙，同着他的面给欧阳普照打电话。电话好不容易打通了,欧阳说出差不在家。弄得穆不言很不放心。人家是不是借口不愿意管了?穆不言心里不踏实。回到家里后亲自给雨竹打电话。雨竹不但不为他讲情,反而开导他说上级对于贫困户的认定很严格,这次要彻底清查那些假冒的通过关系被认定为低保户贫困户的人员,不符合条件的要退还国家救济的资金,对于责任人还要追究。这可怎么办?解铃还须系铃人,还是去咨询权有智吧!权有智还是大包大揽说他的贫困户认定绝对没有问题。其结果暂缓确认。暂缓确认就是不登记。他再也按捺不住一肚子的怒火,要起横来也不管三七二十一了,把对口包干干部的衣领子撕开了,闹得第一书记下不了台。想不到权有智关键时刻还要去老虎戴佛珠——假装好人,卖乖逗能专拣他忌讳的地方说事儿,还不是故意火上加油!就朝这个底下泼油上面灭火的二奸臣动怒出气。最令人吃惊的是穆兴开着高级轿车带着儿媳秦意韵和孙女回家来了。这不是明白无误地告诉第一书记,告诉工作队和乡亲们,自己在做假骗人吗?当初为了这个贫困户的帽子,跑了多少腿打了多少电话。事成之后又担心干部们村民们知道儿子的联系电话漏了底儿,无数次地交代儿子不要跟村民们打电话。村民们任谁也别想从他这里得到穆兴他们的联系电话。上次第一书记来家里走访,也没有告诉他孩子们的联系方式和电话呀!这次是谁把华苑村成立退役军人创业协会的消息告诉穆兴的?而且还在关键时刻把他贫困户的假面具给摘掉了。

唉!这事儿办的,丢人现眼哪!

是世道变了还是咋的了?从古到今,只有炫富摆阔的,谁见过争穷炫贫的?自己究竟怎么了?为了争当贫困户,想尽了办法使出了不少手段,到头来钻进了死胡同里。

穆不言闷着头想了半天一夜,在石玉平的开导下,还是有了认识:国家精准扶贫奔小康,目的指向很清楚,那就是真真确确的贫困人家。自己有吃有喝还有大病医保,两个儿子已经腰缠万贯成了大老板,为什么贪图国家的扶贫款项呢?儿子穆兴的一顿饭,就是贫困户一个月的生活费用,天上地下之别呀!咱不能良心遇到狗,被它啃光了。四两心要放正。好儿好女往上长，积德积福呀！自己为了占便宜，钻国家政策的空子，总认为戴上贫困户的帽子就可以得到更多的扶贫救助资金和捐赠，可以享受多的优惠免费免税政策。唉！坐吃救济等靠要，盼望天上掉馅饼，全怪自己想偏了！

　　一念放下，万般自在。穆不言想到这里，掏出电话，给穆兴拨过去了："穆兴，你带着你媳妇和佳佳回来。对，就现在。"

　　东边日出西边雨，道是无晴却有晴。

　　穆兴还没有回到家，权有智来了。

　　上午，权有智被穆不言突如其来的袭击弄得丢尽了面子，唉！怎么那么巧呢？为了打岔阻止穆不言揭老底，信口开河说了一句"穆兴回来了"，想不到一言成真歪打正着穆兴真的回来了。戳了马蜂窝了！穆不言像吃人的老虎一样，毛料的衣领子呀，被撕成两截了！要不是穆兴及时赶到，事情的发展还真的难以预料。回到家里，权有智反复思量，觉得要保护自己还是要放下架子舍着面子去见穆不言，要把他为戴上贫困户帽子而送来的礼物折价退还，以免被这个倔老头揭发出来，自己被拍了苍蝇可不是闹着玩的。想到这里，权有智硬着头皮来见穆不言。

　　权有智一跨进院子里，开门见山就是赔礼道不是："老穆哥，我来给你道个歉。"

　　村主任给村民道歉？

　　日头打西边出来了。

　　穆不言暗暗笑了。他瞪大眼睛，故意用双手挡着两个耳朵，满脸惊诧地问："这这，我不是听串音了？"

　　权有智笑着递给穆不言一支烟，亲手给他点上了："甭开玩笑了，老哥老弟的。"

　　穆不言借坡下驴说："一百个弟弟没哥大。我这个哥哥当的，不合格。"

　　冲着这句话，权有智心里一块石头落地了，非常认真地说："无论谁对谁不对，天知地知，你知我知，盖住不摇。"

穆不言还想说什么，权有智摆摆手，由防守改为进攻了："天下只有办不成的事，没有求不动的人。我给你办事，是你求我。你既然求我，我也给你办成了。我请你给我帮过忙，你尽心尽力了。鸡蛋换盐，互不找钱。两下扯平了，谁也不欠谁。"

穆不言抽着烟，急忙附和说："对对！周瑜打黄盖，一个愿打一个愿挨。"

权有智依旧笑容满面的。可是话头言语却像刀子似的扎人："不过，为人做事也要有个原则，事情办成了就不要到处乱说嘴漏风。你漏风了，叫我怎么做人？"

几句话就把穆不言给镇住了。是呀！人家费心费力地给你办了一个不符合条件的低保户，你年年享受低保户的待遇，得好处使救济，怎么可以过河拆桥呢！脑子一热就把人家给晒出来了？不但晒出来了，还抓着人家的衣领子动粗。这就叫忘恩负义嘛！穆不言想到这里，脸上有点儿挂不住了，忍不住连声道歉起来："是我不对！是我不对！不该把你的衣领撕开了那么大的口子。"

权有智哼一声说："撕坏了衣领子还可以缝起来。你这是同着众人在撕我的心呀！"

穆不言有口难辩了。自己确实做得过分了。他苦笑着说："老哥老弟的，你别跟哥一样的见识。"

权有智冷冷一笑，啥话也不说，从衣兜里摸出五百元，"啪"地摔在桌子上，头也不回地走了。

穆不言被权有智故意用力甩钱的"啪"声吓得一个愣怔，不由自主地打起冷战来，呆呆地望着桌子上五张红红的百元大钞，心里就像猫抓似的不舒服。这是咋的了？犯浑，闹了村委会，抓了杨志业的衣领子，抓了村主任的衣领子，赶跑了自己的儿子儿媳和孙女！嗨！这还不是自私自利做的怪？

穆不言正在追悔反思着自己不当的行为，穆兴一家子回来了。

第五十六章　心碎落地的声音

　　街灯渐渐地亮了起来，红的，绿的，黄的，蓝的，五彩缤纷，把这座山区小城点缀得美丽极了。

　　在恍如梦境般的夜幕下，一个优雅动人的身影从一条小巷里快步走来，在来来往往、熙熙攘攘的行人中穿梭着。

　　这位行色匆匆的女子就是郝梦媛。

　　今天下午，当郝梦媛帮着赵阳将那装满书籍的沉重的行李箱送回他家的时候，恰巧遇见了从任立志家里回来的吕彦彰。他们一块儿来到赵启福家里，赵阳将自己马上就要去县城看望父亲的想法告诉吕彦彰。吕彦彰突然建议郝梦媛与赵阳一起回县城。因为，她来到华苑村将近一个月了，还没有回家看望父母。

　　其实，郝梦媛也很想念父母亲了，同时她也想念雷鸣远了。当时讲好的就要在华苑村开办超市的他，怎么没有动静了？而且，两个人的联系和视频也少了。每次联系，他总是说忙忙忙。咋的了？对！回去好好问问他。

　　郝梦媛临走的时候，吕彦彰交给她一个任务，要她务必找到一个叫裴振兴的老中医，请他再次为梅花枝诊治开具处方。上次裴医生参加县医院的扶贫义诊来到华苑村，梅花枝经他诊治后大有好转，这次回去，一定请裴医生再次开具处方。下车以后，她没有回家，直接就找到了裴医生。裴医生看了梅花枝的病例以后，为了慎重起见，又让郝梦媛给梅花枝视频通话。通过视频问诊，再次详细地询问了病情后才开具了处方。郝梦媛抓药以后，这才给雷鸣远打了电话，说是自己已经回到县城，要去滨河公园，如果有空，就请来见面。

雷鸣远的回话很是叫郝梦媛不高兴。他说，公司里正在组织一次让利销售活动，他抽不出时间来陪她，明天再联系。郝梦媛表示理解，既然忙，那就再联系吧。

郝梦媛了无情趣地沿着滨河路走着。

城市的夜晚是美丽的。

滨河公园里，草地上无数的草坪灯组成了一个个美丽的图案，有星星的，有月亮的，有水鸟的，有昆虫的，还有两个大熊猫的……另外一个别致的草坪灯，竟然透迤地连接到了一座亭子，就像黎明时天边的晨星，在云雾中若隐若现。灌木丛里的灯光更加旖旎多彩，每走一步，都会看到一个个闪着黄绿红蓝色的霓虹灯，把灌木丛照得亮堂堂的。音乐喷泉那边，碎玉银花的水珠子上下飞舞，七彩的灯光此起彼伏，龙飞凤舞。曲径婉转、透迤通幽小路旁边的路灯，如同一个个提灯的宫女，提着星星，端着月亮，为游人照亮前面的路。文化广场那边，不时传来悠扬的音乐声，男男女女在音乐的伴奏下，潇洒地跳着广场舞。滨河公园到处都是欢声笑语，到处都是喜气洋洋的景象。沿河两岸，不停变换着图案的五光十色的万家灯火倒映在微波荡漾的水面上，天水一色，金碧辉煌，十分迷人。

郝梦媛置身于梦幻一般的城市中，走在喧嚣和车水马龙的街道上，绽放的霓虹灯虽然编织了夜色的美，却抹不去她心中一丝丝忧伤。

郝梦媛真的有点不理解。以前，雷鸣远是那样的执着，那样的热情，每天就像一只不知疲倦的鸟儿，在她耳朵边叽叽喳喳，说着爱你想你的情话。一天不视频聊天，就会眼睛湿湿的。那天他说出没有分寸的气话，她三天没有接他的电话，急得他不远百里来见她，给她解释给她认错还给她立下保证。最近怎么了？联系电话越来越少了，好像忘记在华苑村还有他热恋的女朋友。

每个人都有自己人生道路上的选择，都有自己的奋斗目标和前进的方向。雷鸣远选择市场经济下竞争激烈的销售行业，决定着他必须敬业和勤奋。唉！也许是自己的多心，他真的很忙。

郝梦媛继续在滨河路上走着，前面，就是县城最有名的玉兰大酒店了。在这里往右拐弯不到两里地，就是她家所在的社区了。

玉兰酒店的霓虹灯不停地闪烁着，改变着停在楼下那些轿车的本来颜色。忽然之间，她看到了一个非常熟悉的车子，牌号LE188。这不是雷鸣远的车子吗？

郝梦媛不自觉地走向那辆熟悉的轿车，走近，再走近，嗯！是的，就是他的车子。他不是在公司吗？车子怎么在这里？嗯！不是套牌车吧？

由于霓虹灯不停地改变着汽车的本来颜色，郝梦媛靠近汽车，仔细看了看，是的，这是雷鸣远的汽车。怎么？原来他在这里呀？她正在揣测着，一位保安走过来，很客气地问道："你需要我们的帮助吗？"

郝梦媛说："我是来找人的。"

保安说："哦！以车找人哪？雷总在二楼。"

郝梦媛来到玉兰酒店服务大厅，经过询问，来到二楼"丹霞"雅间。

雅间的门半掩着，走廊里服务员来来往往穿梭于各个房间。郝梦媛站在"丹霞"门口，探头朝里面望去。

这是豪华的雅间。上首坐着一位五十多岁的男子，中等个头，红白脸膛，两眼很有神光。她认识这人就是扬生生物科技有限公司董事长李大恒。紧挨着李大恒的，就是雷鸣远，而与雷鸣远相对而坐的，一位是五十多岁的花梦君，一位就是花朵朵。

什么公司事多忙不过来，原来是在这里请客呀！郝梦媛脑袋"轰"地一下膨胀起来。

自从与雷鸣远相识到确立恋爱关系，他从来不说谎。今天，他撒谎了！

郝梦媛几乎难以自制了，几次要冲进去质问雷鸣远为什么撒谎。可是她还是控制着自己了。也许，人家就是在忙业务。那边是李大恒——齐保国的战友花朵朵的叔叔，那一位是花梦君——齐保国的爱人花朵朵的母亲。

他们究竟有什么事儿？

郝梦媛刚想听听他们说些什么，餐厅服务员走过来了。她只好退出来，小声问道："今天是谁请客？"

服务员说："好像是雷总请客吧？他打电话安排的。"

郝梦媛问："请谁的客？"

服务员有些为难地说："我们只管服务，不该问的没有问。"

郝梦媛笑着说："我随便问问。别介意。"

服务员说："好像是为那位美女就业而请客的。"

郝梦媛觉得好像被谁猛地推了一把，整个身子从高楼上跌落下来一样。

一声沉闷的响声过后消失了。

是心碎落地发出的声音吗？

第五十七章　真扶贫才能摘穷帽

已经是晚上九点钟了，吕彦彰、杨志业和齐保国还在一起商量着针对不同情况的贫困户的帮扶计划。吕彦彰的手机突然响起来，他打开手机："喂！玉平，有事吗？"

石玉平说："老班长，穆兴我们现在在大门口，你开门吧！"

石玉平所在组的组长被穆不言气得辞职以后，大家选举他当了组长。

吕彦彰打开村部大门，穆兴、石玉平最先走进来，他们身后紧跟着穆不言。

几个人来到吕彦彰、杨志业的住室，穆不言还没等吕彦彰开口，急忙做起了检讨："吕书记，我是来向你认个错的！我这个人脑子里进水了，不该大闹会场，更不该拽小杨的衣领子。真对不起！"

哦！原来如此呀！

吕彦彰笑着说："一家人哪能没有磕磕绊绊的事儿发生？就像舌头与牙齿，难免不被咬一下的。"

吕彦彰的话说得非常实在家常，穆不言那种紧张的心情消失了。

几个人坐下来，杨志业给他们沏上茶。

齐保国笑着问："老穆哥，恼上来就是一头愤怒的狮子呀！你为什么拽权有智的衣领子？"

穆不言摇着头说："也是在气头上。"

齐保国说:"那也不能乱发火呀!"

石玉平笑着说:"穆伯也有难言之隐呀!"

穆不言说:"算了,别提他了。"

齐保国问:"无风不起浪吧?"

穆不言摇着头说:"唉!不说了不说了。当时我为了个人的利益,得罪一家维持一家。现在得罪了全体村民们。"

齐保国笑起来:"老穆哥,这是给自己上纲上线?"

穆不言说:"我拉了咱们村里的后腿了。唉!只能怪我,不能怪权有智。"

齐保国急忙跟进,问:"什么意思啊?"

穆不言犹豫着还没有回答,一直没有说话的穆兴把话岔开了:"吕书记、保国叔,我爸对国家精准扶贫奔小康的政策理解不够,走了弯路,说了一些过头的话儿,做了一些不该做的事儿。今天晚上我们父子俩交换了意见,统一了思想。他很后悔,一定要我陪着来见见你们,给你们赔个礼,道个歉。"

吕彦彰听到这里,知道穆不言认识上拐过弯来了,十分高兴地说:"赔礼道歉就没有必要了。老穆哥,这一次全国范围的精准扶贫奔小康,是习总书记提出来的,党中央决定实施的。具体就是'真扶贫、扶真贫、真脱贫',这是中国乃至人类历史上绝无仅有的实实在在的行动,是为中国人民谋幸福、为中华民族复兴的初心和使命,是中国农村土地改革后第二次影响深远的大变革。其实,这不光是解决贫困户低保户的脱贫致富问题,而是一个国家一个民族彻底富裕强大起来的共同目标。所以,对待贫困户,就是要帮助他们提高认识,找准方向,要产业带动,产业振兴,帮助他们彻底脱贫。脱贫,也是有时间要求的,不可能长期戴着贫困户的帽子,无休止地要国家扶助下去,而是要在一定的时间里达到小康水平的。同时,我们还要帮助每个家庭、每个村民小组、每个村委会上项目办产业走共同致富的道路。"

穆不言苦笑着说:"这就是我认识上的偏差了。还以为只要是贫困户，就会年年吃救济年年被扶助。其实这就是私心杂念，就是投机取巧沾光贪便宜。玉平和穆兴今天也给我谈到这些了。"

石玉平说："穆兴哥经的多见的广，穆伯听后认识提高了。"

穆不言说："是啊！要不是你们给我做思想工作，我这榆木疙瘩脑子还开不了窍，转不过弯来呢！"

吕彦彰说："人要拿得起，也要放得下。放不下，就会纠结，就会疲惫不堪。放下了，全身轻松自在。"

穆兴说："是呀！我爸就是认死理，为了争得一个面子，一定要戴上贫困户这个帽子。为了这个不该戴上的帽子，做了过头的事，说了过头的话。他现在很后悔。"

吕彦彰说："人生有许多东西需要放下。只有放下那些无谓的负担，我们才能一路潇洒前行。命运不会亏欠谁，看开了，谁的头顶上都是一片蓝天；看淡了，谁的心中都有一片花海。人生纠结的，不是该拿起，还是该放下，而是什么该拿，什么该放。"

一句句暖心的知心话儿，穆不言觉得全身热流奔腾。他说："精准扶贫，就像是国家的大手牵着贫困户的小手，竭尽全力帮助每一个落伍的老百姓，一个人也不让掉队呀！"

吕彦彰说："对呀！习总书记说，人民对美好生活的向往，就是我们的奋斗目标。精准扶贫就是具体的行动。"

石玉平说："穆伯和穆兴哥今个儿来，有三个意思：一是给你给杨同志赔礼道歉，他为自己的错误行为很惭愧。二是要向赵启福叔叔赔个礼儿。要不是他给暗访组反映的不实情况，赵书记也不至于反省检查。为此，他委托我给县委柳书记、扶贫办的李主任和阳山镇孙书记写了情况说明，请求撤销对赵书记的处理决定。第三个事儿可是大大的好事儿。"

石玉平说着，将穆不言委托他写给柳书记的信递给吕彦彰。

吕彦彰接过穆不言的信，心里翻腾着激动的浪花。人是生活在社会里的，得到别人的尊重和评价，是人的一种需要，也是文明和社会环境的结果。人类进化出文明的同时产生了价值观和是非观，如果人类没了这些看法,那么世间万物都没有区别可言。

穆不言接着说:"现在同着你们各位,一是给你们给赵书记赔礼道歉,二是贫困户的事儿我不再争了。"

杨志业笑着问:"穆叔叔,赔礼道歉就不要再说了。我最想知道的是大大的好事儿。"

穆不言看一眼穆兴,笑着说:"穆兴,你给大家说说你的打算。"

穆兴满脸喜悦地说:"吕书记,我这次回家乡,还要感谢玉平给我传递咱们村成立退役军人创业协会的消息。"

原来,穆兴在部队里养成了对工作一丝不苟、兢兢业业的作风,而且为人耿直忠厚,心不藏奸,在打工期间很快得到老板的赏识,委任他为主抓业务的副经理,年薪二十几万元。后来,他将这些资金全部投到弟弟穆中开办的一个门窗加工厂,现在生意风生水起,越做越大。手里有了钱,很想给家乡投资一笔资金,但是,不知道家乡有什么项目可投。每次给穆不言打电话询问,他总是吞吞吐吐不愿意告诉什么,还要他没事尽量少给家里联系,更不要与其他人联系。所以与乡亲、战友几乎断绝了联系。前几天,石玉平通过穆不言的手机知道穆兴的号码后,给他打电话,将华苑村的愿景规划以及精准扶贫、成立退役军人创业协会和华苑村旅游产业的规划告诉他。穆兴因为有了报效家乡的机会而激动得彻夜难眠,经过慎重考虑后,与穆中商量决定,先回家乡探探情况,如果项目可行,立即投资开发。

吕彦彰听到这里,再也难以按捺激动兴奋的心情。他握住穆兴的手,不停地晃动着:"太好了太好了!华苑村有了你的支持,有了你的参与,村委会设想的美丽富强的愿景一定会实现的。"

穆兴也很激动,他握着吕彦彰的手说:"老班长,我们都是军人出身。当年,为了保卫祖国,流血流汗。现在,我们为了建设祖国,更应该竭尽诚心。那天,石玉平给我介绍你的经历,我就知道,我们村有福了,华苑村的旅游景观开发和美丽乡村建设一定会实现。"

穆不言默默地抽着烟,悠然地吐出一团团烟雾,听着儿子与吕彦彰的对话,突然明白儿子返回家乡,全都是石玉平从中运作的。哈哈！小猴子把老猴子耍了！

吕彦彰说："穆兴啊！我还要告诉你另外三个好消息。第一个消息，早几天花朵朵回家了。昨天下午，赵阳也回家创业了。第二个好消息，我的救命恩人，省影视公司负责人刘剑安排的农村栏目摄制组马上就要来咱们华苑村录制美丽乡村建设的节目。第三个好消息，我的老排长，转业后在省旅游局工作的江山已经来华苑村实地考察了旅游开发的可行性，并且得到省局和专家们的肯定。扶贫要办产业，产业振兴才能扶贫脱贫。如果这个旅游开发项目获得通过，对华苑村的村民们来说必将是一个很有发展前途的产业呀！"

穆兴说："万事开头难，资金是关键。既然要为华苑村全体村民创下一个长久的致富门路，就要先投资。投资的准备工作我已经做好了。"

齐保国高兴得大笑起来："是呀！万事开头难，资金是关键。穆兴啊！你说得很好。村委也在为投资问题想着办法。你已经做好了投资的准备，就是给我们吃了一颗定心丸。"

穆兴笑了笑，直截了当地说："不过，我想先看看咱们村旅游开发和美丽乡村建设的规划。"

吕彦彰说："好好！"说着，拉开办公桌抽屉，将一份装订得十分整齐的《华苑村旅游开发暨美丽乡村建设的可行性报告》递给穆兴。

穆兴接过来，笑着说："吕书记，我回家马上就看。明天一准给你汇报我的想法。另外，我还想问问齐叔叔，朵朵妹子现在在哪里？"

齐保国说："朵朵研究生毕业后已经在李大恒的扬生生物科技有限公司上班了。"

穆兴说："学有专长，在那里可以发挥更大的作用。"

石玉平说："李大恒急需朵朵这样的人才。他与保国叔是战友，当时讲定的唯一条件就是，我们华苑村把人才输送给他，他要与我们华苑村签订长期的收购辛夷合同。"

穆兴说："太好了！以后，咱们这里的辛夷花的销售没有问题了。"

齐保国说："就冲着这个，我才要朵朵回来的！"

第五十八章　他心谁占

微微春风中刮来丝一样的蒙蒙细雨，路面上湿了。

郝梦媛轻轻叹了口气，悲伤地望着天空，顿时觉得周围一下子变成了灰黑色。花朵不再微笑，风不再温和，霓虹灯失去了绚丽的光彩，路变得更远更长了。

每个人心里都住着一个人，不是她或他搬出来然后随便谁都能再进去的。她或他搬出来时，我们心里的门就换锁了，密码是要更改的，钥匙是要更换的。也就是说新的主人终不会再是任何一个和她或他相像的人。

绝不。

郝梦媛从来没有想到他会从她的心里搬走，当然也从来没有考虑过任何人来占据她的心。可是，你敢保证他把你从他的心里移出再换上另外一个人吗？

不敢。

郝梦媛一个人在巷子里跌跌撞撞地走着。

刚才的事情，使她看不到雷鸣远的方向，认不清他的真实面目，也因之使她悲情满怀，暗自叹息。"我喜欢在小雨中与你在一起，点点滴滴落在你身上的，那是我的思绪；我喜欢在小雨中与你在一起，滴滴点点都是我们的曾经。一成不变的是我的期许，我会想你。"

郝梦媛忽然想起了雷鸣远这句雨中的情话。

她多想握住他的手，被他陪伴着走完一个人的黑暗巷道。

记忆是一张挂满风铃的卷帘，叮当声藏匿不了回味里一丝缱绻的痕迹。

郝梦媛想起了大学时的初恋。

雷鸣远开始疯狂追她。

他设计的"追鱼"真的好浪漫。

那时候，他会在她起床之前把早点买好，想办法送到她宿舍楼下。

雷鸣远是一个感情细腻的有心人。情人节，他一定会买一大束玫瑰花，然后配上她喜欢的巧克力送给她。她过生日的时候，他会把她和她的朋友叫到一起吃饭，那么大的蛋糕上，他会让蛋糕师喷上她的名字和别出心裁的生日祝语。以至于她所有的朋友、闺蜜和舍友都说他的好。

偶尔，两个人吵架了，最多冷战两天。第三天一大早，他会跑到她宿舍楼下面向她发送"我爱你"那几个英文单词的信息，向她承认错误以后，两个人又笑呵呵地牵着手去吃早餐。

两个人的故事，很多很多……

郝梦媛再次抬起头来，久久地凝望着天空。

灰蒙蒙的天，淅淅沥沥的雨像泪滴似的，滴滴答答。是老天在可怜我吗？还是在安慰我这颗孤独的心？我的心如同这细细的雨丝，在风中孤零零地飘落着。

郝梦媛心里非常乱。她不能断定雷鸣远今天的所作所为是因为什么？不了解的事情，还是不要过早地去揣摩，以免伤了自己，也伤了别人。

还是等待着他以后的解释吧！

她这样自我安慰着。

郝梦媛终于从迷茫中清醒过来，疑惑和憋闷不安的心情有所缓解了。

现在，郝梦媛已经走到自己的家门口了。

好像久久离开的游子回家，郝梦媛突然觉得心里的一切烦恼和忧愁都随之而散了，温馨的激流一下子涌满了全身。家的暖风让她躁动，家的温情让她激动。她轻轻地敲响了门。

门开了。

一位五十出头的女人出现在郝梦媛面前。

那是妈妈马英贤熟悉而又亲切的面孔。

"妈！"郝梦媛非常亲昵地喊着，扑在妈妈的怀里，"你好吗？"

妈妈将女儿揽在怀里，轻轻地拍打着她的后背，激动地说："好！好！嗯，你手里提的是什么？"

郝梦媛笑着说："这是我给一个贫困户抓的药。"

妈妈松开手，善意地嗔怪着："你还记得这个家？下乡快一个月了才回家看妈。廉主任和你卢阿姨在你爸爸的卧室里。"

郝梦媛一惊，急忙朝着爸爸的卧室走过去。

廉主任、卢飞娣和局里的一位同事丁咚站起来，跟郝梦媛打着招呼。

郝梦媛很奇怪。怎么，大半夜了，廉主任他们待在爸爸的卧室里干什么？

郝梦媛与廉主任他们握手寒暄着。

爸爸郝新民坐在床上，背靠着枕头，一脸慈祥的微笑着看着女儿。

郝梦媛坐在爸爸身旁，笑着问候着："爸爸！我这一去就是将近一个月，没有回来看望您。您好吗？"

爸爸微笑着："很好。"

妈妈走过来，看着女儿疑惑的眼神，解释说："你爸爸七天前得了急性感冒，发高烧。住院期间，都是廉主任安排小丁在医院护理的。你卢阿姨，还有娟娟没有少关照啊！"

郝梦媛心里一热，用感激的目光看了看廉主任，表示着谢意："廉主任，谢谢你对我爸爸的关心，谢谢你对我工作的支持。"

廉主任四十来岁，高挑个子，两只眼睛里饱含着对人的真诚和厚道。他是一位在中苏边境作战中荣立过二等功、曾经担任过副团长的军人后代，大学毕业后一直在乡镇工作，从科员升任镇党委书记。伏牛县率先在全国成立退役军人服务中心以后，柳书记在全县上百个正科级干部中把他遴选出来，担任退役军人服务中心主任。他在得知扶贫工作队员郝梦媛的父亲突患急性感冒后，立即带着退役军人服务中心的班子成员前往医院看望慰问，并安排丁咚专职护理。今天，郝新民出院了，廉主任又亲自开车将他送回家里。他微笑着回答着郝梦媛的感谢："梦媛，你在为精准扶贫不懈地工作着。我应该感谢你对咱们中心工作的支持。"

郝梦媛为主任这句实在又暖心的话感动着。可是，心里的疑惑也在产生着，爸爸生病住院，为什么没有通知我呢？

马英贤看着女儿不解的眼神，笑着解释说："你爸爸住院以后，按照我的想法是要通知你的。可是，你爸不让，他担心影响你的工作。"

郝梦媛心里释然了。她非常激动地说："我完全明白了。"

卢飞娣笑着问道："明白什么了？"

郝梦媛说："今天下午，吕书记突然逼着要我回家看看的目的了——他是要我回家看望爸爸的。"

卢飞娣解释说："我们答应了你爸爸的要求，所以没有通知你回家看望他。今天已经出院了，我才告诉你吕叔请你回家的。"

郝梦媛说："要不是吕叔要我回家给贫困户梅花枝寻医生抓药，还真的不回来呢！"

廉主任说："所以要找一个回家的理由呀！"

两人的话题，很快就谈到了华苑村的扶贫工作上。

郝梦媛简单地向廉主任汇报了吕彦彰以及杨志业和她的工作。

廉主任很满意地点点头，笑着问："你们有什么要求和想法？"

郝梦媛说："要求倒没有。想法真的有。"

廉主任问："什么想法？"

郝梦媛说："请咱中心帮忙把华苑村通往白河挂壁那条被冲毁的

水泥路修好。还有，蔡阔峰堆放在白河岸边的铁矿渣，也一定要想办法同时解决。"

廉主任笑了笑："这个建议，彦彰同志已经给我提过。柳书记也要我想办法解决。好！我一定想办法。"

郝梦媛心里的暖流一下子涌满了全身。

第五十九章　初心温馨

郝梦媛被手机铃声惊醒了。

手机里，是赵阳的声音："你好！梦媛，我要回华苑村了。请问你回吗？"

郝梦媛犹豫了一下。

昨天晚上，郝梦媛被自己亲眼所见的那场雷鸣远请客的场面气晕了，不过她又自责起来，也许还有其他什么原因，自己太小心眼了。她想，等他打来电话，要好好问个明白。所以，她一夜也没有关机，可是等来的是赵阳的电话。哼！既然如此，我为什么还要待在家里？回就回呗！她说："回呀！事情都办完了。"

赵阳说："好！我马上去接你。"

郝梦媛说："好的！我给你发个导航位置。"

赵阳说："好的！"

很快，赵阳开着车来接她了。

郝梦媛在家里只住了一夜，就要返回她的扶贫工作岗位上了。理解她、支持她工作的爸爸妈妈，没有刻意地阻拦她。

一条弯弯曲曲的山区柏油马路上，桑塔纳轿车飞快地奔驰着。

天空中，一层薄薄的云彩散开了。一场春雨不紧不慢、淅淅沥沥地下着。它像绢丝一样，又轻又细，好像是一种湿漉漉的烟雾，没有形状，也不出响声，轻柔地滋润着大地，亲吻着人们的脸颊……春雨呀！你染绿了山，染绿了水，染绿了山间小路和田野。

郝梦媛眼前，好像春雨中朦胧的雾霭，看不清雷鸣远的真实面容了。曾经，在一段最为闪光的芳华岁月里，他们恋爱了。她以为自己深深爱的那个人也爱着自己。在大学认识并开始恋爱两年多的时光里，感觉他眼中都是她，也很有安全感。有一次，两个人并肩行走在公园里，对面走来一位年轻靓丽、袅娜飘逸的女生，她看到他眼神瞟向那位女生，她生气了。其实，这就是吃醋。也许这就叫爱的自私吧！她是一个思想保守的人，在感情上特别专一和忠贞，觉得谈一次恋爱，爱上一个人到结婚，就真心实意地去爱去生活。她特别害怕失恋，害怕因此而难以自制而黯然神伤。而她，也有不少的同学和同事向她递出爱的玫瑰，其中还有比他更帅家庭更优越的求爱者，她均置之不理。在她心里，就觉得爱情是很忠贞的。也许是必须对等的关系，她把对他的爱由从了解到喜欢到很喜欢这个过程中，变得非常在乎和专一。

也许，因为自己爱得专一和自私，曲解了雷鸣远。因为，自己什么也没有弄清楚，看到的表面现象究竟是什么？还是自己一时的冲动而没有控制好自己，还是内心中的不自信？

郝梦媛满肚子的心事已经在她的脸上流露出来。

其实，赵阳已经看出来，郝梦媛自打坐上车后，一直在默默地想着什么，好像心事重重的样子。而且，他还看到，她的两个眼泡有些肿肿的。

赵阳想了想，打破了两个人空间中的拘谨和沉默："梦媛，你知道我为啥这么急着回家？"

郝梦媛立即回到现实中，微笑着问道："为什么？"

赵阳说："我想抓紧时间搞一些创试。"

郝梦媛立即有了兴致："创试？创试什么呀？"

赵阳说："研发玉兰新品种。在学校的时候，我已经有了这样的想法，并在导师的指导下付诸行动。现在，毕业了，回到了自己的家乡，可以实现自己的愿望了。"

郝梦媛笑了："这是一个很好的愿望。"

赵阳说："华苑村种植了那么多的玉兰树，但是，品种比较单一，经济效益不是很高。我想通过嫁接，开发出更多的品种。"

郝梦媛说："那就更好了！"

赵阳说："我刚刚得到一个好消息。这个消息，使我不能在医院照顾我爸爸了。"

郝梦媛问："没关系。花阿姨照顾得很好嘛！"

赵阳说："是啊！当时我爸爸摔伤以后，没有告诉我们哥俩，齐伯伯就让她去照顾我爸爸。真的太感谢齐伯伯和花阿姨了。"

郝梦媛问："我昨天看望赵叔叔的时候，花阿姨已经不在那儿了。"

赵阳说："是啊！我爸再有几天就出院了。花阿姨与朵朵在一起。其实，花阿姨已经在城东开发区为朵朵买了一套房子。"

郝梦媛说："太好了。"

赵阳说："就这么一个宝贝女儿，花阿姨可亲她了。"

郝梦媛问："花阿姨怎么没有与咱们一起回家？"

赵阳说："她要在城里住一段时间，陪朵朵。"

郝梦媛问："陪朵朵？"

赵阳说："是啊！朵朵最近很忙。听说为了适应市场需要，朵朵研发出一种新的辛夷油，是用于化妆的日用品。这种日用品，对人没有任何伤害。"

郝梦媛说："朵朵上班时间不长，已经有了成果。该祝贺她。"

赵阳说："她和我一样，在学校时已经研发了。所以，我才急着回家继续开发我的新品种呢！"

郝梦媛问："说了半天，什么新品种呀？"

赵阳说："除了开发更多的玉兰以外，我还想在一棵树上嫁接能开出不同颜色花朵的玉兰树。还有，研究开发矮化玉兰和盆栽玉兰。"

郝梦媛高兴地说："太好了！可以详细地说说吗？"

赵阳说："其实很简单，创意很重要。就是在一棵玉兰树上，嫁接出能开几种颜色的玉兰花。等到开花的时候，你想那是一种什么样的景观？七色的彩虹？五彩的福星高照？还是六色的六六大顺？"

郝梦媛为赵阳的创意而激动着，她拍着手说："对！一定很好看。回去，在电脑上做个创意设计。可是资金呢？"

赵阳说："我不是已经告诉过你，资金没问题。我爸已经给我准备好了。"

郝梦媛为赵阳的创意激动着，也在为费理同和任立志的脱贫致富谋划着。她说："赵阳，我有一个想法，你看是否可行？"

赵阳问："什么想法？"

郝梦媛说："费理同那里，有一个苗圃，是否可以联手？还有，任立志干过花工，嫁接修剪造型也是一把老手了。可是，他家躺着两个病人，多艰难哪！"

赵阳说："是呀！要不是那场车祸，他家何尝于如此呢？"

郝梦媛说："昨天，我听吴兰香婶子说，她遇到一个非常奇怪的人，大清早地来到她家的农家乐吃饭，问了很多春桃婶子遭遇车祸的细节和她家目前的情况。"

赵阳问："不是暗访的吧？"

郝梦媛说："不是。好像是要给她家捐助善款的吧？"

赵阳笑着说："是啊。好人还是很多的。梦媛，你还不知道吧？费理同的苗圃就是在我爸爸的建议下开办起来的，资金大部分也是村委会想办法筹措的。而聘任任立志作为我的技术顾问，是我爸爸建议的。同时，这个苗圃里面，我爸爸为任立志筹措了一笔资金。就是说，也有他的股份，只是还没有告诉他。"

郝梦媛问："原来赵叔叔已经把蓝图规划好了？"

赵阳说："爸爸是外地人，为了践行华栋栋伯伯的遗愿，在华苑村安家落户了。他的初心，就是要带领华苑村村民脱贫致富奔小康。在奔向小康的路上，不能让任何一个村民掉队，要让每一位村民过上幸福愉快的生活。我回华苑村，就是为了实现爸爸的理想。"

郝梦媛为赵阳的实在话感动着，听着听着，忍不住两眼潮湿了。

她想，赵启福心里，永远装着华苑村每一个村民哪！

赵阳看一眼泪眼婆娑的郝梦媛，惊讶地问："你怎么啦？"

郝梦媛用纸巾擦一把泪水，笑着说："没什么。我有些激动。"她忽然想起赵阳刚才说的好消息，问道："你刚才说到一个更好的消息，是什么？"

赵阳压低了声音："咱们市里正在酝酿一个提案，准备以人大表决的方式，确定市树。我听说望春玉兰就是主要的选项之一。"

如果望春玉兰被选用为市树，华苑村的村民们真的有福了！郝梦媛完全沉浸在一种激动喜悦之中。忽然，她的手机急促地响起来。

她看了看号码，是雷鸣远打来的。

第六十章 被爱所灌醉的人

雷鸣远为了庆贺花朵朵就职于扬生生物科技有限公司后研发的辛夷油新品种，也为了答谢李大恒给予朵朵的关心支持，特地在玉兰酒店宴请李大恒和花朵朵。同时，也邀请了朵朵的母亲花梦君。

宴会即将结束的时候，餐厅服务员走过来，趴在雷鸣远耳朵边说："刚才有一位女士在门口站了很久，好像有什么事情？"

雷鸣远心里"扑通"一下子紧张起来："她没有说什么吗？"

服务员说："她问雷总请谁的客。"

雷鸣远问："你怎么回答？"

服务员说："为那位姑娘新研发项目成功而请客。"

雷鸣远知道，这样的回答坏事了。他刚要打电话给郝梦媛做个解释，又觉得同着花朵朵的面不合适。再说，他还要把她们母女二人送回住地。

雷鸣远回到家里，已经是夜里十一点钟了。明天再给她打电话吧。她劳累了一天，应该早就休息了。

第二天雷鸣远醒来的时候，已经是九点半钟了。他想起昨天晚上发生的事儿，急忙给郝梦媛打电话。手机是接通了，但是，她一句话也没有说，耳机里传来的，是急促的呼吸声。接着，手机被挂断了。

雷鸣远立即意识到问题的严重性。他想，自己这几天怎么了？丢了魂似的，把主要的精力全用在花朵朵的身上了。为她见李大恒而亲自开车，为她办理有关的四险一金，为她请客答谢李大恒，为庆祝她的科研成果而请客，还为她新房子的装修找工人。

雷鸣远问自己。为什么第一次见到花朵朵就觉得心情愉悦？为什么一门心思地为她尽心尽力服务？为什么总是把自己的精力都用在她的身上而不知疲倦？为什么与她分离后就是无尽的惆怅和缱绻？为什么与她在一起的时间里发生的一切都觉得美好让人难以忘记？

难道，获得爱情的人都是被爱所灌醉的人？

难道，自己对爱的定位转换了角度？

难道，自己真的变心了？

你为什么对花朵朵这样子？

既然请客，为什么不可以邀请郝梦媛作陪？

雷鸣远想到这里，觉得一时找不到自我了，迷失自我了。

也许原来初涉爱河时异常纯真的心扭曲了，绝无私心杂念的唯一，只知道倾己所有去爱对方的心掺进了杂念以后不再那么纯真了。

无暇，纯真，专一，那是人世间最可贵的东西呀！

雷鸣远想起来了，这些天来，他与她的视频电话突然少了。对于这种现象，他竟然没有像以前那样在意那样重视了，反而还为自己找出了开脱的理由。梦媛刚下乡的那几天，因为自己言差语错，她三天没有接他的电话和视频，他急得立马开着车去见她。自己这样做，换位思考，不是也不恰当吗？再说，原来答应的与卢飞娣经理在华苑村开办超市的许诺，给华苑村学校捐赠办公用具、电视电脑和书籍的许诺都没有实现。为此卢飞娣还几次打电话催问，自己一直推脱说业务忙。这些，梦媛怎么看？

雷鸣远觉得，不管怎么说，开办超市和捐助的事儿一定要落实，因为花朵朵也多次催促过。于是，他与卢飞娣约定，带着两大车的捐赠物品来到了华苑村。

汽车在村部刚停下来，雷鸣远看见郝梦媛已经快步迎接过来，满脸都是灿烂的笑容。

雷鸣远悬得老高的心终于放下来。

吕彦彰、齐保国几位村干部和杨志业立即将他们迎接到村委会。大家寒暄以后，吕彦彰还专门给郝梦媛腾出时间："梦媛，你和鸣远去看看玉兰园、桃花园。回去要多做宣传，让更多的人来游玩参观。"

郝梦媛明白吕彦彰的意思，带着雷鸣远走出村部。

这又是一个春光明媚的上午，华苑村已经是人来人往了。沿着白河岸边停放着很多自驾游车辆，村部的大喇叭播放着快乐的时髦歌曲：

你赢赢输输真真假假反反复复

我站在远方虚虚实实清清楚楚

看山看水痴痴迷迷缘聚缘散

潮落潮起也是虚无

你踉踉跄跄慌慌张张泪流满目

我心中乾坤浩浩荡荡自有定数

曲曲折折是是非非走过岁月

简简单单铭心刻骨

这熙熙攘攘三三两两……

郝梦媛与雷鸣远并肩走着。

好久不见了，应该是满肚子的话要说，还有很多新鲜事要告诉对方。今天不知道为什么，没有以前见面时难以控制的激动和狂热，好像陌生人第一次见面。雷鸣远也没有主动去拉着郝梦媛的手，也没有解释他隐瞒她请客的原因。

两个人就这样不冷不热地朝着棠梨树走去。

这样尴尬的场面，导致郝梦媛心里的怨气又悄然升起。她突然想起了雷鸣远第一次来华苑村，本来打算领他到棠梨树下拍个照许个愿的，因为来去匆匆，未能如愿，今天，就从棠梨树讲起吧！

也许，棠梨树的故事就是微微的风，一定可以拂动爱的风铃，继续为两个人的爱情合唱伴奏。

郝梦媛嫣然一笑，指着棠梨树上开满的白色花朵，娓娓说道："棠梨花就像地下冒出来的一个又一个的喷泉，那花朵，晶莹剔透，就像是雪白的浪花儿。"

雷鸣远顺着郝梦媛的手势，观赏着满树的棠梨花开，好像从中发现了什么，有些茫然地说："可是，它的叶子刚刚才淡绿，花却一整树地盛开了，一点也不活泼，一点也不花俏。"

郝梦媛摇摇头："不吧？花开有时嘛！棠梨花最先展示给我们的就是它的艳姿和花香。你看风夹着棠梨花的馨香，在树旁枝尾悠悠飘荡。吸一口，心都醉了。"

雷鸣远淡淡一笑："棠梨叶儿像一个不谙世事的年轻小伙儿，等到棠梨花开时，它才漫不经心地生长起来，感觉总是懒洋洋的。"

郝梦媛一本正经地说："那是它没有跟上花开的步伐。"

雷鸣远好像拟物喻人，极富同情心地说："她呀！等不及绿叶的扶持和陪衬就独自开放，在蓝天白云下漂漂泊泊，像没人爱一样。不知道她是不是也很伤心？"

这不就是自己眼前的真实写照么？郝梦媛此时才觉得雷鸣远话里有话了。他好像是在质问自己，也好像是在为自己辩解。她忽然觉得一丝忧伤袭来，鼻子有些酸酸的。她没有等到他再说下去，立即说出不同的看法："可我每次看到棠梨花，总是异常的兴奋和感动。它花白纯洁而不妖艳，它树干不够伟岸但很舒展，它柔中带刚似乎总在坚持着什么。是的，棠梨花没有开时，谁也不会去注意它。它在乡村山野的千百种树林中毫不起眼。它甚至不用春风的呼唤，甚至不用春雨的调情，便默默无闻地带来了一丝惊喜。所以它的花朵，总是那样不起眼，白得简直有些平凡！而它，就是这样用生命在诠释着美丽，将自己毫无保留地展示给人间。"

雷鸣远笑了。他不愿意就此继续讨论下去。于是，他转换了话题，直截了当地问："梦媛，前天晚上的事我没有给你解释。现在允许我给你解释一下吗？"

这是一句郝梦媛期盼的话儿。

这句话把她郁结于心里的那把锁打开了。

郝梦媛觉得心情舒缓开来，话语变得温柔了。她微笑着问道："我那么长时间没有回县城了。你知道，我很想念我的爸妈，当然还有你。不知道为什么，你刻意隐瞒我什么？"

雷鸣远知道，那天晚上为花朵朵的科研新成果请吃饭的事儿已经被郝梦嫒知道了。她心里一定在纠结着。如果不把这件事说出来，反而会使人觉得自己的龌龊和阴暗。只有实话实说，才可以得到郝梦嫒的理解。于是，他口音舒缓，好像自己做错了什么似的，语气柔柔地解释说："唉！还是我的多心。梦嫒，其实我觉得吧，华苑村的每一个人都很可爱可亲。这种感觉的产生还不是基于你在这里扶贫？爱屋及乌嘛！特别是我知道了齐保国叔叔和花梦君阿姨的那一段风雨人生，那一段凄美而又真挚爱情以后，我真的很想帮助他们。那天我回县城的路上，与他们的女儿朵朵邂逅。当我得知她要去李大恒的扬生生物科技有限公司工作，便想为她帮忙。所以，最近一段时间，几乎都是在为她忙乎着。前天晚上的事我没有实话实说，是因为我担心你产生误会。"

郝梦嫒听到这里，突然觉得闷在心里的那堵疑惑的墙瞬间倒塌消失了。她笑着问："既然如此，你为什么不早一点告诉我？"

雷鸣远说："还不是不好意思。"

郝梦嫒说："你把我看做什么样的人了？"

雷鸣远笑了笑问："你原谅我了？"

郝梦嫒说："当然。难道我不是也在为华苑村村民们脱贫致富而努力奋斗着？"

雷鸣远笑着说："其实，我已经明白你要带我来到棠梨树下的目的了。"

郝梦嫒说："既然如此，咱们就站在树下，默默地许下自己的心愿吧？"

雷鸣远说："好吧！"

棠梨树下，好多成双成对的年轻人在那里手挽着手地摆着姿势拍照。

雷鸣远、郝梦嫒好不容易来到树下。

郝梦嫒悄悄把手伸过去，雷鸣远有些犹豫地把手递过来。忽然，听见有人高声喊着："哎哟！这不是雷总吗？"

第六十一章　石头板上扎猛子

　　雷鸣远被突然的喊叫声吓了一跳，下意识地把伸向郝梦媛的手收回来，看见满脸带笑的权有智给他打着招呼，便迎着他走过去，接着他伸过来的手握了握，很客气地寒暄几句。

　　权有智已经几天没来村委会了。

　　真的没有想到，一个有脸有面作为一村法人代表的村主任被一个村民给耍了。穆不言的狂暴，真的叫人是可忍孰不可忍哪！可是，吃人家的嘴软，拿人家的手短。喝了人家的酒，吸了人家的烟，敢再吭吭声吗？不敢！穆不言脾气上来是不计后果敢揭老底的。所以，能忍者自安。权有智强咽下了这一口气，还给穆不言退还了五百元。真是赔了夫人又折兵。这就好比石头板上扎猛子——头破血流啦！这脸是丢了，不过，总比拍苍蝇拍死好受得多吧！想到这里，乖乖地在家里待着喝了几天小酒。

　　刚才，吕彦彰打过来电话，说是雷鸣远、卢飞娣给学校捐赠的桌椅板凳电视电脑和书籍就要拉来了。更关紧的一件事就是村委要与雷鸣远、卢飞娣签订一个开办超市的租房合同，请他代表村委签字。本来，这件事既有利于旅游开发，还可以解决那些在家闲着的留守人员的就业，而且经过村委会和村民代表讨论通过的，再找借口待在家里说不过去了。权有智这才离开家朝村部走来。

　　权有智路过林成金那块刚刚出芽的西瓜地旁，看见地里一个人正在忙乎着。

哎哟喂！林成金在地里干活哪！

太阳从西边出来了？

林成金地里的西瓜秧苗已经顶破覆盖的塑料薄膜，露出娇嫩的叶子，一片勃勃生机。再细看，哎哟喂！梅花枝搬个小凳子在地头坐着，看着在地里磨磨蹭蹭的林成金，不停地发出指示，现场指挥哩！哈哈！真是草怕严霜霜怕日，蛤蟆还要降蟾蜍。梅花枝手里那只鞋子真的把它的作用发挥到了极致。吕彦彰、郝梦媛、杨志业他们的同事帮你平整了土地，给你贴息弄几个钱让你种上西瓜，就好比给一头㑚驴套上套了。哈哈！不拉磨，皮鞭子在屁股上抽着，累死你小子了！

权有智想着想着乐了。他悄悄地走过来，朝着弯着腰正在干活的林成金喊起来："成金！成金！"

林成金吓了一个愣怔，擦一把脸上渗出来的汗珠子，扭过头来，朝着梅花枝指了指，压低了声音说："监着工哪！"

权有智从怀里摸出一盒烟，自己含一支，撂给林成金一支："吸着！"

林成金拾起掉在地下的烟，咧着嘴自我解嘲打哈哈说："吸着就吸着，监工再厉害也不能不让吸烟。"

权有智眨巴眨巴眼说："看把自己贬的，好像没有一点自由了？你过来，下到河里，她看不见。"

林成金朝地那边的梅花枝扯了个解手的理由儿，下到河里。两个人头碰头蹲在沙滩上。

林成金苦笑着说："我还真是拿她没法子。病恹恹的。气上来要死不得活的。"

权有智又是挖苦又是鼓劲儿，说："那是那是。一只破皮鞋治天下。不过，成金哪！切莫丢失了大丈夫的胆量和气魄。"

林成金龇着牙说："我的大主任哎！别给我添火浇油了。想把她气死呀？"

权有智笑起来："你看你看，一句玩笑话也当真的？二瓜货！"

林成金问："有事吗？"

权有智说："什么事也不可半途而废。我看还是要把那块林地争过来。"

林成金说："这不是叫我自讨没趣吗？我手里没有子弹。那天的场面你也看见了，吕书记要我拿出林权证。你说我敢吗？"

权有智问："有什么不敢呢？"

林成金说："私凭文约官凭印。叫我怎么办？伸出脸让人家扇几巴掌？"

权有智说："我看你是打退堂鼓了？"

林成金说："这不叫打退堂鼓，这叫心眼活，吃白馍。"

权有智说："我看你是迷失自我了。"

林成金"嘿嘿"笑了："我的蚂蚱爷呀！还新名词哩！啥意思？"

权有智说："你是不是觉得蔡老板那里没戏唱了？"

林成金问："你不是说蔡老板的开矿手续就要到手了吗？"

权有智说："对呀！手眼通天呀！探矿的地质报告人家都复印出来了。富矿，一吨矿石二十克黄金，天下少有的富矿啊！一旦开采，你想想是个什么概念。"

林成金说："可是他想开矿就未必一定要我与李俊英怄气吧？他财大气粗腰缠万贯的，给人家补偿费多一点不就行了吧？说大话使小钱。"

权有智冷冷一笑："怎么着？退套了？不干了？"

林成金看见权有智板着脸，心里还是有点害怕，解释说："那也得有高人给指指路呀！再说了，花枝根本就不许我再干这缺德事，特别是挪界石这件事把我骂得真想钻到地缝里。"

权有智咧着嘴说："你看你，越说越来劲了。说你脚小还真的扶着墙走了？小家子气！"

林成金说："人总不能恩将仇报不是？再说了，我与李俊英没有隔阂，也不应该叫吕彦彰他们过不去。人家为花枝的病，专门去请专家来到咱们华苑村扶贫义诊，郝梦嫒还专程进城抓药，亲自把药送到俺家里。就是这块西瓜地,人力物力资金都是人家想办法解决种上的。你说,我就是一个木头人,也该说一声谢谢了。"

权有智听到这里,已经气塞满胸了。喝!一套套的了!顶嘴了。他狠狠地将烟蒂摔在地下,怒气冲冲地说:"你知道感恩?好啊!你头上的贫困户帽子谁给你戴上的?你知道感恩?是谁让蔡老板同意你入股的?真是捡了芝麻丢了大西瓜。说你是弱视眼还是近视眼呢?看看路再下脚好不好?"

林成金心里有点发怵了。这个人还是得罪不得呀!人家是村主任,是法人。人常说,做人不去巴结一顷的难道要去巴结一亩的?还是顺着他指的路走吧。想到这里,脸上带着笑意了,说道:"故意逗你玩的。哎,大主任,你说我该怎么办?"

权有智又递给林成金一支烟,绷着脸说:"两个好消息。一个,我听齐保国说过,前年涨大水把村里的林权证底册泡坏了。"

林成金心里乐了:"你不是早就说过了吗?没有底册就等于这块林地到咱们手了。"

权有智说:"既然如此,你有何怕哉?"

林成金笑得眼睛眯在一起了:"对对!我何怕任何人哉?"

权有智不再说话了,低着头想了好一会儿,突然开口了:"我心里突然间想到了一个好主意。"

"什么好主意?"

"你不要再告李俊英了。"

"卷旗收兵?"

"不!直接把你的林地转包给蔡老板,让他去开矿。"

"可是梅花枝不同意呢?"

"没有不同意的。大价钱。你那十几棵歪脖子老桃树加上那五亩坡地,给你个七八十来万的。干不干?"

林成金处于极度兴奋中了。七八十来万?美梦成真呀!他高兴地回答道:"坚决干!"

权有智拍了拍林成金的肩膀,右手"啪"地打了一个响指:"算你小子走大运。"

林成金又提出一个新问题："黄金主矿带不是在李俊英地里？"

权有智笑起来："你真是二球货，不知道扳闸呀！当事者迷。我迷你更迷呀！正应了石建强的话了，杀了鸡子天就不会明了？从你地里开口，朝着有金子的地方挖过去。你说中不中？"

林成金一拍脑袋："对呀！如此，我还挪界石干什么？你为什么不早说？"

权有智说："这只是我的下下之策。咱是听人家炮响的，中不中还得蔡老板同意。"

林成金说："中中中！我等着蔡老板的答复。第二个好消息呢？"

权有智神秘兮兮地说："赵启福失踪了。"

林成金笑起来："不可能吧？大活人呀！他不是在住院吗？"

权有智说："真的不见人影了。"

林成金问："怎么回事啊？对他的处分撤销了，怎么会失踪了呢？"

权有智说："我得到的消息是：他确确实实出院了。"

林成金问："奇了怪了？不憨不傻的，他究竟干什么去了？"

权有智坏笑起来："华卫国在部队，林淑娴随军了，赵阳研究生就要毕业，没有亲人看望照护，一个人孤孤单单的。饱汉不知饿汉饥呀！唉！要不是齐保国让花梦君在医院照看着，送货上门呀！你说赵启福该咋感谢齐保国呢？"

林成金眨巴着眼睛问："什么意思？"

权有智笑了笑："只可意会不可言传。"

林成金脸上很不高兴："我说主任，你说这话不怀好意吧？人家赵启福不是那样的人。再说花梦君可是正派的人。"

权有智说："棉花遇见烈火，你说它着不着？"

林成金说："小心挨嘴巴子！"

权有智哼了一声说："一揸没有四指近，打断胳膊连着筋。就别替他人鸣不平了吧？想想赵启福怎么摔伤住院的？"

林成金的脸拉长了。权有智这句话倒是点在他的麻骨上了。他不由得忧心忡忡地说："咦！你说到这件事情，我心里就跳开了。恐怕就是一场赔偿官司呀！"

权有智问："你终于省过来劲儿了？"

林成金说："可不是嘛！"

权有智满脸坏笑："所以呀，我想你一定要打主动仗，继续要求吕彦彰解决你与李俊英之间的纠纷。该催的要催，该闹的要闹。"

林成金满脸不解地问道："你不是说不再与李俊英纠缠下去了吗？"

权有智阴笑起来："李俊英那二十多米的坡地争过来更好，争不过来也罢。只给它当作一个由头儿。高兴了，咱撤诉。不高兴，哎！咱该告的就要告。这是与赵启福他们斗斗法儿的策略。吕彦彰如果再拖着不解决，我看，就给他来一个好看的。"

林成金问："咋个好看的？"

权有智说："一不做二不休，立马给蔡老板签上合同。蔡老板可是黑白道通吃，谁敢蹦出半个不字儿。"

林成金犹豫着："可是这样做缺德坏良心，而且李俊英可不是省油的灯啊！"

权有智"哼"了一声说："蔡老板不是说，是龙都有三分水，我也不是无根蓬吗？人家有根，你怕什么？"

林成金问："他的根是谁呀？"

权有智撇着嘴说："用得着给你说吗？没有根，他能干这么大的事业吗？你只管把合同签了，有你的好处。"

林成金说："那中！等着你的消息。"

正说着话儿，权有智的手机响起来，是吕彦彰通知他立马赶到村部的。

权有智附在林成金耳朵边交代几句，匆匆来到文化广场，看见郝梦媛与雷鸣远在棠梨树下亲亲热热地聊着天儿，快步迎上前去，高声喊起来："雷总……"

第六十二章　胡闹台

　　林成金听说雷鸣远前来给村里捐赠,急忙给妻子扯个理由来到文化广场,看见两大车的物品已经开始卸车了。他心里一震。上次柳书记召开贫困户的座谈会以后,还给每个人一百元的捐助。今儿个怎么了?这么多的东西,没有我贫困户林成金的份儿?

　　对,我这就去亮亮相,让你们亲眼看见林成金,免得把我给忘记了。林成金想着,从文化广场那边的健身器材处伸出脑袋,朝村部张望了一会儿,拍拍衣服走过来。

　　刚走出几步,又与权有智遇上了。

　　林成金正要开口,权有智先说话了:"成金,雷厉风行呀!"

　　林成金说:"还不是奉你的命令。"

　　权有智说:"见机而为之。"

　　林成金点点头,指了指村部前面的两辆大卡车,"嘿嘿"笑了:"大主任,这么多东西给谁的?"

　　权有智歪着脑袋看看林成金:"给谁的?还以为是给你的?"

　　林成金挤着眼说:"满满的两大车呀!你不会只叫我闹会场而没有奖赏的吧?"

　　权有智冷笑一声说:"看见捐赠就眼红。什么破铺衬烂套子的都往自己家里捞。破烂王呀!"

　　林成金非常恼火地顶撞起来:"那就全部堆到你家里好了。"

权有智被噎得真想甩他两个耳巴子！整日想的就是捐赠就是伸手要救济，而且还要讨价还价。真的是兔子打锣——小身价！他板着脸说："满脑子就是捐赠救济。一头撞到南墙上不是？没有路了就该转弯弯。"

林成金小声说："我的主任哎！你被穆不言拽着衣领子把人丢到那么多人面前，你不转弯弯不行。可我林成金就是转不过来这个弯弯！"

权有智说："该转的弯，必须转，不该转的弯，坚决不能转。"

林成金问："哪些是该转的弯，哪些是不能转的弯呢？"

权有智说："比如贫困户的帽子，比如与李俊英的纠纷，打死也不转。"

林成金问："为什么？"

权有智说："牵涉到你的切身利益呀！你说是转好不转好？"

林成金"嘿嘿"笑着说："还是不转好。"

权有智指着村部说："这次的捐赠，全都是雷总打下来的电视机电脑桌椅板凳书籍，要捐给学校的。你就别再胡闹闹了。"

林成金说："如此，我就不争了。"

权有智说："不过，刚才我已经给你说过了，雷总要与咱们村里签订合同，租用村部办超市，你一定要发表自己的意见。"

林成金问："搞什么鬼？你让我小丑打擂——胡闹台的吧？"

权有智黑丧着脸说："什么胡闹台？我就是为这件事再一次提醒你呢！既然雷总可以与村里签订租房合同，你为什么不能与蔡阔峰签订土地承包合同呢？不都是为了发展经济吗？"

林成金明白这话的意思以后立即来了一个急转弯："你要是直截了当地说出来，我也不给你抬杠了。蔡阔峰不就是等着我赢了官司与我签订附属物的赔偿合同开金矿的吗？吕彦彰就是拖着不解决。"

权有智说："聪明。会哭的孩子有奶吃呀！"

林成金挤着眼问："那，我去唱一出？"

权有智拍着林成金的肩头打了一个响指，笑着说："这才叫脑筋急转弯。"说完，返回村部了。

林成金看一眼远去的权有智，心里想，这个村主任，白脸奸臣，人鬼难分，满脑子的歪点子。你要与蔡老板合伙开金矿发大财，唆使我这个小兵冲锋陷阵。又要马儿跑得快，又要马儿不吃草。给我什么好处了？一个贫困户的破帽子？我呸！坑爷不是。还想方设法要把李俊英嫁给蔡老板？小心她撕你的嘴扇你的耳巴子！

可是，权有智是村主任，道高一丈啊！自己跟着他提鞋也赶不上的！经常掉到他的兜子里被摇来晃去的，被他控制摆布着。林成金心里有点儿不服气，为什么一定要看他的眼色行事？可是不按他的指示办事，哪来的贫困户帽子？蔡老板也不会给你一个子儿。为与李俊英所谓的林地纠纷，已经闹到县委书记那里，还拽着第一书记的衣领子发了威。为这件事，回到家里真的是跪搓板了。梅花枝又是哭又是骂。他看见花枝伤心欲绝的样子，好话说了几箩头，这才换回来了一张好脸，还要陪着她去西瓜地里干活儿。你说，刚刚和好过来，这个二奸臣又来祸事了。不去，担心他以后给小鞋穿；去了，花枝知道后又是死的活的。唉！骑虎难下了。

村委会议室里，吕彦彰、郝梦媛、杨志业以及权有智、齐保国和村民代表石建强、周万新、吴兰香在商议着与雷鸣远、卢飞娣就开办超市签订房屋租赁合同的事儿。

雷鸣远通过对华苑村的两次考察，认为这里是一个很有发展潜力的地方，美丽乡村建设中的旅游景区的开发，以及配套的餐饮、农家乐、住宿、购物和华苑村大量的辛夷山货收购，前景都非常看好。另外，女朋友郝梦媛，还有在他心目中留下极好印象的花朵朵，都迫切希望他在这里开办超市。同时，经营新格海电器的卢飞娣也极力促成早日与华苑村委会签订房屋租赁合同。今天，借着给华苑村学校捐赠学生用品的机会，与卢飞娣再一次来到这里，就是要与村委会签订房屋租赁合同的。

雷鸣远、卢飞娣经过与华苑村干部们的协商，刚刚准备在合同书上签字盖章，林成金走过来了。

林成金刚跨进院子,就大声大调地问:"吕书记,我是无事不登三宝殿。我与李俊英的纠纷什么时间下结论?"

吕彦彰一眼就看穿了林成金的用心。这个时候来叫板,醉翁之意不在酒啊!他急忙站立起来,微笑着说:"成金哪!大家正说着事儿。走,咱们去隔壁我的卧室。"

林成金龇着牙,话里带着刺:"你来俺们华苑村时间不短了吧?俺老百姓维权就那么难呢?一个小小的民间纠纷,你这么大的干部就下不了结论呢?"

吕彦彰脸上带着笑,拉着林成金的手走出会议室,很和气地说:"怎么不好下结论呢?当然好下。但是你必须把你的林权证提供给我!"

林成金被吕彦彰按在椅子上,两个人面对面地坐下来。

林成金咧着嘴说:"那你也得问问李俊英,她凭什么占我的林子?上次你让她去取林权证,怎么走到半路又回来了呢?说明她心虚理亏。"

吕彦彰说:"李俊英有着她的理由呀!她认为你是原告,应该首先提供证据。"

林成金一怔,立即开始反击:"赵启福你们都是当过兵的人,可不能木匠斧子一边砍哪!"

吕彦彰很严肃地说:"正因为我们曾经是军人,所以更应该公道公正,不偏不倚。"

林成金说:"我说不过你。不过我倒要告诉你,李俊英的后台赵启福失踪了。"

吕彦彰还没有搭上话茬,只见石玉平、费理同径直走进屋里,与林成金开着玩笑,一人抓住他的一只胳膊向院子外面走去。

原来,石建强、周万新和吴兰香被林成金下三烂的做派气得不行,担心他把签订租房合同的事儿搅黄。吴兰香立即采取最救急的办法,刚刚给梅花枝打了电话,看见石玉平、费理同正好来到村部,急忙把他们叫到一边,让他们想办法把林成金弄走。

石玉平、费理同这一拉不但没有解决问题，反而引起林成金的更大不满，借故在院子里挣扎着吵吵着。

林成金这么一闹，还真的影响了雷鸣远与华苑村租房合同的签订。

林成金无所顾忌的吵闹，使雷鸣远想起上次来华苑村带着礼物去看望他妻子梅花枝的情景，想起了权有智和他接连两次错认上级干部要求捐赠和举报的事儿，心里像堵了一堵墙似的很不舒服。他放下即将签字的笔，附在卢飞娣耳朵旁说："卢姨，我看这里的投资环境还需要再认真慎重考虑考虑。"

卢飞娣也为林成金在关键时候找茬闹事很不高兴。为了支持丈夫的扶贫攻坚工作，她不但在"百企帮百村"的活动中为华苑村的低保户贫困户建立了"爱心屋"，为学校赠送学习用品，还为华苑村十几位在校大学生每人捐助了一千元。而且，在吕彦彰的建议下，她还要与雷鸣远在华苑村举办畜牧养殖、花木栽培种植和食用菌培训班，为村里培养致富人才。这一次，她与雷鸣远决定在这里开办超市，既便利了深山区人们的购物，又便利了山区物资的交流。这么百利而无一害的好事，林成金为什么借故胡闹呢？雷鸣远的再考虑，其实就是放弃在这里开办超市了。这该怎么办？她想了想说："鸣远，农村工作，就是这个样子的。不过，看准的前景，决不轻言放弃。"

吕彦彰心里非常恼火，林成金的胡搅蛮缠，已经影响了雷鸣远的投资决心。是啊！没有很好的外部投资环境，投资人谁愿意来冒这样的风险呢？更令人恼火的是，林成金在大庭广众之下败坏赵启福的名声！吕彦彰想着，快步走过来，阻止了石玉平、费理同的莽撞行为。

林成金又回到会议室隔壁吕彦彰的卧室里。

人们围过来，看着令人气恨而又滑稽的林成金，纷纷指责他信口开河，哄闹会场。

本来，按照以往的惯例，林成金每次出马哄闹会场什么的，只要达到一定的目的，权有智就会出面制止甚至呵斥，他也就借坡下驴。今儿个，权有智没有出面，而是装着大神，没事人一样地坐在屋里只顾抽烟，把商量好的双簧戏演成了自拉自唱的独角戏。林成金心里非常恼火，不时地朝权有智翻着白眼。

吕彦彰一改和颜悦色的态度，非常严肃地说："成金，你为什么借你与李俊英的纠纷败坏赵启福的名声？我告诉你，赵启福没有失踪。说他失踪的人才是迷失了方向，自己失踪了的。是的，他出院了。他出院以后，去了边防线上，去了咱们华苑村战斗英雄华栋栋的墓地。清明节到了，他是去祭奠烈士的，他是去向华栋栋汇报咱们华苑村脱贫致富奔小康的计划的，更是为了怀念英雄，不忘初心，砥砺前进，为华苑村全体村民过上幸福美满的生活去表表决心的。当年，赵启福为了实现烈士要让咱们华苑村富裕起来的遗嘱，将他的户口从南阳市迁到我们这个贫困的山村。他带领着华苑村村民们战天斗地，他规划了脱贫致富奔小康的生态旅游开发项目。大家可以回忆一下过去，看看现在，华苑村是不是发生了翻天覆地的变化？"

石建强气呼呼地说："败坏赵启福名声的，就该耳巴子甩他！我是从旧社会走过来的人，最知道华苑村的以往现在。华苑村的今天，凝结着赵启福多少心血呀！"

周万新说："赵启福不贪污不受贿，光明磊落，心底无私天地宽，他怎么失踪了呢？造人家这个谣言，良心叫狗吃了！"

人们你一句我一言地指责着林成金，弄得他有口难辩，不敢解释。

权有智看着大家都在批评林成金，而且一向态度和蔼的第一书记今儿个面色凝重，知道林成金犯了众人的讨厌了。担心他把自己散布赵启福失踪的消息抖搂出来，更担心他油嘴葫芦说出花梦君与赵启福的花边新闻，急忙走过来，故意板着脸说："吃饱了撑的！没事就回家帮老婆烧锅做饭去。"

林成金正好借机下台阶，低着头就要离开，不曾想被吴兰香当头拦住了，气呼呼地问道："别急着走。你不是说赵启福失踪了吗？我只问你一句话，谁告诉你的？"

权有智一惊，狠狠地瞪着还想解释的林成金，大声批评说："你还待在这里干什么？真是满身的负能量。"推着林成金离开了村部。

　　雷鸣远心里想，这样的投资环境，还是不在这里建超市为好，以免后悔不及。想到这里，夹着皮包就要离开。

　　郝梦嫒急忙走过来，小声提醒说："鸣远，你还没有签字呢！"

　　雷鸣远停下脚步，看见郝梦嫒眼神里是一种从来没有过的，带着压力而又理解和希望的目光。他想要解释什么，手机突然响起来。他看了看号码，是花朵朵打来的。

第六十三章　敬礼，我的战友我的恩人

又一个清明节来到了边疆的烈士陵园。

当南国红棉花盛开的时候，当清明时节泪雨纷纷的时候，一位退役老兵、担任华苑村党支部书记的赵启福一身老式戎装，脚步轻轻地来到了烈士陵园，来到了班长华栋栋的墓地前。

清明的雨，淅淅沥沥，绵绵长长，丝丝缕缕，纵横交错成一张冰凉的网。网中央，盘踞的是驱赶不去的思念和惆怅。

清明的雨，欲断的魂，一抹愁烟，笼罩着苍凉的大地。无尽的哀思，汇聚的是谁的眼泪？

赵启福在华栋栋墓地前跪下来，任雨丝沿着发梢滑落，湿了眼角，湿了肩头，湿了那身红五星红领章的绿色军装。他张开手臂，将老班长的墓碑拥抱，脸儿紧紧地贴着"华栋栋"这三个字，轻轻地呼喊一声："老班长，启福看你来了。"话语哽咽中，泪水已经飞迸而下了。

那天，读研究生的儿子赵阳回家看望他。儿子看着一直忙于精准扶贫工作的爸爸，想起母亲林秀英去世以后，爸爸又是当爹又是当娘的，忙里又忙外，为村民们彻底脱贫致富操碎了心。他需要一个照顾他的伴侣。于是，赵阳劝解他说："爸爸，你真的需要一个阿姨在你身边料理家务。而且，我们将来也需要一个阿姨帮帮我们。你看，我已经二十六岁了。"

赵启福理解儿子的意思，他是要他解决独身的问题。儿子当然也知道，当年他与李俊英在战场上建立起来的那种纯真无瑕的爱情。如今，赵阳的妈妈林秀英走了，李俊英的爱人林景芳也走了。他和李俊英两只默默守望着的孤零零的大雁，应该飞到一起了，应该抱团互助了。

对于儿子的理解和支持，赵启福是满满的感动啊！其实，他何尝不愿意与自己的救命恩人李俊英再续前缘呢？当然，即使与李俊英走到一起，也要将这个决定告诉老班长。毕竟，老班长当年有话交代过他。虽然，赵启福按照老班长的遗愿完成了他交办的任务，那也得给他汇报一下啊！

赵启福从伏牛深山里来到自己曾经战斗过的地方，来到这个给他第二次生命的地方，来到他与李俊英相识相爱的地方。

回忆往事，那是风华正茂的岁月，在隆隆的炮声枪声中，在战争的硝烟中，在保卫祖国、保卫边民生命安全的战斗中，华栋栋和他很多的战友牺牲了。青春的热血在这里流淌，生命的火花在这里绽放。

亲爱的战友，我来看望你们了。

赵启福从旅行包里取出香烛和水果，取出那瓶家乡出产的武士特酿和帝豪香烟，点燃一炷香，燃烧一道表，然后，燃放一长串鞭炮。在"噼里啪啦"的响声中，他再一次跪下来点燃几支香烟，倒下一杯杯浓烈的酒。袅袅的淡淡的雾，悄悄散去，几颗亮点，在蒙蒙的雨中，明明灭灭，灭灭明明，那之间是生与死的距离吗？

老班长，那一年的八月里，在与偷袭的敌人作战中，你为了救我流尽生命的最后一滴血，静静地离去。在生命的最后时刻，你要我回家代表你去看望你的母亲，看望你的妻子和孩子，代你去尽一份儿子的孝道。你还嘱托我，如果你愿意，就请留在我的家乡——伏牛山白河岸边的华苑村。那是一个贫困的深山区，你就带领着乡亲们脱贫致富吧——这就是我退伍以后的理想——可是我不行了。你就代我实现这个理想吧。拜托了。我是一位军人，军人坚强的心理素质，顽强的意志品质，就是我的立身之根，做人之道，成业之本。我宣誓，我一定回到你的家乡，我一定会成功的！我用哽咽的哭声答应了你，我用悲伤的眼泪送别了你。转眼，将近三十个年头了。我的老班长，每隔三年，在万物复苏的清明节，我都会静静地来，将华苑村的发展变化告诉你。我以军人绝不服输的精神，永不满足的干劲，为华苑村的彻底脱贫，为村民们的致富奔小康勇往直前。现在，华苑村已经是旧貌换新颜了。

可是，现在，我应该告诉你另外一个消息，我的救命恩人啊！你一定不知道，当我用难以控制的泪水与你告别的时候，老班长，还有一个人，当地一位年轻的女民兵，她叫李俊英，将我背起来，一口气跑了十五里的山路，将奄奄一息的我从前线背到了后方战地医院。我得救了。后来，我们恋爱了。爱得是那么的深，那么的纯洁。我将我母亲交给我订婚的定情物——非你不娶的千里姻缘玉挂件赠送给了李俊英。可是，当我退伍后按照你的嘱托回到华苑村的时候，我才知道，你的家庭、你的母亲和孩子还有你的妻子生活还是那么艰难。于是，我将自己的户口从南阳市迁往华苑村，在这里生活下来。

两个我都应该感恩一辈子的人，该舍弃哪一个？

这样的决定，这样的选择，真的好难好难……

最终，我成了华家的一员——成了烈士母亲的儿子，成了烈士妻子的丈夫和烈士儿子的爸爸。

我的决定，让李俊英的心流泪了。

有的时候，我很迷茫，那是因为舍弃而留给自己的悲伤。我既不能与李俊英沟通，也无法与你商量，所以我选择了用忧伤的眼泪来遮掩我内心的无奈，用努力拼搏来完成脱贫致富的梦想。我怕寂寞，我怕忧伤，我怕忘记你的嘱托就会失去阳光。

转眼，三十年了，我没有忘记你的嘱托。我送走了我们的母亲，送走了林秀英。你的儿子卫国军校毕业后参军去到了你原来的部队。他结婚了，他的妻子就是李俊英的女儿林淑娴。在我这次来之前，他们要我告诉你，他们已经有了自己的儿子——你的孙子。老班长，我是否可以这样说，我完成了你下达的任务了！

赵启福说到这里,将自己的手机打开,在相册里,他把老班长孙子的照片对着墓碑,讷讷地说:"老班长,这就是你的孙子,他叫华龙振。卫国说,这个名字,就是中华振兴腾飞的意思。"他微笑着,点燃一支烟,轻轻地抽一口,凝望着老班长的墓碑,像是与风低语,像是与雨呢喃,与他的救命恩人、他的战友倾诉着……

老班长,李俊英是我生命的又一个救护者。当你牺牲以后,我的老班长,如果没有她舍命相救,已经昏迷的我是不可能活下来的。在她的接力救护下,我活下来了。那时候,我就是想着,我将来一定要娶她做老婆,用一生一世的爱,一生一世的守护去感恩去报答她。可是,老班长,我遵从了我们妈妈的意见,与秀英结婚了。这样的背叛,将给李俊英多么大的打击呀!可是,当李俊英从边境线上来到咱们华苑村得知我与秀英结婚的消息以后,偷偷地把泪水强行咽下,她竟然理解原谅了我——那是一颗爱护军人、尊崇军人的炽热爱心哪!

如今,秀英走了。

秀英在临走前嘱咐我:"你一定要与李俊英再续前缘。否则,我死也难以心安哪!"是的,我在答应她以后,她才闭上眼睛的。

老班长,你听到了吗?赵启福这次来,就是想告诉你,我准备与李俊英结婚了。

老班长,那是一段不了的情,永远无法报答的恩啊!

李俊英听说我与秀英结婚后,竟然不再回老家了,她与华苑村的林景芳结婚了。她告诉我说:"既然华班长要我们与华苑村的村民们一道脱贫致富奔小康,我就住在这里不走了。我虽然不能与你结婚,但是,我可以与你一起守望烈士的家园,为实现烈士的遗愿,为改变穷山区战天斗地,贡献力量。"老班长,李俊英心里,想的是实现你的遗愿,为的是村民们都富裕起来的呀!

这样伟大的女性,这样拥军的模范,这样把一颗心无私地奉献给军人、奉献给烈属、奉献给华苑村的人。老班长,我还有什么理由不与她结合呢?

那曾经的年轮,记录着悲伤的眼泪,一圈圈地诉说着往事如烟的岁月。老班长，我多想对你说，你倒下以后，我们没有忘记你的嘱托，不忘初心，为国家为人民再立新功。我多想对你说，我，作为一个退役军人，没有给你丢脸。特别是我担任村党支部书记以后，我和华苑村的退役军人，那位丧失了生育能力的齐保国以及全村先后退役的弟兄们，默默地为实现民富国强的伟大理想而继续战斗在各自的岗位上。

老班长，你和所有的烈士们的血液在我们的身上奔流，你们未完成的事业，会有我们这些活下来的战友们来完成，你永远活在我们的心中，革命的遗志也永远在鞭策着我们。

你听，军旗猎猎，依然给我们指引着方向；你听，军号声声，依然激励着我们去冲锋。

在这场精准扶贫的攻坚战中，我们将用我们军魂铸就的坚强，用我们笔直的脊梁挺起来的军姿，撑起属于我们退役军人应该担当的一片天空！

老班长，当我下一次来看望你的时候，华苑村已经彻底地打赢了精准扶贫攻坚战，彻底地脱离了贫困。那时，华苑村已经是一个花的海洋，幸福的世界了。

我的老班长！你放心吧！

风还在刮，雨还在滴答，止不住思念的泪水，还在潸然而下……

第六十四章 五福临门

吕彦彰自打雷鸣远、卢飞娣与华苑村签订了开办超市的房屋租赁协议以后，心里非常高兴。因为，他担任第一书记以来的又一件实事办成了。此事不但解决了一部分贫困户就业的问题，还对前来华苑村旅游的人们提供了极大的方便。虽然，那天林成金在现场捣乱了一阵子，雷鸣远还是在租赁合同上签字了。很快，华苑村的超市就要开业了，梅花枝和几个贫困人员马上就可以在超市上岗了。

吕彦彰又想到了穆兴、赵阳和费理同的玉兰嫁接基地。这是穆兴采纳了赵阳的提议以后，决定打造华苑村玉兰园的名树名花效应。这样，在市政府确定市树的挑选中，就有了胜出的把握。他按照这个提议，立即投资费理同和任立志的苗圃园。现在，几千棵玉兰树的嫁接就要完成了。

吕彦彰想到这里，立即喊上杨志业和郝梦媛来到华苑多彩玉兰新品种基地，看看赵阳他们的嫁接进展情况。

华苑多彩玉兰新品种基地里，赵阳与花工任立志带领着十几个村民们，正在进行着玉兰树的嫁接。

苗圃里，赵阳正在细心地整理那些接穗，任立志则将树干小心地划开、接枝。

赵阳看见吕彦彰、郝梦媛和杨志业走过来，停下手中的活儿，高兴地说："欢迎欢迎。"

吕彦彰问:"准备嫁接多少棵树苗呀?"

赵阳说:"先嫁接五千棵。重点是望春玉兰,其他的品种各是五百棵。"

吕彦彰问:"为什么?"

赵阳说:"望春玉兰又名辛夷、望春花。它开花比较晚,先开花后长叶,花大香味浓。市场上很受欢迎。它是药用、香料、用材、观赏兼用的优良珍贵树种,在山区、丘陵、平原、城乡、庭院均可栽植,是值得大力推广的速生、优质、适应性强、寿命长的树种。所以,望春玉兰是重点开发品种。"

郝梦媛问:"现在的气候怎么样?是最好的嫁接时间吗?"

赵阳说:"今年的雨水很充足,玉兰树苗儿长势非常好。玉兰树上的叶芽已经开始萌动,这是树液开始流动的表象。因此,选择晴朗天气就可以进行嫁接了。也只有这个时候,嫁接的成活率最高。"

郝梦媛笑着问:"嫁接完了吗?"

任立志说:"快了。"

吕彦彰问:"你们嫁接的什么新品种?"

赵阳笑着介绍说:"玉兰花一共有七个品种。它们分别是:广玉兰、紫玉兰、白玉兰、二乔玉兰、红玉兰、黄玉兰和望春玉兰。我们嫁接的新品种,还要请你给起个名字呢!"

杨志业说:"起名字?不好起。"

吕彦彰说:"既要大气好听,还要贴近实际,寓意深刻。不好起。"

郝梦媛说:"赵阳,我记得你说过,嫁接成七种颜色的就叫七彩玉兰,六种颜色的就叫六六大顺,五种颜色的就叫五福临门。"

杨志业问:"四种颜色的呢?"

郝梦媛说:"四季来财呀!"

杨志业接着问:"三种颜色的呢?"

郝梦媛说:"三阳开泰。"

任立志笑着说:"嗯!好听。"

杨志业又问:"两种颜色的呢?"

郝梦媛说:"不是已经有了吗?二乔玉兰。"

吕彦彰问:"还有别的品种吗?"

任立志说:"有啊!比如矮化玉兰、盆栽玉兰。赵阳还说要和他的导师共同研发四季都开花的玉兰,以适应市场需求。"

吕彦彰说:"矮化玉兰、盆栽玉兰和四季玉兰?太好了太好了!有利于人们院景的设计和栽培,也利于消费者的需要。"

任立志笑着说:"是呀!赵阳一旦研制出更多的品种,必将在玉兰花卉领域独占鳌头啊!"

郝梦媛说:"如果哪一种被评定为咱们市里的市树,这将是一笔很大的收入。"

任立志问:"种树的有了收入,没有种树的怎么办?"

杨志业说:"是呀!吕书记也在考虑这个问题。你们有什么好的建议?"

赵阳说:"是不是这样,我们成立一个农业互助协会,企业帮扶,投资入股,按股分成。"

任立志说:"可是,低保户贫困户的入股资金哪里来?"

郝梦媛说:"找准致富的项目后,国家会给贫困户解决五千元的扶助资金的。关键就是要有项目而且必须可行。"

赵阳说:"找准项目才是关键。"

郝梦媛说:"栽种新品种玉兰树的关键就是新颖好看,人们喜欢而且又好卖。"

吕彦彰说:"这些天来,我一直在考虑着贫困户如何脱贫的问题。这个华苑多彩玉兰新品种基地的开发,使我看到了更好的前景。"

郝梦媛问:"什么更好的前景?"

吕彦彰说:"玉兰新品种的开发,必将引起一场新品种的革命。比如刚才赵阳说的矮化玉兰、盆栽玉兰就是很有前景的。它适应目前市场的需要。玉兰花,是人们表达爱意和报恩赠送的很好的礼物。试想,在医院,在情人节,在母亲节和父亲节,它的供求量又有多大?

如果我们开辟了市场打入了市场,那就是供不应求呀!再说,多姿多彩的玉兰树,满足了不同爱好人群的欣赏要求,必将受到人们的欢迎。另外,我们还有药用、香料、用材、观赏兼用的辛夷树。这些都是华苑村得天独厚的拳头产品。开发好利用好,就一定会形成极好的观赏价值与极大的经济效益。因此,我们要按照村两委和工作队的意见,请我们的低保户贫困户入股,将这个产业做大做强。"

人们都为吕彦彰这样的美好前景描述激动着。

赵阳说:"恰逢其时,我的任务很重很重的了。"

吕彦彰说:"是啊!好的品种投入市场,就会带来更大的收益。所以,你们要培养出更多的好品种。同时,你还要牵头与你卢阿姨、雷经理联系,举办培训班,给乡亲们传授种植技术,让他们特别是低保户贫困户们掌握种植技术,栽种好这些新品种,让他们收获更大的效益,让他们彻底脱贫致富奔小康。"

赵阳说:"放心吧吕伯伯,我一定把我掌握的技术传授给乡亲们。将来新品种嫁接成功,还需要更多的技术人员来推广呢!"

郝梦媛建议说:"我看就先研发一批'五福临门'的新品种吧!在党和政府的精准扶贫奔小康的政策指引下,千千万万的农民们真的是五福临门了。"

第六十五章　记忆深深初识时

蔡阔峰又一次来到华苑村。

转眼就是个把月了，蔡阔峰心里既放不下开金矿的事，更放不下权有智给他介绍的李俊英。那天，按照权有智的安排，演了那么一出奇遇的开场白，到后来还是被自己给弄黄了。全怪自己遇到这样的大事沉不住气。你慌什么慌？好事不在忙中起嘛！管不住自己的眼睛了，直勾勾地盯着人家丰满的胸脯看，把人家看得不好意思了。

唉！自从老伴走后，心里一直就是空落落的孤独寂寞呀！没人陪着说说话儿。忙活了一天，回到家里茕茕孑立，更不要说头疼脑热的了。瞌睡哩权有智给塞来个枕头。那天他进城开会，两个人小酌聊天，说起华苑村野牛岭金矿的事儿，蔡老板很想重操旧业再趟一次开矿挣大钱的浑水。既然有这么高含量的金矿，那就开吧！可是也不是说开就开的。他联系工程师偷偷去野牛岭勘察，含金量最高的地段偏偏就在李俊英承包的玉兰园里。螃蟹好吃，不好下手啊！怎么办呢？权有智出主意说双管齐下，文武结合。一文就是把李俊英介绍给他。还蛮有把握地说，你们二人就是天地配，一个是阔老板，一个是风韵犹存的半老徐娘，一定可以玉成两个人的婚姻。如果李俊英同意嫁过来，何愁那玉兰园下面的金矿带？一举两得呀！一武就是让林成金搅茅缸把那段含金量最高的地段争过来。其结果呢，林成金那里，没有任何进展，李俊英这里，没有一点突破。你说这事儿弄的，想着吃心里美，就是想处不打想处来，一头塌了一头抹了。今儿个，蔡阔峰就是来见见权有智问个所以然的。

蔡阔峰来到华苑村，过了石头庄，把汽车停在玉兰园附近，看见权有智已经等在那里了，急忙下了汽车，两个人客气一番。蔡阔峰问："怎么样？有进展吗？"

权有智说："电话上我已经给你说过，李俊英是茅缸里的石头又臭又硬的。"

蔡阔峰很不高兴。以前你怎么说的？双管齐下连环计手拿把掐的。现在改口了。改口了还要我来干什么？便说："你让我乘兴而来败兴而归不是？既然如此，我这就打道回府。"

权有智赔着笑脸说："你看你这脾气。当时我不就是这样给你说的嘛！你说再努力争取一次嘛！"

蔡阔峰的脸也由阴转晴笑着说："我这不是气头上嘛！你说怎么办？"

权有智试探着问："伸手不打笑脸人。我再去碰碰钉子？"

蔡阔峰鼓劲儿说："世上无难事，只怕有心人。好，我等着你的好消息。"

蔡阔峰说着，掀开汽车后备厢，提出来几样礼品。权有智接过来，硬着头皮直接去了李俊英家里。

蔡阔峰坐进汽车里，听着戏曲抽着烟，单等着权有智的好消息。

"蔡老板，你好呀！"

蔡阔峰忽然听见柔柔甜甜的声音飘过来。他扭头一看，啊哟！休闲的对襟蓝呢上衣，款款的黑色直筒裤子，披肩的满头秀发，黑亮干净的高跟皮鞋，袅娜的身姿。这不是洒脱可眼的花梦君吗？

一个月前，花梦君来到蔡阔峰的房产销售部购买房屋，当时他正好也在那里。

"你好！请问你有什么事需要我帮助吗？"销售员与这位五十来岁的女人搭上话茬。

花梦君微笑着说："我来问问这里房子的价格。"

销售员很客气地向这位顾客介绍着。

坐在一旁的蔡阔峰很快就被这位女人的优雅气质和柔柔甜甜的口音吸引了。他心里一动，立马站起身子，来到饮水机前，给客人接了一杯矿泉水。

当销售员看见蔡老板亲自给来客端水的举动而慌忙要接住水杯的时候，他已经将杯子递给客人了："请喝水。"

花梦君突然看见一位阔气的面带微笑的老男人将一杯开水递过来，心怀感激地伸手去接茶杯，冷不丁被滚热的杯子烫了一下，反应敏捷的她把手抽回了，蔡阔峰手中的纸杯掉在地下。

随着"啪嚓"的响声，满满一杯子开水飞溅起来，弄湿了花梦君的裤脚，也溅到了蔡阔峰的鞋子上。

花梦君不好意思地道歉着："对不起！对不起！烫着没有？"

蔡阔峰说："没关系，没关系！"

两个人不约而同地弯腰拾地上的纸杯，不小心头碰在了一起。一丝淡淡的诱人清香，一种女人才独有的气息扑鼻而来。蔡阔峰一阵难以抑制的悸动，甚至想到了本不该想到的事情。这一次的见面，花梦君在蔡阔峰脑海里留下了深深的印象。

现在，他们邂逅了。

蔡阔峰立即下车，很客气地应答着："你好梦君！我记得你家就是华苑村的。"

花梦君说："是呀！蔡老板好记性。"

蔡阔峰笑着说："这里的风景真好，空气也很好。花开满山，天然氧吧呀！"

花梦君说："你真是稀客啊！欢迎你以后经常来这里玩。"

蔡阔峰说："当然。我很喜欢这里的山水和空气，还有花的世界和棠梨树的传说。"

花梦君想起蔡阔峰开矿时因为冲坏村民们的庄稼而引起的那一场官司，想起了他堆在白河岸边没有处理的铁矿渣子，不但危害着白河的安全，还影响着村民们的耕种和收益，也想起了林成金与李俊英的所谓的纠纷。她故意问道:"蔡老板对我们这里很了解呀?"

蔡阔峰说:"是呀!特别是那天我们在公司相遇以后,你在我心目中留下了极好的印象。因此,对华苑村的一切都特别留意。"

花梦君笑了笑:"是吗?"

蔡阔峰说:"是呀!记忆很深。"

花梦君说:"谢谢!"

蔡阔峰的心几乎蹦跳出喉咙了:"是呀是呀!真的是记忆犹新。第一次见面,我就为自己的尴尬行为而自责,以至于后来我多次地责问自己,为什么没有问问你,那么烫的开水,伤着你了吗?"

花梦君说:"谢谢你还在惦记着这件事。我没有被烫伤。"

蔡阔峰说:"这就好,这就好。后来我想起这件事,真的好自责哟!"

花梦君说:"你太客气了。"

蔡阔峰大笑起来:"见到你真高兴。欢迎你到我的公司做客。"

花梦君说:"好呀!只要有机会。"

蔡阔峰觉得这个女人有着与别的女人不一样的魅力,不仅成熟世故,言谈自如,而且很会沟通,落落大方,处之泰然,给人一种热情亲和的感觉。

这又是一次撩人心魂的美丽邂逅。

蔡阔峰还要说什么,忽然看见权有智提着礼品慌慌张张地走过来。

第六十六章 "能人"智慧很疯狂

花梦君远远看见权有智失魂落魄的狼狈样子,知道他又去李俊英家里缠磨那件事了,不由得暗暗一笑,立即告辞了。

蔡阔峰这边目送着花梦君如风吹杨柳般飘逸而去,倏然之间产生一种莫可名状的失落感,不由得一声微微的叹息。

权有智已经气喘吁吁地来到汽车边,"呼哧呼哧"地把礼品放在后备厢里,一头就钻进了汽车。

蔡阔峰知道没辙了,随之也钻进汽车里,满脸不高兴地问道:"怎么?出师不利?"

权有智点着烟,喷出一口浓浓的烟雾,气咻咻地说:"我的脸彻底地丢在李俊英的家里了。"

蔡阔峰不以为然地说:"丢人不丢钱。看把你气得!一个女人家家的,她能怎么样?"

权有智哭丧着脸说:"我的蔡老板咙!李俊英当年在边境线上可是民兵排长,上过战场的。当过咱们华苑村的妇女主任,人称赛亚男。半吊子的人,恼上来可是不留任何情面的。气死我了!"

蔡阔峰耐着性子问:"半吊子的人?说说看。"

权有智将手里的烟屁股狠狠地摔在车窗外面,气呼呼地说起来。

原来,权有智提着沉甸甸的礼物走进李俊英家的院子,就听见李俊英正在接电话:"你回来了?哦!很好。什么?你把你的想法告诉华栋栋了？太好了！什么？镇里对你的处分撤销了？感谢镇党委实事求是的决定。对！好好！赵哥，欢迎你回家。"

权有智听出来了，赵启福清明节去边境了，给华栋栋上香烧纸去了。什么？对他的处分撤销了？穆兴这次节骨眼上突然回家，还要给华苑村的乡村旅游项目投资三百万，铁的事实证明穆不言根本不是贫困户。再说了，穆不言还请人代笔给镇党委和柳书记写信，实话实说地把自己冤枉了赵启福的事全部抖搂出来了。他既然不是贫困户，就说明赵启福没有错，没错就应该给人家纠正！嗨！这事儿弄的，枉费心机了。

权有智想着，站在那里愣怔了。

李俊英挂了电话，指着大礼包莫名其妙地问："权主任，这是干什么？"

权有智故意抖了抖大礼包，笑眯眯地说："稀罕物，给你的。"

李俊英问："稀罕物？咋个稀罕？是海里的老龙肉还是天上的凤凰蛋？"

权有智笑起来："那倒不是。哪有呀？"

李俊英说："如果不是，就不是什么稀罕物吧？"

权有智说："虽然说不算稀罕，也是贵重的礼物。送你的。"

李俊英问："天上掉馅饼了！给我的？"

权有智又故意抖动着大礼包："啊！"

李俊英问："大主任的，乡亲们选出来的干部，不是想着为我们办好事，怎么干起扒扒垒垒，甚至提亲说媒的事儿来？为什么给我送礼？"

权有智脸上挂不住了。吞吞吐吐地说："这是……嗯……蔡老板……他让我来的……"

李俊英脸色很不好看："告诉蔡老板，不要再打我的什么主意了。赶快把礼物拿走。"

权有智把大礼包放下来，一本正经地说："人家蔡老板一片真心，你就收下这个心意吧！也给我个面子不是？"

李俊英指着地下的几个包包说:"请你立即拿走。如果不拿走,我就把它撂出门外!"

权有智暗暗叫苦,没辙了,这次丢人丢大了!急忙解释说:"买卖不成仁义在,得饶人时且饶人嘛!"

李俊英最后一次下通牒了:"我再说一遍,把东西拿走!"

权有智还想说什么,李俊英已经抓住一个包扔到院子外面了。

权有智急忙拿起另外的三个包离开了。

蔡阔峰听到这里,不由得两眼冒火了!好一个权有智呀!牛不喝水强摁头。既然人家不愿意,你何必在我面前逞能呢?我这不大不小也是一个房地产老板嘛!不要说我是私企协会的副理事长,就我的资产、名气也是一方响当当绅士级的名人吧?一个乡下妇女,竟敢如此小看人!这样的结局,叫我还怎么做人呢!难道这张老脸就丢在华苑村了?

权有智眼看着蔡阔峰的脸拉得老长,急忙解释说:"李俊英心里已经有人了。"

蔡阔峰一丝醋意涌上心头,脸色更难看了:"谁呀?"

权有智说:"赵启福。就是村支书。"

蔡阔峰问:"村支书?难道他没有女人?"

权有智说:"死了。"

蔡阔峰问:"哦!难道他是'隔壁老王'?"

权有智笑着说:"不是不是。李俊英要是那样的女人,我怎么会给你介绍呢?"

蔡阔峰接着问:"难道他是腰缠万贯的大老板?"

权有智摇着头说:"不是。"

蔡阔峰问:"三个难道都不是,那是咋回事?"

权有智说:"说来话长。他们原本就是恋人,后来赵启福为了报恩才与救命恩人华栋栋的遗孀林秀英结婚的。而这个李俊英也是他的第二位救命恩人。"

蔡阔峰越听越气,板着脸质问道:"既然如此何必当初?捉弄人也应该看看对象！女人卖了买个猴，好玩呀？"

权有智说："怎么可能呢？当初不是为了开矿才双管齐下的嘛！你要是真的有了这样的心思，咱们再想办法。"

蔡阔峰问："什么办法？"

权有智说："常言说，走了穿红的，还有戴绿的。好女人有的是。"

蔡阔峰说："你看你看，又来这一套了。容易嘴呀？说大话不用报税。"

权有智说："就你这样的条件，不知道多少人还在偷偷想着哩！"

蔡阔峰"扑哧"笑了："还有人暗恋着我？那好。这个李俊英肯定是不中了。就是中，我也不要她。难道我犯贱一定要娶个母老虎吗？你说说别个想着我的。"

权有智附和着："就是。还是当年民兵排长的老样子，恶死了。一开口就是马踏五营，杀你个丢盔弃甲，追你个鸡飞狗上墙的。"

蔡阔峰问："刚刚，你看见的，那个女人可是你们华苑村的？"

权有智知道蔡老板说的是花梦君。因为他刚才回来的时候，看见花梦君与他在说话儿。他偷偷站在一旁看了好长时间。嗯！不错，他们好像是有着说不完的话儿，谈得很热乎。噢！想起来了，蔡阔峰曾经多次通过他了解过她的情况。便问："你是说花梦君？"

蔡阔峰笑着拍了拍权有智的肩膀子，高兴地说："是呀。"

权有智说："这个女人可是不简单哪！你都了解过的。"

蔡阔峰说："是的。对于这样一个传奇的人物，我很感兴趣。"

权有智摇着头说："别乱了。你这是寥天地烤火一边热，人家是有夫之妇。"

蔡阔峰笑起来："什么有夫之妇？有夫等于没有夫。"

有钱人真是牛气冲天啊！人家是有夫之妇，也胆敢异想天开。权有智说："那是人家个人的隐私。他们是周瑜打黄盖，一个愿打，一个愿挨。"接着，权有智将花梦君的情况向蔡阔峰做了简单介绍。

想不到蔡阔峰觉得有缝可钻更加动心，一定要权有智从中撮合：

"怎么样？你敢给我提提？"

权有智说："我这才叫吃饱了撑的，闲得蛋疼。"

蔡阔峰气呼呼地说："不敢吹了吧我的大主任！就此打住吧。我要回去了。"

权有智脸上实在挂不住了，"嘻嘻"笑了："我的大老板，你就别吹胡子瞪眼睛的了。我这个人就是喜欢尿戗风尿对着干。你这样说，我就给你提提？"

蔡阔峰郑重其事地问一句："你敢吗？"

权有智说："敢不敢我试试。"

蔡阔峰说："好好好！成功了，我城东开发的小区里还有一套顶层两室一厅一卫一厨的小单元。送给你！"

权有智也真敢揽下这瓷器活儿："一言为定？"

蔡阔峰说："一言为定！"

权有智说："既然你这么慷慨，我也实话告诉你，咱们先下手为强，硬三分下墨！"

蔡阔峰说："你说怎么个先下手为强？"

"能人"智慧很疯狂！

权有智贴着蔡阔峰耳朵边咕哝起来。

第六十七章　没有 WiFi 的咖啡屋

华灯初上，玉兰大酒店放出的光芒直冲云霄，亮得让人睁不开眼睛。放眼望去，这里一片绿光，那里又像有一片云彩在舞动，再前面又像天上的银河倾泻到了地上，堆成了一条发光的丝带。

在五彩缤纷变幻莫测的灯光中，雷鸣远、花朵朵向一间雅致的咖啡屋里走去。

舒缓浪漫的钢琴曲《梁祝》悠悠地传来，古铜色的墙壁上挂着一幅亮眼的牌子："我还没有恋爱。咱们聊聊吧！"另外一幅牌子更加别具一格："我们没有 WiFi。和你身边的人说说话吧！"

朦胧的灯光，优美的音乐，别出心裁的温馨提醒，还有空气中飘着诱人的咖啡香味。

咖啡屋浪漫而又有情调，一切都是那么诱人。

花朵朵看见雷鸣远舒心地笑了。

啊啊！雷总！你笑了。我把见面地点选在了这样一个优雅的地方，别有风味吧？花朵朵看见雷鸣远睁大了双眼，不敢置信地望着这个认识一个多月的她。怎么会是这样呢？世界上最遥远的距离，就是我就在你身边，你却在玩手机。这样的设计，多么的有趣，多么的让人遐想连天，多么的让人心潮澎湃呀！你看，那么多的座位，那么暗淡的灯光，差不多都是两个人，他们或相对而坐或依偎而坐；或你牵着我的手我揽着你的腰；或耳鬓厮磨窃窃私语。煮一壶咖啡，小心滤过，随意加糖加奶，慢慢品尝着。一时间，所有的人或事，都就着浓浓缥缈的雾气，慢慢地，悄无声息地散开，淡去，一切都凝结在两个人的空间里。

《梁祝》低沉忧伤的音乐突然欢快起来，在幻化中的脑海里已经可以看见祝英台十八里相送的激动和愉悦、留恋和不舍。

花朵朵拉着雷鸣远的手，袅袅娜娜来到一间靠着窗户、微微散发着橘黄色光亮的卡座里坐下来。

桌子上，摆放着一束洁白如玉的玉兰花。

雷鸣远弯下身子，轻轻地嗅了嗅玉兰花，轻声问道："啊！真香。这是你特意要求的吗？"

花朵朵应道："是的！为了这样的效果，我打电话请老板布置的。还有，为了表达华苑村人的感恩，我特意请求老板用上我们家乡的望春玉兰。"

雷鸣远笑起来："我记得你说过，玉兰花代表着纯洁和感恩。"

花朵朵嫣然一笑，微微点头，柔柔地说："是的！"

雷鸣远轻轻颔首："我明白了。"

花朵朵非常含蓄地笑着："明白了就好。"

很快，服务员将一应准备工作完成了。

雷鸣远用甜美的男中音征询着花朵朵的意见："你喜欢加糖还是加奶？"

花朵朵说："当然是加糖啦！我喜欢甜甜蜜蜜。"

"为什么？"

"不为什么。甜甜蜜蜜的感觉真好。"

雷鸣远将一块方糖放进花朵朵的杯子，轻轻地搅动着。

花朵朵端起杯子，轻轻地呷一口，笑嘻嘻地说："请再给我加一块糖。"

雷鸣远又给花朵朵的杯子里加一块方糖。

花朵朵又尝了尝，觉得口味非常好，满意地点点头，问道："你加糖吗？"

雷鸣远尝了尝自己的咖啡，笑着说："这种微苦的感觉也很好。"

花朵朵问："不加糖吗？"

雷鸣远加了一块方糖，轻轻搅动以后，加了牛奶。

咖啡屋里的灯光很暗，舒缓低回的音乐营造了一种甜蜜的气氛。咖啡的味道对雷鸣远而言有些奇怪，苦苦的甜甜的还有些柔柔的绵绵的，但他却喝出了温馨幸福的滋味。

花朵朵看着雷鸣远轻轻品尝的认真样子，明亮的眸子里透出非常愉悦的眼神，微笑着问："你知道我要说什么吗？"

雷鸣远抬起头来，很认真地问："说什么呢？"

花朵朵说："谢谢！"

雷鸣远问："谢我什么？"

花朵朵卖萌似的笑着解释说："第一我要谢谢你对我家乡的帮助。你在华苑村办超市，解决了一部分低保贫困人员的就业问题，也给村民们提供了购物和收购的方便。而且，在'百企帮百村'的活动中，你与卢阿姨请人为俺村举办养殖种植学习班，培养人才，为俺村彻底拔掉穷根，甩掉贫穷帽子奔小康贡献了力量。第二我要谢谢你对我家乡所有村民的优惠，使他们在购物以及销售方便的同时，你和卢阿姨给他们购物九折的优惠。这也是实实在在的精准扶贫，为民解忧。第三我要谢谢你这些天来对我的关心和支持，使我上班之后的生活起居交通问题都得到了解决，没有了后顾之忧。第四我更应该谢谢你对我的陪伴——不但使我消弭了寂寞孤独，更让我充满了安全感。"

花朵朵写满感激和笑意的脸上，使雷鸣远心里温馨而激动。他笑着说："要说谢谢我，还真有那么该谢的意思。为什么？因为那天贫困户林成金的突然哄闹现场抵制发难，让我觉得投资环境不好准备放弃而不再签字。可是，当我接到你的电话听你解释以后，立即改变了原来的想法，才在合同上签字了。应该说，你的来电非常及时，改变了我的主意。至于我对你的帮助，那是微不足道的。"

花朵朵笑着问："一个电话就改变了你的看法？我有那么大的能量吗？"

雷鸣远郑重其事地点点头："是的！扭转我认识的，当然是这个电话。"

花朵朵心里跳开了。这句话，表明了自己在雷鸣远心里头所占据的位置。她呷一口微苦中带甜柔的咖啡，一种蜜一般的幸福感觉涌满心头。她饱含着激动，开心的笑声里满满的都是愉悦："谢谢你对我的高看和信任。"

雷鸣远说："你的来电不但坚定了我在华苑村投资开办超市的决心，还促使我参与到扶贫致富奔小康的实际行动中。"

花朵朵抬起头来，非常认真地问道："什么行动？"

雷鸣远说："我是一个超市的法人。我决定用自己的实际行动去帮扶一个村或者几个十几个贫困户。"

花朵朵放下手中的汤匙，兴奋地说："太好了！咱们县里提出的'百企帮百村'就是一个很好的扶贫措施，就是按照习总书记指示，跨地区、跨部门、跨单位、全社会共同参与的多元主体的社会扶贫体系。你作为富起来的一代年轻人，应该用自己的实际行动，担当起历史的重任，投身到精准扶贫的伟大变革中。"

雷鸣远说："是的。我觉得，作为新时代的年轻人，为老百姓干点好事实事是义不容辞的。"

花朵朵说："其实，我按照爸爸的意见，毕业后回到家乡，也是为了参与到扶贫工作中。我成功研制出辛夷油加工提取新技术以后，一系列新品种必将会打开更大的市场。李大恒为了感谢华苑村和他的战友们——我爸爸和第一书记以及赵启福叔叔对扬生生物科技有限公司的支持，决定把华苑村作为辛夷花生产基地，还要签订长期的产供销一条龙业务合同。"

雷鸣远说："太好了。这是脱贫致富奔小康的极好路子。"

花朵朵说："是呀。产业扶贫，李大恒给华苑村造福了。"

雷鸣远说："当然，你的科研成果推动了李大恒的产品销量，才使得华苑村的人们有了效益。"

钢琴声再次从快乐的高潮转换成低声的温柔倾诉。这个家喻户晓的缠绵悱恻、感天动地的爱情故事，被音乐家的妙手弹出一曲曲调动着人们情绪的美好乐章，时而低回徘徊，时而高亢激越。

花朵朵聚精会神地听了一会儿，眼神里突然透出一丝不安，好像是现在才省悟过来似的转换了话题："我真的不理解，这么优雅的环境，这么动人心弦的音乐，这么华丽的设置和洁白如玉的玉兰花。为什么偏偏没有 WiFi？"

雷鸣远看着花朵朵非常认真在意的样子，笑了笑说："没有 WiFi，那是免得冷落了对方。"

花朵朵好像傻傻似的，微微点头："是吗？"

雷鸣远很认真地解释说："是的。你想一方如果不停地翻看手机，坐在对面的人该是一种什么样的尴尬境地？"

花朵朵突然明白了什么似的："啊啊！是这样子的吗？真的要感谢咖啡馆里的老板。他的别有情趣的设计，给人一种人文的关怀。他是要我们好好地说话，好好地交流。当然了，要说什么，只有自己知道。也许，他此时会提出一个令对方欣然接受的话题。也许，他会提出一个朦朦胧胧的既让人幸福愉悦又毫无心理准备的爱情的话题。"

这是提示吗？

雷鸣远、花朵朵虽然并不是第一次单独相处，他们谁也没有玩手机。不过，他们的话题还是在爱情之外游移着。

花朵朵，一个美丽的知识女性，在爱情的朦胧中，她那无邪率真的目光里，充满着憧憬和期待。

当你真正爱上一个人，你会有一种很亲切的感觉，他让你觉得很阳光很暖心很舒服，你可以信任他依靠他。他像是一个亲密的大哥哥，甚至可以说，比大哥哥更亲密贴心。因为，亲密中还有另外一种甜甜蜜蜜的温馨的感觉，这就是亲的爱的感觉。

花朵朵朝着雷鸣远神秘一笑，离开座位去到了服务台。

雷鸣远忽然觉得，这个研究生的内心里，不光是一种对他报以感谢的心情，而是奏响了一曲爱的乐章。真的，在爱情国度里的一盏心灯亮了。

梁祝化作蝴蝶翩翩起舞中的乐曲再次响起,惊天地泣鬼神的爱情绝唱的氛围,将咖啡屋里有情人的情绪都调动起来。昏暗的橘黄灯下,朦朦胧胧里,尽是一些你若不离不弃、我必生死相依之类的爱情表达。

花朵朵回来了。她的手里,端着一杯新冲的咖啡。她将杯子递给雷鸣远,轻柔地说:"这是我亲手做的。"

雷鸣远笑着接过来,把目光转向杯子。

这是一杯拿铁咖啡。

拿铁咖啡,浓缩咖啡与牛奶的经典混合。咖啡在杯子的底层,牛奶在咖啡的上面。雷鸣远看见,褐色的咖啡上面,是一颗白色牛奶做的心的造型。

啊!雷鸣远什么都明白了。

在花朵朵纯洁无瑕、幸福温馨的笑容里,她别具一格的浪漫而又委婉的爱之表达使雷鸣远猝不及防,无所适从,一时无法面对。这也让他想起了远在华苑村扶贫的女朋友郝梦媛。

一个多月了,她一直都住在华苑村。那一次她偶然回到城里,因为自己正在为花朵朵请客有意地回避了她。她也没有按照约定与他拍结婚照,更不要说五一节登上婚姻的殿堂了。他心里一沉,激动的情绪忽然低落万丈,烦躁不安,很不自然地笑了笑:"啊!多么巧妙的构思。"

一番良苦用心和爱的寓意,你怎么能无动于衷呢?花朵朵忧伤地看一眼雷鸣远:"不喜欢吗?"

雷鸣远说:"第一次见到这样的造型。怎么不喜欢呢?"

花朵朵说:"那你就喝下去吧!"

雷鸣远犹豫地端起杯子,手机响起来。他滑开手机,接完了电话,看了看手机说:"朵朵,天不早了,我们可以走了吧?"

你怎么啦?时间还早,我精心安排的咖啡屋还有表示纯洁爱情感恩的玉兰花,还有这杯拿铁咖啡,你没有尝一口就要离开啊?现在,钢琴曲已经到了梁祝化蝶,人们开始卿卿我我互诉衷肠的高潮时段,你为什么提出离开？难道我在你心里没有任何位置吗？

女孩儿家的爱，就像含苞待放的花，渴望绽放，却又矜持，羞羞答答。

花朵朵一声微微叹息，无可奈何地点了点头："是的，我们明天都还要上班。"

当雷鸣远、花朵朵终于离开咖啡屋走向停车场的时候，春雷滚滚声中，又一场春雨迫不及待地落下来了。

一声声娇喘的气息在雷鸣远耳朵边响起来。

短暂的焦虑以后，雷鸣远不再犹豫，急忙脱下衣服给花朵朵搭在头上。花朵朵又把衣服搭在雷鸣远的头上。

两个人，搭着一件衣服。

花朵朵把手搭在雷鸣远的肩头。

他们都听到了对方急促的心跳和撩人的气息。

也许此时此刻，花朵朵好像得到了整个世界。

雷鸣远突然改变了姿势，背着娇弱的花朵朵向停车场跑去。

花朵朵立即给予雷鸣远深深的一吻……

及时的春雨呀！化作情墒滋润了姑娘的心田。岂不知在百里外的深山村里还有一个更需要用感情的春雨滋润的姑娘，还战斗在精准扶贫的战场上。

第六十八章　黑黑红红两面人

赵启福回家了。

春天的傍晚，太阳悄悄地躲进西山里面，天和地像是在庄重地与太阳告别。

湛蓝的天上，金洒洒的浮云留恋地挽着太阳；弯弯的白河水摇动出一个又一个金色的涟漪；野牛岭上，挥动着红色的、白色的、黄色的、紫色的、墨绿色的花头巾；无尽的山峦、连绵的山岗像一排排壮实的男子汉，深情地行着注目礼；轻柔的晚风，仿佛在与玉兰园、桃花园缠绵地吻别……

瑰丽的黄昏，笼罩着这片静谧美丽的土地。

赵启福回家了。

人们说，乡愁是梦中的回归，乡愁是亲情的思念，乡愁是父亲的翘首和母亲的叹息，乡愁是妻子的拥抱和儿女的绕膝，乡愁是游子们无所顾忌地谈天论地和侃大山。

一丝乡愁，让赵启福在住院的一个多月里，产生了一种莫可名状揪人心扉的折磨，平添几缕白发。赵启福想念华苑村的村民们，想念第一书记和扶贫工作队员们，想念他的赵阳和缘缘，想念他的初恋李俊英。

赵启福回家了。

在熟悉而又温馨的农家小院里，赵启福送走了前来看望他的第一书记和扶贫工作队员，送走了权有智和齐保国，送走了石建强和老周、吴兰香，送走了任立志、费理同和杜承汉，送走了穆不言和穆兴，送走了一批又一批村民们。可是，他还是没有见到李俊英和缘缘。

赵阳吃过饭以后去了苗圃，刚才喧哗热闹的院落里只剩下赵启福一个人。他泡上一杯信阳毛尖，在院子里那张桌子旁坐下来，慢慢地啜饮着清香的茶水，心里头又一次想起她来。

李俊英怎么没有过来？

回家以前，他与她通过电话，告诉她回家的时间。可是回家这么长时间了，她为什么没有来看望他？

一丝淡淡的思念和忧伤突然笼罩了心头。

"笃笃笃"，有人敲门了。

赵启福"呼"地站起来，快步来到大门口，拉开了大门。

"姑父，您回来了？"梅花枝笑眯眯地问候着。站在她身后的，是林成金。

"回来了。"赵启福回答着，"回家里坐吧。"

"姑父。哎！你好。"林成金话语里带着颤音。

梅花枝、林成金走进院子。林成金将手里提着的篮子放在一边。

赵启福给林成金、梅花枝倒茶，分别递过去："你们喝茶。"

林成金急忙接过来，很客气地说："谢谢姑父。"

赵启福问："花枝，我听说你的肺病经过裴医生的治疗好多了？"

梅花枝说："是的。现在咳嗽轻多了，走路也不那么喘了。"

赵启福说："太好了！"

林成金说："多亏了扶贫工作队的关心，他们联系县医院的专家来到华苑村扶贫义诊。更要谢谢郝梦媛，是她给花枝抓的药。"

梅花枝问："姑父，你的胳膊怎么样？会不会影响以后的生活？"

赵启福说："没事。已经愈合了。"

梅花枝说："可是还打着夹板。"

赵启福说："不影响干活儿。"

梅花枝说:"姑父,这件事情,全是成金的错。我真的没少抱怨他噘他。"

梅花枝的话刚落,林成金就跪在地下了。

赵启福知道,林成金是个"黑黑红红两面人"。白天,他同着很多人给干部们吵给干部们闹,弄得你计划落实不下去,工作无法进展,脸面丢尽,毫无威信可言。到了晚上,乘着没人的时候,他就会悄悄地来见你,好话说尽,自我批评,赔礼道歉,弄得你尴尬无奈,还不好意思批评他。成了人见人躲的难缠人。今天,夜深人静,林成金又要来这一套。赵启福心里十分反感,一把把他拉起来,生气地问:"这是干什么?"

林成金站起来,龇着牙说:"姑父,我这不是给你认个错嘛!"

赵启福说:"认错也不用下跪呀!"

梅花枝说:"跪下跪下!还不是你了?"

林成金急忙又跪下去了。

梅花枝说:"姑父,成金这是实实在在的认错赔不是。你就抬抬胳膊让他过去吧。"

赵启福看着梅花枝诚心实意的样子,想起自从他住院以来,她多次给他打电话代表林成金认识错误,为了赔偿他的住院医疗费用,通过花梦君加上他的微信,将自己偷偷积攒的三百元转给了他。虽然他拒绝了她的赔偿,可心里是满满的感动啊!今天,她带着林成金前来认错,真是一位明白知理的人哪!自己还有什么话可说呢!他再次拉起林成金,很诚恳地说:"事情过去就过去了,全当风刮跑了。"

林成金听到这里,一副悔之莫及的样子说:"唉!还不是给人家当枪使了。我心里挺后悔的,今后坚决改正。"

赵启福说:"这就对了。靠朋友求亲戚,不如自己立志气。精准扶贫奔小康是大势所趋,咱们村的力度很大,以后要好好干,一定可以脱贫富起来。不要异想天开,天上是不会掉馅饼的。"

林成金说:"姑父,我以后一定要好好干。要不然对不起你的一片好心哪!"

梅花枝说:"成金现在进步了,以后再也不会跟着别人指挥棒瞎转了。"

赵启福从桌子上拿起一个本本说:"要给自己一次机会,给自己一次改变。我听说你们在河岸边种了几亩西瓜,这就是改变自己的脱贫致富的实际行动。我心里很高兴。这是我出院后给你买的种植西瓜手册,你凑空看看。"

林成金从赵启福手里接过本子,心里一阵激动,说:"人家能脱贫,我也能脱贫。姑父,你就看我以后的实际行动吧!"

赵启福说:"改变自己也是一种痛苦。忍别人所不能忍的痛,吃别人所不能吃的苦,是为了收获得不到的收获。我很高兴看到你们的思想转变,很高兴看到你们脱贫致富奔小康。以后遇到什么难办的事儿,就直截了当地告诉我。"

这些都是掏着心窝子的实情话,梅花枝心里热乎乎的。她想,即使姑父原谅了林成金,也要对林成金的错误有一个认识,有一个赔偿的实际行动啊!她从衣兜里掏出几张一百元的钱,放在赵启福面前,笑着说:"姑父,这是五百块钱,也买不了多少东西。你就收下吧!"

赵启福说:"花枝,你这是干什么?你立马将钱收回去。"

林成金说:"姑父,要不是我挖的那个探槽,你怎么会摔伤胳膊呢?"

赵启福说:"钱,你们拿走。篮子,你也给我扢走。要不然,我会生气的!"

林成金看一眼脸色严肃的赵启福,"嘿嘿"一笑:"姑父,你这样做,叫俺情何以堪呢?"

赵启福说:"从今以后,只要你好好听扶贫工作队的话,与花枝共同努力把头上那顶贫困户的帽子摘下来,你再也不会情何以堪的。"

林成金还没接上话,就听见有人在喊门:"赵哥,在家吗?"

李俊英来了。

第六十九章　千里姻缘玉挂件

梅花枝看见李俊英和缘缘走进院子，便给她打了声招呼，拉着貌似傻乎乎的林成金离开了。

缘缘奔向爸爸，被赵启福抱起来亲了亲。

李俊英微笑着，坐在赵启福对面。

两个人对视着，深情地对视着。毕竟，相恋二年以后又分手二十多年了，在思念、惆怅和相互守望的光阴里，他们终于坐下来，畅谈一下后半生的生活了。

缘缘睡着了，赵启福把他放在屋里。

院子里，很静，可以听到对方的呼吸声。

李俊英终于开口了："你把你的想法告诉华栋栋了吗？"

赵启福微微点头："给他说了。你呢？"

李俊英说："清明节那天，我给林景芳上坟时，也给他说了。"

两个人潸然泪下，双手不自觉地紧紧扣在了一起。

那个真实的自己，那个隐藏在生活洪流中的、令我们深有感触的背后的自己，终于走向台面。那份真诚炽热的情感，终于迸发。相对于展现和表达的柔软，他们更愿意让对方知道自己强烈的爱情符号！

历历往事，如在眼前。

赵启福受伤以后，为救护他的华班长牺牲了。他身上的鲜血不停地流着，丝毫动弹不得，敌人的炮弹还是不停地打着。很快，他昏迷了。

当赵启福苏醒过来的时候,发现自己已经躺在医院的病床上了。

首先映入赵启福眼帘的是一个模样儿俊俏的漂亮的姑娘。

漂亮的姑娘,生来就是一首优美的诗;

漂亮的姑娘,生来就是一支动听的歌;

漂亮的姑娘,生来就是一个耐人寻味的故事……

当赵启福的目光落在她脸上的时候,漂亮的姑娘低下了头,白皙的脸上泛起了微微的红晕。

当两个人的目光再次相遇的时候,漂亮姑娘的眼睛,像月光辉映下的大海,美丽,清澈万分。

漂亮姑娘眼睛里面,你找不到一颗灰,更找不到一颗沙粒。

感谢上苍,让我在生死攸关的危急时刻相识了。赵启福讷讷地问:"你是谁?"

漂亮姑娘微笑着轻声回答:"我叫李俊英。"

旁边的一位护士说话了:"就是她冒着敌人的炮火把你送到这里的。"

原来,敌人炮击的时候,经过这里的李俊英恰好目击了华班长牺牲的场景,她从山坡下飞奔而来,摸摸脉搏还有轻微跳动的赵启福,背着他就向后方战地医院狂奔而去。

赵启福痊愈出院了。临别时,他将母亲送给他的那只玉姻缘挂件赠给了李俊英,确立了恋爱关系。后来,赵启福复员了,李俊英也从遥远的边境来到了白河岸边的南阳市,找到了华苑村。可是,赵启福竟然按照华班长的遗嘱,将户口落在了华家,并且与华班长的遗孀林秀英结婚了。

李俊英心里那个气呀,简直就要爆炸。于是她赌气嫁给了华苑村的林景芳。

可是,李俊英不知道赵启福也是在撕着自己不再完整的心说结束,用尽最后一丝力气道再见。他强忍住了到嘴边的哭声,遏制住了涌满眼眶的泪水。那是因为,他只能用这一颗最诚挚纯洁的爱去抚平烈士亲人的创伤。

岁月抹不去难以磨灭的记忆。

怀着怜悯和同情的心释怀那些逝去的岁月。

一晃,二十多年过去了。在岁月长河的冲刷洗礼中,李俊英慢慢理解了赵启福的行为。他是在用自己的实际行动去报答华班长的救命之恩,用不懈的努力践行着华栋栋的遗愿,履行自己带领村民们脱贫致富奔小康的钢铁誓言,展示着退役军人永不言退的军魂!当她的女儿林淑娴大学毕业以后,她毅然决然地把她介绍给了华班长的儿子卫国。于是,他们由原先的恋人结成了儿女亲家。

同样,在赵启福的心里,对李俊英永远有一种无法报答的歉疚之情,有一种无人能及的更为特殊的感情。他时时刻刻都把她当成自己的亲人。而李俊英呢,也用自己的真爱来弥补心中的缺憾,对赵启福的吃穿用住样样都操着心。他们那一段永远抹不去的幸福记忆和解不开的圣洁情愫,使他们在日常生活中互相关心帮助爱护,这既是人世间一种最纯洁的友谊和亲情,也是一种超越友谊和亲情之外的纯洁爱情。如今,他们更应该敞开自己的心扉大胆地去爱。

其实,在李俊英的心里,赵启福就是她的最爱,内心里对他的那份牵挂是任何人也超越不了的。现在,摔伤住院的赵启福回家了,她装着满腹的心里话儿,把轻易不示人的赵启福赠品独山玉挂件挂在了胸前。

当赵启福看见自己亲手送给李俊英的定情物时,心里像奔腾的浪花翻滚开了。不错,鸡心似的造型,淡绿的颜色,透过幽幽的光泽,可以看见挂件的一边是月亮,月亮里面有一枝桂花。挂件的另一边还是月亮,月亮里面有一位老寿星正在树下牵红线。

赵启福两眼不停地扫视着玉挂件。

当两个人目光再次碰撞在一起的时候,李俊英已经是双颊绯红。她轻轻问道:"还记得你是怎样把挂件挂在我脖子上的吗?"

赵启福微笑着:"记得!当然记得!"

李俊英眼睛潮湿了:"可是这些年来,我这是第一次戴上它。"

赵启福微微点着头："它代表着我的心，默默地陪伴着你。"

李俊英凝视着赵启福，以非常舒缓而又坚定的语气说："是的！我记得你曾经说过，人的一生会遭遇无数次相逢，有些人，是你看过便忘了的风景；有些人，则在你的心里生根发芽。我知道，如果有一个人，记得住前世的约定，今生就算是跋山涉水，历尽千辛万苦，也会守候在路口，等待相逢，这个人便是我。不是吗？"

温柔的真情话语，再次打开了尘封的记忆。赵启福的眼眶里涌满了泪水，讷讷地说："我记得那天晚上，当我将玉挂件挂在你脖子上的时候，你依偎在我的胸膛。你说，上天让你我有缘，只期望能牵着你的手一起走过以后的日子，不管是鲜花铺路，还是荆棘满地，我们不离不弃！俊英，知道吗？自从秀英走后，我已经把爱的空间位置留给你。"

李俊英被感动得几乎失声了。她哽咽着说："我记得你写给我的第一封信中说，爱你的每一天，在我心里；留一道风景给你，在我眼里；留一丝思念给你，在我脑海里。让风儿替我亲吻你，让阳光替我问候你。我只想告诉你，我的生命里不能没有你！"

赵启福将李俊英的手拉向自己的胸前："你是否还记得？在我复员离开部队的那一天，我紧紧地握着你的手，悄悄地告诉你，我左手刻着我，右手写着你，当咱们掌心相对时，已经心心相印了。"

李俊英依偎在赵启福的怀里，双手紧紧地扣着赵启福的双手，滚落而下的泪水滴湿了她的衣服："当然记得，我哭了。我说，如果你是高山，我就是小河，围绕着你；如果你是云朵，我就是风，追赶着你；如果你是绿叶，我就是红花，辉映着你；如果你是月亮，我就是嫦娥，永远陪伴你……"

暖暖的春风，好像担心惊扰了他们的呢喃细语，吹得那么轻柔……

第七十章 退役军人创业协会

吕彦彰、赵启福、齐保国商议，马上成立华苑村退役军人创业协会。

很快，一切准备工作已经完成了。这天上午，在华苑村村部会议室里，主席台上方，悬挂着红底黄字的"华苑村退役军人创业协会成立大会"的巨幅横额。在洪亮的军歌声中，吕彦彰宣布大会开始了。

退役军人服务中心廉龙主任做了重要讲话。他说，华苑村成立退役军人创业协会是一个很好的举措，开创了退役军人创业中的团结、互爱、互助、共同脱贫致富奔小康的先例，是值得大力推行的。这是深入学习贯彻习近平新时代中国特色社会主义思想，是"精准扶贫，一个人也不能掉队"的历史使命中的具体体现，是不忘初心，牢记使命，一往无前，实现两个一百年的具体行动。

参加大会的退役军人穆兴心里十分高兴。他认真地聆听着廉主任的讲话，回想起回到家乡这些天来，亲眼看到华苑村的一系列变化，心里充满了激越和感动。特别是驻村扶贫工作队驻村以来，深入群众，走访群众，发动群众，逐户逐人落实低保户贫困户的确认和制定产业帮扶、彻底摘掉贫困户帽子的计划和措施。真的是党中央习总书记的精准扶贫致富奔小康的决定深入人心啊！自己作为一名退役军人，回到家乡，与乡亲们把华苑村几千年来的人文地理环境予以重新改造和建设，形成新的人们喜闻乐见的人文景观和地理文化景观，迎来更多的旅游者，为乡亲们脱贫致富奔小康做好领头羊，既是当之无愧的桑梓之情，也是一个退役军人的使命担当啊！

穆兴更加激动的是，赵启福提出在华苑村建立退役军人创业协会的建议，实际上是伏牛县在全国率先成立退役军人服务中心以后，吕彦彰第一个提出来成立全县退役军人创业协会的。这个在新形势下成立的创业励志的退役军人组织，必将为扶贫攻坚做出应有的贡献。因次，得到了全村一百多位不同年龄段的退役军人的坚决支持，更有创业成功的退役军人们积极提交会费。穆兴想到这里，心里充满了温馨和幸福。

就在这个时候，挨着穆兴坐的战友石玉平小声告诉他说，选举马上就要开始了。

吕彦彰正在安排选举华苑村退役军人创业协会会长、副会长和秘书长的事宜。

按照村委会的提名，选举会长、副会长和秘书长的投票开始了。

在与会人员充分酝酿、讨论和认真地考虑后，投票结束了。经过计票人员的统计，监票的石建强终于以响亮的声音宣布："会长，赵启福，副会长，齐保国、穆兴，秘书长，穆兴（兼）。"

在一阵阵热烈的掌声中，石玉平十分高兴地拉一下穆兴，正要为他祝贺，忽然听见爷爷接着宣布："副秘书长——石玉平。"

热烈的掌声再次响起来。

吕彦彰接着宣布："请穆兴秘书长代表全体退役军人讲话。"

穆兴来到主席台前，向全体退役军人立正、敬礼。然后，以洪亮的语气说："谢谢各位战友对我的信任。今天，同着各位战友，我向大家表示，我们是退役军人，在部队，我们用热血和汗水保卫国家；在地方，我们用热血和汗水建设国家。'部队当标兵，回乡创辉煌'是我们不变的人生追求，也是我村烈士华栋栋的生前意愿。当前的首要任务，就是精准扶贫。现在，我们村还有二十户四十六人的低保贫困人员需要我们以真诚的爱心，以高度的责任心来关心爱护他们，帮助他们摘掉贫困户的帽子，走上共同富裕的道路。我们村有一百多位退役军人。退役军人是什么？是铁打的军魂，是敢于上刀山钻火海而在所不惜的真正汉子。我们虽然退役了，但是，我们为人民服务的宗旨没有变。在党中央倾全国之力精准扶贫的关键时刻，我们要发扬革命传统，为实现中国梦贡献我们的一切力量。我们华苑村退役军人，除去年龄大身体不好的，还有八十来人。我想咱们首先要自己先富起来。只有自己富起来，才有能力帮助他人，才能实现人人为我我为人人的帮贫致富。当然，我们这些军营里走出来的战友们，有一大部分已经脱贫致富，有能力帮助我们村里的低保户贫困户。为此，我说四个心愿：一，我将投资三百万元开发华苑村的旅游景点；二，与回乡工作的研究生赵阳合作，开发玉兰新品种；三，欢迎战友们有力出力有钱出钱，入股投资，共同开发我们的美丽家乡；四，这一条最为重要，就是请战友们开展三帮一带的扶贫活动。"

穆兴讲到这里，人群里又是一阵热烈的掌声。

穆兴又是一个标准的军礼，刚要继续下去，听见有人喊起来："什么叫三帮一带？"

穆兴解释说："我已经做了统计，我们村现在有二十户贫困户。每三个退役军人帮助一家，带动他们脱贫，就叫三帮一带。"

穆兴接着作了"怎么帮帮什么"的发言，要求大家"自己富才能帮人富"，在扶贫工作队的指导下，帮助贫困户找准产业扶贫的项目，大家手牵着手，走向幸福美满的小康生活。

接着，赵启福作了简短的发言。他说："为了实现我的老班长、烈士华栋栋牺牲前的嘱咐，我来到了华苑村，与华苑村的退役战友们和父老乡亲们为改变贫困面貌努力地奋战着。虽然我们退役了，但是，我们为祖国为人民的心还在剧烈地跳动着；芳华已退，但是，我们血管里还在流动着为党和事业的满腔热血。我们曾经说过，信念是军人的方向盘，不能偏；奉献是军人的黏合剂，不能少；执着是军人的加油站，不能停；武器是军人的倚天剑，不能钝。现在，我要说，精准扶贫是我们的攻坚战，不能退缩，要拼命。"

赵启福讲完，立即将退役军人创业协会会员与贫困户结对子的产业帮扶名单公布了。

最后，廉龙主任作了总结性的发言："我们在座的每一位退役军人，在风华正茂时，响应党和政府的号召，积极报名参军，舍小家保国家，长期奋战在艰苦的环境中，默默无闻地奉献，为我国的军队建设和国防事业做出了积极的贡献。退役以后，我们在不同的地方不同的岗位上工作和生活，转业不转志，退伍不褪色。今天，在精准扶贫的国家大局面前，在实现中国梦的崛起中，我们退役军人既是追梦人，也是圆梦人，我们要成为我们家乡建设发展的骨干力量，要继续弘扬'特别能吃苦、特别能战斗、特别能奉献'的优良作风，发扬任劳任怨、团结协作、不计名利、乐于奉献的优良传统，找准定位、勇挑重担、实干担当，胸怀全局，脚踏实地地为实现我村的战功荣立者、烈士华栋栋的生前愿望，打造全面小康的华苑村，做出新的贡献！"

廉龙刚讲完话，吕彦彰就趴在他耳朵边说："江山、刘剑老领导打来电话表示祝贺。"

廉龙一振："太好了！他们一直关心着华苑村的精准扶贫工作，给予了极大的帮助。"

吕彦彰说："是的！另外，老排长江山还告诉我们，省旅游局已经审查批准华苑村为全省乡村生态旅游特色村，文件很快就要报到省政府了。他希望华苑村借此机会，扩大宣传，招商引资，把华苑村这个景点打造好。"

廉主任十分高兴，立即将江山的电话内容告诉了大家，退役军人们听到这个激动人心的消息，爆发出了经久不息的热烈掌声。

第七十一章 深山超市第一家

新的一天开始了。

华苑村村部门前的文化广场上,站满了前来参加惠万家飞鸣超市开业仪式的人群。

梅花枝的精神非常好,脸上挂着温馨的笑容。她穿着统一的上白下蓝的超市服装,看上去很有活力。如果仔细地去看看,这位既不妩媚也不性感,既不浮夸也不张扬的中年妇女今天突然之间变了模样:她齐耳短发的发梢微微卷起,略施脂粉的脸庞显得很白净。虽然脂粉没能遮去岁月的痕迹,看似微红洁白的脸颊还露出些许的枯黄,喜悦的双眸里依旧还流露着一丝忧郁,但是这些丝毫也掩饰不住她心底的激动和高兴!

经过治疗后的梅花枝身体精神好转,咳嗽大见减轻,身上也有了力气。昨天,她在村委的大喇叭里就听到了惠万家飞鸣超市开业的通知,她激动得一夜没有睡着。今天一大早,她起床后就坐在屋里,对着镜子刻意地打扮起来。

其实,这些年来,梅花枝从来没有这么认真地打扮自己,更不要说什么香脂化妆品了。可是,昨天她接到郝梦媛要她参加飞鸣超市开业典礼的通知后,忍不住一阵阵的激动。一个乡下的妇女,做梦也没有想到成为一名上班族,马上就是超市的工作人员,是应该打扮一下吧?毕竟,这是她人生的一个第一次。她让林成金去镇里购买了化妆的用品，对着镜子，用电吹风吹卷了满头还黑黝黝的秀发，在脸上淡淡地擦上了脂粉，在嘴唇上涂抹了唇膏。是的，人是衣裳马是鞍，她这么稍微一打扮，就是另外一种形象了。

梅花枝看着镜子，里面的她就是漂亮了不少。她笑了笑，还真是的，自己就是年轻了几岁嘛！就在这个时候，林成金蹑手蹑脚地从堂屋里走过来，悄悄地站在她的身后，不停地作着怪怪的滑稽的动作。

梅花枝已经看见镜子里的林成金了。

她不动声色地偷看着镜子里经常惹她生气的男人，一会儿做了个两人合影的样子，一会儿指着她刚刚修剪过的头发撇撇嘴又伸出大拇指夸奖的样子，一会儿做了个两个人比美的样子。梅花枝看着看着，忍不住"扑哧"一声笑了。

林成金从后面一把将梅花枝揽在怀里，笑嘻嘻地说："还真是的，老婆，你变年轻了，变好看了。"

梅花枝笑着说："人逢喜事精神爽。这么多年了，我这就要去用自己的双手挣钱了。"

林成金说："娇娇说，一旦咱们家里把那个贫困户的帽子甩了，把门口贫困户的牌子摘了，她就要回来看你了。"

梅花枝说："为了娇娇早日回来，你不但要把西瓜田打理好，还要将咱家的桃园种好了。"

林成金答应着，趁梅花枝不注意，在她脸上亲了一下。

梅花枝觉得一股甜蜜蜜的感觉涌满了心头。她假装生气的样子说："大白天的亲什么亲？"

林成金说："我突然发现你变年轻了，心里怪美气。"

梅花枝问："你知道我为什么变年轻了？"

林成金说："还不是化妆品的效果。"

梅花枝说："不是！是我心理年轻了。"

林成金问："怎么解释？"

梅花枝说："一是国家政策好，我们有了盼头；二是你大有进步了，我高兴。"

林成金哭丧着脸说:"还表扬我呢！天天下地干活,晒得黑脸包公似的。"

梅花枝说:"出自己的力,流自己的汗,自己的事情自己干！干活是本分。你就是晒成一个非洲人,我也没有嫌弃你呀！"

林成金说:"你真的是赏罚分明啊！有进步就表扬,有毛病就是破皮鞋甩！我这辈子逃不出你的手掌心了！"

梅花枝说:"只要你以后别再听权有智的野鸡叫唤,好好听扶贫工作队的话,好好干活,彻底甩掉贫困户的帽子。我就批准你逃出我的手掌心。"

林成金在梅花枝脸上亲一下,笑着说:"这可是你说的。"

梅花枝说:"别乱了。你这就去洗洗头,我给你造个发型。"

林成金答应着,松开怀里的梅花枝,跑到院里洗头去了。

现在,梅花枝来到由村部几间房子改建的飞鸣超市,等一会儿开业典礼结束后,她就是超市的营业人员了。

飞鸣超市来了很多人,脸上都带着灿烂的笑容,个个都是喜气洋洋的。是的,这个超市,不但给村民们带来了方便,再也不用翻山越岭到镇里去购买生活用品了,而且还能把他们山里的土特产销往远方。真的是一举两得啊！更重要的是,还解决了一些低保贫困户就近就业的问题。

郝梦媛朝她走过来,很开心地夸奖起来:"姐,你打扮得真漂亮啊！"

梅花枝说:"是呀！我今天就要上班了。心里特别高兴。"

郝梦媛说:"我心里也很高兴。"

梅花枝说:"多亏了你的照应。要不是你向雷鸣远提议,我做梦也想不到当上了一名工作人员。"

郝梦媛说:"第一个提出建议的是吕书记。姐,以后你就在这里上班,超市还将为你们工作人员办理四险一金。"

紧跟在梅花枝身后的林成金今天也变了模样,刚刚造了发型的脑袋上还散发出一种淡淡的洗发膏的香味儿,一身干净的黑蓝色套装,皮鞋也打了鞋油。他朝着郝梦媛笑着说:"以后,我们的生活来源又多了一个渠道。"

郝梦媛说:"是啊!"

梅花枝说:"成金这些天把全部精力用在西瓜田里了。今年哪!福星高照,我们真的可以挣到一大把票子了。"

正说着话儿,喇叭里传来主持人吕彦彰的声音:"惠万家飞鸣超市开业典礼开始。"

一串长长的鞭炮飞速地燃烧着,"噼里啪啦"的炸裂声响彻天空。

华苑村有史以来第一家超市开业了。

第七十二章　撕裂心扉的往事留影

华苑村飞鸣超市开业典礼以后，四面八方的人们开始了第一次享受九折的购物。

雷鸣远喊上郝梦媛，来到村部。

雷鸣远心里突然有一种说不出来的烦躁和不安。

转眼，茫茫人海中他们从相遇、相识、相知、相亲到相爱已经是五个年头了。这就是缘分。只有懂得努力创造缘分的人，才是最理智的。可是又有多少人，能在缘分来的时候，抓得住它而不松手呢？缘分是美丽的，它和爱情一样，需要精心呵护和打理。缘分不是诗，但它比诗更美丽，缘分不是酒，但它比酒更香浓。爱是不分距离不分地域的，在缘分的天空里，缘分并不是永远都不会远逝的。珍惜你的缘分，善待你的爱情。真正的爱情，是在能爱的时候，懂得珍惜，尽情去爱，切莫等失去而空留绵绵无尽的遗憾。

可是，现实生活中，总不是尽人心意的：

你最爱的人，往往没有选择你；

最爱你的人，往往不是你最爱的；

而最长久的，偏偏不是你最爱的，也不是最爱你的。

只是在最适合的时间出现的那个人，才会真的和你永远在一起！

最近一段时间，雷鸣远十分苦恼、焦躁和不安，因为有两个人在他脑海里不停地交替出现。

一位是事业心极强、对人热情实在而执拗的郝梦媛。

一位是热情活泼、潇洒浪漫随和的花朵朵。

两朵鲜艳的花,一样的美丽,一样的纯洁,一样的可爱,你要摘取哪一朵?

爱代表着一种责任,爱是一种无条件的付出和牺牲,爱是永无止境。爱不是不要回报,而爱的回报就是对方的永远快乐和幸福。而对方的快乐就是你的快乐,对方的幸福就是你的幸福,对方的痛苦就是你的痛苦。你应该快乐着她(他)的快乐,幸福着她(他)的幸福,分担着她(他)的痛苦!

可是,雷鸣远不能理解也不支持郝梦媛把她的全部身心和精力完全用在扶贫工作上。

他无法容忍一再推掉结婚日期的执拗的工作狂!

雷鸣远曾经多次告诉郝梦媛,自己的爸爸妈妈要他结婚。而且,为了这一天的到来,他们在城里最好的地段购买了别墅式的楼中楼。那一天,他告诉她说,希望她请几天假回一趟县城,看看这栋新买的房子,提出她的装修意见。可是,他失望了。她因为扶贫工作中一个小小的事情爽约了。为此,爸爸妈妈十分生气。

等待着装修的新婚房子就这样停下来。

后来,爸爸妈妈以十分坚定的语气下达了最后通牒:五一节结婚。

可是,再过十天就是五一节了。不要说结婚,就是两个人的结婚照也没有照啊!

雷鸣远对郝梦媛的心已经凉下来。

现在,雷鸣远好像看见的是淡淡身影的郝梦媛,是渐行渐远的郝梦媛。

一切都变得十分生疏了。

电话越来越少了,更不要说视频了。

她还在爱着自己吗?

是的!她还在爱着自己,她只是为了工作推迟了结婚的时间。

真正变心的是他而不是她。

　　雷鸣远心中的最爱已经被另外一个靓丽的身影占据了。

　　热情奔放的花朵朵走进了他的生活，刻进了他的脑海。

　　自那天在没有 WiFi 的咖啡屋以后，花朵朵他们两个天天相约着。花前月下的滨河公园，梦幻般的咖啡屋，奔放浪漫的KTV，舌尖快乐的小吃店。人世之间那种特有的异性吸引产生的爱之恋情，越来越浓，浓得如香醇的酒，把不住被诱惑的口，偷偷地品尝着，竟然真的醉了，醉了。

　　雷鸣远醉了，醒了，又一次的醉了。

　　难以准确定义的人间男女两性之爱之情啊！

　　花朵朵、郝梦媛在雷鸣远的心里已经互换了位置。

　　不过，雷鸣远必须要告诉郝梦媛，五一结婚。这是雷打不动的决定，也是考验她的最后一次机会。如果她同意，他还是愿意陪着她走完一生应该走过的所有路程。

　　雷鸣远走进郝梦媛的住室里。

　　他有点忐忑不安，不知道该给她说什么，怎样说。

　　郝梦媛心里很激动。因为，在自己的建议下，雷鸣远与卢飞娣合伙在华苑村以他们二人名字组成的飞鸣综合超市开业了。今天的开业庆典上，雷鸣远和卢飞娣在讲话中对于自己的大胆设想并且得到实现表示了衷心的感谢。其实，令郝梦媛更激动的，是超市开业以后，解决了一部分低保贫困户的就业脱贫问题，解决了深山区交通不便的物资交流问题。

　　郝梦媛已经为雷鸣远沏上一杯他最爱喝的上好的信阳毛尖茶，而且还加上了土蜂蜜。

　　雷鸣远站在郝梦媛的对面。

　　郝梦媛轻轻地掩上门。这是他们相爱几年来养成的一种习惯，见一次面，两个人就要有一次互动的相拥相亲。

　　可是，雷鸣远没有任何行动。

　　郝梦媛微微的一声叹息，将茶杯递给雷鸣远。她说："不冷不热，可以喝了。"

雷鸣远接过杯子，轻轻地呷一口，很礼貌地说："谢谢！"

郝梦媛说："今天超市开业，我很激动很高兴。我要告诉你的是：你支持了我的工作，我要谢谢你。"

雷鸣远苦笑一下："可是，你也要支持我的工作。"

郝梦媛问："支持你的工作？"

雷鸣远说："是的。"

"什么工作？"

"完成我爸妈交办的结婚任务。"

郝梦媛笑了笑说："好呀！什么时间？"

雷鸣远笑着说："五一节！这是我爸爸妈妈铁定的日子。他们为这件事情，已经很生气了。这次，是两眼含泪可以说是以央求的语气告诉我的。"

郝梦媛看一眼异样神情的雷鸣远，还没有开口，雷鸣远竟然一口气地说下去："你知道，我妈妈四十岁的时候才生下我。他们就我这一个独生子。现在，他们都是接近七十岁的人啦！他们盼望着他的儿子早日结婚，更盼望的是，他们要当爷爷奶奶，要抱孙子孙女。其实，梦媛，我们也真的老大不小了，到了应该解决自己婚姻大事，走进婚姻殿堂的时候了。"

雷鸣远脸色非常严肃庄重，两道眉毛几乎拧结在一起，以下战书的咄咄逼人的目光盯着郝梦媛，好像她一旦不接受就会动武的样子。郝梦媛很奇怪，也很不理解。认识五年来，他从来没有对她这样过。今天他为什么是这样？难道，等到明年不行吗？因为，在她的心里，其实只是想看到她帮扶的贫困户都甩掉贫困的帽子以后结婚。这是她的情结，也是她的事业之心呀！现在，精准扶贫攻坚的关键年头，如果结婚，就会给工作带来不便，影响脱贫的进度。她说："为什么不能再等我半年到一年的时间？毕竟，我们已经谈了五年了，也不差这一年半载了。"

雷鸣远摇摇头说："正因为如此，不能再等了。我们那么多同学朋友都结婚了。有的孩子都进幼儿园了。"

郝梦媛的情绪如同决了堤的洪水,浩浩荡荡地从她的心里倾泻了出来:"这也许就是理念的不同。现在,扶贫工作依然面临十分艰巨而繁重的任务,已进入啃硬骨头、攻坚拔寨的冲刺期。我是想,在这个伟大的时代里,在这个世界上从来没有的,在中国也是亘古绝无仅有的世纪工程的精准扶贫中,我作为时代的宠儿,很愿意把我的青春年华贡献给我为之奋斗的事业和华苑村的低保贫困户。形势逼人,形势不等人。所以,我只是想再往后推迟一段时间。请不要为难我!"

雷鸣远看见郝梦媛忽然激动起来,心里突然升起不满。难道,结婚与扶贫还有什么实际上的矛盾么?他想了想,说:"什么为难?难道我就不能提出结婚的请求吗?我也请你理解我。"

郝梦媛很快就为自己直言拒绝后悔了。

雷鸣远提出结婚,这是非常正常的事情。作为父母亲,谁不盼望着自己的孩子早日解决婚姻问题?谁不盼望着早日抱上自己的孙子孙女?这是合理的要求。再说,雷鸣远提出结婚,就说明两个人已经心心相印,自愿地走到一起并且走向未来。她一开口就予以拒绝,未免有些武断了。她走过来,将雷鸣远手中的杯子加了水递给他,而后主动地轻轻地依偎在雷鸣远的胸怀里,微微地抬起头来,深情地看着他的眼睛,娇柔地说:"其实,我也想早日把我们结婚的事情摆上议事日程。"

雷鸣远心里一阵悸动,高兴地呷一口甜甜的山蜂糖茶,将杯子放下来,低下头,轻轻地亲吻一下郝梦媛的额头,语气变得轻松随和了:"我真的希望你把这样的想法变成实际的行动。"

郝梦媛笑了笑,以商量的语气说:"因此,我再一次请求,咱们结婚时间,定到明年的五一节好不好?请你理解我的心情,支持我的工作。"

雷鸣远心里一沉,想起了来华苑村以前给爸妈打的保票,这次一定会说服郝梦媛同意五一节结婚的。可是说了半天,还是要推迟到明年的五一节。怎么向爸妈交代?太叫人失望了。他一把推开郝梦媛,把最后通牒撂给她:"今年五一节必须结婚!这是铁定了的,不能改变!"

郝梦媛被雷鸣远命令式的要挟语气激怒了。她看一眼面色冷峻的雷鸣远,不温不火地顶呛一句:"如果我不同意呢?"

雷鸣远撂过来一句令人震惊的绝情话:"我们就说一声再见吧!"

第七十三章　不要轻易说分手

郝梦媛好像被谁重重一击，意识突然模糊了。

她没有想到雷鸣远会说出如此绝情的话。

心碎落地的响声中，朦朦胧胧里，郝梦媛好像听见了从远处飘来的伤心的歌声：

你说想了很久

最后决定和我分手

倦了累了都成为理由

想我爱你还不够

一个人走在街头

情侣一对对擦身而过

传说比爱情可贵的自由

我宁愿放弃把你挽留

相爱的人不要随便说分手……

房门"咚"地被关上了。随之而来的是一阵阵由近而远渐渐消失的脚步声。渐行渐远的，是雷鸣远的身影？不！应该是他的心。

郝梦媛再也控制不住自己，一下子坐在床上，两行热泪已经飞迸而下。

郝梦媛的心碎了。

眼泪是滚烫的！她慢慢地闭上眼睛，可是，泪花儿还是不停地流出来。

　　撕心裂肺般的疼，疼得让人难以自制。这种难以自制的疼，也只能一个人悄悄地待在屋里，默默地忍受。她告诉自己一定要坚强，一定要学会伪装自己，还要对别人笑。笑着对自己说没事，说一切都好。还要在痛苦中挣扎着爬起来，因为，她必须要面对。

　　郝梦媛擦一把眼泪，站起身子，从床头处取出她的手提电脑，把连接线插好打开了。

　　很快，荧屏上显示出来她每天业余时间创作的纪实扶贫小说《五福临门》——这是她新取的书名。她想了想，快速地敲击着键盘，荧屏上立即显示出一行行文字：

　　她含着两行眼泪，打开电脑，续写着她的扶贫小说。是的，在剜心般的痛苦中，她决定选择坚强和遗忘。选择坚强和遗忘，是为了更好地活下去。

　　那种疼，懂得以后，也就不在乎了。也许，他们就是这个世界上两个不同的人，仅仅只是擦肩而过的过客。他突兀地爆发出的令人难以接受的决定，一定在他的心里思忖很久。他丝毫没有考虑过对方的感受，这是对她的不在乎，对她的冷漠和绝情。而深一层的原因，极有可能就是那天在玉兰酒店所看到的，他已经移情别恋，另有所爱了。这次要求五一节结婚只是一个借口而已。也许，她给了他这个借口。因为，她太爱她的工作了。她要用自己对贫困户的满腔热爱，帮助他们在这个伟大的历史变革中，不落下一个，信心十足地甩掉贫困的帽子，步履坚定地走向小康！就是伤了，也值了。也许，她也只能用这种方式，承受着他给她的心碎，他给她的伤。也正是他绝情的一瞬间，她终于发现，爱是折磨人的游戏，最爱的人输得最彻底！

　　郝梦媛写到这里，又一次落泪了。

　　因为，这样的打击，对她来说是多么的无情和难以承受啊！

　　因为，郝梦媛一直认为，对于爱，只要全身心地投入，就一定会得到相应的回报。可最后她才发现，打动的只是她自己。她认为，爱的路，就是真心实意地不顾一切地往前走，路就会一直延伸。可结果却无情地告诉她，她的心路走到了尽头。

　　失去一个人，只是生命中一段过程，在最深的绝望里，还一定会看见最美的风景。

　　可是无论如何，她与他的故事，无法去解释，无法去修改，无法重来一次，也无法找出原稿然后将他一笔抹去。

　　真的，流年逝去的岁月里，我真的难以抹去心头的深深记忆，难以抹去为你曾经的眼泪，难以抹去为你的狂欢，难以抹去为你经历的落寞和惆怅……

　　无论是否抹去，心总是疼的。

　　郝梦媛停下手，望着满荧屏的文字，陷入了无限的忧伤中。

　　啊！她忽然觉得自己是多么的无能为力，多么的不堪一击，在看似坚强的背后，实际上是多么的柔弱不堪。

　　郝梦媛的眼泪不停地流着。

　　此时，她多么需要一个人来安慰她，多么需要一个人为她抚平心灵的创伤，多么需要一个人既可以看穿她的逞强，又可以保护她的脆弱。他会在她的眼泪掉下以前，就用大大的手掌捂住她的眼睛，轻声说她的眼睛只有微笑的时候才是最好看的。他会在她受到委屈的时候把她的脑袋按在他宽阔的胸前，告诉她在他的面前永远都不需要伪装坚强。

　　郝梦媛擦一把眼泪，准备把刚刚想到的文字打出来，敲门声突然响起来。

　　郝梦媛没有理睬。

　　一个熟悉的声音传进来："梦媛，是我。"

　　是赵阳。

　　郝梦媛犹豫一下，打开门，赵阳走进来。

　　赵阳看见郝梦媛满脸泪痕，满脸凄楚，轻声问道："你哭了？"

　　郝梦媛再也忍耐不住，泪珠儿又一次滚滚而下。

　　赵阳不知道该如何安慰这位和自己同龄的女孩子。他抽出桌子上的纸巾，递给郝梦媛："梦媛，刚才你和雷鸣远之间的话，我听见了。"

郝梦媛擦一把满眼眶的泪水，轻轻地点着头。

赵阳依旧站在郝梦媛的对面，有些木讷地说："我不会甜言蜜语，也不懂得浪漫和温馨。我只知道，这些天来，我们在一起，我很愉悦很幸福。每天，都是一个阳光灿烂的世界。"

郝梦媛点点头。

赵阳接着说："无论遇到什么挫折，请记住两句话：生活必须要有裂缝，阳光才能够照得进来。你经历过的所有困难，最后都变成光，照亮你前方的路。"

郝梦媛的肩膀剧烈地抖动起来。

赵阳停下来，不再说话，只是深情地望着她，欲言又止的样子。

郝梦媛看着他，不知道他在她伤心的时候还会表达什么。

赵阳终于鼓足了勇气，盯着郝梦媛深情地说："有人关闭了一扇门，有人打开了一扇窗。"

谁能给我波澜不惊的爱情？谁能陪我看透流年的风景？

郝梦媛哭得更厉害了。

第七十四章　收获的喜悦

转眼之间，梅花枝已经在飞鸣超市上班一个月了。

这天下班前，超市经理将一沓子崭新的人民币发给她。她数了数，整整的两千元。两千元的收入，在这个偏远的山村，它是一笔多么大的数目呀！她用难以控制的颤抖的手将钱装进手提包里，不由得鼻子一酸，掉下两行泪珠。

梅花枝回到家里，看见林成金也从西瓜地里回家了。她急忙拉着林成金走进屋里，十分高兴地说："成金，我这个月的工资发下来了。"

林成金从来没有见过妻子这么激动高兴的样子，急忙问道："多少？"

梅花枝卖了个关子："你猜猜？"

林成金眼睛里满满的疑惑和少有的惊喜："一个女人家的，人家是照顾咱呢！大不了千儿八百的。"

梅花枝摇摇头："你再猜猜？"

林成金撇着嘴说："要说咱家是贫困户，每个月也就是百儿八十的救济。你这是打工，高也高不到哪里。一千四五就顶着天了！"

梅花枝的眼睛里滚动着泪花："第一个月，咱还是个新手，月薪两千元。"

林成金惊讶地瞪大了眼睛，似信非信地问："忽悠我的吧？"

梅花枝擦一把泪水笑着说:"你是我的男人,有什么好忽悠的?"说着,从手提包里掏出一沓子人民币。

林成金笑得双眼眯成一条缝,一把抢到手里数起来,真的是两千元哪!不由得哈哈傻笑起来:"我的蚂蚱爷呀!看来,要想把这顶贫困户的帽子甩掉,还真真确确要靠自己的双手去劳动啊!"

梅花枝看见自己男人激动傻乐的样子,心里也是非常地高兴。她说:"吃水不忘挖井人,幸福不忘共产党。要感谢习总书记党中央国务院精准扶贫奔小康的伟大决策,还要感谢吕彦彰书记和郝梦媛、杨志业他们对咱家的精心帮扶呀!"

林成金说:"是呀是呀!年底,你就可以收入一万六千元。咱们白河岸边的三亩西瓜,也是一笔不小的收入呀!"

梅花枝说:"是呀!一亩地按四千元的收入,就是一万两千元。"

林成金长长地叹一口气说:"唉!真的是靠亲戚,争救济,不如自己立志气。以前,我就是戴着贫困户的帽子,靠着这个招牌,到处想方设法弄救济,去过县里镇里,去过信访去过民政。每次上级领导来检查工作,访贫问苦,就要想办法装穷叫苦。坐等着扶贫,坐等着吃救济,等靠要,盼望着天上掉馅饼。唉!闹出了多少笑话,成为人们饭前茶后谈笑的话柄。你还记得吗?郝梦媛以前的男朋友雷鸣远第一次来咱家,还有江山来咱们村考察,还有柳书记来,嗨!这都是自私自利之心在作怪。"

梅花枝说:"是呀!我每次见到你那些丢人现眼的场景,恨不得钻进地缝里。"

林成金说:"唉!我从今往后,再也不让你为我生气甩皮鞋了!"

梅花枝笑着说: "你改正了,我积攒的那些皮鞋也派不上用场了。"

林成金说:"我也不是嫌钱扎手的人呀!"

梅花枝心里十分高兴。林成金眼见为实,看到她在超市上班收获的第一桶金后,激动地开始反省自己的过去,认识到自己的不足,应该借这个机会,好好地给他唠唠,给他鼓鼓劲儿,克服懒汉思想,发愤图强，彻底甩掉贫困帽子。于是，她面带微笑，拉着林成金的手，娓娓说道："我今天很高兴，也很幸福。因为创造幸福的方法很简单，那就是用自己的双手去劳动。可是有些人只享受别人给予的幸福，那是不会持续很久的。伟大的成绩与辛勤劳动总是成正比例的，付出的劳动越多，创造的幸福就越多。这是我在飞鸣超市一个月来的体会，懂得了劳动的含义。我记得有人说过：人生只有走出来的美丽，没有等出来的辉煌。成金呀！为了咱们早日脱贫，为了娇娇早一天回到咱们身边。咱们尽力而为吧！"

林成金听到娇娇二字，心里头霎时涌出来一股内疚和不安，一丝隐疼撞击着他的全身神经。毕竟，她是自己的亲生骨肉呀，血浓于水的亲情呀！一晃快两年了，娇娇没有回家。她是在等待着自己改变等靠要的懒汉思想，早日甩掉贫困户帽子的那一天啊！想到这里，林成金觉得是该有个态度了。他紧紧地拉着梅花枝的手，郑重其事地说："花枝！我听你的，也听扶贫工作队的。把咱家的这几亩西瓜种好，把咱家的桃园管理好。把钱投到玉兰园开发的股份上。咱俩还要参加扶贫工作队组织的养殖种植学习班。艺多不压身嘛！争取明年摘掉贫困户帽子，以实际行动迎接咱娇娇回家。"

梅花枝激动地依偎在林成金的怀里，她说："我还想劝告你一句，不知道你愿意听吗？"

林成金说："我知道你要说什么了。"

梅花枝说："前进的路不一定就是一条平平坦坦的直路，难免曲里拐弯，甚至误入歧途。关键是要跟对人。对不对？"

林成金知道妻子是劝他少跟权有智来往，急忙打断她的话说："我知道你要说什么了。我是风里浪里走过来的人了，什么人好什么人坏，我心里明镜一样的。错不了。"

梅花枝"哼"一声说："以你我这样年龄的人还能遇到国家这么好的政策，遇到吕彦彰、郝梦媛、杨志业这样好的扶贫工作队员，还有赵启福、齐保国这样好的村干部，实在是你和我的福气。成金呀，咱们要珍惜呀！不然的话，老天爷都要变脸的！"

还真是的！家里有个嘟噜虫，一辈子不受穷。前不久你不是已经说过这个话题了吗？要说，权有智给我戴上了贫困户的帽子，不能过河拆桥吧！林成金故意转换话题说："唉！我听说梦媛失恋了。"

梅花枝听见这话，脸上突然布满了乌云："多好的姑娘呀！她是为咱们而推迟婚期的。"

林成金说："我想好人就是要有好报。请你给她介绍一个。"

梅花枝问："谁呀？"

林成金说："远在天边近在眼前，咱们的老表弟弟赵阳呀！"

梅花枝高兴地拍着手说："对呀！咱们这个表弟研究生毕业，又是一表人才。很优秀呀！"

林成金说："人心都是肉长的。谁不知道好坏呀？一定不能让好人吃亏。你马上就给赵阳介绍。"

梅花枝说："你看你急的。我也要先征求一下梦媛的意见吧。"

林成金说："对对！"

林成金又说："花枝呀！你你你，赶快给咱们娇娇打电话。告诉她，你这个月挣得了两千元。"

梅花枝说："对对！这个好消息是应该告诉娇娇的。"

梅花枝取出手机，拨通了娇娇的电话。

第七十五章　与县委书记捉迷藏的贫困户

　　春天随着落花走了,急躁的夏天披着一身的绿叶儿在暖风中走过来了。

　　自从华苑村的旅游景观被宣传造势形成一个新的人文自然景点以后,来这里旅游参观的人络绎不绝。

　　林成金的瓜地,就在石头庄南边的白河岸边。如今,在美丽乡村建设中,石头庄的人们根据扶贫工作队和村党支部的愿景规划,把它打造成了一个令人流连忘返的新景点。

　　站在白河岸边北望,这里,错落有致的石头房子依山坡而建,浑然天成,条条道路都由石板铺成,目之所及都是石墙、石堰、石梯、石板路。因石材多为暗红色,俨然一座红色城堡掩映在茂林修竹、古藤老树之中。

　　在浓浓郁郁古树老藤的遮掩下,中间一条潺潺的溪流汇入白河。在白河的汇聚处,穆兴在吕彦彰的建议下请来雕刻家,在那些大小不一的石头上雕刻上了书法家们的作品。别出心裁的设计,给景区增添了新颖的景观。人们徜徉在两岸绿油油的水柳树荫下,听白河吟唱,看绿水青山环绕着石头庄,欣赏遒劲飘逸的书法。然后信步登岸,在品尝林成金的新品种香味大西瓜的同时,遥望山上古老的楚长城,梦幻一般的时空穿越中,遥想当年秦皇汉武,魏武挥鞭,长城内外,美景如画的大好河山。这是一个多么令人向往的美好的自然乐园和天地人文交汇的极乐世界呀！

林成金这块瓜地，真的是得天独厚的地方。

每天，林成金都要来到瓜地里将这些天天都在疯长的藤蔓理顺，让每一片瓜叶都能接受阳光的恩惠。春风春雨，阳光雨露，慢慢地，条条瓜藤上已经结出了大大小小的圆圆的瓜，她们好像是从地里探出脑袋的小生灵，又像是瓜叶下面静静的"睡美人"。

这是林成金在扶贫工作队员的帮扶下种上的三亩西瓜，也是他几年来的第一次劳动成果。

即将收获的劳动所得，就是一年家里开支的来源。

林成金盘算着三亩西瓜的收入，心里高兴地想哼一段小曲。他刚刚张开嘴，忽然听见窸窸窣窣的脚步声，抬头一看，这不是穆不言吗？

"成金，西瓜长势不错呀！"穆不言走进瓜庵里。

林成金站起来，笑着说："可不是嘛！风调雨顺，阳光普照。丰收没问题。"

穆不言说："好政策遇上了好年景。多亏了吕彦彰郝梦媛他们的大力扶持呀！"

林成金说："可不是嘛！哎！你现在忙什么呢？"

穆不言说："我呀？马上就有活儿干了。"

林成金问："什么活儿？看你高兴的。"

穆不言说："旅游景点，要讲究卫生。穆兴让我负责景区的卫生。"

林成金问："这活儿有钱吗？"

穆不言说："自己孩子们的事儿，肉烂在锅里。我没有问。"

林成金说："要是给钱，你记得我也算一个。"

穆不言说："你就是钱钱的。这几亩地的大西瓜，你不管了？"

林成金噘噘嘴说："我这不是还想挣你家穆兴的大钱哪！"

穆不言说："总不能鸡子拴在门槛上——里外叨食吧？再说了，这不光是穆家的钱，这是全村村民入股的钱。低保户贫困户都入股了。你家不是也入股了吗？大家的钱。"

林成金说："什么里外叨食？我多劳多得嘛！"

穆不言笑起来："咦！什么时候懂得这个道理了？野牛岭你好几亩的桃园怎么办？"

林成金说："这还不是扶贫队员的教育嘛！郝梦媛说华苑村要搞生态旅游，玉兰花园、桃花园、石头庄、楚长城、白河挂壁可都是旅游观光的好地方。原来的几亩桃园因为我懒惰荒废了，工作队说要帮助我把桃树种上，一是可以供人们前来旅游观光，二是增加收益。为此，我还要参加培训班学习种植技术呢！"

穆不言说："对呀！磨刀不误砍柴工。一工二得呀！哎，你家那石头房子整理没有？"

林成金说："在花枝的坚持下，全部进行了整理。整个石头庄全都古香古色了，来旅游参观的人都争着在石头房子前和老式家具旁边照相留影呢！"

穆不言说："原来是端着金碗要饭吃。"

林成金说："可不是嘛！大闺妇女要饭死心眼呀！我记得吕彦彰说过，要以前瞻性引领更长远发展。人家就是站得高看得远。"

两个人正在侃着，看见几个人沿着河堤走过来。林成金眼尖，小声告诉穆不言说："老穆哎！柳书记来了。"

穆不言抬头朝瓜地那边一看，真的是柳书记。他身后还跟着三个人哪！嗯！一个是阳山镇委书记孙刚，一个是退役军人服务中心主任廉龙。那个，好像是扶贫办公室的李主任吧？不对劲儿，我得躲一躲。穆不言心里想着，一下子钻进瓜庵里躲起来。

林成金瞪大眼睛问："这是咋的了？"

穆不言小声说："你难道忘记了？那天柳书记来咱们村看望贫困户。在我家里，我把借来的好椅子都给低保户贫困户坐了，给人家弄了个三条腿的椅子坐着。你在柳书记身后挤眼睛摸耳朵打拍子，我在前台起哄。咱们就像部队拉歌似的要柳书记捐助，想起来我就脸红。不好意思见他。"

林成金说:"还不是权有智出的歪点子?"

穆不言说:"他就是个两面人,当面一套背后一套的。"

林成金说:"想想也是的,为了一百块钱,怎么那么低贱呢?"

穆不言说:"可不是嘛!我为了戴上贫困户的帽子不也是不遗余力地挤破脑袋。"

林成金突然惊叫起来:"哎哎哎!老穆哥,你听,什么声音'轰轰隆隆咔哩咔嚓'的?"

穆不言把瓜庵扒开一个窟窿,将脑袋伸到窟窿外面,打眼一看,哎哟哟!哪里来这么多的大卡车?拉着沙子石子水泥的往白河挂壁那边开去。开在前面的,是一辆搅拌车呀!哦!明白了,这不是去修通往白河挂壁的断头路吗?

穆不言正在看着想着,林成金从外面走过来把一顶草帽"啪"地戴在穆不言的脑袋上了。

穆不言身子在瓜庵里面,脑袋在瓜庵外面,头上还被林成金冷不丁地戴上个草帽。稻草人看护庄稼的呀!穆不言正想破口大骂林成金,一个熟悉的声音传过来了:"成金,你好啊?"

哎哟!柳书记来了。

林成金急忙迎上去说:"柳书记,还有各位领导,你们都好吧?"

柳书记说:"我们都很好。"

林成金很不自然地笑了笑,两只眼睛不停地瞄着瓜庵上的草帽。

第七十六章　劳动万事足

廉主任忽然发觉林成金怪怪的只顾看瓜庵上的草帽子，便朝着帽子走过来，问道："这顶帽子怎么戴在这里？稻草人呀？看护你的大西瓜？"

林成金牛头不对马嘴地嗯嗯啊啊应对着："是是！吓唬刺猬的，不是！是吓唬偷瓜人的。嗯嗯，是吓唬人的。"

廉龙问："开什么玩笑？稻草人扎在这边，也只能看护这边嘛！那边怎么办？"

林成金看见几个人都把目光对着瓜庵上面的草帽审视起来，心里暗暗好笑。他又瞄一眼草帽，我的蚂蚱爷呀！怎么抖得这么厉害呢？这个老穆，胆小如鼠呀！你揪人家衣领子的胆量哪去了？既然害怕见书记，你就抖着吧你！

柳书记看着林成金很不自然的样子，想起上次来华苑村走访贫困户时，他摸耳朵挤眼睛起哄打拍子怪动作不断的样子，再看看越来越抖动的那顶草帽，知道他又在搞什么小动作了，便朝着廉龙笑了笑。

廉龙会意地走到草帽那里站住脚步，聊起闲话来："老林哪！西瓜长势不错嘛！"

林成金说："是呀！如果雨水适量，每亩地最少也能达到四千斤。"

廉龙说："我听说土质很不错，含硒量很高。"

林成金说:"这里是蔡老板堆放铁矿渣的地方。我这个地方扫着了个边,工作队请来了你的同事们,帮我整理以后种上的西瓜。守着景点,一定好卖。"
　　李主任说:"是啊!真是个金不换的好地方。"
　　林成金说:"就是那条断头路,应该修修了。还有蔡阔峰堆放在那里的铁矿渣,应该马上采取措施。要不然,一旦被大雨冲进白河里,堵塞河道造成堰塞湖怎么办?再者说,影响景区的美观哪!"
　　李主任笑着说:"对呀!你提的建议非常好。"
　　孙书记说:"这不已经行动起来了嘛!"
　　林成金问:"刚才过去那几辆后八轮、搅拌机就是修路的?"
　　孙书记说:"是呀!"
　　林成金高兴地点点头,忽然听见廉龙问:"老林哪!这个稻草人儿怎么了?抖动什么呢?"
　　林成金说:"这这,风吹的。"
　　廉龙说:"我倒要探究一下,这是为什么?"说着,就要去抓草帽。
　　林成金惊诧地喊叫一声:"我的蚂蚱爷呀!"
　　忽然听见草帽说话了:"林成金,你把我坑苦啦!"
　　几个人一惊。
　　林成金大笑起来:"肚脐眼放屁——腰(妖)气了。稻草人成精了。"
　　廉龙一把抓起草帽,哈哈!原来是穆不言哪!
　　穆不言满头大汗地朝着各位苦笑一下,好不容易把脑袋抽出去,狼狈不堪地走出瓜庵,站在柳书记对面,手足无措地咧着嘴一边笑着,一边指着林成金说:"这小子报复我。"
　　孙书记问:"报复你什么了?"
　　穆不言说:"有一次他请权主任喝酒,带着人家去到我的大葱地里,就着大葱喝烧酒,吃了我半畦大葱啊!"
　　林成金笑着解释说:"还不是喝多了。谁成想老穆三天前刚刚浇了人粪尿，恶心死俺两个了！"

大家伙儿都大笑起来。

柳书记伸出手与穆不言握了握，笑着问道："老穆啊，上次去你家，成金你两个合着伙给我玩捉迷藏。今儿个来到成金的瓜庵里，你们两个又给我玩起捉迷藏来了？"

几个人又大笑起来。

林成金笑得前仰后合的，指着穆不言说："我哪敢给你书记捉迷藏？也就是人家老穆敢给你书记捉迷藏哟！那天，吕书记去走访，人家老穆把好椅子藏起来，给个三条腿的破椅子，结果摔了一跤。"

穆不言板着脸，指着林成金气呼呼地说："哪壶不开你提哪壶，就你小子事多。既然是柳书记来看望咱们，你又何必给我戴个草帽呢？吓人呢？"

柳书记笑着问："怎么回事啊？"

林成金说："他看见你们走过来，想起上次起哄要捐助的事儿，很不好意思的，就躲在我的瓜庵里，被我弄个草帽给他戴在头上了。"

廉龙问："怎么身子在瓜庵里面，脑袋在瓜庵外面呢？"

林成金说："老穆刚刚藏进瓜庵里，听见外面汽车响，就将我搭在瓜庵上面的塑料薄膜扒拉开，脑袋伸出外面看热闹。恰巧你们走过来，我只好把这顶草帽给他戴在头上。补救措施嘛！嘿嘿！老穆瞬间就是一个稻草人了。"

穆不言不好意思地笑了笑，转换话题问道："柳书记，大老热的天，你又来我们华苑村视察了？"

林成金说："百忙之中啊！"

柳书记笑着说："都说不上。就是来看看你们，看看乡亲们。"

林成金说："要是晚来几天就好了，我这瓜就开园了，就可以请你尝尝贫困户种的大西瓜了。"

柳书记笑了："你这话说得，有那么一种坚决摘掉贫困户帽子的决心和喜悦呀！"

穆不言说："是啊！是啊！成金现在思想上行动上都有进步了。"

柳书记说:"我今天来就是走访。一是了解低保户贫困户的确定准不准?二是帮扶措施是否到位?三是等一会儿去看看断头路的修筑进展。"

林成金听到这里,想起吕彦彰他们自从来到华苑村以后,把全部身心扑在帮扶贫困户脱贫致富的往事,特别是郝梦媛为自己一家费心费力,甚至为了工作而失去了男朋友的感人事迹,不由得心里一热,说:"柳书记,说句心里话,华苑村我林成金可是第一难缠户,也是贫困户。我今天在自己的西瓜地里站着给你说话,而不是伸手向你要捐助救济,这都是扶贫工作队的功劳呀!我要说的就是,俺们村的低保户贫困户确认上都没有问题。帮扶措施都到位了。我要特别说的是,退役军人创业协会特别好,是新形势下的新创举。"

柳书记问:"好在哪里呢?"

林成金说:"有一些退役军人发家致富了,有极少数的贫穷了。大家联起手来互帮互助,富的帮穷的,共同创业。很好。二是他们是退役军人,有光荣的传统,为人民服务就是他们的初衷。这不,华苑村开展了三帮一带的活动,那些低保户贫困户脱贫没有问题了。所以,真的很好。"

廉龙听着贫困户林成金对退役军人创业协会的肯定,心里很高兴,他问:"华苑村成立退役军人创业协会以后,你们这里的贫困户是不是在创业协会的帮助下入股华苑村的旅游项目了?"

穆不言说:"都全部入股了。"

柳书记十分满意地点了点头。

李主任问:"老穆呀!我想问你一件事情,这次没有给你确定为贫困户,你现在有什么感想?"

穆不言不好意思地笑起来:"我为了弄一顶贫困户的帽子,给暗访组反映了不实情况,导致你们都受了牵连。我这里向你们赔个不是。我不该装穷叫苦昧良心呀!唉!把人家赵启福坑的,对不起他呀!"

柳书记说:"你寄给我的信,我已经看过了。你这种错了就改,敢于实事求是给上级领导反映实际情况的做法，很是值得表扬的。组织上已经给赵启福纠正了。"

穆不言说："还有上次你来俺村看望贫困户，我不该装穷叫苦起哄要救济。"

林成金说："我就是被惯坏的嘛！认为贫困户要救济是理所当然的。不给救济不给钱，心里不平衡。"

柳书记说："贫困不可怕，可怕的是不去努力甩掉这顶帽子。"

穆不言说："对呀！自从第一书记他们驻村以后，我也认识到只有趁着精准扶贫的大好形势，上下一心，撸起袖子苦干巧干才能真正脱贫奔小康这个道理。"

穆不言说到这里，从衣兜里摸出一百元递给柳书记："银子钱，是你的就是你的，不是你的就不能要。花自己的钱，理直气壮，伸手要钱，低三下四。今天，我还给你。"

柳书记笑起来："过去的事情，就不要提起了。从今以后，只要你们一心一意奔小康，过上更加幸福美满的生活，就是我的希望。"

林成金说："柳书记，现在我明白了一个道理。"

柳书记问："什么道理？"

林成金说："靠亲戚，争救济，不如自己立志气。劳动是个宝，人生不可少。"

柳书记说："是呀！劳动万事足啊！"

林成金说："要说，从县领导到扶贫工作队，真的没有亏待我。唉！人得有良心。我与李俊英的纠纷，从今天起撤诉不告了。"

柳书记问："想通了？"

林成金说："本来就不是多大的事。一个林字掰不开，心平气和地谈谈就可以解决。我要种瓜得瓜，摘帽脱贫呢！"

孙书记说："对对对！扶贫十年功，不干一场空。关键是我们要撸起袖子苦干巧干拼命干，才能克难攻坚，才能完成这个历史性的伟大任务。"

穆不言说："上次听过柳书记的讲话，我就觉得共产党与劳动人民就是人心换人心。共产党和政府真的是一心一意为老百姓谋福利的呀！"

柳书记心里十分高兴。今天，他和扶贫办的李主任、退役军人服务中心的主任廉龙和孙刚书记专程来到华苑村，走访了这里的大部分低保户贫困户，了解了这些天来吕彦彰他们扶贫对象的确认，帮扶项目的落实情况。最后，重点走访了引起伏牛县扶贫工作一次震动的林成金和穆不言。从他们谈话的口气上，特别是从这两个人的转变上，看出了精准扶贫致富奔小康已经深入人心。

接着，柳书记询问了林成金西瓜的种植情况："成金，你这瓜是什么品种？"

林成金说："香味西瓜。"

柳书记问："香味西瓜？"

林成金说："它是西瓜中的一个特色品种，是咱们河南人培育成功的。它的瓜皮比平常西瓜更薄一些，而且甜味也是普通西瓜的六倍左右。把它放在屋子里还有一种淡淡的香气散发，有着瓜中之王的称号。"

柳书记问："亩产多少？"

林成金介绍说："据资料上介绍，亩产量少的一般是四千斤到五千斤，多的可以到八千斤，甚至上万斤。"

柳书记问："按最少的四千斤计算，你一共种瓜三亩，就是一万两千斤。"

林成金说："差不多。"

柳书记说："现在瓜卖什么价钱？"

林成金说："我听说已经上市的卖两块五一斤。超市的就不一样了，品种好的四五块一斤。"

几个人说着话，已经在瓜地里转了一圈，再次来到瓜庵门前。

柳书记望着绿油油的一个又一个睡美人儿，十分高兴地说："你的三亩西瓜，又是个大香甜的新品种，每亩四千斤，就是一万两千斤。每斤按一块五计算，就是一万八千元。"

林成金说："对！一万八千元。"

柳书记说："成本大概多少钱？"

林成金说："五千来元。"

柳书记说："用了三个月多一点的时间，就是一万三千元的纯收入。"

林成金十分高兴地说："是啊！是啊！真的是种瓜得瓜种豆得豆啊！三个月一万多元的收益。这比伸手要救济要补助气势多了！"

大家伙儿听到林成金发自内心的感慨，都十分高兴。毕竟，他的认识提高了，对于彻底甩掉贫困户的帽子，将有多么大的促进作用啊！

穆不言刚才与柳书记捉迷藏，没有听清孙书记所说的修路的事，问道："你们今天来真的是给俺们修路的？"

柳书记说："是呀！修路的各路大军都来到了。"

林成金、穆不言心里那个喜欢啊！竟然有些不能自制了。

穆不言想起上次柳书记在他家里访贫问苦时，权有智鼓捣着要他和林成金提意见修路垒堰的事儿，这才几天哪！柳书记就落实到实际行动上了。真的是一言九鼎。他激动地问道："修这条路，县里恐怕要支出十几万吧？"

柳书记笑了笑，指着廉龙说："这可不是县里支出的钱。你问问他就知道了。"

穆不言看一眼这位年富力强的主任，有些不好意思地问道："廉主任，上次柳书记来俺们华苑村走访低保户贫困户，我们胡言乱语的，给你们添麻烦了。"

廉龙主任笑了笑："麻烦倒谈不上。为人民服务就不怕麻烦。"

穆不言问："可是这笔钱怎么办？"

李主任说："要说这笔修路的钱当然还有处理矿渣和垒堰的钱哪，真的难住了柳书记。因为，每笔钱的使用，都有严格的规定。这条乡间公路的修复和河道堤岸的护理，并没有列入今年的预算计划。怎么办呢？这是廉主任想办法协调而来的。"

林成金摇摇头问:"协调来的?"

李主任说:"是呀!为了修这条路,柳书记和廉主任先后协调了南阳福成环保集团的董事长张扶成,电子商务物流公司的老总韩映山,扬生生物科技有限公司的老总李大恒。廉主任将咱们村里的村情以及打造旅游观光带的规划向这些退役军人出身的老板介绍以后,立即得到了他们的大力支持。你看,刚才拉过去的水泥石子和沙子,都是他们购买的。"

一位县委书记,为了农民脱贫的问题,已经多次来到华苑村与贫困户促膝谈心、共商致富的路子,叫谁,也难以抑制感激和喜悦呀!

林成金、穆不言听到这里,都把嘴巴张大了。怪不得这几天吕彦彰、赵启福他们多次去查看这条断头路和白河河堰,原来是为修路做准备的呀!

穆不言笑着说:"要想富,先修路。俺们那天的建议最终在你们的努力下得以实现了。谢谢你们。"

林成金"嘿嘿"一笑:"柳书记,我们乡下人的一句狂言,想不到得到你的重视落实了。也算是歪打正着了。"

柳书记说:"不管大事小情,只要牵涉到老百姓的利益,我们都应该去过问去解决。"

孙书记说:"群众的利益高于一切,群众的疾苦急于一切,群众的呼声先于一切嘛!"

廉主任说:"想群众之所想,急群众之所急,解群众之所困,帮群众之所需,这些都是扶贫工作中的大事情。再说,这几位私企老板当年可是我爸爸担任副团长的时候同一个师里的老乡啊!而且,张扶成董事长还是咱县退役军人创业协会的会长。"

李主任说:"其实,这些老板们都有一颗火红的为人民服务的诚心,彰显的是革命军人那种永不消失的铁血担当啊!"

第七十七章 一步赶不上步步赶不上

很快,林成金的西瓜上市了。因为是新品种,不但个大味甜,而且那袭人的香味儿,叫人十分喜欢。特别是早上,香味儿随着微微的晨风,一下子就飘了几里远。那天早上,权有智就是闻到瓜香味儿,追到他的西瓜地里的。

瓜好,自然销售就好。前来华苑村旅游的人们听说后都要来买几个带回家里尝尝鲜的。一连就是十天的样子,林成金卖出去了四五千斤大西瓜,将近万元的票子装进他的腰包里了。

可是最近几天,每当林成金看到这些滚圆的大西瓜时,不由得皱起了眉头。

咋的了?

因为,今年雨水好,西瓜大丰收,自己家的西瓜丰收了,别人家的也丰收了。林成金和其他瓜农一样,同样遭遇了滞销的严酷现实。

今天,林成金又一次来到西瓜地里,寻找着成熟的西瓜,抱到河岸边的瓜庵里。然后搬一把凳子坐下来,轻轻地摇着手中那把大蒲扇子,单等着旅游的人们前来买瓜,前来歇脚乘凉。

早一个月前,退役军人创业协会的石玉平就告诉林成金,今年西瓜种植面积大,市场供应要饱和,为了避免损失,请立即与协会联系,由协会与省城的瓜果联社签订销售合同。虽然价格要比零售低几毛钱,但是从市场销售行情来说,还是稳赚不赔的。林成金觉得他的西瓜是新品种，含硒高，口感非常好，而且买价也高，所以没有参与。结果，开园以后还不到十天，西瓜的价格迅速跌落。这么多的大西瓜，销往哪里呀？

"哎哟喂！成金呀！这大老板当的，眼皮子底下走过来的，也没有看见不是？"

林成金循声转过脸来，看着满脸神秘说着风凉话的权有智迈着八字步晃悠过来，急忙站起来，热情地接上话茬儿："哟！大主任吔！舍得到俺这穷地方来视察视察？"

权有智笑道："你看你看！这话说得，什么穷地方？种瓜万元户呀！"

林成金说："什么万元户？开园已经十来天了，才收入万把元。急死我了。"

权有智背着手，迈着悠闲的步子走到瓜庵门前面，伸长脑袋朝里面看了看，只见瓜庵里面放着一张折叠床和一些日用品。瓜庵靠后面的一根柱子上挂着一个告示牌，上面写着"概不赊欠，免开贵口"。权有智不由得冷冷一笑，转过身来，接过林成金递给他的那根皱巴巴帝豪香烟，"嘻嘻"哂笑着问："这烟还能吸吗？"

"咋的了？"

"揉得皱巴巴的，个把月了吧？"

林成金给权有智点着烟，说："吸上这样的烟就不错了！原先，都是我吸你的。"

权有智吐出一口浓浓的烟，眼睛瞄着瓜摊上的大西瓜说："这倒也是。哎！哭丧着脸咋的了？"

林成金皱着眉头说："西瓜滞销了。"

权有智"啧啧"嘴说："什么？开玩笑吧？香飘飘的诱人着哪！这么好的西瓜怎么会滞销呢？"

林成金说："咱家的西瓜丰收了，也不能不让人家的西瓜丰收呀！再说了，天气一热，来旅游的人少了。"

权有智说："你说这话，在理呀！"

林成金说:"大家都丰收了,这价钱就落下来了。"

权有智问:"那怎么办呢?"

林成金摇摇头说:"寡妇死儿——没想了。"

权有智说:"我看还是批发出去。一船冲,以免滞销。"

林成金说:"谁说不是呢?退役军人创业协会与郑州水果批发商签订供货合同,石玉平要我参加进来签合同。唉!我这不是害怕吃亏没这么办嘛!"

权有智"啧啧"嘴说:"短视短视!你呀,脑子经常发热。吕彦彰他们说种西瓜收益高,你真的就不种冬瓜南瓜了。这可好!今年雨水好,再说因为去年价钱高,所以今年种瓜的多了。你这瓜虽然是新品种,但是,货卖当下值呀!现在价钱落了,怪谁呢?"

林成金跺一下脚说:"唉!我也没有长前后眼哪!要知道尿床就睡在筛子里了。"

权有智说:"还睡到箩头里呢!你也别又是叹气又是跺脚的。这买种子买肥料的钱又不是你出的,国家给贫困户扶持五千元哪!大不了赔个工钱。"

林成金"嘿嘿"笑起来:"你这话说得,该着我赔光吗?"

权有智撇着嘴说:"那好!等于我没有说好不好?"

正在说着话儿,穆不言走过来了。

权有智哼了一声:"檐蝙蝠卧在大梁上——充起大鸟了。原来一心要当贫困户的人,现在跟着儿子拽起来了。"

林成金说:"人家儿子能干,投资三百万开发咱们华苑村的生态旅游,咱们也要跟着沾光。别气不忿儿。"

权有智说:"是这个理儿。"便朝着穆不言喊起来,"老穆!老穆!"

穆不言看见是权有智,返身就要离去,听见喊声,只好答应着硬着头皮朝这边走过来。

林成金问:"喊他干吗呢?吃大户的不是?"

权有智说:"什么吃大户?小气鬼!人家不会白吃你的!"

林成金说:"也是。人家当上老爷子了。大老总穆兴的亲爹。"

权有智说:"可不是嘛!当年你们不是为了贫困户这顶金帽子,还把人家赵启福弄得差一点撤职。"

林成金心里说,还不是你浇的油点的火。嘴上说:"过去的事了。"

说着话,穆不言走过来了。

细看穆不言,果然与过去不一样了,精神抖擞的。头戴一顶景区统一发放的黄色帽子,上身穿一件黄心白边的工作服,下着一条黑蓝色的裤子,一只手里提着一把长钳子,一只手里提着编织袋子。原来是在旅游景区捡拾垃圾呢!

权有智笑着问:"老穆啊!成了景区的清洁工了?"

穆不言说:"是啊!不但是清洁工,还是清洁工们的头头儿。"

林成金说:"当官儿啦?"

穆不言说:"什么官啊!儿子投资入股开办的旅游景点,咱不操心谁操心?咱不出力谁出力?"

权有智说:"对呀对呀!环境要干净,旅客们才满意。"

穆不言说:"是呀!脏兮兮的,谁来呀?"

权有智问:"老穆呀!我听说你与成金合着伙给柳书记来了一场捉迷藏?"

穆不言笑道:"不假,真的。"

林成金说:"平易近人,没有架子。难得的好领导!"

权有智问:"把个柳书记逗得很开心?立马就给咱通往白河挂壁的断头路修好了。"

穆不言心里说,还不是你为了整治赵启福,鼓捣着我和林成金给柳书记提意见出难题?其结果坏事变好事。嘴上说:"两码事!两码事!我们哪有这样的能耐,还不是你的高参?"

权有智脸上挂不住了,急忙说:"开个玩笑。不过,你把要当贫困户搞的那些假现象实话实说了?"

穆不言说:"好儿好女往上长哩!所以,人要讲良心。做错了,伤害人家了,就是要实话实说。我就是宁折不弯的倔脾气。"

权有智脸拉下来了。"哼"了一声说："要说也是。"

穆不言说："要说呀，吕彦彰、赵启福他们真的是为村民们实心实意办好事的。纳鞋不用锥子——针（真）中啊！"

权有智问："什么意思？"

穆不言说："这个景点还在筹备当中，就有这么多的游客们来旅游参观。收入多了，村民们也跟着沾光，水涨船高拉动经济发展了嘛！别的不说，你就说这负责清洁卫生的，五六个人，全用的是贫困户。每人每个月就是一千五百元。你算算，一年就是一万八千元。"

权有智说："这就叫产业扶贫。旅游产业做大做强以后，咱们华苑村该是一个什么样的前景？可是成金啊，你要是参加到清洁工的行列，还用得着为这么好的西瓜卖不出去而操心吗？一步赶不上步步赶不上。"

一句话戳到林成金的痛处，心里突然升起一股怒气怨气。吕彦彰你倒是嘴上的功夫呀！你们要我种瓜致富，为什么不让我也参加到不出力不操心的清洁工队伍呢？现在，叫我怎么办？西瓜销不出去，该我赔死了。

穆不言说："将来玉兰园开发新品种，种树栽花的，需要人力，万亩桃园需要人力，配套的什么农家乐呀，小卖部超市呀，舞厅呀，甚至导游照相的需要人可多了。"

权有智说："成金，现在老穆可是总经理的爹，吐口吐沫砸个坑，一言九鼎的。去，弄两个西瓜来，请老穆尝尝鲜，回去给穆兴提个建议，把你也弄去打扫个卫生打个杂什么的。就算是帮帮贫困户。"

林成金听权有智这么一鼓动，立即心血来潮，抱来一个大西瓜，用手拍了拍，西瓜发出非常清脆的咚咚声，用刀一切，只听见"叭"的一声，西瓜从中间裂成了两半，露出了水灵灵红鲜鲜的瓜瓤。

林成金把西瓜分成十几份，很客气地请穆不言和权有智品尝起来。

权有智抱着一块西瓜，接连咬了几口，"啧啧"地夸起来："啊！甜滋滋的，凉丝丝的，滋润着我的喉咙，流进了我的心田，真是得劲儿啊。"

第七十八章　风雨过后是晴天

郝梦媛心里好失落啊！

毕竟，她和雷鸣远谈了五个年头。五年里，走过了大学的寻梦，来到了山区的追梦。从大学生村干部到扶贫干部，他一直陪着她走过来。想不到为一件小小的争执，两个人就那么毫无征兆决绝地拜拜了。

即使分手了，过去的事就那么容易忘记吗？

没有忘记。而且越是要忘记的过去，反而越是容易在脑海里浮现出来。

痛苦和无聊的时候，她就会打开电脑，接着写她的扶贫小说。

已经写十五万字了。她觉得这就是自己扶贫工作中的真实写照，真实的心理感受，也是历史前进中的一个伟大变革的真实缩影。她要以负责的态度把这部纪实小说写完。如果不写下去，就好像欠了什么似的。

一双灵巧的手，在小小的键盘上飞快地跳动着。一个个文字跳跃到荧屏上：

因为爱你，不愿见到你的不快乐；因为爱你，不愿看你强忍内心的挣扎；因为爱你，不愿见你勉强的笑容；因为爱你，我只好抽回了被你松开的手。

我曾暗自流着眼泪苦苦地自问，你为什么这样毫无征兆决绝地对待我？这样做，更加深了我的痛苦。那天中午，你毅然转身，我无言，你无语，我只能任你离去。不让你看见我的泪，因为爱你！不让你看见我的伤心，因为爱你！你离开我，我不怪你，只能怪我自己，怪自己太爱你。我松手让你走了，你头也不回地离去。我清晰地听见了自己心碎的声音。其实我的要求并不过分——只是晚一年结婚而且并非没有任何商量的余地。

可是，你就这么决绝吗？

是的，自此以后，你再也没有联系我，哪怕是几个字的微信抑或是一个表情的符号。

郝梦媛一口气打到这里停下来，喝一口开水，平息一下激动的心情，呆呆地看着荧屏上那些字体，回忆着与雷鸣远过去的点点滴滴。

一切都已经是过去。

她多次地告诫自己，你不要逼自己，也不要给自己太多压力，人总是应该往前看的。走过的路，爱过的人，过去了就不会回来了。回来了，也已不是当初的风景当初的心情了。爱情本来就是一部忧伤的美丽童话，任何一个读过它的人，都曾经或多或少地留下过遗憾。当我们读完之后，都会明白一个道理，那就是在爱情的世界里，缘分主宰着一切。若是有缘，时间空间都不是距离。若是无缘，就算相聚了也没有结果。

郝梦媛接着又写下去：

就让我们一切都随缘吧……

每个人都有自己的路程，路程中会出现各种各样的过客。每段感情每段经历每个人都是生命留下的印记，不论回忆是美好的还是痛苦的，都是已经发生的。时间才是最好的良药。随着时间的推移，一切都不再如初那么刻骨铭心。要调整好心态。生命短暂，青春有限。不要用太多的时间去追忆去痛苦，要用平常心面对一切，才会有更多的精力面对未来。

一个人总要走陌生的路，看陌生的风景，听陌生的歌，见陌生的人，然后在某个不经意的瞬间，你会发现，原本费尽心机想要忘记的事情真的就这么忘记了。

其实，郝梦媛还是没有完全从痛苦中解脱出来。

不过，郝梦媛的心态慢慢地恢复了平静。

她是一个意志坚强的人。

人生不快有八九。生活在世间的每一个人，都会遇到形形色色的挫折与困难。遇到不可怕，重要的是如何面对。笑对人生才是一种洒脱。痛痛快快地哭一场也是一种发泄。但是无论哭也好笑也罢，你必须打起精神，挺起胸膛，用积极乐观的心态迎接新的一天。

她忽然想起了一个人。

昨天，梅花枝专门跑来见她，悄悄地给她说："妹子，大姐心里和你一样，听说那个雷总你们拜拜以后，我不爽得很。好人一定会有好报。我给你介绍一个。"

郝梦媛看着梅花枝严肃认真而又神秘的样子，不由得嫣然一笑，悄声问道："谁呀？"

梅花枝凑过来，附在郝梦媛的耳朵旁，轻声细语地说："我的一个亲戚，近门的表弟。高大帅气，一表人才。又是研究生毕业。"

郝梦媛笑起来。她知道她的表弟就是赵阳。

梅花枝还以为郝梦媛没有省过神来，直截了当地说："就是赵阳。"

郝梦媛心里甜甜的，问道："他没谈女朋友？"

梅花枝非常认真地说："他是个进取心很强的孩子。因为担心影响学习，所以没谈过恋爱。真正的童贞男孩。我问过的。"

郝梦媛笑起来："谢谢你为我操心。"

梅花枝说："看你说的。你为了俺们村里贫困户脱贫，操了多少心办了多少好事呀！"

其实，郝梦媛和赵阳已心心相通。梅花枝提出将赵阳介绍给郝梦媛以后，郝梦媛的心里加重了对赵阳别样的感觉和心情。

而以后郝梦媛每次见到赵阳，赵阳总是微笑着，好像他的心里永远就是阳光灿烂的春天。

忧伤袭来的时候，文思枯竭的时候，甚至高兴的时候，郝梦媛喜欢来到赵阳的苗圃园地。

现在，郝梦媛觉得有点累了。她关掉电脑，又一次来到赵阳的工作地点。

赵阳看见郝梦媛走进来，立马停下手中的活儿，给她泡上一杯浓浓的土蜂蜜水。

郝梦媛接过水杯，微笑着问道："你为什么总是给我泡土蜂蜜水喝？"

赵阳说："对你，这就是我的习惯。"

"为什么？"

"为了让你心里永远甜甜蜜蜜的。"

"你说得真好！其实，我每次见到你，好像一切痛苦抑郁惆怅和不安都在瞬间消失了。"

"这就是我希望的。"

"谢谢你的希望。"

"一切不愉快的，必定是落寞的画面，请你忘记它。"

"是的！我一定尽量避免这些画面的出现。"

"一个人总要有个新的开始。别让过去把你拴在悲哀忧伤惆怅的心房。"

"对！风雨过后就是晴天。"

"别说你最爱的是谁，人生还很长，谁也无法预知明天。"

"在心里头难以舍弃的，就是伤害最狠的相遇。"

"别把哀伤挂在嘴上，每个人都有自己的故事。就像你写小说，每个人都会遇到不同的人，每个人都有不同的人生不同的结局。这就是一花一世界，一树一菩提。"

"是的！昨天的太阳晒不干今天的衣裳。"

"对极了。活着不是为了怀念昨天，而是要等待希望。"

"缘分是可遇不可求的吗？"

"是的！让大家都看到你的坚强，离开他你也可以过得更好。"

"是的！我希望是这样！"

"也许你的真爱还在下一秒等着你！"

郝梦媛听到这句话，心里涌动着一阵悸动和不安。难道，他只是说说吗？

赵阳给她杯子里添上开水。微笑着说："有些缘分是注定要失去的，有些缘分是永远都不会有好结果的。爱一个人不一定要拥有，但拥有一个人就一定要好好地去爱他。"

郝梦媛点点头："真正的爱情，是在无法爱的时候，懂得放手。"

赵阳说："是的！如果你爱的人放弃了你，那就放开他吧！放开他其实也就是放开了自己。好让别人有机会去爱你，自己有机会爱别人！人生中有许多种爱，但千万不能让爱成为一种伤害。"

是的，日子不可能总是阳光明媚的，有酸甜苦辣，有忧愁寂寞，人生才变得多姿多彩。

郝梦媛轻轻地呷着土蜂蜜糖水，口头的甜蜜和心头的甜蜜已经融合在一起了。

第七十九章 谁也没长前后眼

郝梦媛刚刚回到村部门口,就听见林成金尖尖的吵吵声:"我的西瓜滞销了。你们说怎么办?当时你们怎么说的?三亩地的西瓜最少也可以卖一万两千元。"

郝梦媛心里一惊,林成金的西瓜滞销了。他把责任推给扶贫工作队了。

郝梦媛走进屋子。

站在吕彦彰、杨志业对面紧绷着脸的林成金看到郝梦媛,态度立马缓和了。因为,在他和梅花枝的心里,郝梦媛就是他们的救命恩人。他龇牙一笑,解释着说:"梦媛,我的西瓜滞销了。"

郝梦媛知道,林成金白河岸边这三亩地的西瓜,是吕彦彰和她建议他种植的。为此,吕彦彰邀请退役军人服务中心的同志们来这里义务劳动。吕彦彰、杨志业和她帮忙整地打垄,还凑钱购买种子和肥料,一门心思地要帮他有所收获,助力他甩掉贫困户的帽子。想不到这么好的西瓜滞销了。想到这里,她问:"滞销了?"

林成金擦一把额头上的汗珠,有些为难的样子说道:"梦媛,我已经给吕书记汇报了。刚开园的时候,两块钱一斤,非常抢手。可是刚刚过去十天,不但每斤降到一块五,还卖不动了。今天只卖出去三个。你们要替我想想办法。"

杨志业气呼呼地说:"老林呀!你说西瓜滞销,我们也很着急呀!

不过，这能怨得了我们吗？一个月前，退役军人创业协会为了保证咱们村里的瓜果有个稳妥的收益，与郑州水果公司签订销售合同，石玉平还专门去你家邀你参加。结果怎么了？你为啥不签合同呢？"

林成金知道理屈，仍然辩解说："我还不是想着多挣几个吗？谁也没有长前后眼睛。要知道尿床一夜不睡了。"

杨志业说："凡事预则立不预则废。事情已经这样了，不要怨天怨地的。咱们再想办法。"

林成金双手拍打着屁股说："怎么这样说话呢？什么叫怨天怨地的？货到地头死呀！"

杨志业说："不想办法，那你说怎么办？"

林成金咬文嚼字地反驳道："等你们想出办法，我的西瓜就会全部烂在地里。"

郝梦媛说："你这不是打死和尚要和尚吗？死磕呀？就是想办法，也要给一定的时间吧？"

林成金急了。急了就要搅茅缸："你们是工作队呀！你们可以帮人摘掉贫困户的帽子，这样的小事儿你们难道没有办法吗？"

也就是昨天，权有智去他西瓜地里那么一鼓捣，就把林成金推到墙头上了。

林成金接着把他的难题——烫手的山芋交给扶贫工作队来解决了。

吕彦彰觉得，尽管林成金态度蛮横，话语尖刻难听，也一定要为他解决难题，决不能眼看着这么好的西瓜烂在地里呀！他当即与前往郑州运送瓜果的赵启福齐保国电话联系，要他们想办法与水果销售公司谈谈，再增加一些业务。

很快，赵启福回过来电话了："已经与水果公司经理谈了，人家拒绝了。"

吕彦彰问："为什么呢？"

赵启福说："今年瓜果都丰收了，他们签订收购的瓜果也滞销了。经理急得要跳楼呢！"

林成金听见赵启福的答复，心里一下子就凉了。

嗯！真的是鸭子的脚——没缝了？那也没事儿，大不了就把地里的瓜拉到村部院子里，由你们处理去。

真是赖人有赖人之法。

林成金正在想着，听见梅花枝的喊叫声："成金！成金！"

嗨，关键时刻，你来干什么？

林成金极不情愿地答应一声。

梅花枝走进来，看看吕书记和郝梦媛、杨志业，再看看林成金，都是相对无语的样子，问道："你不在瓜园里卖瓜，来这里干什么？"

林成金说："西瓜滞销了。我来请示一下怎么办。"

梅花枝说："什么请示？又是来纠缠的吧？"

林成金说："你怎么知道的？"

梅花枝说："老穆刚刚告诉我的。"

林成金拍着手说："这个老穆呀！吃了我的瓜，还要打小报告呢！"

梅花枝说："我告诉你林成金，种西瓜赚钱了是咱们的，销不出去了是扶贫干部的责任？天下有这样的理儿吗？强人所难，讹人不是？你是跟着蜜蜂去花丛，跟着苍蝇寻垃圾。又是听了老鸹嘎嘎嘎叫以后来闹事不是？"

林成金说："哪能呢？权主任也是好心。"

嘴不保风，一张口把权有智露出来了。

梅花枝说："我就知道你喜欢听老鸹嘎嘎野鸡叫。只要权有智与你在一起，你就要犯迷糊找个事由儿出来蹦跶蹦跶。"

林成金急忙替权有智洗白说："哪能呢！我是来请吕书记给咱们支个招的。"

吕彦彰听到这里，心里已经明白了。他笑着说："花枝呀！成金反映的问题确确实实是个实际情况。咱们不能让这么好的西瓜烂在地里。"

吕彦彰不但没有推脱不管，还说出了表示理解的话儿，林成金激动起来:"对呀!吕书记,怎么办好?"

郝梦媛说:"就是!可是怎么办呢?"

吕彦彰想了想问:"你滞销的西瓜有多少?"

林成金说:"万把来斤。"

"现在什么价钱?"

林成金说:"比不得刚开园的价钱。现在一块钱一斤就阿弥陀佛了。"

吕彦彰说:"这样,你立即回到瓜园,将成熟的西瓜摘下来。我联系人前来收购。"

林成金一连几个好字:"好好好!"

梅花枝夹在胳肢窝下面的破皮鞋没有派上用场,看一眼故意朝她做个鬼脸显摆的林成金,心里也是直打鼓,万把斤的滞销西瓜,第一书记怎么销售出去呢?

第八十章　村主任说媒

权有智心里喜滋滋的。刚才去林成金的西瓜地里一转悠，几句话就把这个二货的底火点起来了。他去村部里那么一逼宫，吕彦彰真的是拴着日头下不来了。

回家的路上，权有智又一次心血来潮了。

他看见花梦君穿一袭湖蓝色的连衣裙子，风吹杨柳般飘飘洒洒地从超市回家了。嗯嗯！齐保国去省城了，他与赵启福一起为华苑村的老百姓谋福利去了。家里单单撇下这么一个妖冶招眼的女人。就是这样的人儿，才引起了蔡老板的注意。那天答应蔡老板引线穿针搭个桥儿，可是齐保国一直在家里，他没有那个胆量也没有机会更不好开口呀！蔡老板那里，不停地打电话问呀催呀的！今儿个，齐保国不在家，是个好机会。好！去探探口气儿。

权有智想着，已经来到齐保国家的大门外面了。

他犹豫着，把手伸向门边，又从门边抽回来，反复几次，就是没有敲门儿。

人家是有夫之妇呀！我为什么要揽这个瓷器活儿？真是闲得蛋疼！

可是，自己给蔡老板表过态的。人家一开口就把他在城东开发的顶层两室一厅一卫一厨的房子作为酬谢的。再说了，一个女人家家的，当年还不是脑子那么一热，就嫁给了一个不能生育的太监。活受罪！蔡老板怎么了？年纪是大了一些。可是人家是房地产开发商，银行里存着花不完的人民币，生活中享受不尽的现代化。

权有智犹豫着，不敢轻易地敲人家的门。

咦！我怎么犯迷糊了？权有智忽然想起来了，平日里，自己喜欢跟她开个玩笑，可是提说这样的事，刮大风吃炒面张不开嘴呀！如果郑重其事地去提说，弄不好就要挨嘴巴子。当真不当假地开个玩笑，就把这个任务完成了不是？对！就这么办。

权有智计上心来，勇敢地敲响了齐保国家的大门。"笃笃笃！笃笃笃！"

"谁呀！"这是花梦君的声音，脆脆的甜甜的，有一种让人心旷神怡的温馨感觉。

"是我，有智。"

大门"吱呀"一声开了一道缝，花梦君探出脑袋："哟！大主任呀！有事吗？"

权有智咧嘴笑了笑："我的齐嫂子耶！没事就不能来了吗？"

花梦君说："你是大主任的，精准扶贫可是头等大事呀！"

权有智笑着说："我这个主任，有其名无其实的。"

花梦君撇着嘴说："这话说得，吃鱼还嫌腥，好像一肚子的牢骚？"

权有智赶紧漂白说："绝无此意，信口开河。"

花梦君说："有什么事你就说呀？"

权有智说："说没事还真有句话想给你说说的。"

花梦君眼神里，透出一丝本能的警觉："这话说得，好像绕口令。俺这穷家破院的，你不怕粘上穷灰？"

权有智"嘻嘻"笑着说："什么话呢？我真的有事给你说。"

花梦君把门打开了。

权有智走进院子里，准备进堂屋。

花梦君说："老齐不在家。有事就在院子里说吧。"

权有智恨得牙根发痒痒。哼！还贞节烈妇似的了？装大神！嘴上答应着:"好好!"

花梦君问:"什么事呀?"

权有智犹豫起来。蔡老板想法真的太荒唐了,半真半假地提出来还是有点碍口。他点上烟,长长地吸一口,稳定一下情绪,探着脑袋,"噔噔"走到厨房那边往里面看了看,然后转身"噔噔"又来到堂屋门口朝里面瞅了瞅,满脸神秘滑稽的样子。

这个嘴里吐出糖来、腰里拔出刀来的二奸臣,搞什么鬼?花梦君心里很不高兴,板着脸问:"你这是要干什么?是来搜查还是来打点下夜?还是怀疑我的人品?"

权有智知道坏事了,不说出来意就被挤到墙角了,满脸堆笑说:"呲呲呲!这话说得,我真的吃罪不起了。是这样子的,你在县城里买房子的时候,有一次恰巧遇上了蔡老板?"

花梦君问:"猴年马月的事了。你怎么知道的?"

权有智问:"蔡老板上次来咱们华苑村,恰巧又遇见你了?"

花梦君反问:"怎么了?山不转路转,遇见不是很正常的吗?"

权有智说:"是呀是呀!相逢就是缘嘛!所以,他对你的印象很深。"

花梦君说:"他是开发商,我是买房户,八竿子打不着的。擦肩而过罢了。"

权有智心里蹦跶蹦跶地跳开了。试探性的气球放出来了,花梦君没有反感。没有反感就可以进行深层次的试问:"不一样啊!要知道,这些人眼皮子很高的。"

花梦君问:"什么意思?神经不正常。"

权有智说:"他现在是个单身啊!"

花梦君更不满意了。吃着鱼拿着鱼——多鱼(余)。狗咬耗子啊!你多次纠缠李俊英,还带着蔡老板与她见面相亲的,被人家开涮了。今儿个,又来纠缠你的老姑奶奶了?我可不是李俊英!嗯!暂不动声色,看他还有啥屁放出来!便微笑着问:"他单身不单身与我何干?"

权有智说:"与你是没啥关系的。不过我们不是朋友关系嘛!该关心关心的。"

花梦君问："你不是把李俊英介绍给他了吗？"

权有智说："李俊英心里有人了。"

花梦君问："谁呀？"

权有智说："赵启福呀！"

花梦君心里非常不高兴了。

赵启福住院以后，齐保国要她去医院护理。本来是战友们同事们之间的关心爱护和帮助，想不到权有智滋事生非，制造出了赵启福与她暧昧的闲言碎语。花梦君知道后要追查闲话上门讨清白，被齐保国拦住说，清者自清浊者自浊，谣言不攻会自破。她好不容易咽下这口恶气。现在他又来招惹是非。这不是公然往人眼里插棒槌揉沙子吗？哼！姑奶奶也不是省油的灯。便恶言恶语地说："说这话就该耳巴子甩他的脸，用针线缝上他的臭嘴！"

权有智坏笑着说："哎哟我的妈呀！你真的刀子嘴呀！这都成明的了，还甩什么脸缝什么嘴？"

花梦君心里骂起来，我这是给你敲一下警钟，你还要嘴硬？小心撕你的臭嘴。便气呼呼地质问说："那你为什么牛不喝水强摁头呢？"

权有智笑着说："人家蔡老板有这个意思。我呢，朋友之间愿意帮这个忙。"

花梦君冷笑着问："哦！被人家当使唤的仆人呀？你的主人让你来我家干什么？"

权有智迟钝一下，把话又转了个弯儿："你可不要好心当成驴肝肺。"

花梦君说："我倒要看看你的心是黑是红，有啥话就请直说。"

权有智揣摩着时机成熟了，直截了当地说出了来意："蔡老板喜欢你！"

花梦君一时没有反应过来，眼睛睁得大大的，愣愣地盯着对面这位村主任，不知道这家伙又要什么坏心眼。

权有智眼看着花梦君满脸吃惊的样子，急忙解释说："开个玩笑！

开个玩笑！"

　　花梦君绷着脸说："开个玩笑？为什么不把你离婚的老婆张彩云介绍给蔡老板？"

　　权有智苦笑着说："别介意呀！我不过是受人之托。"

　　花梦君牙齿咬得咯嘣咯嘣响，两眼飞出一道刺人的亮光，强忍着一腔怒火，冷冷笑道："我与齐保国自愿结婚，已经二三十年了。虽然他失去了生育能力，但是，我们相濡以沫，互敬互爱，感情极好。我现在有家庭有男人有女儿。你这是狗心放到驴肚子里！你这是吃饱了撑的！你这是狗咬石匠自找锤子挨！"

　　权有智被花梦君的冷笑吓得一个愣怔，龇着牙还要解释，忽地看见花梦君已经抵近他的面前。

　　花梦君发怒了。她双颊绯红，两眼好像被迸落进火星的汽油熊熊地燃烧起来，紧接着，一巴掌就落在了权有智的脸上。

　　权有智被耳巴子呼得晕头转向，还没有回过神来，就被花梦君狠狠地推出了大门。

第八十一章 四个女人一台戏

梅花枝今天下午正好歇班，没事来到瓜地里，帮着林成金将成熟的西瓜全部摘下来，放在大路边，单等着第一书记联系的买瓜人前来拉货。

刚忙完活儿，梅花枝接到了花梦君的电话："花枝，你今天下午是不是休班？"

"是呀！"

"你马上来我家一趟。"花梦君十分着急的样子。

梅花枝问："什么事？"

花梦君说："来家告诉你。"

花梦君轻易不会用命令式的口气邀请她的，一定有什么要紧的事情，梅花枝心里想，便给林成金打了声招呼，立马向花梦君家走去。

原来，花梦君将权有智赶走后，自个儿关上大门生闷气，越想越觉得被权有智侮辱了。与齐保国结婚二十多年来，两个人相濡以沫，日子虽然过得平淡，倒也恩恩爱爱，和睦相处。女儿花朵朵在他的关心支持下，研究生毕业后已经就业。我们美美满满幸幸福福的一家子，没招你没惹你，你为什么要对我使坏？这分明是看不起我的为人，是要拆散这个家嘛！

花梦君觉得这是她人生中受到的莫大的羞辱，伤心地流下了两行眼泪。不行！权有智明明是往我眼里插棒槌揉沙子，这是公开的挑衅，是对我人格的侮辱，真是欺人太甚！不能让他占了便宜，被他踩在脚底下。对！趁着保国没有在家，喊几个好姐妹撕扯他讨回公道去！

想到这里，花梦君立即电话约来了她的好朋友吴兰香、李俊英和梅花枝。

梅花枝来到花梦君家里，李俊英、吴兰香已经早一步来到了。她们听完花梦君的诉说，心里头已经生起一股股怒火。这个权有智，不是想着帮助低保户贫困户脱贫致富，而是上了蔡阔峰的贼船满身都是负能量呢。忘乎所以呀！你把林成金、穆不言当枪使，弄得赵启福反省检查，拉了全县扶贫工作的后腿。你背后使坏给李俊英介绍这个老头子，现在又来欺负花梦君。花梦君是有夫之妇。这样的做派，就是侮辱人格，就是侵犯人权，就是目中无人，公开往人家头上拉屎拉尿。不给他一点颜色看看，还真的不晓得马王爷三只眼呢！

大家被权有智的可耻可笑行为气愤着，因此，立马同意了花梦君惩治权有智的提议。

吴兰香问："你说怎么个惩治法？"

花梦君说："撕他去！"

梅花枝说："对！撕他去！看他嘴还贱不贱？"

李俊英说："新账老账一块儿算。"

梅花枝说："梦君护理赵启福，本来是战友们商量的事情，权有智无事生非翻老婆舌，往人家身上泼脏水。要不是老齐把这件事拦住，梦君早就去耳巴子呼他了。这次不能原谅他了。"

吴兰香问："现在就去？"

花梦君说："对！不能放凉了，要趁热打铁。再说，一旦保国知道了，他是绝对不会让我这么干的。"

吴兰香想了想说："要说咱们教训一下权有智，也是他自作自受。不过，咱们可是当年的赛亚男哪！撕还是要撕他的，但是一定要把握好火候，要掌握好尺度。你要是在人家脸上乱抓挠，就是一道道的血印子，这样就会给他造成打官司的借口了。我是说，咱们既要让他丢丢人，又要让他认识错误，更要达到教训惩罚他的目的。但是，我们一定要讲究方法。"

　　李俊英说："对！这个人一肚子的坏水歪点子。治治他有好处。"

　　梅花枝问："怎么撕他挠他？"

　　花梦君问："有什么好的方法？"

　　吴兰香说："权有智看人下菜碟，平日里不怀好意地喜欢给梦君开玩笑。这次给蔡阔峰充当媒人，就是假借开玩笑半真半假地把目的达到了。我看咱们以牙还牙，以眼还眼，当真不当假地给他乱乱。达到教训他的目的就中了。咱们四个女人，见面就围着他，免得让他溜了。抓他的衣服，扯他衣领子。上次穆不言抓着他的衣领子那么闹腾一下他就软蛋了，当天就把人家送给他的礼物折价归还了。"

　　花梦君说："对对！咱们要他哑巴吃黄连，有苦说不出来。"

　　李俊英说："开玩笑打俏皮，就是追究也没有理由。"

　　梅花枝说："要说他这个贱样子，就该撕他的嘴。你们抱着他，我好撕他的嘴。"

　　李俊英笑着说："撕他嘴也是他自作的。不过，伤害人可是要负法律责任的。"

　　吴兰香说："俊英说得对！咱们既要治他，但绝不能违纪违法。"

　　大家你一言我一语，商量好了惩治权有智的办法。梅花枝的手机响起来，原来是林成金催促她赶快回到瓜地里。

　　梅花枝问："可以行动了吗？我们家成金还催着我帮他卖西瓜。"

　　花梦君想了想说："我和俊英站得正立得直，问心无愧，全都是占着理的。既然要整治他，就要同着人。"

　　李俊英说："行！当着村民们的面，一次把他治改。"

　　梅花枝说："成金来电话说，权有智去俺家的瓜地了。"

　　花梦君说："好好！我先去堵着他，你们随后就上。"

　　梅花枝说："四个女人一台戏。"

　　吴兰香说："梦君就是唱主角的。"

　　李俊英说："对！咱们都是冲锋陷阵的。"

　　几个女人立即向林成金的瓜地里走去。

第八十二章　妻贤夫祸少

权有智在花梦君面前不但碰了一鼻子的灰，挨了一个嘴巴子，还被花梦君强行推出院子，心里那种羞辱窝囊气憋得他要发疯。他跑到野牛岭朝着大山大声吼叫了一阵子，又在土路上转悠了几圈，最后才悻悻地来到林成金的西瓜地。

昨天权有智去一趟林成金的西瓜地，撺掇他缠上了扶贫工作队，还真的引起了吕彦彰的高度重视，亲自打电话联系销售滞销的西瓜。刚才，林成金给他打电话说，县里一家瓜果公司的老板就要来收购他的西瓜了。感谢他出主意想办法，为他解了燃眉之急，要他闲暇时来瓜庵里聊天吃瓜喝小酒。嗯！只有林成金还认他这个朋友，还围绕着他的指挥棒转悠。就去他那里喝会儿小酒聊聊天消消气吧！

权有智迈着八字步晃悠到林成金的瓜地，看见路边堆放着几千斤的大西瓜，故意问道："成金呀！摘这么多大西瓜展览的？"

林成金满头大汗地正在摘瓜，听见权有智的喊声，急忙应答道："展览倒不是。等一会儿有人来收购咱的西瓜。"

权有智说："靠谱吗？要知道行情不是太好。"

林成金说："是的！糟糕透了。不过这是吕书记亲自联系安排的，没问题。"

权有智说："这话我相信。吕书记联系的，一定没问题。一船冲全卖了？"

林成金抱着一个停止生长的雏瓜走过来:"我真的是隔河作揖——承情不过。如果真是这样,我请你喝酒。"

权有智笑了:"说说就有了。咋能叫你破费呢?"

林成金说:"什么破费?如果真的卖出去了,我一定要酬谢你喝酒。"

权有智说:"那好!这酒我是喝定了。"

林成金拍了拍怀里的雏瓜,说:"这个瓜,不长了。不长咱们就吃了它。嘻嘻!你别看它长得歪瓜疙瘩梨一样,好吃。等一会儿你拿回去尝尝。"

权有智"啧啧"嘴说:"成金呀,你说这世道是变了吗?怎么日头从西边出来了。"

林成金笑着说:"我的大主任哎!世道是在变。我这个一向抠唆的小气鬼怎么舍得把一个大西瓜送人?"

权有智又啧嘴了:"哎哟喂!这么大的雏瓜蛋儿?二三斤吧?"

林成金说:"你难道没有看见,我摘这个瓜的时候,可是咬着牙下着狠心才摘下来的。要不是你给我出主意想办法解决了西瓜滞销的大难题,就是这二三斤的雏瓜蛋儿你也甭想。"

权有智说:"是呀是呀!说大话使小钱,这样的事儿,也只有你能做得出来。就像咱俩在老穆菜地里就着大葱喝烧酒,省下来的都是自己的。"

林成金龇牙一笑:"我的大主任咂!这就是咱家的能耐本事。"

权有智撇撇嘴说:"你说你有本事,你把日头拴起来不让落山,你把月亮摘下来给咱们照明。做不到吧?可是,咱们倒是可以给你生个点子想个办法,把眼前的困难解决了。就这么一点点的能耐。"

林成金把那个二三斤的雏瓜塞给权有智,掏出一盒揉得皱巴巴的帝豪烟说:"对呀!要不是你关心我,给我出主意想办法,我哭还来不及呢。你吸烟!"

权有智接过烟含嘴里。

林成金"啪"打着了打火机,给权有智点着了。

"咦!"林成金突然惊叫一声,"你脸上?五个指头印儿?"

想不到这句话戳到了权有智的痛点,一下子就脸红脖子粗的,一把把那个雏瓜蛋儿摔到一边,抓住林成金的手脖儿,怒气冲天地问道:"什么意思,指头印儿?哪来的指头印儿?开什么国际玩笑?"

林成金吓了一跳,怎么?扒了你家祖坟似的,这么凶呀!神经病。我就是这一句家常话儿,犯不着发这么大的火。便瞪着眼说:"你咋的了?吃了枪药了?可不是脸上有五个鲜红的指头印儿!"

权有智脑袋瓜子可是转得飞溜溜的快,立马笑起来:"嘿嘿!嘿嘿!实话告诉你,我犯贱了。"

林成金说:"是不是又骚扰捞摸俺嫂子了,还是咋的了?"

林成金一句话就把花梦君扇他耳光子的丑事遮掩了。他真的就腿搓绳子给林成金说起他与张彩云的事来了:"离婚几年了。这些天我想开了。当年我红得发紫的时候,那个女的跟屁虫似的天天缠磨我,寻死卖活地非我不嫁。无奈之下给你嫂子办了离婚。想不到咱手里没钱以后,那个女人屁股一拍溜之乎也,害怕粘上咱的穷灰不是?你这个嫂子,唉!贞节呀!离婚就是不离家,把我两个孩子都养活大了。她心里还是舍不下这个家。真是家鸡打得团团转,野鸡不打它也飞呀!她就像那磨道的驴,看着不值,使着值。"

林成金听着权有智掏心窝子的话,想起那个整天嘟嘟他甚至不听话就要甩他皮鞋的梅花枝,不由得一声长叹,家有贤妻胜过良田万顷,最好还是结发妻呀!他问:"既然如此,你们就复婚得了。一个院子里住着,难免火星子进到棉花上它能不着火吗?河水要犯井水的。"

权有智说:"可不是嘛!刚才我不是就犯贱了?看把我打的。出不去门了。"

林成金"嘻嘻"笑着说:"大主任呔!你们这样下去也不是个办法。一个院子里住着,抬头不见低头见的。何苦呢!这样吧,我给花枝说说,让她从中说和说和,你们就复婚吧?"

权有智一声长叹:"当初是咱有了外遇不要人家了,现在好马要吃回头草了。人家不定愿意不愿意呢?"

林成金说:"咋不愿意呢?一定愿意。两个老孤雁,为什么要分开住呢?现在都在讲抱团取暖。"

权有智摇摇头说:"不可能!她要是愿意,怎么我就犯这么一次贱,就给我五个指头血印子?"

林成金指着权有智傻笑起来:"你也真是的!一定是急火攻心,突然袭击啦!心急喝不得热稀饭。再者说,当初是你有了新欢忘旧情,对不起人家的。人家保护自己是正当的。"

权有智把林成金的手指头拨拉开了,皱着眉头一声长叹:"唉!妻贤夫祸少呀!成金哪!我也想开了,人生不容易,转眼就是百年哪!我不想再这样熬下去了。你给花枝说说,抽空去给她提说提说复婚的事。"

林成金说:"是呀!日月光阴不饶人哪!转眼就是大半辈子的了。何苦呢?你们就合铺住一起吧。"

权有智还想继续着复婚的话题,忽然看见花梦君小跑也似的过来,心里"咯噔咯噔"犯着寒碜,一头钻进瓜庵里了。

第八十三章　戳了马蜂窝了

花梦君已经看见权有智藏进瓜庵里了，暗暗骂道："你钻进瓜庵里，就是爬到鳖窝里我也饶不了你。"心里想着，快步来到瓜庵外面，将门堵了。

权有智马上就是一副笑脸："梦君，刚才我给你提说的事，信口开河，开个玩笑。"

花梦君满脸带笑的，指着权有智的鼻子说："你浪啥里浪？传出去，叫我咋做人哩？"

权有智本来很担心，可是听着花梦君开玩笑的话口气，急忙小声说道："你知我知，盖着不摇。"

花梦君说："你既然要做好事，为什么害怕别人知道？"

权有智急忙讨饶了："我说老齐嫂子啊，你就饶了我吧！"

花梦君说："你浪！今儿个就是要治治你老公鸡披蓑衣——嘴尖（贱）毛长的。"

林成金看见花梦君满脸怒气，两眼猩红，知道权有智戳了马蜂窝了，不敢随便插话，站在一边旁听着。

权有智满脸堆着笑："你看你的脾气。这件事说出去，我脸上不好看，你也未必就好到哪里去。"

花梦君被这句话彻底激怒了。你做了错事，不是认错赔不是，反而还一个劲儿地要挟！上前一把抓住权有智的衣领子，不过脸上还是带着笑:"手不惹虫,虫不咬手。你没事找事欺负到我的头上了。走!咱们去见见第一书记!"

权有智被抓得出不来气了。他急忙一只手攥住花梦君的手脖子,另一只手狠命掰着她的手指头,用力一带,挣脱了。

花梦君被权有智带得一个趔趄。

权有智"噌"地跳到瓜庵门口,谁知道一只脚踩在他刚才扔在这里的雏瓜蛋儿上了,"啪嚓"摔倒了。

权有智暗暗叫苦,急忙爬起来,还没有来得及挪动脚步,已经被李俊英、梅花枝抓住他的两只胳膊了。

权有智知道戳了马蜂窝了,引来了一群大黄蜂啊!这还得了?用力挣扎着就要逃跑,想不到被吴兰香用一个西瓜壳儿嵌在他的脑袋上了。

权有智两眼一抹黑,急得跳起来。花梦君已经抓住他的后衣摆了。

四个女人有的抱着权有智的腰,有的拽着他的胳膊,有的抓着他的衣摆,又是推又是搡,就像农村妇女过去箩面面推过去拉过来的。一会儿的工夫,就把他给晃晕了,一骨碌趴在地下,隔着西瓜壳呜呜啦啦地喊叫着:"别乱别乱!我上不来气儿了。"

这几个女人也累了。吴兰香摁着权有智的肩膀,李俊英和梅花枝各摁着他的一条腿。

花梦君一屁股坐在权有智的脊梁上,瞪着眼问:"大主任,谁给你乱?"

权有智喘着粗气说:"你们这不是合着伙儿要整治我吗?"

就在这个时候,闻讯而来的乡亲们把瓜庵围住了。

花梦君在权有智后背上用力地蹾了蹾,笑着问:"你这个浪折腰的,放着清闲不清闲,放着自在不自在。你把我这个有夫之妇介绍给蔡老板,使了人家多少媒红钱?"

利令智昏呀!权有智后悔不该贪图蔡阔峰口头许诺他卖不出手的两室一厅一卫一厨顶层房子了,捋着老虎的胡子惹着这个夜叉精了。

这么多的人,把人丢尽了,不装怂也要装怂了。他喘着气解释说:"什么钱呀钱的?朋友的委托。"

花梦君又在权有智后背上蹾了蹾,继续问:"你为什么不把你的老婆介绍给他?"

权有智说:"我那个黄脸老婆?白送人家也不要呢!再说了,我们已经离婚多年了。我管得着吗?"一边说,一边讨饶着,"好了好了!别乱了!"伸出两只手就要去掉嵌在头上的西瓜壳。

吴兰香急忙把他的手打开了。

花梦君笑了笑,继续在权有智后背上蹾着问着:"你是觉着我好欺负不是?"

那些前来围观的村民们听到这里明白了,不由得感叹起来:哎呀呀!你这是何苦来着呢?真要是闲得蛋疼还不如学学驴叫唤呢!人家有夫之妇,要给人家介绍对象,你浪什么浪?推你揉你,就是耳巴子扇你脸,就是撕你的贱嘴也是你自找的。

村民们越涌越多,都以为他们是在开玩笑,没有人拉架。

权有智心里急了,眼睛被西瓜皮盖着了,什么也看不见,只好大声喊起来:"成金!赶快搭把手嘛!"

林成金就是不敢吭声。

其实,林成金已经听出事情的原委了,不由得暗暗笑了。哼!招惹着这几个赛亚男,其实就是母老虎,不叫你脱一层皮才叫怪呢。花梦君什么人?敢爱敢恨的强势女人,你真的是吃饱了撑的。该你倒霉了!现在抓狂了?活该!一个大男人家,村委会主任,不是想方设法为村民服务,为精准扶贫贡献智慧和力量,而是干着那些戳七倒八牵线当媒红的事儿。人家花梦君与齐保国恩恩爱爱红红火火过着好日子,有夫之妇,你给人家介绍什么男人?浪疯了!脸上那五个血红的指头印儿还不是花梦君呼的!正自想着,听见权有智又一次在喊着他的名字求救。唉!人在难处,拉他一把吧!于是上前就要张嘴说话,忽然听见脑袋上"砰"的一声响。

这是什么?又是梅花枝的皮鞋砸头上了!嗨!不是说好了的,以后不再用皮鞋砸我了吗？哎呃！是西瓜皮呀！嗯！梅花枝不要我管，我就装作没有听见。

连最好的朋友林成金也不帮帮话儿，权有智就好像大冬天吃冰棍——凉透心了。

可是，那么多围观的人呢？他们为什么不出手？

其实，村民们心里也是有一杆秤的。

权有智前年与蔡阔峰暗中合伙开铁矿，防护堰被大水冲垮后冲毁了村民们的庄稼，村民们要求蔡老板赔偿。结果，作为村主任的权有智反而暗中作梗。后来在赵启福的支持下，村民们才经过诉讼拿到赔偿款。现在怎么心闲生是非又把一个有夫之妇介绍给蔡阔峰，戳了马蜂窝了吧！哈哈！这一窝都是蜇人的地雷子。活该！再说了，负能量的事儿，怎么都在你身上出现？你说这样的村主任，合格吗？

唉！要不就讨饶吧！权有智话语气软下来："唉！全怪我六指挠痒——多一道子。"

花梦君大声骂俏道："你要是嘴痒了，就到你家喂猪的猪食槽上蹭蹭！你要是手贱了，就去你家拴老叫驴的枣树上磨磨！你要是闲得心烦了，就学学驴叫唤！以后胆敢再无事生非，花梦君可不是省油的灯！"

权有智心里恨呀，可是没有招使了，只好认错了："我说老齐嫂子，玩笑也开过了，你这气也出了，我这脸也丢了，放过我行不行？"

花梦君笑着骂着："叫你浪，叫你贱，叫你嘴贱毛又长！"说一句，蹾一下。权有智每次被蹾一下，就"唉哟"地叫唤一声，逗得围观的村民们哄堂大笑。

权有智认错了，见好就收吧！花梦君笑着在权有智后背上又蹾了几下，站起身来。

权有智爬起来，一把抓住嵌在头上的西瓜皮，咬牙切齿地甩到白河里了。

在人们的哄堂大笑中，权有智看了看被西瓜皮染红的花花搭搭的白色裤子，满脸晦气地拍打着身上的灰土草屑，正要离去，被李俊英拦住了。

权有智眼睛愣了愣不敢问话了。

李俊英说:"我说权大主任哪!我们这几个女人你是知道的,人称赛亚男。以后要多为村民们着想办些好事,不要再犯那些翻老婆舌向一家坑一家没有正能量的错误了。招惹谁了都没有好果子给你吃。"

权有智说:"对对对!不过,我这是给老齐嫂子开玩笑。你们不该拉偏手打偏锤的。"

吴兰香说:"什么偏手偏锤的!两正夹一邪,想邪不得邪,正能量就是要压制负能量。你看看你做的事,人不人鬼不鬼的,像个干部的样子吗?能站在人前吗?"

权有智倒驴不倒架子:"就是我做得不对,也用不着你们来教训我。"

花梦君听到这里,嗨!闹了半天他还是不服呀!恼上来伸出两手,尖尖的指甲就抓上来了:"你敢再龇龇牙?抓破你的狗脸子!"

梅花枝见状,两只手也朝着权有智的脸上抓挠过来。

第八十四章　四目相对抹眼泪

就在花梦君她们几个又要抓挠权有智的时候，忽然听见一声喝叫："住手！"

几个女人不由自主地松开手，权有智乘机"噌"地蹦出瓜庵，一溜烟似的跑了。

原来，吕彦彰、杨志业和郝梦媛已经来到瓜庵外面。

吕彦彰问："你们这是干什么？"

花梦君说："与权有智乱着玩的。"

吕彦彰问："乱着玩的？"

花梦君简要地向吕彦彰汇报了权有智把她介绍给蔡阔峰的经过。

吕彦彰脸色很不好看。权有智这干部当的，怎么没有起码的道德底线了，没有纪律要求政治规矩了？自从工作队驻村以来，不少村民已经将他过去的事情向他反映过。在相处的几个月里，权有智工作很不到位。为此，他已经与他做过两次的谈话，真诚地提出了他应该注意改正的毛病。权有智表示以后要多为村民们着想，真心实意地为华苑村脱贫致富、美丽乡村建设出力流汗。可是，他与蔡阔峰之间的交往，尤其是暗中撺掇林成金上访告状的事儿，依然没有收敛。想不到他又将有夫之妇介绍给蔡阔峰，荒唐至极了。可是，权有智是半真半假以开玩笑的语气提说的，花梦君也是以开玩笑的方式应对的。作为第一书记，就不好过多地干预了。于是，他只是告诫她们说："开玩笑过头了就是低俗，低俗就会造成不好的影响。以后要注意。"

几个女人听到这里，心里暗暗高兴。姜是老的辣呀！吴兰香这样的安排既占着理儿又让人解气儿。她们嘴上倒还表示着委屈，为自己开脱着："是他先低俗我们才低俗的。""这样的素质，怎么来当我们华苑村的当家人？""你应该批评他。""再这样下去，我们就要罢免他！"

正说着话，一辆大汽车已经停在瓜庵旁边的公路上了。

这是吕彦彰联系的水果老板前来收购林成金的西瓜了。

梅花枝看见汽车停在自家瓜庵门前，高兴得不得了，急忙制止说："刹车了！刹车了！就此打住吧！这是吕书记联系的水果公司来买我家西瓜的。"

吴兰香说："咱不能耽误了正经事儿。见好就收吧！"

花梦君说："谢谢诸位的帮忙。来日我在吴姐的农家乐请大家的客。"

李俊英说："我看客就不要请了。自家人，谁难免没有个什么事情的。为你主持一次公道！应该的！"

吴兰香说："什么请客不请客的。有事没事来我的农家乐喝茶听戏。就是请客，也是我做东。"

几个女人散去了。

林成金说不上是高兴还是有那么一点点幸灾乐祸的样子，反正是在权有智危机的关键时刻没有为他解围。现在看见拉西瓜的大汽车，心里很高兴，快步来到公路旁，一眼就看见从驾驶室里跳下来的卢飞娣。咦！怎么？这不是第一书记的爱人，新格海家电老总卢飞娣？她来干什么？心里打着问号，嘴上问道："卢经理，你来了。请尝尝我的大西瓜。"

卢飞娣笑着与林成金握了握手，很客气地问："今年西瓜丰收了？"

林成金说："是啊！可是滞销了。"

卢飞娣问："你这瓜叫什么来着？"

林成金说："香味西瓜。新品种。你问这个干什么？"

卢飞娣说："收瓜呀！"

林成金眨着眼问："你？还做着水果批发的生意？"

卢飞娣说："是呀！老吕联系的就是我呀！"

林成金扭头看了看吕彦彰，又看看郝梦媛和杨志业，笑着问："原来卢经理两个身份呀？谢谢你为俺解了燃眉之急。"

郝梦媛看看一直没有说话的吕彦彰，看看兴高采烈的林成金，心里已经明白了什么，催促着说："天不早了，赶快过秤装车吧！"

林成金不再多问，一个电话喊来了新任组长石玉平和杜承汉、费理同，让他们帮忙过秤装车。

很快，一万来斤的大西瓜已经装满了一大车。

天已经黑下来了。

梅花枝看着最后一个西瓜装上车以后，再也掩饰不住感激的心情，用几乎颤抖的声音说："谢谢吕书记！谢谢卢经理！"

吕彦彰擦一把满头的汗珠，说："这是我们应该做的！不用谢！"

卢飞娣说："按照市场上的销售价格，我们就按每斤一元给你结算了。"

林成金看着装满的一大车大西瓜，点点头正要答应。忽然听见梅花枝说："你们如果按照市场上的销售价收购我家的西瓜，不行！"

林成金一听急了："什么？你说什么？"

梅花枝说："你们是搞批发的。运输费、卸车费以及损耗等等应该计算在内。要不你们就亏大了。"

林成金方才明白梅花枝的意思。心里说，对呀！人家给咱帮忙了，不能让人家吃亏。就说："对对！如果按照市场上的零售价，我们不同意。"

卢飞娣问："为什么？"

林成金说："不能让你们为俺出力操心还赔本呀！"

卢飞娣说："我看就不要争了，就按市场价给你结算了。"

卢飞娣说着，将皮包里面一整沓百元票子交给林成金了。

林成金接过钱,看见梅花枝不停地擦眼泪,忍不住"吭吭"大哭起来。

"帮助"无处不在,它浸透在我们周围的空气中,变成呼吸的氧气,支持着我们的生命。而"帮助"也成为人们前进的灯塔,为需要的人带去温暖,并让温暖这颗火种撒满人间,点燃社会的每个角落。真诚的帮助,体现的是无私和真诚,是人间的大爱。

吕彦彰夫妇真的是雨中送伞啊!林成金、梅花枝满满的都是感动和感激呀!

很多人在受到别人真诚的帮助后,总能以更真诚的感激报答别人。林成金和梅花枝也只能用真情的眼泪来感恩来报答。

夫妻二人四目相对,眼睛哭得红红的。

卢飞娣一时还没有理解,怎么?难道价钱不合适了?

吕彦彰也被感染着。他拍着林成金的肩膀:"成金!你看,你哭,花枝哭得更厉害。"

林成金含着眼泪笑了:"好好好!不哭了。吕书记,我这可是激动的眼泪,感谢的眼泪呀。要知道,西瓜卖不出去的时候,我跳楼的心都有了。"

吕彦彰说:"你着急,我比你还要急呀!"

林成金说:"吕书记呀,今天这个事上,我是千言万语也难以表达我的感激之心哪!我这个贫困户,就像是一个拉着架子车上坡的苦力,用尽了千斤的气力,就是爬不上去这个坡呀!你们一个在前面拉着梢,一个在后面帮着推,拼着劲儿帮助我爬上这个陡坡。"

郝梦媛说:"只要我们共同努力,一定可以爬上这个陡坡的。爬上去就是一条平坦的光明之路。"

杨志业说:"再坚持一下就上去陡坡了。我们都在推车!"

吕彦彰说:"成金比喻得很好!扶贫就是国家在帮助贫困户,帮助他们脱离贫困,从而走上小康生活的大道。"

郝梦媛说:"这就是社会主义制度的优越性,就是党中央国务院不忘初心,心系百姓的初衷。"

梅花枝满眼眶里都是泪水："感谢工作队为俺们想办法解决了困难。感谢卢经理为俺们分忧解难。"

吕彦彰说："一人有难大家帮嘛，应该的！"

卢飞娣明白了。她说："花枝呀！以后有什么需要俺们帮忙解决的事儿，你尽管说。"

梅花枝擦着眼泪说："好好！"

卢飞娣说："天不早了。我们走了。"

汽车发动起来了。

第八十五章　又一出好戏开演了

权有智回到家里，越想越觉得憋气，越想越觉得被人戏弄了。

人家蔡老板请我给你花梦君撮合一下，虽然有些荒唐无聊，可是这样的事情也不是没有发生过。愿者五八，不愿者四十。你已经在我脸上呼了五个指头印儿，也算是消了气的，好不该喊来那么几个母老虎要把我活生生地吃掉似的，还说什么开玩笑？假戏真唱杀猪似的又是推又是搡，又是摁在地下坐在身上蹾了又蹾，好像当年辩论地主坏分子一样。叫我怎么做人？怎么还当这个村主任？一肚子的气还没有消下去，吕彦彰又把他喊到村部，详细地询问了几个女人撕扯他的起因经过，把他狠狠地批评了一顿。自从吕彦彰担任第一书记以来，怎么是反贴门神不对脸儿，处处与我过不去，已经不是一次两次地批评他了。不行，要想办法出出这口恶气。

可是，怎么找个借口出这口恶气呢？

唉！林成金告状的事最近怎么忘记了？

梅花枝怎么也参加到花梦君一伙儿了？听说林成金当时准备出面拉架的，被她制止了，林成金就躲在一边看笑话去了。对！要出这口恶气，还得他出马，用他的拳头捣他的眼窝。

权有智又想了想。嗯！虽然扶贫工作队对林成金百般扶持，又是将梅花枝招聘为超市的营业员，又是帮助他们种瓜挣钱，还为他们解决了西瓜滞销的大难题，可是在蔡老板开金矿的诱惑面前，他还是要向黄澄澄的金钱靠拢的。上一次，他已经给他交了一些实底，既然李俊英没有林权证，就把那块含有黄金的坡地流转出租给蔡老板。对，这出戏还没有唱完，还没有结局，就让林成金接着唱下去。

权有智想到这里，掏出手机："喂！成金哪！发财了不是？人家吕彦彰一个电话，就给你解决了西瓜滞销的大难题。还是嘎嘎响的现金。账都没有走啊！嗯！过来。晚上过来喝一瓶？什么？你带酒？我这耳朵是不是听串音了？还想要我野地里喝酒就大葱了？你要感谢我？不用了。我这里还有陈年老货。对，就是咱家乡四棵树产的武士特酿。什么？档次高？对。对你我能不用这么好的酒吗？好，一言为定。什么小菜？不用，我冰箱里啥都有。"

天黑了，林成金来到权有智家里。偏房的那一大间就是客厅，四个小菜，一壶毛尖，一盒南阳红香烟，还有就是本县产的名牌老酒武士特酿。权有智关上门，打开空调！两个人面对面坐着。林成金点上烟，深深地吸溜一口，两道浓浓的烟雾从他的两个鼻孔里面喷出来。

权有智问："怎么样？味道不错吧？"

林成金拿起桌子上的那盒烟，歪着头看了又看："没吸过。好吸。"

权有智笑了笑说："蔡老板刚刚送给我尝的。新出的。"

林成金问："蔡老板？好久没有他的消息了。"

权有智将林成金面前的酒杯倒满了："你先尝尝这十几年的陈酒老酿。"

林成金没有客气，端起酒杯"吱"的一声喝下去。

权有智眯着眼睛，歪着头问："怎么样？"

林成金咂几下嘴唇，好像没有品出什么滋味的样子："嘿嘿！要说这可是伏牛山下，白河的纯天然水酿造的粮食酒。好！绝对的好！只是我咽得快了一点。"

权有智笑着说："没关系！酒香不怕巷子深。这是第二杯。"

林成金端起酒杯，小心地咂了咂，紧接着脖子一扬"吱儿"来了个满口香。

权有智问:"怎么样?喝出点味道来了?"

林成金伸出大拇指:"嗯!怪不得誉满京城。好!"

权有智又倒第三杯酒。

林成金指了指满桌子的下酒菜,说:"你让我尝尝这菜的味道儿嘛!"

权有智说:"对对,尝尝不为赖。"

林成金抓起筷子,看着几个香喷喷的下酒菜儿,问道:"今儿个亲自掌厨做的?"

权有智说:"不瞒你说,外卖的。"

林成金问:"外卖的?大山窝窝里,哪里送来的?"

权有智说:"吴兰香的未来女婿杜承汉一边护林养土鸡还伺着土山峰,一边送外卖。"

林成金龇着牙说:"吴兰香有眼光啊!不用打发工钱的准女婿。"

权有智说:"各有所图嘛!"

林成金夹起一块红烧肉,咀嚼几下,脖子一伸咽下去了。

"怎么样?"

"还行。"

"比起你那二三斤的雏瓜蛋儿,口感还行?"

"各有各的味儿嘛!"林成金说着,第三杯酒来了一个感情深一口闷。

权有智给林成金倒上第四杯酒,自己杯子里也倒上了。两个人的杯子对碰一下,仰起头"嗝儿"咽下了。

林成金被酒呛得哈了两口气,又夹了一块红烧肉填进嘴里,脖子一伸咽下去:"好好!得劲过瘾。"

权有智看着脸上微微泛红的林成金,说道:"得劲过瘾就行。"

林成金说:"我看你是从葱地里走过来的。"

权有智一愣:"哦!是说咱们喝酒吃大葱的事儿,还是说我变聪明了?"

林成金笑笑说:"就是越来越聪明了。"

权有智突然板起脸了:"成金哪!咱们是不是朋友?"

林成金心里犯怵了,这是要唱哪一出呢?急忙应道:"是呀!"

权有智冷笑道:"是朋友?是朋友怎么在朋友危机时候不但不出手相救,还要看笑话?"

林成金哭丧着脸,一副无可奈何样子的哭丧腔:"唉!完全是误会。你跟我老婆她们开玩笑。你们乱惯了的,我不好意思怪我女人。唉!"

权有智用筷子敲着桌子说:"你叫我说什么呢?弓响鸟落的主儿。被自己的老婆吓着了?"

林成金不好意思地笑着说:"这个,你是知道的。"

权有智的话点到为止,狠狠地瞪着林成金说:"好!就此打住,我不再怪你了。不过,如果以后再遇到这样不江湖的事儿,别怪我不讲朋友义气。"

林成金立马顺着杆子爬:"没有以后了。以后我都听你的。"

权有智鼓着金鱼眼问:"不要满口镶金牙——嘴巴上漂亮。"

林成金说:"哪能哩!"

权有智说:"那好。咱们还说说蔡老板开矿的事儿。"

林成金说:"蔡老板也是干打雷不下雨的主儿。说了这么多天了,他的手续下来了吗?"

权有智说:"万事齐备,只欠东风啊。我的老弟!你与李俊英争执的那几十米林地可是腰窝金不换。可是吕彦彰就是好管不如会拖,有理扁担三,无理三扁担的,老和尚帽子——平不塌,你争来争去的也没有个结果。如果蔡老板与李俊英签订合同,就等于给她送人民币的。你可就白忙活了。"

林成金说:"嗨!我还不是听你炮响的?你们不是偃旗息鼓了嘛!还是你让我同着柳书记、吕彦彰的面撤诉了吗?玩人的?"

权有智冷笑着说:"什么偃旗息鼓?那是一种策略。再者说,你现在不是一心一意要摘贫困户的帽子吗?"

林成金心里哼了一声。歪点子真够多的,还是拿着我当枪使啊!

嘴上说："要说我真的应该好好干活挣钱了。你看这三个多月的时间，我这不是已经弄到手里一万多元了吗？想起当贫困户的寒碜样儿，每年也就是千把两千元的。"

权有智冷冷笑道："真是好了伤疤忘了疼。忆苦思甜哪？难道你当上贫困户吃亏了不是？"

林成金说："那倒不是。"

权有智说："再说了，一旦蔡老板的金矿开始生产，那是一个什么概念？数钱数得你手抽筋！与你一年万把两万的简直不成比例。"

林成金又点上一支烟，吸了几口，龇着牙试探着问："望梅止渴吧？"

权有智愣着眼说："什么望梅止渴？立马兑现。"

林成金的脑袋瓜子飞转着，急忙顺着权有智的话意思说下去："哎！我的大主任，你说与李俊英的纠纷我还要继续下去？"

权有智又给林成金的杯子里倒上了酒："主意还得自己拿。我这不过是把蔡老板的情况给你透个底！"

林成金百思不得其解了。上次权有智不是要我甩开李俊英，直接与蔡阔峰签订合同的吗？今儿个欲说又咽，搞什么鬼？问道："我的大主任哎，什么意思呀？"

权有智哂笑道："林地是你的。主意还要你自己拿。"

林成金夹起一块炸鱼块，在嘴里慢慢吃着，忽然眉头一皱，"咔咔咔"一阵呕吐起来。

权有智看见林成金脸色通红、不停地抓耳挠腮的样子，知道他被鱼刺卡住了，急忙站在他的旁边给他捶起后背来。

"啊！咯咯咯！咯噔！"林成金"哇"地吐出一口浓痰，一根鱼刺被带出来了。

权有智急忙把茶杯递给林成金："喝下去！冲冲就好了。"

林成金端起茶杯，咕咚咕咚喝下去多半杯，这才缓过气来。

"妈的！真的是如鲠在喉。不舒服得很！"

权有智笑起来："对对对！把卡在喉咙眼里的刺刺儿吐出来就好

了。就像是李俊英卡了我们的喉咙了。"

被鱼刺卡得脸红脖子粗的林成金立即附和说:"对!对!对!可是怎么一吐为快呢?"

权有智想了想,没有马上回答林成金。他端起酒杯,林成金也端起酒杯,再次碰在一起。

权有智亮一下喝干净的杯子:"我这个人好干脆利索,干什么透心亮底。你接着把戏唱下去,还要唱得叫观众们拍手叫好。将来给你的信息费用也就是好处费绝不会少于百分之五。蔡老板那里我去做工作。"

林成金哭丧着脸说:"站着说话不腰疼,说着容易做着难啊!你倒是给出个主意嘛!不能手里拿着一块糖逗着就是不给人家。眼馋人的呀?"

权有智说:"我看要想真的脱贫致富,只有一个办法。"

林成金把耳朵抵近权有智:"啥办法?"

权有智说:"还是我上次说的意见,把这块争执的林地连同你那五亩桃园流转给蔡老板,办一个附属物赔偿协议。届时,李俊英就是不同意,她没有了林权证该咋的?"

第八十六章　任性是女人的特权

花梦君回家了。

她是带着胜利的喜悦回家的。

其实，她之所以要惩治权有智，就是为了证明她的人格品行，证明她的光明磊落，也是为了揭露权有智的阴暗面。

只有尊重英雄的国家，这个国家才是最强大的，人民才是安全的。

花梦君与齐保国结婚二十多年了，就是因为她对英雄的诚挚的爱。为了那份对英雄的爱，她与他结婚以来，默默地忍受着各种偏见和冷嘲热讽。时间久了，她的行为得到了人们的理解，她的人格品行得到了人们的尊重。有的人在得知她的身世的时候，甚至为她落泪。她因为热爱英雄而做出了很大的牺牲，当然也决不允许别人对她对荣誉军人人格的侮辱。

晚上，齐保国回家了。

花梦君看见齐保国，不知道什么原因，再也难以控制自己感情的闸门，竟然一个劲儿地抹眼泪。

齐保国很惊讶。结婚二十多年了，他是第一次遇见这样的场面。他走过来，挨着她坐下来，小心地给她擦去眼泪，轻声问道："梦君，你这是怎么了？是不是为我们这次郑州之行收获颇丰而激动掉泪？"

是的，这次赵启福、齐保国去郑州真的很有收获。第一个重大收获,一是与省城一家水果公司签订了长期的鲜桃供货合同。二是与一家花卉公司签订了长期供应盆栽玉兰也就是矮化玉兰和花卉的供货合同。这两个合同的签订,为华苑村村民们的水果花卉的销售解决了后顾之忧,提供了生财之道的法律保障。他和赵启福回家以后,立即受到村民们的热烈欢迎。县里电视台明天还要前来对村委和扶贫工作队进行专题采访。第二个重大的收获就是他们见到了老战友江山和刘剑。在江山和刘剑的推荐下,旅游局和电视台的主要领导分别接见了他们,请他们介绍了打造乡村生态旅游特色村的经验,特别是发挥退役军人的担当精神,开展三帮一带的精准扶贫经验。旅游局指定范珍珍处长具体协助华苑村制定旅游开发规划。电视台乡村栏目组即将前往华苑村制作美丽乡村建设的专题片,还初步议定明年春天在华苑村举办美丽乡村建设的首届玉兰花会。

花梦君摇摇头,眼眶里的晶莹泪珠从白皙的脸颊上滚落下来,像碎玉迸飞:"我真的为你们这次郑州之行所取得的成就而激动和高兴。可是,我的眼泪,是因为我而落的。"

齐保国一愣,问:"为什么?你一直很坚强的。"

花梦君一把拉住齐保国的手,轻轻地放在自己的胸前,温柔地问道:"一个女人真的爱上一个男人的时候,是不是变得很任性?"

齐保国问:"任性?当然,'唯你不嫁'就是任性吧?莫非,朵朵的个人问题已经解决了?"

花梦君又摇摇头说:"你这个当爸爸的,朵朵不是正在谈着呢。"

齐保国问:"她跟谁谈着?"

花梦君说:"她有她的所爱,到时候会告诉我们的。"

齐保国问道:"那你究竟为什么落泪?"

花梦君眼泪又一次涌出来:"就是因为我的任性。"

齐保国的心一下子揪起来:"任性?"

花梦君笑眼里带着泪花:"任性是女人的特权,但她只会对自己爱的人任性,哪怕再乖巧的女人,也会对自己心仪的男人任性。所以,你遇到一个对你任性的女人,不要觉得烦,因为那是一个真正爱你的女人。"

齐保国心里荡漾着温馨的浪花。不过，他还是不理解，因为这样的话儿，花梦君已经给他说过无数次。是的，她是很任性的。那种任性，内中是爱，是对军人的最爱。为了这种最爱，她在舆论的压力下，在冷嘲热讽下与他结婚了。几十年来，两个人相敬如宾，恩恩爱爱。怎么，这次去郑州四五天的时间，她突然像变了一个人似的有些不可理解了。他问："怎么了？梦君，为什么旧话重提？"

花梦君靠近他，依偎在他的胸前，微微抬起头来。两行晶莹的泪珠儿，停留在脸颊上。

齐保国很激动，当然更多的是吃惊和不理解。他为她擦去泪珠，将她揽在怀里，轻轻地问道："梦君，你是我的最爱。你怎么了？"

花梦君轻轻地问："你说，爱的最高境界是什么？"

齐保国想了想，说："是生与死吧？一个人可以为另一个人去死，舍去生命中最重要的一切。这不是爱的最高境界吗？"

花梦君点了点头，又摇了摇头。开始时她也是这么认为的，因为许多悲壮的爱情总是和生与死联系在一起的。那些流传千古的爱情故事无一不是生生死死的。

齐保国拢一下花梦君的头发，问："那你说是什么？"

花梦君攀住齐保国的脖子，附在他的耳朵边，轻轻地说："是习惯，当你习惯了一个人生活中的习惯，你就真的爱上他了。"

齐保国又一愣："可是，我觉得还不止这些。"

花梦君说："是的！当年，我与你的结合，来自于我对你的崇拜。当一个深爱着你的人为你而改变，那是因为她爱你。当你遇到她，你为她收起你的顽固执拗的火爆脾气，也因为你爱她。她把你的兴趣也变成是她的兴趣时，还是因为她爱你。这些年来，你总是一直守护在我的身边，不让我有一丝的委屈。你是护花天使，你是我的贴心暖男。如今我们老了，你还是像当年一样把我当作小鸟儿似的护在你的翅膀底下。真正爱我的你，也许不会说许多爱我的话，却会做许多爱我的事。"

齐保国认真听着，不时地点着头。不过，他不知道妻子为什么突然用这么优美的语言给他讲这么多关于爱的话题。是的，爱情是一个人对另一个人习惯的认同，爱到最高境界就是迁就，就是认同了对方的习惯。比如说一个女人习惯了一个男人的鼾声，从不适应到习惯再到没有他的鼾声就睡不着觉，这就是爱。一个男人习惯了一个女人的任性撒娇，这就是爱。一个人会为了另一个人去改变、迁就和认同，这就是爱。

爱情的哲学有时候就是这么简单，就在生活的点滴里。

爱，有时候就是这么朴素明了，就像一杯在我们身边的茶水伸手可及，喝了让我们觉得凉爽舒服而且解渴。

一个男人真的爱一个女人的时候，他会全身心地为那个女人付出。他不必刻意地制造轰轰烈烈感天动地的浪漫，可是却能在一些细节中让你感受到他发自内心对你的关怀与珍爱。一起在街上走时他总是走在公路的外侧；过公路时会拉着你的手；你无理取闹耍小性子的时候他会一直用一种宽容、温和的态度来对待；认真地听你说过的每一句话，并努力地帮你实现你在不经意间说出的愿望；两个人出现矛盾闹别扭的时候，他总是主动向你承认错误，以消弭你满肚子的任性和怒气；你生病时他会在你身边细心地照顾你；在你最失意最无助的时候，总是能看到他温暖和煦的目光和伸出来的愿意和你分担一切的双手。

生命中的缘分，让齐保国遇到了这么好的伴侣。在琴瑟共鸣的二十几年里，他得到了真爱。他在生活中慢慢品味出来了醇香美味。他珍惜这样的生活。他永远爱着她。

都说女人心，海底针。女人是这个世界最难懂的动物，但也是这个世界最容易懂的动物。很多男人就是因为不懂女人，所以常常在恋爱或婚姻中失败。萝卜白菜各有所爱。你再优秀也有人不爱，你再平凡也有人爱。许多男人不是没人爱，而是她爱你，而你不知道她爱你，这就是世界上最遥远的距离。就因为这样，你错失了很多应该属于你的幸福。而在幸福中的齐保国，真的不知道妻子今天异乎寻常的行为。他又一次问道:"梦君,你这是怎么了?"

花梦君经过短暂的犹豫后,将齐保国拥在自己的怀里,轻轻说道:"老齐,今天上午,我遇到了一生中最为荒唐最为生气的事情。不过,我给你说后,请你一定要冷静,这是因为,我已经处理过了。而且以后再也不要提起。"

齐保国很吃惊。不过,他真的在花梦君的要求下做出不再追究的承诺以后,花梦君将权有智把她介绍给蔡阔峰的事情说出来了。

齐保国简直无法用言语来形容自己此刻的心情,强忍着的怒火像无数条金蛇在狂舞,牙齿咬得"格格"作响,猩红的眼睛里闪着一股无法遏制的愤怒,好似一头被激怒的狮子。花梦君后悔了。她低下头,依偎在他的肩膀上,温柔地提醒他说:"你已经同意我不再追究了。"

花梦君是一位温柔善良的女人。她的温柔比鲜花还要清新还要触动人心,她的善良比鲜花还要圣洁还要美丽。是的,温柔的女人,总是用微笑高歌生活,从不抱怨生活给予的磨难。

柔能克刚啊!

齐保国终于抑制住了自己的愤怒,好不容易地点了点头。

愤怒的烈火被柔情似水的女人浇灭了。

花梦君接着说:"再说,我已经带着李俊英、梅花枝和吴兰香整治过权有智了。"

齐保国一把将花梦君抱起来,激动地在她的脸上亲吻着。

第八十七章　纯洁心如兰

　　花梦君任凭齐保国那种近乎狂热的拥抱和亲吻。
　　一种温馨的愉悦幸福感悠然而来。
　　突然，花梦君的手机响起来。
　　手机里传来花朵朵的声音："妈，干吗呢？"
　　齐保国做了一个怪怪的动作，轻轻地把花梦君放在沙发上。
　　花梦君朝着齐保国莞尔一笑，一只手朝着他的额头点了点，回答着女儿的问话："没事。你爸刚刚从郑州回来。我们在说话儿。"
　　"啊！爸爸回来了？事情都谈成了吧？"
　　花梦君说："谈成了。签了两个合同。这两个合同，等同于给华苑村打开了幸福之门。"
　　花朵朵笑起来："太好了。妈，以后，咱们家乡那么多桃子特别是新品种的籽生桃有销路了。乡亲们一定会赚来大把大把的人民币。芝麻开花节节高啊！"
　　花梦君说："还有玉兰树、玉兰花。将来供不应求啊！"
　　"太好了！"
　　"赵阳开发的盆栽玉兰、矮化玉兰还有五福临门玉兰花。嗨！你爸他们在郑州召开了一个小小的发布会，很快迎来投资意向的洽谈者和无数的电话咨询。"
　　"太好了！爸爸辛苦了。另外，大恒叔告诉我，他最近准备与咱们华苑村签订辛夷产供销合同,还要察看华苑村的地质土壤情况。"

齐保国一把抓过手机:"太好了!太好了!你大恒叔什么时间来咱们村?"

花朵朵说:"快了。大恒叔说会提前告诉你的。"

花梦君又从齐保国手里要过手机,亲切地问道:"你谈的那个男朋友怎么样?干什么的?可以让我们见见吗?"

花朵朵说:"一定会的。不过不是现在。"

花梦君问:"那到什么时候呢?"

花朵朵说:"可能到秋后吧?我现在很忙。公司正在就扩大恒利康酵素的蔬菜果木生产基地进行土壤调查。"

花梦君问:"怎么个调查法?"

花朵朵说:"就是调查寻找适合恒利康酵素原料生长的地方。"

花梦君问:"酵素与土壤啥关系?"

花朵朵说:"酵素,是一种由氨基酸组成的含有特殊活性的物质。恒利康酵素是由上百种天然蔬果、高山植物和多种珍贵的草本植物为原料,经过两年以上的发酵与螯合,共同培养出来的一种超浓缩原液。"

齐保国听到这里,像发现了什么商机似的,又抢过手机,大声问道:"朵朵,你说什么上百种天然蔬果还有高山植物、草本植物?"

"对呀?"

齐保国笑起来:"你说这些蔬菜植物什么的,咱们华苑村有么?"

"有啊!就是没有,也可以开发、移植栽培嘛!"

齐保国说:"有就好。那我要给你大恒叔打电话,请他与咱华苑村签订长期的种植供货合同。这就是产业扶贫。"

花朵朵说:"爸爸,你脑子里想着的全是精准扶贫。"

齐保国说:"我知道你也在为咱华苑村出谋献策哩!"

花朵朵说:"爸爸,我上次回咱华苑村采取土壤化验,就是在寻找适应酵素需要的蔬果生长的土壤呢!"

花梦君立即明白了女儿的初衷,对着话筒大声说:"既然如此,就请你大恒叔赶快来咱村考察吧！咱们这里不但空气好，水质好，地理环境好，而且土壤含硒量特别高。"

朵朵笑着说："妈！大恒叔就是为了落实你说的三好一高亲自去咱们村进行考察呢！"

花梦君说："太好了！"

朵朵说："为了生产出高精尖的恒利康酵素，这些天来我走遍了咱们县里的山山水水，化验了无数的土质土壤，得出了最为科学的化验数据。咱们村的土质非常优良，而且含硒量最高。"

听着女儿的解释，花梦君很高兴。她问："扬生生物科技有限公司真的还要与咱们村签订长期的蔬菜水果种植供货合同？"

朵朵说："是啊！扬生生物科技有限公司响应党中央国务院精准扶贫的号召，在百企帮百村的活动中，要与咱们村结对子。"

花梦君脱口而出："实实在在的产业扶贫啊！"

朵朵笑起来："对对！精准扶贫奔小康啊！"

花梦君从齐保国手里要回手机，问："说了半天，你究竟什么时候回家？"

花朵朵说："忙完了就回去。妈，我晚饭前见到卢阿姨了。"

花梦君说："是呀！她今天下午来咱们华苑村了。拉走了你梅姨家一大车西瓜。"

花朵朵说："是啊！可是我听说这一万斤的西瓜，都无偿地送给军营里的兵哥哥了。"

花梦君一怔："这些西瓜是无偿地送给子弟兵了？拥军优属。太好了！"

花朵朵说："是的。这是武装部一个朋友告诉我的。"

花梦君问："万把元的货哪！谁出的钱？"

花朵朵说："是卢阿姨自掏腰包的。"

花梦君立即明白了什么，心里一热，鼻子酸酸的："原来如此呀！"

站在一旁听着母女二人对话的齐保国，心里涌起一阵阵激动的浪花。

等到花梦君打完电话后，他开口问道："是卢经理掏钱将林成金的西瓜收购了？"

花梦君说："是的。她将西瓜拉回城里以后，送给当地的驻军了。"

齐保国说："看看人家这种风格，这种善心，林成金真的要好好反省反省自己了。"

花梦君说："刚开始，林成金的西瓜销售形势很好。可是等到西瓜大量上市以后，价钱跌落，不好卖了。"

齐保国说："我和启福去郑州以前，已经与林成金说过，要他也参加进来，以批发价格与瓜果公司签订合同。林成金认为他的瓜是新品种，而且含硒量高，销售势头好，可以赚大钱。结果真的不好办了。"

花梦君说："是啊！为了这些滞销的西瓜，林成金老毛病又犯了，跑到第一书记那里又是吵又是闹的。"

齐保国听到这里火了，气呼呼地说："这算什么行为？把第一书记当作出气筒了？我真想甩他两个耳光子！"

花梦君说："你猜吕彦彰怎么办了？"

齐保国问："怎么办了？"

花梦君说："他让自己的老婆卢飞娣带着车来到林成金的瓜地，一下子全买了。"

齐保国微微一笑，并没有感到吃惊，深情地说："纯洁心如兰哪！这才是真正的吕彦彰！真情无处不在。彦彰是用自己的实际行动，用朴素无华的真情去帮助贫困户啊！"

花梦君说："金子一样的心呀！"

第八十八章　是谁赢得了她的芳心

　　白河岸边万亩桃园里，人声喧嚣，热闹非凡。
　　一眼望不到边的桃园里，一个个光鲜红润、挂满枝头的桃儿向人们展示着她的美丽，散发着诱人的香味。
　　当天气炎热，人们急需用清凉甘甜的瓜果消暑的时候，这些桃儿恰好在这个时候成熟上市了。
　　郑州水果公司那几辆保鲜的大卡车就停在北岸的河堤上。这是华苑村与水果公司签订供货合同以后前来收购籽生桃的。
　　万亩桃园是赵启福和一部分村民们在山上栽种的籽生桃、胶质白、五月鲜、六月白和蟠桃。
　　要说口感极好，肉嫩、绵软、蜜甜的要数籽生桃。
　　这是桃子类一个极好的品种。
　　七年前，赵启福在外地出差的时候，见到了这种叫"籽生桃"的水果。籽生桃顾名思义，就是靠种子发芽育的苗。即一枚桃核埋在土里，生根、发芽，长出小苗，不再嫁接，像野桃那样自生。但是，在它成长的过程中，不能像野桃那样随便长，头三年每年都要齐地面砍掉，让它重新发枝，从第四年开始留苗。只有这样才能长成壮实的桃树。这种桃子个子不大，但结的果子稠密，颜色紫红，随便拿个一掰就开，露出鲜亮的桃肉。这是当下水果市场少见、很有竞争优势的新品种。赵启福以独具的慧眼和胆量，开始自己试种。到了第五年，这种桃子走向市场，很快就脱颖而出，被消费者疯抢。很多外地人吃到籽生桃以后，开着汽车找到地头购买，还有的水果经营商主动前来要求签订供货合同。在此情况下，赵启福开始向村民们推广。经历过"乱桃渐欲迷人眼"的市场跟风后，人们开始知道籽生桃的好，开始认识到舌尖上的挑剔，谁还能再容得下别的桃子。于是，村民们在自己承包的林地里开始了籽生桃的栽培。

每年到了采摘桃子的季节，乡亲们都会自发地来到桃园帮助采摘。今天，这是与省城水果公司签订供销合同后的第一次采摘，到处都是劳动的欢乐场面和丰收的喜悦。

李俊英一大早就带着缘缘来到赵启福的桃园里。

红红的桃子像小灯笼似的挂满了枝头，不堪重荷的树枝被压弯了腰。李俊英满怀喜悦地采摘着。缘缘爬上了一棵粗大的弯腰桃树上，双手麻利地采摘着。李俊英急忙朝着缘缘比画着："快下来。"

缘缘嬉笑着，比画着："不要紧，我会小心的。"

李俊英急了，跑过去站在缘缘的下面。

"阿姨！你来了。"

李俊英循声看去，原来是郝梦媛和赵阳。他们也正在摘桃子呢！

李俊英说："你们来得好早啊！"

郝梦媛说："天刚亮我们就来了。你看，我们已经摘好多了。"

李俊英看着淘气的缘缘说："这孩子，爬那么高。"

赵阳说："没关系。我照看着他。"

李俊英看看赵阳，又看看郝梦媛，忽然之间想起了梅花枝的介绍。他们才是郎才女貌啊！于是，她打开话匣子来："梦媛，你来咱们华苑村几个月了。生活还习惯吧？"

郝梦媛说："习惯了。"

李俊英问："想家吗？"

郝梦媛笑着说："当然想家！想老爸老妈。"

李俊英看一眼赵阳，笑着说："想家了，就让赵阳开车送你回去。"

赵阳笑着说："坚决完成任务。"

李俊英说："这就好。"

郝梦媛笑了。她有点不好意思地说："阿姨，他已经送我回去好几次了。"

李俊英再次看着赵阳和郝梦媛甜蜜蜜的笑容，接着说："你们是新时代大有作为的青年人，为老百姓脱贫奔小康可是忙得不轻。"

郝梦媛说："对呀！青年人就要有青年人的理想。"

李俊英问："你的理想是什么？"

郝梦媛说："习总书记说，青年人要立志做大事，不要立志做大官。我的理想就是：脚踏实地干好自己的本职工作，永远为人民服务。"

李俊英笑起来："对！为人民服务，是一个任何时候都不过时的话题。"

赵阳说："对呀！时代变了，人民的生活水平提高了。但是，为人民服务的宗旨是不变的。"

郝梦媛说："就当前来说，我的理想就是扎根华苑村，帮助每一家贫困户脱贫致富。"

是的，党中央国务院提出的精准扶贫奔小康，真的是很得人心，像郝梦媛这样的青年人，在自己的际遇和机缘中，在扶贫的工作中脚踏实地奋斗着。他们用实际行动书写自己时代的美丽华章。正如习近平指出，心中有阳光，脚下有力量，为了理想能坚持，不懈怠，才能创造无愧于时代的人生。

李俊英心里很激动。她看着赵阳对郝梦媛说："太好了！你就留在华苑村吧！我，当然赵阳更希望你永远生活在这里，生活在花海一样的华苑村。"

郝梦媛脸上飞过一丝红晕，笑着问赵阳："阿姨的话你听见了吗？"

赵阳笑起来："听见了！真的！我爸爸、花枝嫂子还有乡亲们都衷心希望你永远生活在我们华苑村。"

郝梦媛笑了，笑得多甜蜜哪！

是的，郝梦媛完全明白了李俊英的意思。她是有意给自己转个弯儿，把她面前的赵阳介绍给她。早些时候，梅花枝给她介绍过赵阳。不过，梅花枝倒是直来直去的，一开口就把自己的真实想法说出来了。来到华苑村已经四个多月了，乡亲们认可了自己，也认可了扶贫工作队。他们在你遇到困难的时候，遇到困惑的时候，遇到难以解决的问题的时候，就会毫不犹豫地站出来，毫无保留地支持你的工作。特别是与雷鸣远分手后，她的婚姻大事又一次摆在面前。在她伤心痛苦无法释怀的时候，有心人的梅花枝与她一样，她哭她也哭，她笑她也笑。由于担心她一时想不开，接连几天抱着行李与她住在一起。劝解她，安慰她，还为她做最拿手的饭菜吃。人心都是肉长的，乡亲们对她的关心，对她的帮助真的是无微不至呀！梅花枝、李俊英还给她介绍了赵阳。是的！赵阳是个真正的暖男。他很理解自己，不失时机地开导她，帮她从痛苦中慢慢地解脱出来。在接触了解过程中，赵阳走进了她的心里。其实他才是她心目中的白马王子，是她心目中的最爱。这个高大帅气、才华横溢的大男孩，志存高远，热爱家乡，热爱生活，热爱工作，像阳光一样的纯洁。他深深地爱着自己，早已向自己吐露了心扉。在5月20日那天，他把她约到棠梨树下，单腿跪地，给她送去了999朵玫瑰，还将一只茶杯送给她，有些羞涩地说："这是我的心情，请你收下。"啊！郝梦媛几乎叫出声来，"999"寓意着"天长地久"，"一杯子"就是"一辈子"，"天长地久一辈子"。赵阳别出心裁的求爱，令她已经不能自已，满满的激动和爱意已经占领她的心灵空间了。

告别那些苍凉伤感的过往，岁月又开始了新的征程。

郝梦媛沉浸在激动幸福的暖流中，还没有回答赵阳的话题，一阵紧似一阵的吵吵声传过来了。

第八十九章　借酒发疯癫癫癫

郝梦媛听清楚了，这是林成金的吵吵声。

怎么，大清早的，林成金又在吵吵什么？

郝梦媛停下手中的活儿，迎着吵声走过去。

林成金已经吵吵着走过来。

郝梦媛觉得很奇怪。林成金的西瓜卖了将近两万元，这对于多年依靠政府救济的他来说，是一笔多么大的收益呀！特别是他上万斤的西瓜滞销后，卢飞娣其实就是吕彦彰自掏腰包为他解决了难题。这样的好事哪里找去？西瓜卖出后，林成金在乡亲们面前说了好多的感谢话，还说要写感谢信寄给柳书记，通过他向扶贫工作队表示最诚挚的谢意。事情刚刚过去三天，他又吵吵什么呢？

郝梦媛刚刚来到地边，与一步三晃、跌跌撞撞、自言自语又语无伦次的林成金碰面了。

林成金也看见郝梦媛了。他停下脚步，口齿不清地问道："梦媛，见到吕书记了吗？"

郝梦媛看见林成金脸红脖子粗的样子，猜想他又是借着醉酒来说事的。问道："你这是咋的了？"

林成金咧嘴一笑，吐字呜呜啦啦地说："不关你什么事。你是我的恩人，对不起谁也不能对不起你。"

郝梦媛被一股股刺鼻子的酒糟味熏得要干哕。她问："不管对谁，不能使性子，更不能酒后说事。你找吕书记什么事？"

林成金龇着牙说："还不是老生常谈？"

郝梦媛明白了，这是林成金借着酒的力量来逼吕彦彰解决他与李俊英的林地纠纷了。

李俊英已经走过来了。

林成金看见李俊英，眉头微微一皱，立马转过脸来，朝着郝梦媛说："我找吕书记。"

话音刚落，吕彦彰、杨志业已经从桃园里走出来。

吕彦彰问："找我有事吗？"

林成金摇晃着身子往前紧走两步，朝着吕彦彰龇牙一笑："吕书记，你来华苑村时间不短了。我想知道，我与李俊英的纠纷有结果了吗？"

吕彦彰一愣。

林成金与李俊英的纠纷，因为他拿不出任何证据，而且通过走访调查，村民们证实李俊英根本没有侵占林成金的什么林地。后来，林成金虽然几次白天里找着他强烈要求处理他与李俊英的纠纷，私下里可是多次向他表示不再就此事追究下去。前不久他还同着柳书记的面表示此事到此为止。现在突然旧话重提，让人猝不及防。而且，扬生生物科技有限公司老总李大恒，今天要来签订华苑村长期供应辛夷和恒利康酵素的蔬果合同，林成金突然发难，势必影响合同的顺利签订。

站在吕彦彰身旁的杨志业气呼呼地质问说："我说老林哪！前不久你还同着柳书记的面表态说，与李俊英的纠纷撤诉了。今天这是怎么了？"

林成金被这句话给问住了。他愣了愣，突然攥紧双手，胸脯剧烈地起伏着，好像青蛙鼓起来的气囊，脖子上的颈脉抖抖地立起来，从脖子一直红到耳朵后，那样子就像是愤怒的关公。他抿住嘴，鼓着腮帮子，鼻孔撑得很大，鼻翼一张一合，呼出来的气，就像打气筒似的呼呼响。原本不大的眼睛一下子瞪得滚圆，眼中喷出的一团团火，仿佛要烧掉面前的杨志业。

郝梦媛看着如此吓人的林成金，暗暗揣测他一定是受到了外力的作用。因为，谁也不会大清早就喝得醉醺醺地找领导处理问题呀！嗯！一定有人给他煽风点火。这个能够点着林成金底火的人只有权有智。既然权有智已经点着了林成金的底火，那就请梅花枝来助力灭火吧！郝梦媛想到这里，立即走进桃园，拨通了梅花枝的电话。

吕彦彰问："成金哪！你要求解决纠纷，是不是不喝酒也可以提出来？"

林成金听到这里，身子突然一个趔趄，吐出的话语更加含糊不清了："我要维权，我随时都可以提出来。"

杨志业说："你喝成这个样子。怎么解决你们的纠纷？"

林成金愣着眼说："我酒醉心里清楚。"

吕彦彰说："你还是醒醒酒再说事吧！"

林成金趔趄着身子往前挪了两步，一只手朝着吕彦彰的脖子伸去，也许是力不能及，身子摇晃着就要跌倒。

杨志业一把抓住林成金的胳膊。

林成金竟然就势歪倒在杨志业的怀里，精神恍惚，嘴里不停地咕哝着谁也听不清的话儿。

杨志业没法儿脱身了，只好紧紧地抓着林成金的两只胳膊，就这样的僵持着。

很多人已经走过来，看着林成金醉成这个样子，谁敢招惹？

吕彦彰眼看着林成金东倒西歪的样子，便让几个村民帮忙将他送回去。几个村民说："送谁都行，送他不行。弄不好惹祸上身。"吕彦彰想了想，附在郝梦媛的耳旁说："救急还只有梅花枝了，赶紧给她打电话！"

郝梦媛说："我已经打过了。"

一直没有吭声的李俊英已经被林成金的做派气得满脸绯红，按照她的脾气，是要蹦着大骂三圈的。可是，她被郝梦媛劝阻着，所以一直忍让不语，在一边默默地观看着林成金的表演，琢磨着应对的办法。如今看着林成金借酒发疯寻事趴在杨志业肩膀上呼呼欲睡的无赖样子，她再也忍耐不住了，快步来到杨志业面前，一把把林成金揽在自己的怀里。

众人大吃一惊！怎么，李俊英把一个大男人揽在她的怀里？一个是近门的婶子，一个是近门的侄子，这是唱的哪一出？

就在大家疑惑不解的时候，李俊英拍拍林成金的脑袋，轻声问道："侄儿子，侄儿子，睡在婶子的怀里舒服么？"

林成金真的喝高了，酒精的麻痹作用已经发挥到极致。他刚才就是趁着酒醉人胆大，还要去抓吕彦彰的衣服领子，被好心的扶贫工作队员杨志业扶住，竟然借力依偎在人家的怀里，趴在人家的肩膀上昏昏睡去。现在，他被一声声熟悉的声音喊叫着，心里还在犯着迷糊，这是谁呢？怎么想不起来了？她喊我做什么？哦！这是在哪里呀？女人的气味呀！温柔之乡呀！他终于睁开惺忪的醉眼，不由得一声惊呼："我的蚂蚱爷呀！"身子一软，瘫倒在地下。

紧接着，一声炸雷般的响声在林成金耳朵边响起："给脸不要脸，就用一张驴皮子给遮挡起来。"

林成金听出来了，这不是李俊英在喊叫吗？我怎么躺在她的怀里了？这这这……我的近门婶子呀！侄儿子依偎在婶子的怀抱里，这是什么行为？蚂蚱爷呀！有我好看的吧？林成金忽然间大汗淋漓，酒也醒了几分。

李俊英看见林成金小眼睛偷偷地扑闪着，心里暗暗一笑，你精你能你厉害，斗得过你的二婶子吗？我过的桥比你走的路还多呢！叫你吃不了兜着走。小字辈的！要打就把你彻底打趴下。对！再给你来几句厉害的。想到这里，双手掐腰，双脚并拢，一蹦老高跳起来："成金，我好赖也是你的长辈儿，亲亲的二婶子，你喝多了？喝多了也不能钻在二婶的怀里睡觉觉呀？蹬鼻子上脸的！这不是乱了套吗？叫我以后怎么在华苑村生活下去？"

林成金虽然晕，虽然浑，可是他也知道事情的是非曲直，害怕大家戳他的脊梁骨呀！同着那么多人，我怎么就趴在二婶的肩膀上，依偎在人家怀里睡大觉呢？唉！怎么办呢？嗯！有了，我就躺在这里，就是天上下刀子，我也不再接他们的话头了，先过了这一关再说吧！

　　李俊英还要说什么，忽然听见一阵响似一阵的机器轰鸣声"隆隆"传来。大家循着声音看去，白河岸边刚修好的水泥路上，前面几辆汽车开道，后面紧跟着推土机和钩机，一路上"哼哼"怪叫着，朝着野牛岭开去。

第九十章　被激怒的狮子

咦！咋回事儿？

人们全都愣在那里了。

难道这是修公路的？不对呀，廉主任已经协调县退役军人创业协会几个老板修好了断头路的呀！修好路以后，他们一鼓作气又把蔡阔峰废弃的矿渣平整成可耕地了。那这些人，究竟是干什么的？嗯！好像是开山挖矿的？如果不是，哪有这么大的阵势，来这么多的汽车、推土机和钩机？

人们猜测着，议论着，还是捉摸不出这是哪里来的人要干什么？

很快，汽车停下来。大车小车上下来几十个身穿统一服装、手持铁锹镢头耙子的年轻人。一个茶壶盖子头、满脸胡子、戴着墨镜的年轻人吆喝着指挥着，推土机、钩机和一帮子人马哄哄的，向着野牛岭开去。

人们还是摸不着头脑，继续议论着。

蒙在鼓里的李俊英好像突然明白了什么，看一眼瘫睡在地下呼呼打鼾的林成金，快步走到吕彦彰面前，气喘吁吁地说："没有家贼哪来的外鬼呢？吕书记，我看这些人是冲着我的玉兰园来的。"

吕彦彰也看出来了，这帮人马车辆是朝着李俊英的玉兰园和林成金那五亩已经荒废的桃园去的。毫无疑问，他们要在那里开挖金矿。

村民们很快也意识到了这一点——林成金还是把他的林地转包给

蔡阔峰开金矿了。

大家都停下手中的活儿，纷纷向吕彦彰走来。

"怎么办？我们华苑村的大花园呀！""怎么没声没响地就开业了？""你看你看，那个大个子抱着一捆炮仗，不是开业是什么？""省政府马上就要把咱们村确定为精准扶贫生态旅游特色村，他们开矿毁坏了生态植被，这不是跟咱们对着干的吗？"

现在，人们已经明白了，蔡阔峰就是为金矿的开业而来的。

吕彦彰被眼前突然发生的事情震惊了。

眼下，省政府正在审核华苑村的美丽乡村建设，把华苑村作为精准扶贫生态旅游特色乡村重点扶持、开发。扬生生物科技有限公司已经把华苑村作为扶贫帮扶对象，今天就要签订辛夷和生产恒利康酵素的蔬菜水果供应基地的合同。蔡阔峰这一杠子插的，出乎意料。他从哪里弄来了林地的承包手续？他的开矿手续来自哪里？不计后果的破坏性开采，不但影响华苑村的精准扶贫，更重要的是破坏了生态环境。不行，一定要问个清清楚楚，明明白白，坚决阻止他在华苑村的开矿行动。

吕彦彰想到这里，立即打电话通知赵启福、权有智、齐保国赶到桃园商量对策。

很快，几个村干部来到了万亩桃园。

齐保国听完吕彦彰的情况介绍，气得脸像蜡一样的黄，嘴唇都发白了，全身都在瑟瑟地发抖。他两眼瞪得滚圆，怒火冲天地说："开业？没那么容易！我们华苑村不答应。"

赵启福皱着眉头，一股怒火从两肋一下子蹿了上来："对！没有我们全体华苑村村民们的同意，任谁也甭想在我们的土地上动一下钩机。"

郝梦嫒说："我看这件事要马上询问一下林成金。他把他的林地流转了吗？"

权有智急忙跟屁虫似的附和说："对对对！了解一下情况很有必要。如果出让给人家了，我们有理也说不出了。"

齐保国瞪着眼说："什么有理说不出？他们的流转合同通过村民大会讨论决定了吗？合法吗？这是我们华苑村的土地！只要我齐保国在这里，他就别想在我们华苑村土地上横冲直撞。"

赵启福说："对！国家对于开矿有着非常严格的程序和要求。蔡阔峰开矿征地没有经过咱们村委会和村民大会讨论通过，他就办不来采伐证和采矿证，没有采伐证和采矿证就是违法。"

齐保国说："蔡阔峰利令智昏，迫不及待地跳出来了。"

吕彦彰说："他不敢肆意妄为，大不了是给我们来一个敲山震虎。"

赵启福说："无证砍伐树木，无证开矿是要追究刑事责任的。"

齐保国说："我们绝对不能被他唬住。立马给派出所打电话报警？"

吕彦彰想了想说："对！一定要用法律的手段保护村民们的合法权益。"说完立即让权有智去把林成金叫过来。

其实，林成金已经看见蔡老板带着人马去到他的林地了。

几天前，在权有智的撺掇下，他已经偷偷地与蔡阔峰签订了土地流转和附属物赔偿协议。蔡老板正是有了这个协议，才敢挺起腰板理直气壮地前来开业呢！为了配合蔡老板示威般的开业典礼，昨天夜里，权有智悄悄地把林成金喊到自己的家里。几个小菜，两瓶白酒，两人边喝边聊，一直到清晨，林成金已经被灌得昏天地暗的，弄出了借酒发疯的哄闹场面，把人们的注意力都吸引到万亩桃园这场闹剧里，配合着蔡阔峰顺利到达野牛岭。

借酒装疯的林成金看着野牛岭下人马哄哄的场面，心里暗暗高兴起来。看来，天下的事，只有求不动的人，没有办不成的事。我的地盘我做主，谁又奈我何？可是，林成金心里还是不踏实。蔡阔峰推波助澜弄出这么大的阵势，拿刀弄杖的，一旦激发矛盾，就是一场械斗啊！再说了，自己与他签订的土地赔偿手续只是指山卖磨，没有经过村民大会讨论通过，根基不牢呀！他看一眼铁青着脸的吕彦彰，满脸怒气的赵启福、杨志业，还有横眉瞪眼的齐保国和神色紧张的郝梦媛，急忙把头低下来。

吕彦彰问："成金，蔡阔峰直接去到你的桃园，干什么？"

林成金瞥一眼野牛岭，那边，蔡老板已经扎下大营，马上就要放炮开业了，生米已经煮成熟饭了，一切都顺理成章了。纸包不住火，雪地掩不住尸体，现在不用再隐瞒什么了，实话实说吧！他满不在乎地答道："我把我的那块地流转给蔡老板开金矿了。"

李俊英吃了一惊，立马插话问道："你把我的地方也给蔡阔峰了？"

林成金撇着嘴说："什么你的地方？我的。为了这几十米的争议林地，我也曾找到柳书记反映过，更是无数次地找吕书记反映解决。吕书记拖着不解决，我是先礼后兵，只好如此了。"

人们大吃一惊。

搅茅缸还搅出理来了？

齐保国两眼猩红，头发一根根竖起来，脖子上暴起了一道道青筋，一手紧握拳头，一手抓住林成金的衣领子，厉声喝道："地痞无赖到了何种程度？我揍死你！"

林成金被齐保国提起来，两只脚不停地踢腾着。

吕彦彰一把抓住齐保国的手腕，厉声喝道："住手！"

齐保国松开手，狠狠地将林成金扔在地下。

林成金的所作所为，激起李俊英一腔怒火，恨不得立即撕碎了他！他指山卖磨，竟敢将自己林地的承包权及其附属物流转出让给蔡阔峰，不但侵犯她的合法权益，而且彻底打乱了华苑村脱贫致富的愿景规划，真是欺人太甚，是可忍孰不可忍呀！她"呼"地冲到林成金面前，右手已经朝着林成金的脸上扇去。

赵启福快步上前，一把抓住李俊英的手，制止道："不能动手。"

李俊英双颊绯红，双手掐在腰里，两只脚尖蹦跳起来，厉声喝道："林成金，今天蔡阔峰胆敢动我李俊英的一棵玉兰树，咱们可是拴住日头下不来！我要马踏五营，杀你个丢盔弃甲鸡飞狗上墙！"

林成金看着恶煞煞的李俊英，还想反驳什么，却被赵启福给打断了:"成金,你与李俊英的纠纷,吕书记已经多次调查询问和了解,同时让你提供李俊英侵占你林地的证据,拿出你的林权证。你不但没有提供任何证据,反而还挪了界石,空口无凭,理屈词穷啊!后来你同着柳书记提出撤诉。既然撤诉了,你为什么出尔反尔?为什么将人家的林地也给蔡阔峰签手续了?这是违犯法律,要坐牢的!再说了,这个地方是我们华苑村的金腰带,是旅游开发的重要地段,怎么可以任由蔡阔峰毁林平地开挖金矿呢?"

林成金心里想,你们说什么也没有用了,我已经与蔡阔峰签过合同了,将指头印儿摁给人家了,拿过人家的定金了,现在只能一条黑路走到底,破罐子破摔了。开口就是覆水难收的无赖语气:"已经是这样子了,只好是这样子了。"

林成金的无赖,立即激起村民们的强烈不满。因为,华苑村的旅游开发是经过全村村民们讨论一致通过的,而且,每家每户都是入了股的。尤其是低保户贫困户,他们指望着旅游开发的收益脱贫摘帽子的呀!现在,蔡阔峰前来开金矿,不但破坏了这里的生态资源,污染了环境,还要毁坏玉兰园,影响整个旅游开发景观,牵涉到每个村民的切身利益呀!这样一人发财苦了万户人家的自私违法行为,叫谁不义愤填膺呢!

出于义愤中的村民们虽然吵吵着议论着,但是谁也想不出更好的办法阻止蔡阔峰强行开工的行为。于是,大家不再指责林成金,而用期盼的目光征询吕彦彰的意见:"吕书记,我们该咋办?""林成金已经把手指头剁给蔡阔峰了。""这是合着伙欺负咱们华苑村哪!"

村民们正在吵吵着,忽然看见从文化广场那边涌过来几十个人,他们手里掂着铁锹、扫帚、擀面杖、扁担、䦆头,在穆兴、石玉平和石建强、吴兰香、周万新的带领下,快步朝这边走来。

原来,吴兰香刚才见到蔡阔峰的大队人马从村部招摇过市去了野牛岭,立即通过村部的大喇叭告知了石建强、周万新、穆兴、石玉平、穆不言等人。大家听说以后,个个气愤填膺,在穆兴和组长石玉平的带领下赶来了。

这是一股愤怒汹涌的激流，喧嚣着，怒吼着，以势不可挡的爆发力向前滚动着。

很快，穆兴、石玉平带着这些人来到万亩桃园。

吕彦彰看着滚滚的洪流，大声喊叫起来："都给我停下来！"

穆兴怔了一下，转身朝着大家挥了一下手，人们停下来。

吕彦彰问："你这是要干吗？"

穆兴铁青着脸，怒火冲天地说："蔡阔峰胆敢动我们华苑村一寸土地，就别想离开这个地方。"

村民们像被激怒的狮子，大声怒吼起来："对！谁要是胆敢侵占我们华苑村的一寸土地，拴着日头下不来！""这个黑心的蔡老板，硬是往我们头上拉屎拉尿呀！""没有家贼哪来的外鬼呢？先把这个家贼揪出来！"

一时间群情激奋，在痛斥黑心老板蔡阔峰的同时，村民们自然想起了家贼，把愤怒的目光盯向林成金，瞄着权有智。

林成金还是一副无所谓的样子，怎么？我承包的林地给蔡老板开矿了，你把我怎的？什么家贼？我没偷没抢，你们犯不着这样子。

权有智心里倒是嘀咕开了！众怒难犯啊！一双双愤怒的眼睛，投出的是烈焰是炸药呀！大家伙心里的那一杆秤怎么都偏向了那个挂职的第一书记？看来，得人心者得天下。老百姓眼睛都是雪亮的。这一次鼓捣着林成金给蔡阔峰签订了土地流转和附属物补偿协议，不但指山卖磨，还影响了华苑村美丽乡村的建设，影响了生态旅游开发，最关键的是精准扶贫致富奔小康啊！这样子做，弄不好就是违纪违法。他心里想着，看着一双双愤怒的眼睛，心里惴惴不安起来。唉！船到桥头自然直，先看看事态的发展吧！他也学着大伙的样子，把眼睛盯着林成金，好像是给大家指认着谁是家贼。

吕彦彰看着就要失控的局面，心里非常着急。他知道，对于这样大规模的民事冲突，需要的是万分冷静，处置得法。一旦一言不慎，就可能导致一场后果非常严重的械斗甚至流血事件。因此，必须冷静慎重地处理这样的突发事件，必须泼水浇灭村民们的怒焰烈火。他跳在一个高高的土坎上，用力地挥着手，大声说："各位乡亲，兄弟姐妹们，常言说，国有国法，家有家规。解决问题，我们就要严格按法办事。所以，大家首先要冷静下来。"

喧嚣嘈杂的吵吵声停下来了。

吕彦彰接着说："其次，我请大家都把手里的家什放下。"

穆兴问："放下？赤手空拳吗？你看蔡阔峰，带着一帮子黑社会。我们不得不防吧？"

吕彦彰说："蔡阔峰与我们什么关系？内部关系。他只是一个不懂得法律的私心严重的人。既然是这种关系，就没有必要拿刀弄杖的。以牙还牙，以硬碰硬，一旦激化矛盾，引起械斗怎么办？伤害着任何人，既不是我们的初衷，也担不了这样的责任。"

人们都吃了一惊，赤手空拳？打起来怎么办？蔡阔峰那里人多，还都是一些不要命的黑道人物。咱们应该兵来将挡，水来土掩呀！

穆兴问："那怎么办？"

吕彦彰说："又不是打架，我一个人去就行。"

齐保国问："报警吗？"

吕彦彰说："不急。看看事态发展。"

人们的心揪起来，第一书记单兵作战，对付得了利令智昏的黑心老板蔡阔峰和凶恶可怕的那群人吗？

大家吃惊了。

吕彦彰朝着心神不定的人们挥一下手，大声说道："无论什么事，都要严格依法办事，就是天塌下来，还有法律的擎天大柱子撑着哩！蔡阔峰看似耀武扬威，其实是纸老虎。所以，我一个人就行了。你们，听赵书记的安排，叫你们干啥就干啥。"说完，分别交代了赵启福和穆兴几句话，便朝着野牛岭大步走去。

第九十一章　狭路相逢

蔡阔峰从那辆高级轿车里下来，看一眼整齐威武的施工队伍，朝着大家挥了一下手。

顿时，嘈杂喧闹的声音戛然而止了。

一个茶壶盖发型、戴着墨镜的年轻人快步跑过来，在蔡老板面前一个立正，用敬畏的声音请示道："蔡总，开始吗？"

蔡阔峰挥了一下手，微微踮起脚，把目光瞄向野牛岭东边的万亩桃园。

桃园那边，几十人的摘桃队伍已经与华苑村走来的人汇合了。黑压压地站在桃园外面的土路上，吕彦彰好像在做着行动前的总动员。

茶壶盖看着蔡老板不断变化的脸色，担心地问："那么多的人，好像倾巢而动了？"

蔡阔峰吸着烟，嘴角微微地颤抖着，从鼻子里哼了一声，故意大声说道："怕什么？你难道没有看到，都是一些留守人员。不值一提。"

茶壶盖说："可是，这些人手里都抄着家伙，好像要与我们拼命。"

蔡阔峰冷冷一笑："狭路相逢勇者胜。你们的手都端豆腐了？"

茶壶盖说："我担心的是，那些女人和智障傻瓜，胡乱来。"

别看蔡阔峰表面镇静的样子，其实心里还是很忐忑。毕竟，强龙不压地头蛇呀！在人家的一亩三分地上，弄不好就是一场激烈的冲突。不过，人不为己天诛地灭，谁叫那黄澄澄的金子储量那么高呢？胆子小，你就别想发大财。只有舍得一身剐，才能把钱挣到家。自己之所以先富起来，还不是一路上打打杀杀走过来的？再者说，是龙都有三分水，我蔡阔峰也不是无根蓬。

蔡阔峰正在想着心事，突然听见茶壶盖兴高采烈地说："哈哈！只有一个人过来了。蔡总，他们果然不敢来硬的。"

蔡阔峰看见一个人从桃园那边走过来，不由得仰脸大笑起来："呵呵呵！我宣布，黄金矿开业典礼开始。放炮，奏乐！"

茶壶盖立即转身，大声吆喝着："鸣炮奏乐！"

随着"噼里啪啦"的爆竹声，乐队开始奏乐了。

吕彦彰很快走过来，站在蔡阔峰面前。

四目对视。

吕彦彰犀利的眼神，表现出的是深藏于心的大度和百毒难侵的凛然正气，是保护老百姓正当权益的英雄壮举，是击溃一切邪恶的千万支利剑。

蔡阔峰目光忽然游移不定起来。是的，他心理防线几乎崩溃了。为了掩饰自己内心的恐惧和不安，他"呵呵"干笑两声，问道："你就是第一书记？"

吕彦彰像一座巍峨的高山，横立在蔡阔峰面前，声音非常威严庄重："我就是吕彦彰。"

蔡阔峰笑了笑，取出一支苏烟递过去："久闻大名，如雷贯耳。今天我们终于相识了。交个朋友？"

吕彦彰把蔡阔峰的手拨过去，不卑不亢地回应道："好呀！怎么个交法？"

蔡阔峰把嘴上的那半支烟狠狠地吐在地下，茶壶盖立即为他点燃了被吕彦彰拒绝的那支烟。他猛吸一口，吐出一股浓浓的烟雾："我今天开矿典礼，请你配合。"

吕彦彰立即回应说："这是华苑村的林地，没有经过村民们的允许和合法的采伐、采矿手续，我绝对不会答应你在这里开矿。这就是我的答复。"

蔡阔峰冷笑道："这块林地的主人已经给我办理了土地流转和附属物赔偿协议，我有权开采。任何人都不能阻拦我的行动。谁如果阻拦，就是断我的财路，必将引起你死我活的拼杀！"

蔡阔峰的声音由低到高，渐渐地咆哮起来。他脸色涨红，进而发青，脖子涨得像要爆炸的样子，满头都是汗珠子，满嘴唇都是白沫子，拳头在身旁的一棵玉兰树上捶打着，捶得满树的叶子"哗啦啦"落下来。

蔡阔峰说完，朝着那些统一服饰有备而来的人们招招手。

很快，几个五大三粗、身上文着奇奇怪怪图案的人将吕彦彰围起来。

蔡阔峰摆了摆手，几个五大三粗的打手散开了去。

"吕书记，请给我个面子，大哥我知道好歹。"蔡阔峰突然压低了声音，好像是在求情的样子，微笑着说。

吕彦彰也笑了："只要是合法的经营，当然不需要看任何人的面子。"

"真的不给面子？"

"难道要我放弃村民们的根本利益？"

"我在城东开发区还有一套四室两厅两卫一厨的房子。当然，它随时可以登记在你的名下。"

"我敢肯定，当我允许你把它登记在我的名下的时候，另一套不用付房租的房子也在等着我。"

蔡阔峰恼羞成怒地将口里的烟蒂狠狠地吐在地下，"嘿嘿嘿"一阵冷笑，朝着他的手下下达命令："开始！"

几个五大三粗的家伙再次将吕彦彰围起来。

推土机突然轰鸣起来，巨大的铲斗开始向下降落。

蔡阔峰看一眼被几个年轻人团团围拢着的吕彦彰，得意地笑着说："吕书记，我开工了。"

就在蔡阔峰得意忘形的时候，推土机突然停止了工作。

人们的目光立马聚焦在推土机那里。

推土机前面，站着赵启福。

老对手出马了！当年，正是赵启福的出手，蔡阔峰打输了官司，被司法拘留十五天，还不得不将几万元的赔偿款交付给华苑村的村民们。

蔡阔峰不由自主地打了一个冷战，咬咬牙又皱了皱眉头，朝着推土机挥了一下手。

推土机再次轰鸣起来，铲斗在赵启福面前不停地上下起落翻转。

茶壶盖朝着赵启福大骂起来："你他妈的走不走？不走，马上拍死你！"

蔡阔峰想，这一招也够绝了，不走？不走要你命。正在想着，忽然看见推土机前面又多了几个人。

郝梦媛、赵阳、杨志业、石建强、周万新也来到野牛岭。

再接着，杜承汉、柴春梅、费理同、柯紫岚和穆不言也跟上了。

这是赵启福按照吕彦彰的安排，分梯次跟进的。

更令人激动的是，任立志推着他的母亲和妻子春桃也参与到阻止蔡阔峰开业典礼的人流中。

还有一个意想不到的人也加入到了阻止蔡阔峰开业的队伍，她就是权有智的前妻张彩云。

人，越聚越多。

突然，一阵又一阵口号声响彻云天："依法经营，违法判刑。毁林毁地，国法不容！"

这是穆兴按照吕彦彰的吩咐，带着村民们喊起了法治口号。

推土机司机眼看面前的人越来越多，但是没有蔡老板的命令，还是不敢停手，操纵着机器依旧把铲斗上下起落翻转发威。

蔡阔峰心里开始抓狂了！华苑村村民们的口号声，分明是震慑，给他依法办事的警示，要他体面地停止不法侵害。可是炮仗已经放了，乐队刚奏了个喜庆的乐曲就因为华苑村人的阻止干扰乱了套儿，呜呜啦啦的，刺耳难听。推土机不管用了，开着空车好像在表演绝技。妈的，骑虎难下了。乡下人，满肚子青菜屎，不能被他吓住。钩机呢？对，钩它几下子！他朝着茶壶盖吆喝着："钩机钩钩！钩机钩钩！"

茶壶盖跑步来到钩机旁，朝着驾驶员大声喊着："快！钩机钩钩！钩机钩钩！"

钩机驾驶员开动机器，将钩机的手臂升起来，降下去，降下去又升起来，升降的钢链子"哗哗啦啦咔咔嚓嚓"的响。然后又将手臂摁在地下，整个钩机的履带"噌噌噌""噌噌噌"，前走走后走走，左转转右转转，好像要把人们碾成肉饼的样子，好怕人的动作哟！

蔡阔峰看着推土机、钩机发威吓人，心里得意着，偷偷瞄一眼吕彦彰，哼哼！究竟是你的土包子贫困户厉害，还是我的钢铁巨龙厉害？

钩机司机表演完他的高超技能，就要把钩机伸向大地钩土的当儿，不由得被眼前的景象吓得一个愣怔！哎呀！我的妈耶！怎么钩机前面的人越来越多了？钩机不能落下去！伤着人可是要坐大牢的！

蔡阔峰正在偷偷乐着，忽然看见钩机推土机面前的人只多不减。怎么人是越涌越多呀！

钩机手吓得大睁着两眼，呆了。只好将那个机械手臂左边移到右边，右边移到左边，转圈发威吓人，就是不敢落在地下钩土。

现在，蔡阔峰面前是几百人的人墙，他们在推土机、钩机面前高喊着口号，宣传着法律，宣示着正义。他们是保卫自己合法权益的凛然正气的卫士，是坚不可摧的铜墙铁壁。

在吕彦彰攻心为上的法治震慑下，蔡阔峰惊呆了。他的手下也彻底地软蛋了退缩了，他没有丝毫办法。可是，如果撤退就是彻底的失败，如果来点别的，不行，华苑村村民们已经拧成一股绳了。

怎么办？

蔡阔峰想起了权有智，也想起了林成金。对，我手里有子弹，这个子弹就是林成金与我达成的土地流转和附属物赔偿的协议。白纸黑字,红红的指头印。这就是我开矿的证据,谁干涉也不行,就是到法院,也输不了官司。想到这里,蔡阔峰把手中的复印件举在手里,大声说道:"吕书记,我之所以今天开工,是因为我有手续,符合法律规定。你是领导,应该带头执纪遵法,不要干涉我的好事。"

吕彦彰眼看着一批又一批的村民们为脱贫致富奔小康,为保卫自己的合法权益丢下手里的棍棒家什,赤手空拳地来到野牛岭。正义的力量是战无不胜的。你看,蔡阔峰的嚣张气焰有所收敛,话口气不再是仗势欺人了,甚至也讲起了法律了。那么好吧,看看你的手续是什么?他问:"你有手续?可以让我看看吗?"

蔡阔峰眼珠子转了转,将那份复印件只是来回晃了晃,就装进口袋里,"呵呵"笑了笑:"不敢劳驾你费心。这只是将来在法院出示的铁的证据。"

吕彦彰立即回击道:"当然,它必须是合法的。"

蔡阔峰的眼睛翻了翻,"呼呼"地喘着粗气,手在空中挥来挥去,脚不停地抬起又放下,另一只手不停地揪着头发。蔡阔峰发疯了。突然,他指着从桃园走来的林成金说:"合法不合法我管不了那么多。你可以去问问你的村主任和林成金。他们,一个是你们村的法人代表,他在我的协议上签字意味着什么?一位是野牛岭下桃园的承包者,合法的附属物所有者,他给我签订的协议合法不合法?我告诉你,今天,我的开业典礼一定要举行。任何人因为阻止我而造成的后果,只能由你来承担!"

蔡阔峰吼叫着威胁着,突然看见华苑村的李俊英、花梦君骑着摩托车风驰电掣地来到他的面前。

第九十二章 一拳打得百拳开

蔡阔峰眨巴了几下眼睛,哎哟!原来是李俊英和花梦君呀!她们各带着一个女人在他面前不远的地方下了摩托,昂首挺胸地从他面前走过,还用不屑的眼神狠狠地盯着他。蔡阔峰不由得打了一个寒战。这两个大神,也上阵了?另外还有两个女人,她们是梅花枝和吴兰香,径直地走向林成金。

她们要干什么?

哦!对了,梅花枝这是要甩林成金的皮鞋了?

不是!

这四个女人,快步走向林成金,转眼之间,已经将他包围了。

咋回事儿?

原来,蔡阔峰气势汹汹要举行开矿的典礼,就是因为李俊英林权证的丢失,林成金在权有智推波助澜下钻了空子。现在,要扑灭这股即将燃烧起来的大火,解铃还须系铃人,那就是说服梅花枝将她家的林权证拿出来。这才是字过千年会说话,这才是不可改变的重要证据。只有用事实说话,才能彻底阻止蔡阔峰对生态环境的破坏和地下资源的掠夺性开采。吕彦彰想到这里,交代赵启福说,扬汤止沸不如釜底抽薪,要他立即告诉李俊英,请她利用与梅花枝的要好关系,带上花梦君、吴兰香去做梅花枝的工作。只要梅花枝将她家的林权证拿出来,对照验看一下四至和地籍长短,一切都会大白于天下的。吕彦彰走后，赵启福立即安排李俊英去见梅花枝。

四个女人，亲得一个人似的，前几天把权有智整治得一连几天都趴在家里不敢出门。今天，遇到了牵涉到全村村民们切身利益的大事，为了阻止蔡阔峰的开业典礼，为了把权有智的假面目揭下来，只能是用林成金自己的林权证来说话了。于是，三个要好的姐妹立即来见梅花枝。

梅花枝刚才接到郝梦媛的电话，知道不争气的男人又在权有智的唆使下挑事了。她刚刚将破皮鞋准备好，三姐妹来到家里。听了她们的来意，梅花枝立即表示同意，就在屋里翻找起来。终于，那张二十年前的林权证找到了。几个人看了看，户主林景春当年在野牛岭承包的林地就是五亩整，四至边界也写得清清楚楚，不存在李俊英超越边界侵占的事儿。几个人非常高兴，立即来到了野牛岭。

梅花枝是个非常正直的人，见不得任何坑蒙拐骗的歪门邪道。丈夫瞒着自己与黑心老板蔡阔峰指山卖磨，不但就自己家里的五亩林地的附属物赔偿与蔡阔峰达成了协议，还将与李俊英争执的林地也包括进去。真是昧着良心满脑子铜臭呀！她晃着手里的林权证，大声喊着："吕书记，各位乡亲们，还有蔡老板，我现在同着你们郑重其事地宣布，李俊英没有侵占我家的林地。同时，我家五亩桃园的坡地是家庭承包的。蔡老板与林成金签订的协议没有经我知道，我没有在协议上签字，它就是无效的废纸一张！"

一拳打得百拳开！

随着梅花枝声音的落下，热烈的掌声骤然响起，响彻野牛岭，响彻华苑村。

林成金眼看着老婆在抖搂自己见不得人的老底，急忙跑过来阻止，早已经被有所防备的吴兰香、李俊英和花梦君围住。他眼睁睁看着梅花枝高举着自己家里的那本林权证向大家展示着解释着，知道自己指山卖磨的小小伎俩在全村老少爷们面前彻底暴露无遗，脸色由红变黄，由黄变青，终于再也难以克制自己了。他朝着梅花枝大声喊着："花枝！你这是干吗呢？给我过不去？快把林权证给我！给我！"

梅花枝没有理睬林成金，继续揭露着权有智与林成金的错误："这才是字过千年会说话。任何存心不良黑黑黄黄的人最终都要暴露失败的！"

林成金忍无可忍了，浑身打着战，咬着牙，像疯了似的突然推开吴兰香，飞也似的跑过来，以极快的速度去抢夺梅花枝手里的林权证。

梅花枝看见红了眼的林成金朝着自己飞快跑来，急忙后退一步。

林成金失手，准备再次抢夺的时候，李俊英、吴兰香和花梦君已经追过来，合力将林成金抱住了。

林成金气得脸色铁青，又一次冲出包围，奔向梅花枝。

梅花枝将林权证甩给吕彦彰。朝着林成金呵斥道："林成金！上房子揭瓦了？"

恼羞成怒的林成金再也难以抑制自己的理智，一巴掌呼在梅花枝的脸颊上。

"啪！"好沉闷的响声。

梅花枝应声倒地。

这一巴掌来得太快太猛，梅花枝脸上已经被印上五个红红的手指印。

站在林成金身边的吕彦彰和杨志业已经来不及阻止了。

杨志业非常恼火。他一把拽住林成金的双手，气呼呼地喝道："不许打人！"

吕彦彰扶起梅花枝。

梅花枝头发散乱，两眼红红的。她站起来，羞赧地捂着自己的脸。很快，她将指头戳在林成金的脸上，怒气冲冲地质问道："好啊！林成金，你敢打我？下手好狠哪！"

林成金酒醒了，人蒙了。

怎么的了？

结婚二十年来，都是梅花枝打他。他们之间已经养成了一种默契，梅花枝生他气的时候，就会对他实行甩鞋子的警示性惩罚，久而久之，习惯成自然。为了老婆的霸主地位，为了满足她的控制欲，他默许了这样的措施。为此，他将她的鞋子收集起来，洗涮干净，放在大门里面不显眼的地方，以备梅花枝紧急情况下使用。前不久，梅花枝还说以后再也不用这种办法惩罚他了。可是今天，她并没有使出撒手锏，只是实话实说，自己怎么这么浑呢？那一巴掌扇得好狠啊！这这这……怎么收场啊？

梅花枝扭头走了。

"花枝姐！花枝姐！"郝梦媛喊起来，快步跟过去。

好几个乡亲喊着。

李俊英也撵过去了。

"花枝——"林成金有气无力地喊一声。他知道，梅花枝是点着火的脾气。今天在这么多人面前扇了她一巴掌，这是结婚二十多年来的第一次，而且是在大庭广众之下，她受得了吗？真是酒是二球水，喝了先软腿，见人说鬼话，见鬼胡乱语。唉！怪就怪自己昨天晚上不该与权有智在他家里喝酒。上次在穆不言的葱地里，喝酒就大葱，还弄了一身的人粪尿。这一次，一喝就喝到大天明，两个人喝了二斤的武士特酿啊！明明是喝醉了，还拍着胸脯子给权有智赌咒发誓说，只要蔡老板答应给他百分之五的股份，他绝对可以帮助他把争执的几十米山坡林地挣到手，蔡阔峰开业典礼上只要有他的手续在，谁也不敢放闲屁。而且赶天明就去见第一书记，还要闹着要他解决与李俊英的纠纷。至于同着柳书记表态撤诉的话，反正嘴是扁的舌头是圆的，现在反悔也不晚。天亮以后，他看见人们都去了万亩桃园，就一溜歪斜地前来寻找吕彦彰了。

权有智曾经告诉他，不醉假装醉，你会谁不会？酒就是一块遮羞布，平时不敢说的话，喝醉了就敢说。平时不敢做的事，喝高了就敢做。今儿个，真的是喝高了喝醉了，找到第一书记发酒疯了，配合着蔡阔峰把开业典礼的队伍开进野牛岭了。因为权有智有许诺，只要林地挣到手，将来金矿开采的股份就是百分之五。这是一个什么概念？一年下来蔡老板收入一百万，就要给他五万元的票子。这么一大笔钱，谁见不眼开？既然要做，就做一次有轰动有气魄的！闹闹第一书记，打了自己的老婆。可是，可是，壮着胆子打了老婆一个耳巴子后，后果严重了！梅花枝把脸丢在这么多人面前，就她的倔强性格，我的蚂蚱爷呀！你看她，直奔白河去了，她要跳河了！

　　林成金跺着脚，看见梅花枝跑到白河岸边消失了，这不是跳河自尽吗？他大声喊叫起来："跳……跳……跳河了……"

　　人们都慌了，一呼隆地朝着白河跑过来。

　　林成金跌跌撞撞地朝着白河跑过来。

　　可是，林成金的两条腿实在没有力量，软软的，打着弯弯儿，跑几步就栽倒了。挣扎着爬起来，再跑几步又栽倒了。谁也没有理睬他。因为，人们在意的是梅花枝，一个跳河的女人。

第九十三章　跳河的女人

当吕彦彰、杨志业追到白河岸边的时候，梅花枝已经跳进白河里了。

白河水从上游的白河挂壁下面的峡谷中直泻下来，溅起两尺来高的浪花。汹涌的河流，浪涛一个跟着一个，雪崩似的重叠起来，卷起了一个又一个巨大的漩涡，狂怒地冲击着堤岸，发出震耳欲聋的"哗哗"声。

这是一场大雨后的白河。

白河涨水了。

梅花枝被河水冲走了。她瘦小的身躯，在狂怒的河水里显得那么无力，那么孱弱……几个浪涛，已经将她淹没，将她无情地卷走了。

当吕彦彰看见被河水卷走的梅花枝时，已经没有任何的犹豫，他朝着后面跟上来的杨志业大喊一声"快救人"，已经跳入滚滚的白河了。

杨志业随即也跳下去了。

郝梦媛和很多华苑村村民也赶到了白河边。他们眼看着吕彦彰、杨志业跳进汹涌的河水里，每一个人的心都被揪起来。他们沿着河堤，顺着河水跟下去，大声呼救着。

本来，吕彦彰、杨志业是在梅花枝跳水地方的下游下的水，这样，跳下后可以立马截住被水冲下来的梅花枝。可是，他们跳下河以后，梅花枝已经被激流冲远了。

他们没有截住梅花枝。

林成金跌跌撞撞地来到河边，看见妻子已经被河水冲远，救人的吕彦彰、杨志业开始竭力地追上去。

林成金的心已经提到嗓子眼了，惊慌失措地高喊起来："谁要是救下梅花枝，我报答一万元！"

林成金一遍又一遍地喊叫着。

吕彦彰、杨志业终于追上梅花枝了。

吕彦彰刚刚抓住梅花枝的上衣衣襟，脚下突然蹬空，身子一个趔趄，梅花枝的上衣外套已经被激流的水剥落。

吕彦彰的手里，只是一件衣服。

人们的心再次揪起来！

"快！快追上去！"吕彦彰朝着杨志业大喊一声。

一股浑黄的河水呛进吕彦彰的鼻腔。他鼻子一酸，剧烈地咳嗽起来。

杨志业在水中用力地游动着。

很快，杨志业追上梅花枝了。

他从她身后游过去，伸出右手，扶住她的下颏，这是避免她喝水的有效措施。左手托起她的腰部，将她举起来了。

岸上的人们一阵激动，欢呼声骤起。

林成金高声喊着："杨志业，这一万块酬谢就是你的了！"

就在杨志业将梅花枝举起的当儿，脚底下的鹅卵石滚动了。杨志业的身体失去了平衡，一个侧歪，两个人都倒下了。

人们又一次惊呼起来。

忽然，有人听见下游尖利的童音在大声地喊叫着："爸爸！救人啦！……救人啦！……有人跳河啦！……爸爸……"

人们循着声音看去。

"救人呀！救人呀！"

下游。河边，两个八九岁的孩子，是缘缘和嘉怡。他们站在岸边，声嘶力竭地高声喊叫着。

是一个孩子的声音吗？

不！是两个孩子的声音。

人们在呼救声中看见，下游，一个人影飞身而下。

这是谁？

赵启福。

本来，赵启福带着一干人马在与蔡阔峰对峙着。

可是，当他听到梅花枝跳河的呼救后，毫不犹豫地对齐保国说："保国，我会水，而且对白河的河况很了解。我现在就去救人，你看护着咱们的玉兰园。"

赵启福立即向下游飞跑而去。

很快，赵启福已经跑到白河岸边，一个熟悉而又有些陌生的孩子声音在大声呼喊着："爸爸！救人啦！……救人啦！……有人跳河啦！……爸爸！……"

赵启福来不及多想，立马在河中搜寻起来。

滚滚的河水中，一个黑影儿从上游翻滚而来，忽儿露出身子，忽儿被河水吞没。

赵启福转身就在岸边折断了一根粗粗的树枝，身子一纵，跳进浪花翻滚的河水里。

梅花枝被无情的激流从杨志业手里卷走以后，几经沉浮，最后消失在浪花滚滚的深水处。

赵启福老家是南阳市卧龙岗诸葛亮躬耕地的人，从小在白河岸边长大。参军以后，多次参加武装泅渡，那是携带着武器装备渡过江河的游泳。复员后来到华苑村，又生活在白河岸边。那时候，白河还没有架桥，人们要去外地，就要渡河。水深的时候，就是用筏子载过去载回来；水浅的时候，脱掉鞋子蹚过来蹚过去的。每到夏秋二季，河水暴涨，筏子不安全停摆了。遇到紧急情况，那就看你的水性了。赵启福当了多年的村干部，每次遇到紧急事情必须过河的时候，那就要用上部队里学到的泅渡技能。现在,这是人命关天的大事,他没有任何的犹豫,立即向梅花枝游去。

终于,赵启福游到了梅花枝附近。

河水太急了。

赵启福将手中的树棍伸过去,同时大声喊道:"抓住!"

梅花枝毫无反应。

赵启福也根本无法抓住梅花枝。

湍急的水流将梅花枝冲击到另外一个地方。

梅花枝已经意识到冲动带来的危险。危机中求生的本能竟然使她的一只手臂朝着喊声伸过来。

赵启福蹬在了一块石棱子上,顺势用力向梅花枝凫去。

又是一个浪花打来,赵启福被冲出两米来远。一股浑黄的河水呛得他鼻子发酸,憋得他喘不过气来。唉!当年武装泅渡,从来都是最好的成绩,今儿个怎么了?赵启福简直要急疯了。因为他看见,梅花枝的那只手已经不见了。

啊!两个黑点快速地游过来。赵启福看清了,那是吕彦彰和杨志业游过来了。

吕彦彰、杨志业快速地游向梅花枝。你看,他们已经靠近梅花枝了。

赵启福用尽全身的力气向梅花枝靠拢。终于,他抓住了她的裤带,用力地将她托举出水面。

而此时,吕彦彰和杨志业也抓住了梅花枝的两只手。

三个人终于将梅花枝托举起来,抬上河岸。

赵启福长出一口气,抓住梅花枝的裤带,将她的身子翻转过来。

"啊啊!爸爸!"赵启福听见一个孩子在高声喊叫。

吕彦彰、杨志业已经将梅花枝的下身抬高。

梅花枝的脑袋朝下。

吕彦彰说:"快,给她空空水!"

梅花枝吐出一口口浑黄浑黄的河水。

赵启福长吁一口气，摸摸衣兜，准备给120打电话，可是，手机已经不见了。他抬起头，看见郝梦媛已经在拨电话了。

林成金"扑通"跪在梅花枝面前，声嘶力竭地呼唤着："花枝！我的花枝呀！"

梅花枝微微睁开眼睛，又无力地合上了。

林成金转过身子，朝着吕彦彰、赵启福和杨志业不停地喊着："一万块的酬谢，就是你们的了。"

"你这个不争气的东西，都这个时候了，还瞎嚷嚷什么。谁稀罕你的臭钱？作为你的姑父，我要替梅花枝好好教训你一下！"赵启福愤怒地说着，一巴掌朝林成金的脸上甩去。

第九十四章　铁树开花

　　穆兴已经把车停在河岸边。
　　这是他从野牛岭赶回家里将自己的汽车开过来救人的。
　　另外还有一辆车停在河岸边。这是扬生生物科技有限公司老总李大恒的汽车。李大恒是来与华苑村签订辛夷和恒利康酵素蔬果生产基地合同的，碰巧遇见救人的场面，也立即参与到对落水人的抢救之中。
　　人们手忙脚乱地将梅花枝抬上汽车，林成金被赵启福的一巴掌甩得醒过神来，急忙站起身子，一头钻进汽车里。
　　吕彦彰吩咐郝梦媛、赵阳、李俊英、花梦君和吴兰香："你们陪着成金去镇卫生院给花枝做检查。有什么情况，立即给我打电话。"
　　郝梦媛担心地说："你也要注意，蔡阔峰现在黔驴技穷了。"
　　吕彦彰说："没关系，他很快就会撤离的。"
　　两辆汽车，飞快地驶向镇卫生院。
　　吕彦彰扭过头来，看见野牛岭那边的人马下山了。
　　汽车、推土机和钩机的轰鸣声传过来。接着，是华苑村村民们响彻云霄的欢呼声。
　　怎么？蔡阔峰撤离了？吕彦彰疑窦顿生，刚要询问什么。只见齐保国飞快地跑过来，离很远就高声大调地喊起来："蔡阔峰撤离了！蔡阔峰撤离了！"

吕彦彰迎着好像刚刚打了一场胜仗的满脸激动的齐保国,大声问道:"怎么回事?"

齐保国停下脚步,气喘吁吁地说:"你们刚走,杏花村的扶贫工作队队长欧阳普照带领着他的队员和乡亲们都来支援我们了。几百人的队伍,与咱们华苑村的乡亲们站成一堵围墙,真的坚不可摧呀!每个人吐口吐沫都会淹死他们。蔡阔峰败下阵来,屁股冒烟溜得可快了!"

吕彦彰问:"欧阳他们怎么知道的?"

齐保国说:"我听说是权有智暗中让他的离婚女人张彩云翻山越岭去通知欧阳普照来支援我们的。"

赵启福说:"以前是鬼,这次做了一次人。"

吕彦彰在人群中搜寻权有智,看见他已经陪伴着张彩云走远了。

一种莫名的感觉袭来,吕彦彰心里有一种说不出来的激动和欣慰。

赵启福两眼一热,紧紧地握住吕彦彰和齐保国的手,激动地说:"老班长,我们胜利了。"

齐保国泪眼丝丝的:"是的,我们胜利了。正义和善良一定会战胜邪恶,这是历史的必然。"

赵启福说:"铿锵前进的历史车轮,是任何人也阻挡不了的。"

吕彦彰说:"在铿锵前进的历史车轮中,精准扶贫奔小康就是现阶段推动历史车轮前进的巨大动力!"

一代人有一代人的使命和担当。在现阶段,退役军人在国家精准扶贫工作中的使命和担当就是:精准扶贫,帮贫致富,民富国强,中国强盛!

三双大手紧紧地握在一起,用力地摇晃着。

吕彦彰用力地摇晃着:"是的,我们胜利了。"

赵启福好像突然想起了什么,悄悄地附在吕彦彰的耳朵旁说:"我去把鞋子穿上。"说完,赤着脚,顾不得全身湿透,飞快地朝着河上游跑去。

河上游，赵启福看见缘缘和嘉怡已经跑过来。缘缘手里提着赵启福的鞋子。

赵启福飞快地迎着缘缘，一把将他拉在怀里，激动的嘴唇有些打战，迫不及待地问道："缘缘！我的儿子，是你刚才在呼救吗？"

缘缘微笑着，非常激动地点了点头："是的！爸爸，是我呼救的！"

嘉怡说："伯伯，就是缘缘呼救的。"

赵启福一把将缘缘高高地举过头顶，大声喊叫起来："啊！我的儿子，你终于开口说话了！"

这一声声激动人心的真情呼喊，越过群山，越过河流，在华苑村的上空震荡着！

铁树开花了。

九年了。这位被"委托抚养"的飞来孩子终于说话了。埋藏在赵启福心里的那种酸苦和遗憾终于被缘缘的开口说话而融化了。两行热泪，不自觉地从他的眼眶里飞滚而下。

缘缘抱着赵启福的脸颊轻轻地亲吻着："爸爸！我会说话了。"

激动触动着赵启福的泪点，两行热泪在他脸上滚动着："孩子！我的好孩子！你可知道，这么多年来，我天天都盼望着你开口说话。你可知道，我和你妈妈，多少次带着你去县里、市里和省城为你检查治疗。可是孩子，你没有任何的致哑的外伤和内伤。我真的不知道在你长大以后如何给你解释，更担心一个聋哑人如何面对生活。"

缘缘用柔柔的小手给爸爸擦着眼泪："爸爸！我看见嫂子落水被吓坏了，十分紧张的情况下呼救的。就这么着喊出声来了。爸爸！我会说话了。我的第一声，就是喊我的爸爸。"

赵启福的泪水如同决了堤的洪水，哗哗啦啦地从他的眼里倾泻了出来。他再也无法抑制内心的情感，在缘缘的脸上狂吻着。

缘缘用一只胳膊搂着赵启福的脖子，歪着头提出了开口说话的第一个要求："爸爸，你要送我上学。"

赵启福连忙答应着："好好好！"

缘缘说:"我要与嘉怡一起上学。"

赵启福答应着:"好好!你们两个一直玩得很好。上学就是好伴儿。"

嘉怡说:"我可以帮助他。"

缘缘说:"我会追上嘉怡的。"

缘缘虽然哑,可是他不聋,因此心里什么都知道。只是因为不能说话而觉得他有些傻傻的。他开口说话的第一个请求就是上学读书求知识,真的是天性使然,难能可贵呀!

赵启福高兴地大笑起来。

笑声过后,赵启福隐隐约约听见一阵阵轻微的啜泣声,那声音由小渐渐大起来,很快就到了无法控制的号啕大哭。他扭过头去,看见身后不远的地方,站着一位四十多岁的男人。

这个男人就是任立志。

"爸爸!"嘉怡也看见任立志了,她喊着跑过去,拉着他的手,高兴地大声说:"缘缘会说话了!"

任立志不能自已,眼泪一把鼻涕一把,哭得一塌糊涂。

"吭吭吭……吭吭吭……"

这哭声像是久久地憋闷在心里,压抑太久太久,一时间感情闸门的打开,像迸发的激流,汹涌而出,奔腾着,咆哮着。

"吭吭吭……吭吭吭……"

赵启福心里,突然之间像被谁狠狠地揪了一下,满脸的汗珠滚滚而下……

第九十五章　做错事就该跪搓板

从梅花枝跳河到现在，三天过去了。

第三天晚上，华苑村村部院子里，悄悄地走进两个人。

走在前面的是梅花枝，林成金紧紧地跟在她的身后。

梅花枝跳河被救以后，郝梦媛、赵阳和李俊英等人陪着梅花枝去镇医院做了检查。除了跳水时轻微的皮肤擦伤外，别无大碍，在医院住了两天以后就回家了。

梅花枝回家的当天晚饭以后，林成金真的跪搓板了。

两天来，林成金不失时机地给梅花枝作检查，好话说不断。但是，梅花枝并没有给他好脸色。

梅花枝不放脸，林成金心不安。怎么办呢？哎！有了。吃过晚饭后，林成金将一个搓板放在床前。

"你要干什么？"梅花枝板着脸问。

"认识错误，赔礼道歉。"林成金嬉皮笑脸的。

"我同意了吗？"梅花枝明知故问。

"跪搓板的事儿，用不着请示！"林成金咧嘴一笑，立马跪在搓板上。

夫妻之间，就是这样。

关门是夫妻，开门是兄妹。

要说，自从扶贫工作队进村以后，林成金从一个小酒不断、打牌下棋的懒汉转变过来，种上了三亩地的西瓜，收获了劳动效益，还准备将那五亩老桃树全部更换成新品种。这样的转变，梅花枝非常高兴。想不到蔡阔峰、权有智为了一己之利，把他当枪使，把他推到了风口浪尖上，也把他们损人利己伎俩暴露无遗，几乎引起一场严重的械斗，甚至人命关天这样可怕的严重后果。

"我不该打你。我错了，我很后悔。你就让我以后好好表现还不行吗？"林成金跪在搓板上，还是嬉皮笑脸地检讨着。

梅花枝依旧板着脸。

这些天来，她一直就是这样子。

越是这样子，林成金就越担心。

梅花枝思想上如果没有真的转过弯来，再次出现意外，这个家庭不就完了吗？这些年来，她身体尽管不好，还在操持着家务，涮锅燎灶，缝缝洗洗，内外卫生，购物添衣都是她在张罗着。自从吕彦彰邀请医疗专家扶贫下乡来到华苑村，裴医生给她治疗以后，肺心病大有好转，而且上班当上了超市的理货员，每个月两千元的工资。日子开始好转了，贫困的帽子就要甩掉了，远在深圳的女儿娇娇已经认下这个家了，还说准备春节回来过年呢！自己真的是利欲熏心，酒后无德，凶焰熏天，怎么呼了她一个耳巴子？真是！唉！全都怪自己私心太重。也怪权有智背后煽风点火，他抓住自己急于发财的心理，挑唆自己与李俊英闹矛盾争夺那块含有黄金的林地，还不是为了给蔡老板扫除障碍？自己不就是被他利用的一个小小棋子吗？

回想起来，权有智撺掇自己不依不饶地逼着吕彦彰解决与李俊英的所谓的林地纠纷干什么？

嗯！明白了，权有智的目的就是与蔡阔峰开金矿发大财。

更为可气的是，权有智在扶贫工作暗访组暗访期间，透露暗访组的行程路线和时间，鼓动穆不言和自己向暗访组反映不实的情况，还不是要公报私仇，整垮赵启福，踢开绊脚石。

如此看来，权有智这个人动机不纯，心眼特坏。

他为什么逼着自己与蔡阔峰签订土地流转和附属物赔偿协议？就

是因为自己将李俊英丢失林权证的事儿告诉了他。

一拳打得百拳开呀！梅花枝将家里的林权证拿出来，简直就是一面照妖镜，一切阴谋诡计都暴露在光天化日之下了！

蔡阔峰自知理亏罢兵休战了，狼狈地撤离了。

权有智被揭得体无完肤闷在家里再也不敢露头了。

一切坏事都是见不得阳光的。

嗯！梅花枝不放脸，原因就是自己常常被心术不正的权有智当枪使！而自己为了一己私利心甘情愿地听人家的使唤，做人家的马前小卒。

林成金想到这里，已经明白了其中的原因症结。不过，嘴上还故意问道："我究竟错在什么地方？你给我提出来好吗？"

梅花枝绷着脸说："不要明知故问。"

林成金愣了一下，试探着问："是不是我被权有智当枪使？"

梅花枝气咻咻地说："不但把你当枪使，而且还把你当作搅屎棍！"

林成金苦笑着说："你看你也这样比喻，不好听。"

梅花枝说："不好听？这就是人们给那些胡搅蛮缠不讲理人的最恰当不过的比喻。"

本来，林成金在梅花枝的苦口婆心劝阻下，经过权有智的同意，就自己与李俊英的所谓林地纠纷已经向柳书记和吕彦彰明确表示撤诉。没想到这是蔡阔峰、权有智玩弄的手段。他们因为林成金提供不出李俊英侵占他坡地的证据，只好另辟蹊径。林成金在金钱利益的诱惑下，指山卖磨，竟然把所谓争议的坡地连同自己的五亩桃园与蔡阔峰签订了土地流转和附属物赔偿协议，彻底为蔡阔峰开金矿扫除了障碍。蔡阔峰仗着钱多气粗有人撑腰，强行前来举行开业典礼，想不到吕彦彰攻心为上，找准了自己的软肋，做通了梅花枝的工作，把自己家里的林权证拿出来，用自己的拳头砸了自己的眼窝子。就是在这样无可奈何的情况下，气急败坏的他才破天荒地甩了她一个耳光。这样的胆量，还是结婚以来的第一次呀！心高气傲的梅花枝从来没有受到这样的羞辱，一气之下跳河自尽。

　　唉！自从权有智给自己戴上贫困户的帽子以后，就像是孙悟空被唐僧戴上了紧箍咒，他想什么时候念就什么时候念。又像是一个被他摆布的木偶人，玩于股掌之中的傀儡。权有智指东他不敢去西，指南他不敢往北。其实，他就是把他当成一个搅茅缸的搅屎棍子。真的是害人如害己，害不住人家害自己呀！到头来，亲闺女离家出走，老婆差一点跳河自尽。要不是吕彦彰、赵启福、杨志业舍命相救，我这不是要守着新坟哭妻子么！权有智干什么去了？蔡阔峰干什么去了？他们就是挑唆着别人打烂头自己喝血的魔鬼呀！

　　林成金想到这里，再也不为权有智、蔡阔峰严守所谓的见不得人的秘密了，就把权有智要他为蔡老板争地开金矿给他百分之五的股份的龌龊事儿抖搂出来了。

　　梅花枝气得要把银牙咬碎，指头戳在林成金的脑门上了："吹灭人家的灯，就会燎着自己的胡子。你干这样的缺德事儿，报应到你自己了吧？要不是咱姑父赵启福，要不是吕书记还有杨志业他们舍命救你妻子，你今天就不是跪在自家的床前，而是跪在你老婆的坟前。林成金呀林成金，做人要有做人的标准，四两心可要放正呀！"

　　林成金听到这里，"呼"地站起身来。

　　梅花枝"哎哎哎"阻止道："我还没有同意你站起来呢！"

　　林成金龇牙一笑，快步去到西屋间里，不一会儿，拿着一个红本本走回来。轻轻地又跪在搓板上，将红本本递给梅花枝。

　　梅花枝问："这是什么呀？"

　　林成金说："你看看就知道了。"

　　梅花枝接过红本本，封面上是金黄色的"林权证"三个字。怎么？林权证？梅花枝想着，急忙翻到扉页，户主栏内赫然写着"林景芳"三个字。这这？这不是林景芳也就是李俊英家里的林权证吗？怎么在林成金的手里？哦！明白了！林景芳的林权证在林成金手里，李俊英怎么也打不赢这官司呀！林成金真的好赖呀！想到这里，怒气冲冲地问道："你实话告诉我，林景芳的林权证怎么在你手里？说不清楚，你就跪死在这里！"

林成金从搓板上站起来，哭丧着脸说："要说，就同着吕书记的面，我给你说清楚。"

第九十六章　最可贵的胜利是战胜自己

梅花枝说:"你这个人疯了吧!现在几点了?"

林成金掏出手机看了看,"哎呀"一声惊叫着:"我的妈呀!跪了一个小时了。我说膝盖这么麻呢!"

梅花枝笑着说:"既然是负荆请罪,就要老老实实地接受惩罚。你就跪到后半夜,不要找理由回避。"

林成金挠着头说:"什么找理由回避?我真的有重要情况给吕书记汇报。"

梅花枝想了想,一定是他手里这个来历不明的林权证的事儿,便故意激他说:"晚了,明天再说吧!"

林成金说:"现在才八点多,吕书记还没有睡。"

林成金说着,自顾自个儿头前走了。

梅花枝锁好大门,失急慌忙地跟上来。

不一会儿,两个人来到村部。

村部院子的一棵玉兰树下,摆放着一张折叠小桌子,吕彦彰、杨志业、郝梦媛都在院子里乘凉喝茶聊天。

林成金打住脚步,笑嘻嘻地问:"你们开着会呢?"

郝梦媛说:"没有。乘凉聊天儿。"

林成金问:"没有打扰你们吧?"

吕彦彰说:"没有。哦!花枝你们一块儿?"

梅花枝说："嗯！"

林成金说："我们想给你们反映一个事儿。"

吕彦彰说："好好！你们都坐下吧！"

杨志业搬过来两把椅子，请林成金、梅花枝坐下来。

郝梦媛给林成金、梅花枝倒了茶水。

吕彦彰笑着问："反映什么事儿？"

林成金笑了笑，局促不安地说："吕书记，今儿个，我是石老大与石老二打架——石（实）打石（实）。"

吕彦彰说："对呀！无论什么事情就是要实事求是。"

梅花枝说："对！我们就是实事求是给你们反映事儿的。"

林成金说："吕书记，你已经来到我们华苑村四个月了。这四个月，我没少给你找麻烦，为与李俊英的所谓纠纷没少刁难你。这一切的一切，都是因为我有了这个本本子。当然，更为主要的原因是我贪财之心太重。"

林成金说着，将那个红本本递给吕彦彰。

吕彦彰接过红本本仔细看了一遍，心里头那张窗户纸已经被彻底捅破了。他将这个红本本递给杨志业，然后问："林景芳的林权证怎么在你手里？"

林成金长叹一口气，将这本林权证的来龙去脉讲出来。

原来，也就是前年夏天，蔡阔峰铁矿上的防水护堰被一连三天的大雨冲垮了。

肆虐的洪水露出了狰狞疯狂的面目，像一头发怒的狮子，从防水护堰奔泻而下，淹没了庄稼地，吞噬了整个村庄。

李俊英家里进水了，无情的大水灌进客厅和卧室。她眼看着迅速上涨的大水，正要给赵启福打电话救助，林成金来到了。

"二婶，赶快把主要的物件搬到楼上。"林成金建议说。

李俊英在恐慌、无助的关键时刻，近门的侄子来救急了。她很感激地说："好好！"

在李俊英的指挥下，林成金跑上跑下的将李俊英家一楼那些主要物件搬到楼上了。

就在林成金最后一次将一包衣服搬到楼上的时候，脚底下被什么东西磕绊了一下，一个青漆漆得油光发亮的楠竹筒被他踢到滚落一边。

林成金捡起竹筒，把竹筒盖子合上了。

无意之间，林成金发现地下跌落着一个红色的本本。他随手捡起来，装进自己的口袋里。

当时急着抢险，林成金把这个本本的事儿忘记了。回家以后才想到了这个本本，掏出来一看，原来是林景芳的林权证，就随手放在了自己床头的箱子里。

前年年初，蔡老板不知道从哪里得到的资料，说是野牛岭李俊英承包的林地里含有黄金，一心要开采金子发大财的蔡老板，暗中又一次与权有智结为合作伙伴。可是面对那个软硬不吃的李俊英，蔡老板没了招儿。人家不愿意将自家承包的山地转包出让，只能干瞪眼儿。就在没有办法的时候，权有智无意间听林成金说捡到了李俊英的林权证。真的是瞌睡时有人塞过来一个枕头。权有智立即就给林成金许下一个让人动心的承诺，只要将这块含金量很高的林地争到手，除了给他一大笔附属物赔偿款以外，还给他百分之五的股份。紧接着，神通广大的权有智上下其手，想方设法把林成金弄成了贫困户。天上掉馅饼的好事儿，引得林成金心花怒放，为了感恩戴德，在权有智的蛊惑下，借口李俊英侵占他家林地，开始了上访告状，纠缠县委书记。

所谓的林成金与李俊英林地纠纷的内情就是这样。

吕彦彰站起来，双手紧紧地握着林成金的手，郑重其事地说："成金，自己打败自己是最可悲的失败，自己战胜自己是最可贵的胜利。成金，我祝贺你的胜利！"

林成金的手被吕彦彰握得有点儿发疼。可是他这句话儿，说得真好。是的，他终于战胜了自己，战胜了私心杂念，将那些见不得人的事儿通通都告诉了吕书记和他的同事们。他觉得心里宽敞了踏实了，再也没有任何的思想负担了。他的手随着第一书记手的晃动，也尽力地晃动着,有些激动地说:"吕书记,其实后悔是很痛苦的。我现在最有感悟最有发言权。"

吕彦彰问:"你最想说的话是什么呢?"

林成金说:"我想说的就是,我这个人哪!搬屁股亲嘴不知道香和臭。为了自己的私利,与权有智搅和在一起,上了他的船,还奋力地摇呀摇的。结果船翻了,落水了,差一点被淹死了。真是害人如害己,害不着人家害自己。老婆也差一点搭了进去。唉!珍惜当下,便是最好。以后我一定要好好干,力争明年摘掉贫困户的帽子。"

梅花枝听到这里,高兴地笑起来:"经一事长一智。要不是一个小时的跪⋯⋯"

林成金急忙打断了梅花枝的话,说:"这是我掏心窝子的话。你要拽文也拽拽?"

郝梦媛把李俊英家的林权证交给梅花枝,笑着说:"花枝姐,你就拽拽。"

梅花枝把林权证又交给吕彦彰,很认真地想了想说:"拽拽就拽拽。我要说的第一个意思是,在精准扶贫的伟大历史节点,我们一定要避开和远离那些对生活失去希望的满身负能量的人。哪怕是最没希望的事情,只要充满正能量,勇敢地坚持不懈地做下去,最后就会达到目的。鹦鹉学舌,我这是学吕书记的话说的。我要说的第二个意思是,人的一生,四两心一定要放正,决不能黑心歪尖,兴一家灭一家。人在做天在看,如果坏了良心,老天爷一定会惩罚的。成金呀!常怀善心,就是人生的最大快乐。"

郝梦媛鼓起掌来,笑着说:"不愧是高中生啊,说得太好了!我也说两句拽文的话。我们要多设想一些美好的事物,比如健康、强壮、富裕和幸福,将那些贫困、疾病、恐惧和焦虑驱赶出我们的精神世界,就像打扫卫生,把垃圾处理掉——抛弃它们吧!"

大家给郝梦媛鼓掌。

林成金扭头看着杨志业说:"兄弟,你也给哥说几句鼓励的话儿?"

杨志业笑着说:"我可说不好。"

梅花枝说:"兄弟,你就别谦虚了。"

杨志业想了想说:"别人可以违背因果,可以利用我们,而我们的行为确确实实伤害了别人。可是我们不能因此而憎恨那个利用了你的人,而且,我们还要为我们的错误坦诚地向被伤害的人赔礼道歉。为什么?因为我们一定要有一个完整的本性和一颗纯洁清净的心。"

林成金刚想开口,梅花枝抢着说:"对!成金伤害了俺二婶李俊英,伤害了华苑村村民们,所以一定要向她和乡亲们赔礼道歉。"

林成金挠着头说:"我二婶没有侵占我的林地。我这么干,就是想分一杯羹。我冤枉她了,我对不起她。"

梅花枝说:"还有咱姑父赵启福,你为了帮助权有智、蔡老板他们争得二婶的林地,把脏罐子嵌在姑父的头上。姑父有什么错?不就是他们是亲家关系吗?最不该的,你去二婶的林地里挖探槽,还偷挪了界石。"

林成金说:"唉!我都后悔死了!害得他住了一个来月的院。我真的对不起他呀!"

郝梦媛说:"看来要想真正甩掉贫困的帽子,真正富裕起来,一定要在扶贫工作队的帮扶下,提高认识,去掉懒汉思想,不能等靠要,一定要用自己勤劳的双手来争取呀!"

梅花枝说:"对对对!勤劳是个宝,一生离不了。党中央这么好的扶贫政策,咱们可不能错过了这样的大好时机呀!成金呀!改正错误,振奋起来。靠天靠地靠祖宗,都不是好汉;出自己的力,流自己的汗,自己的事情自己干。用咱们的双手改变咱家的贫困,为娇娇早日回家认爹认妈,一家人团聚努力吧!"

吕彦彰看着已经和好如初的林成金夫妇,看到林成金的转变和进步,心里油然升起一阵阵激动的浪花。他用铿锵的语气说:"成金呀!对于你的过错,我是这样来看的:过错是暂时的遗憾,而错过则是永远的遗憾!我们最值得自豪的是不在于从不跌倒,而在于每次跌倒之后都爬起来。有时候,没有下一次,没有机会重来,没有暂停或继续。有时候,错过了现在,就永远没有机会了。成金!从现在开始,你一定要跟上时代发展的脚步,抓住机遇,克服自私自利,撸起袖子加油干,坚决把压得我们腰酸背疼的贫困户帽子彻底甩掉!"

第九十七章　亲情是风雨中安全的港湾

　　已经是晚上九点来钟了。
　　赵启福轻轻地敲响了任立志家的大门。
　　在一阵"吱啦啦"的响声中，破旧的大门被嘉怡用力地拉开了。
　　"赵伯伯。"嘉怡很有礼貌地跟赵启福打了声招呼，立即向堂屋那边喊起来，"爸爸，赵伯伯来了。"
　　赵启福来到堂屋，任立志也从西间屋里走出来。
　　赵启福看一眼满脸惊讶的任立志，先开口了："还在忙什么呢？"
　　任立志笑着说："给我妈刚刚煎好了药。"
　　赵启福问："春桃怎么样？"
　　任立志说："还真得感谢吕书记。他通过民政局给春桃弄来的轮椅可是帮了我的大忙了。"
　　原来，吕彦彰来任立志家里走访以后，通过救济渠道给春桃解决了轮椅。这样，她就可以坐在轮椅上做一些洗菜、做饭、洗衣、煎药，给卧床不起的婆婆喂药喂饭等力所能及的活儿。
　　赵启福说："太好了太好了！减轻了你很大的负担呢。"
　　任立志说："是呀！是呀！春桃的病情有了好转，真的是喜从天降。"
　　赵启福看了看正在听着他们对话的嘉怡，压低了声音说："我今天来是想与你交个实底儿。"

任立志心里头"扑腾扑腾"跳个不停。赵启福要说什么呢？神秘兮兮的样子，真的是为那个事情？

九年前的十月间，那天夜里，母亲突发脑溢血，任立志和挺着大肚子的春桃立即开着机动三轮车拉着母亲去镇卫生院看医生。半路上，一辆大卡车将他们的机动三轮车撞翻了。任立志跳下三轮车，发现春桃满身血迹，倒在地上痛苦地呻吟着。

"怎么了？"

春桃艰难地回答着："我要生了。"

荒天野地里，春桃在任立志的帮助下，一对龙凤胎出生了。

任立志顾不得多想，脱下衣服分别将两个孩子包住，正要将春桃扶起来，才发现她被汽车撞伤了。

而等待着急救的老母亲已经昏迷过去。

怎么办？一个是病危的母亲，一个是受伤早产的妻子，还有两个刚刚生下来的孩子。

任立志急出一头冷汗，这才想起来请肇事司机帮帮忙。

车厢里，莫名其妙地出现了两千元钱。

可是，不知道什么时候，肇事司机已经逃逸得无影无踪了。

四条人命呀！怎么处置？

任立志来不及多想，立即发动三轮车，快速向镇卫生院驰去。

当母亲和春桃脱离危险以后，任立志看着两个嗷嗷待哺的孩子，一时犯起难来。要说，春桃这次生的可是龙凤胎，大喜呀！可是，大喜的日子怎么偏偏遇上了车祸。两个病人的医药费花去了全部积蓄。真是屋漏偏遭连阴雨，船破又遇顶头风，儿遇荒年饭量增。怎么倒霉事儿来得这么巧呢？下一步的治疗费用怎么办？两个新生婴儿怎么办？他真的难以应对了。

任有志突然紧张起来。

紧张是一种有效的反应方式，是应付外界刺激和困难的一种准备。有了这种准备，便可产生应付瞬息万变的力量。这就是眉头一皱计上心来。

任立志忽然想起来，野牛岭上，就是党支部书记赵启福的护林房。他常年住在那里看护林子。对！就这么办。嗯！自己已经有个儿子了，就把这个男孩委托给他抚养吧。论人品道德，论家庭生活，他是退伍军人，又是党支部书记，为人公道正派，而且家境比较富裕，孩子吃不了亏。即使有人为计划生育找他的什么茬儿，他是个官儿能担待。好！就是他了。当他做出决定后，立即取出笔，写好了委托书，当天夜里开着三轮车来到野牛岭，将这个男孩连同委托书以及两千元钱放在了赵启福的护林房。

也就是那一天夜里，赵启福被护林房外的婴儿啼哭声惊醒了。他披衣下床打着电灯循着声音寻去，护林房外的柴草堆里，一个被衣服紧紧裹住的娃娃儿手脚乱蹬，扯着嗓门儿哭得好不叫人心痛。一个稚嫩的小生命啊！赵启福抱到护林房，就着灯光一看，是个小伙子！襁褓中夹着一封信，写着孩子的生辰八字和委托他人抚养的留言，里边还有两千块钱。谁这么狠心把亲生儿子未经受托人的同意委托他人抚养！简直是咄咄怪事。

赵启福立即循着声响跟踪下去。

在公路上，赵启福看见了任立志和他所开的三轮车。

后来，赵启福知道了任立志的遭遇。这样的遭遇这样的打击，搁谁身上都是很难承受得了。

所以，当权有智暗中举报他违背计划生育被查处的时候，赵启福竟然选择了沉默。

最后，计划生育委员会并没有追究他。

因为，赵启福当时所处的特殊情况以及那封委托信为他开脱了责任。

更令赵启福感到意外的是，这个被委托抚养的孩子不会说话。

赵启福一家人都很着急呀！他抱着缘缘到县、市医院做检查，哑巴。缘缘虽然哑，可也是个聪明的孩子，自打四五岁时，就跟他做伴上山护林，如今已经九岁了，想不到在这次抢救梅花枝于危机中的关键时刻，竟然开口说话了。

千年的铁树开花了，哑巴的缘缘开口说话了。

赵启福心里又是一次强烈的震撼！

缘缘可以说话了，应该将他"完璧归赵"送还任立志了。

赵启福虽然心如刀割，难以舍弃，可还是战胜了自己。毕竟，任立志与缘缘才是血浓于水的血缘关系。

至于自己，那不过是在任立志危急中给予信任的被委托人。

委托应该结束了。他们之间，父子母子兄弟姐妹应该团聚了。

为了这一天的到来，赵启福在自己承包的山坡上，种上了二十亩的籽生桃。

二十亩籽生桃的收益，完全可以供养缘缘生活和学习的费用。

其实，任立志自打将缘缘委托赵启福抚养以后，心里也很痛苦。特别是赵启福因为收留缘缘而接受组织处理的那段日子里，他的心像刀割一样疼。他为自己的自私行为感到愧疚不安。在良心自我谴责的煎熬中，缘缘在赵启福的呵护下长大了。现在，儿子要回家了。

他们是父与子，是亲亲的血缘关系。

是的！亲情是风雨中安全的港湾，亲情是永远割裂不开的牵挂。

当任立志知道缘缘开口说话以后，回到家里，告诉了春桃。

缘缘是春桃身上掉下的肉呀！她听到这个喜讯，抱着任立志放声大哭。

任立志也哭了。

两个人哭得昏天黑地的。

这是激动喜悦的泪水呀！

今天，赵启福悄悄地来到家里，任立志的心"嘭嘭"地跳到喉咙眼里。他的直觉告诉他，赵启福今天是向他交还缘缘的。

果然，赵启福开口就直奔主题："立志。今天，我是向你交还缘缘的！"

任立志愣在那里了！半天没有吭声。

两行泪珠儿，从他的两只眼睛里滚滚而下！

赵启福接着说："有人说，亲情的船要靠在爱的港湾，亲情的楼要建在爱的基石，亲情的泉要流在爱的大地，亲情的星要亮在爱的苍穹，亲情的花要开在爱的园圃。所以，我要为你们造就一条父子母子相认的亲情之路，让缘缘顺利地到达应该属于他的幸福花园。"

多么善解人意、高风亮节呀！是的！"失去了亲情便像秋天的落叶，虽然漂浮不定，却始终不离树的影子；失去了亲情便像断线的风筝，虽然无拘无束，却前路不定；失去了亲情便像失根的花朵，虽然一时明艳，却终将零落；失去了亲情便像失巢的鸟儿，虽然无牵无挂，却无枝可依。"缘缘，真的应该回归了。

赵启福又说："当然，这是征求你的意见。你觉得缘缘什么时候回来合适，就什么时候回来。"

任立志点点头。

"至于缘缘以后的生活学习费用，我已经为他准备好了，那就是野牛岭的二十亩籽生桃园的全部收益。"

"我的好哥哥！前恩未报，后恩又到。你叫我怎么感谢你呢？"任立志再也控制不住自己，紧紧地握着赵启福的手哽咽着说。

不知道什么时候，春桃摇着轮椅走出来，突然趴在任立志的肩膀上，毫无掩饰地放声大哭起来。

第九十八章　回归本源的人性

赵启福满满的正能量使得任立志热泪盈眶。

更令任立志感动的，还有一件意想不到的事儿。

这天上午，一位三十七八岁的不速之客来到华苑村。

"请问，华苑村有一个叫任立志的吗？"来客走进村部，向正在说话的吕彦彰、赵启福问道。

吕彦彰细看这位来客，他留着很短的头发，一双又黑又亮的大眼睛炯炯有神，鼻梁高高的，国字形的脸庞透出一股威严和刚毅。他有着只有军人才独有的气质，庄重而认真，沉着而内敛。凭着自己多年的军人生涯，吕彦彰心里暗暗揣测着对面这位笔挺而立、目不斜视、面带微笑的人，一定是军人出身。于是，他满脸笑意，很客气地回答道："有呀！"

来客十分激动，很高兴地又问道："他的爱人是不是在九年的一次车祸中受伤了？"

吕彦彰忽然想起赵启福、吴兰香说到的有人打电话还有人专程来到华苑村询问九年前春桃受伤的事儿，立即引起了注意："是的。你怎么知道的？"

来客接着问道："当时任立志开的是不是机动三轮车？"

赵启福接着说："是的。"

来客接着问下一个问题："机动三轮车被撞翻以后，乘车的一位妇女生产了?"

杨志业、郝梦媛闻讯围过来，兴趣盎然地听着。

其实，吕彦彰、赵启福听到这里，心里已经有底了。

来客看着他们异样激动的目光，开始介绍他的身份和打听任立志的目的。

"我叫曹联宇，是一位退役以后自谋职业的转业军人。"曹联宇看一眼大伙，微笑着说下去，"我的父亲叫曹德章，一位汽车驾驶员。九年前，他在为单位运送货物经过野牛岭的时候，剐蹭了一辆机动三轮车。当机动三轮车被撞翻以后，我父亲停车帮忙将被撞翻的三轮车扶起来。就在这个时候，那位乘车的妇女生产了。父亲以为他们没有大碍，又不好意思待在生孩子的现场，就偷偷地将两千块钱放在机动三轮车上，把车开走了。"

曹联宇说到这里，眼睛里充满了遗憾，喝一口郝梦媛递给他的茶水，接着说："几年以后，父亲又一次路过这里，在吴兰香的小饭店里吃饭的时候，听到人们在议论这件事情。父亲被自己疏忽大意所造成这么严重的后果震惊了。更应该在关键的时候，鼓励他支持他帮助他树立脱贫致富的决心和信心。他立即询问了任立志的手机号码，回家以后，开始与他联系，落实当年的情况。当父亲确定这一切都是事实以后，决定对任立志的爱人进行赔偿。"

曹联宇说到这里，忽然停下来，脸上非常的凝重，好像在回忆着发生在他父亲身上的一切："可是就在这个时候，父亲突发脑溢血住院了。本来，他准备带着钱亲自来向被伤害的人赔礼道歉，赔偿损失的。可是，他不能实现自己的愿望了。"

曹联宇眼睛里饱含着回忆和追思，两眼潮湿了："那时候我在湖南的部队里，是某团副团长。得知父亲病危的通知后，立即赶回老家来到他的病床前。父亲虽然几乎失去记忆，但是他见到我的第一句话就是，要我亲自去到受害者的家里，替他向任立志和他爱人赔礼道歉，赔偿损失。"

曹联宇眼眶里的泪水开始打转："父亲去世以后，因为我忙于军务，一直没有时间来实现他的遗愿。三个多月前，我退役了，准备了却父亲的心愿。于是，我开始查找华苑村的任立志，来到了吴兰香大姊的农家乐。通过她的叙述，我知道了发生车祸的详细情况，知道了他们家以后的遭遇，也打听到了他的手机新号码。更为凑巧的是，我捡到了受害者女儿任嘉怡的作文本，看到了她的作文。那是一篇感恩的文章。"

吕彦彰突然想起了什么，问道："你怎么会捡到任嘉怡的作业本？"

曹联宇笑了笑："那天，我来得很早，是凌晨五点多。我看到她提着一个塑料袋子，放在村部大门的门把上就转身返回了。也许是有什么紧要的事儿，她返回的时候，慌慌张张的，竟然把作业本丢在大门外面了。于是，我捡起了她的作业本。"

曹联宇停顿一下，接着又说："我刚转过身，听见村部里面的脚步声，我只好藏在围墙那边。这个时候，你打开大门，取下塑料袋子放到厨房后，转身去追赶任嘉怡。"

吕彦彰说："可是我回到村部后，为什么又多了一盆子的黄花苗绿豆排骨汤？"

曹联宇说："是的！那是在你追赶任嘉怡的时候，农家乐的吴大姊给你送去的。"

啊！原来如此。

葛花菜饼，黄花苗绿豆排骨汤，还有乡亲们偷偷送来的乡村特色饭菜……内中的秘密，应该问问吴兰香了。

吕彦彰心里感动着，接着了刚才的话题："你打听到任立志的手机号码以后，给他联系了吗？"

曹联宇笑起来："当然联系了。我给他打电话表明我要来看望他们。才开始他还以为是电话诈骗，后来在我多次的解释下，他才表明态度说，过去的事情已经过去，我们不再追究了。人，应该有宽恕的心，不能被仇恨和报复所控制。我真的无意要你赔偿多少钱。你的真心诚意，你的一句对不起，我已经感到满足了。这样的答复，使我这个军人出身的人感动得哭了。在我心中,一直有个阴影,这就是我没有尽快地找到受害人,没有向他们说一声对不起,没有将赔偿款交付给他们。真的,我感到非常内疚。因此,今天,我要通过你们——华苑村的村干部找到任立志,了却我父亲的遗愿,向他表示深深的歉意和给予赔偿……"

在座的人们听到这里,都是满满的感动。曹德章因为良心上的不安,在生命垂危的时候,将悔恨弥补遗憾的接力棒交给他的儿子。作为儿子的曹联宇,内心里还是军人的服从、忠诚、果断和雷厉风行。他答应父亲的事情,正在紧锣密鼓地进行着。他找到了任立志,即将向任立志一家表示最诚挚的歉意,还要进行赔偿,实现父亲的遗愿和自己的诺言。他们父子二人在演绎着一场人间大爱的接力赛。这是人世间最宝贵的善良和大爱。

人们都为曹家的事迹感动着,唏嘘着。

最为感动的就是那个极富同情心的郝梦媛。她听到这里,忍不住心头颤动着,悄悄地低下头,大滴大滴的泪水不由自主地往下落。

吕彦彰站起来,紧紧地握住了曹联宇的手,用力地晃动着,非常激动地说:"你按照父亲的遗言,为完成一个良心发现的情债而多次寻找被害人,展现的是我们这个时代的诚信和人间大爱,是法律意识的增强和遵纪守法的自觉性。我代表任立志和他的一家向你表示最诚挚的感谢。"

曹联宇揩去满脸的泪水,激动地点点头,接着说出了一个令人吃惊的请求:"为了了却我爸爸的遗愿,我曾经多次暗中来到华苑村,在寻找任立志的同时,我对华苑村的村风民情,对你们的扶贫工作,对你们提出的华苑村旅游开发的愿景规划都进行了认真的考察了解。华苑村人的朴实、厚道和勤恳敬业,尤其是退役军人赵启福、齐保国他们的感人事迹,使我肃然起敬。我经过认真慎重的考虑,与我的妻子和孩子商量决定,将我的户口迁到伏牛山下、白河岸边的华苑村,做一个华苑村的村民。我请求你们同意!"

吕彦彰、赵启福、郝梦媛、齐保国和杨志业被曹联宇的请求震惊了，感动了。他们用惊喜的目光看着曹联宇，几乎是异口同声地说："我们欢迎你！华苑村欢迎你！"

吕彦彰再次握紧了曹联宇的手，十分庄重地说："我代表我们华苑村全体村民向你及你的家人发出真诚的邀请，欢迎你们回家，回到我们华苑村这个新家。同时，我以华苑村退役军人创业协会的名义，请你参加这个村的退役军人创业协会，就像二十多年前的退役军人赵启福那样，为了实现烈士脱贫致富的遗愿，来到我们白河岸边的华苑村，带领乡亲们战天斗地，闯出了一片新天地。今天，作为新时代的退役军人，我希望你牢记生命中当兵的历史，自觉弘扬人民军队光荣传统和优良作风，继续发挥我们退役军人的光和热，与华苑村的乡亲们一起来创业，一起来发展，一起为精准扶贫奔小康贡献力量！"

曹联宇十分高兴地说："我接受你们的邀请，愿意参加到华苑村的退役军人创业协会来。我也是一位退役军人，而且是响应国家号召自主择业的退役军人。所以，我更应该向老班长们看齐，与大家一道创业。"

曹联宇的一番表态，令吕彦彰、赵启福他们十分兴奋和激动。热烈的掌声在华苑村村部响起来。

第九十九章　一念放下，万般自在

　　权有智来到村部门口，伸长脑袋往里面看了看。

　　除了吕彦彰，没有其他人。

　　权有智就是听说杨志业、郝梦媛去外地参观以后，一个人单独来见吕彦彰的。

　　权有智是一个会算计的人。

　　可是，人算不如天算。权有智的算计都失败了。

　　这次权有智来见吕彦彰，是向他递交辞职申请的。

　　虽然，村主任这个职务让他绞尽了脑汁花尽了心血，甚至是不惜拉票找关系千方百计弄来的。可是，在目前所处的困难环境中，他只能这样做了。

　　这就是以退为进。

　　自从林成金将权有智揭得体无完肤以后，吕彦彰专门找他谈话，严厉地批评了他的自由主义，批评了他不按规矩行事，违背原则，违反村规民约拨弄是非的错误言行。要他立即写出检查，在村民大会上认识错误。

　　吕彦彰的批评，不啻一声炸雷，权有智被炸蒙了。一向聪明自信的他脸色立刻变成了绝望的青灰色，他把手举起来，却又像枯叶般无奈地落下去："可是我……"他嘴唇抖动着，结结巴巴地说，"以后还怎么在华苑村做人？"

吕彦彰没有放脸,说话语气依旧很严厉:"就好比一条路,你把它破坏了,影响了人们的通行。你做检查,就是给你修路的好机会。其实,你的所作所为,村民们已经很不满意了。"

权有智知道,这几年来自己所做的事,村民们的意见很大了。可是,让自己在大庭广众下做检查,面子上过不去呀!再说,自己再不咋的也是个村主任,你就不给个好下的台阶?他试探着问:"就在两委班子上做检查行不行?"

吕彦彰说:"不行!一定要在村民大会上做检查。做检查是改正错误的前提,只有村民们的谅解,才是你拾回面子的最好机会,才是给你修好路的最好办法。"

几个月来,吕彦彰多次实事求是地给权有智指出存在的问题,诚心诚意、不厌其烦地与他交换意见。今天怎么了?一改过去的和颜悦色,态度非常严肃认真,毫无情面地坚持要他在村民大会上做检查。权有智知道自己问题的严重性,不敢怒也不敢言,只好唯唯诺诺地答应着。

回家的路上,手机响起来,权有智看了看来电号码,原来是蔡老板打来的。不由得心里一阵阵发焦!这不是要命吗!为了你随便的一句承诺,我为你介绍李俊英,介绍花梦君,还帮着你弄到了一纸土地流转和附属物赔偿协议。我得到了什么?四个女人老虎一般地抓挠撕拽,差点把我给活吃了。现在,还要写检查并且在全村村民大会上彻底检讨。索性,给他来个拒接。

权有智气呼呼地挂断了手机。电话又一次响起来,唉!接吧。他滑开手机,蔡老板的抱怨声就传进他的耳朵里:"老权呀!怎么把我的手机掐断了?咋的了?你就是再看不起我,也不要这样地糊弄我不是?恁长时间了,怎么没有回音了?叫我空喜欢不是?行不行,也该给我回个话儿不是?常言说只有办不成的事儿,没有托不动的人儿。可是,这事儿都是你自己主动要办的。为这件事儿,烟酒礼物我从来没有吝惜过。就是城东开发区那个八十多平方米的房子,我眼睛也没有眨一下就答应给你了。既然办不成,就把那些礼物退还好吗?再说了，我这次人马哄哄地去搞开业典礼，其结果呢，大败而归呀！喂喂喂！说话呀！快刀斩乱麻，给我一个决断话嘛！喂喂喂……"

权有智越听越气，一股股怨气怒气升腾起来，心里不停地骂着蔡阔峰是过河拆桥、忘恩负义的铁公鸡。实在是无法忍耐了，"嚓"地把手机挂断了。

刚刚挂断电话，手机又响起来，哎呀！又是蔡阔峰！权有智不得已滑开手机，话筒里是蔡阔峰阴森森的声音："老权啊！挂断电话咋的了？"

权有智只好硬着头皮说："蔡老板，我看花梦君的事就此打住吧！扫帚顶门——柯权多呀！为这件事我可是受尽了欺负呀！"

蔡阔峰说："你自告奋勇要办的，出事也只能怨自己谋划不周。"

你看蔡阔峰这话说得，揽功推过，气死个人也！

一向伶牙俐齿的权有智答不上话来。

"喂喂喂！"蔡阔峰终于听见对方一声声叹息，心有感应地也是一声长叹："唉！就此打住吧！现在国家越来越重视依法治国了，越来越重视环境保护了。什么事都讲究按政治规矩办事，要依法办事了，凭关系走门子送人民币行不通了。"

权有智心里凉了："这么说，遇到铁门槛了？"

蔡阔峰有气无力的声音："是呀！实话告诉你吧，矿产厅根本就没有给我们下批文。金矿开采彻底泡汤了。"

权有智突然想起来，那天梅花枝跳河以后，蔡阔峰本来可以趁机举行开业典礼，可是他竟然带着大队人马和机器设备慌里慌张撤离了。怎么回事呢？后来他才听人说，一是因为华苑村人心齐和欧阳普照的参与。二是蔡阔峰接到一个神秘的电话。这个电话是不是来自于他的后台？于是，他气呼呼地问："你不是说是龙都有三分水，你也不是无根蓬吗？你那个'根'呢？"

蔡阔峰一声叹息："唉！别提了。"

"咋的了？"

蔡阔峰说："事到如今，我也不再对你保密了。他在开工那天被纪检部门留置了。我得到这个消息后，还有开工的心思吗？"

权有智两只眼睛瞬间发绿了。他贴紧话筒听下去："自从咱们合作以来，诸事不利呀！铁矿刚刚开始选铁，一场暴雨冲毁了防水护堰，结果是赔了夫人又折兵。赵启福为了保护村民们的所谓损失，把我告到法院，一纸判决书把我们判输了。我在明你在暗，其实吃亏的还不是咱们兄弟二人？后来发现李俊英林地的金矿以后，又是出师不利呀！吕彦彰、赵启福这些人都是上过战场立过战功的退伍军人，满身刺刺儿，扎死人哪！你看开工那天的阵势，吕彦彰单刀赴会，先声夺人，气势压人，一脚就把我这个大老板踩在地下了。再者说，我的那个'根'栽了，没有仗势了。更何况，我看到华苑村人高声大调喊着法治的口号，苦胆都被吓破了。唉！不怕你笑话，自从上次打败官司被法院拘留十五天，得了一个后遗症，听不得一个'法'字。真的是一朝被蛇咬，十年怕井绳。唉！你费心费力的，可是用人不当，那个林成金是个兔子打锣——小家子气的傻里吧唧的二球货，成事不足败事有余的叛徒，别说对付吕彦彰、赵启福他们，也经不起他老婆的一只皮鞋甩打，关键时刻掉链子开倒车。打退堂鼓事小，反水出卖咱们事大呀！把什么事儿都给扶贫工作队透底了。唉！人算不如天算。我们是被吕彦彰、赵启福斗败的鹌鹑叨败的鸡！唉！退役军人不好惹呀！"

蔡阔峰唉声叹气，权有智也是暗暗伤心呀！算处不打算处来。最可恨的就是内部出了叛徒，林成金把什么内情都向吕彦彰抖搂出来了，而且把李俊英的林权证亲手交给了吕彦彰。这官司还怎么打？可是，你蔡老板不也是个喷子吗？说大话不用报税。什么采矿证就要办下来了？将近一年了，在哪儿？他问："蔡老板，你不是说矿产厅里有熟人吗？只要我们有了采矿证，金矿还是照开不误！成把的票子数得手疼。"

蔡阔峰说："是呀是呀！"

权有智问："我有个问题一直没有想通。你说华苑村的村民们，如果说他们喜欢钱，为什么不支持咱们开矿？可是那个精准扶贫，只给贫困户五千元，他们就是一千个的拥护？"

蔡阔峰说："前天开工典礼，吕彦彰一句话很能说明问题，开矿是一人笑万人哭，精准扶贫是万人高兴人人拥护。"

权有智说："要说也是这个理。咱们开矿确确实实破坏了资源，污染了环境。真的是少数人发财，多数人吃亏。"

蔡阔峰又是一声长叹："唉！就是这个原因，国家对私人开矿的要求更加严格了。所以，开矿的手续没有办下来。"

权有智彻底傻眼了。蔡阔峰没有办出来采矿证，就说明他一直寄予很大希望的发财梦破灭了。他颤抖着双手就要挂断电话，蔡阔峰又问话了："哎！还有个事问问你。你说你那个朋友欧阳普照，为什么与我唱对台戏呢？当面叫哥哥，背后动刀子。咹？一旦我查出来，活剥了他！"

权有智心里"咯噔"一跳，打着骡子叫马听？以后要小心啊！这么厉害，吃人的样子。为什么撤离了？门后耍扁担啊！他知道这是蔡阔峰嘴上的功夫，倒驴不倒架子。当时自己被林成金卖了，如果不立马表现一下，乡亲们还不活吃了他！在梅花枝跳河、人力分散的节骨眼上，随机应变的他偷偷安排张彩云翻山去杏花村通知了欧阳普照，搬来了救兵，给华苑村解了围。你查出来又该咋的？这一局棋你输了，拍拍屁股走人了。我还是要留条后路的。华苑村毕竟是我的家呀！他嗯嗯啊啊应对着，好不容易挂断电话，迷迷糊糊好像喝醉酒的醉汉，跌跌撞撞一溜歪斜地回到家里，坐在沙发上暗自伤心。

权有智把自己关起来，吸烟、喝茶，思考着应对的办法。好在离婚不离家而且准备复婚的张彩云是个会事儿的人，顿顿把吃的喝的端在他的面前，小心地服务着他，使他度过了最为苦恼的焦虑期。

唉！人心不古呀！权有智越想越伤心。回想起他对穆不言的好，为他解决了低保户的名额，结果被他在大庭广众之下揪着衣领子揭发他受礼得好处，自己不得不半夜里去他家退还礼物，还要好话说尽。对于林成金，要说可是铁哥们儿，为他戴上贫困户的帽子后，指东他不敢打西，指南他不敢去北。为了配合蔡老板开金矿，他一直冲锋在前。暗访组、柳书记那里，林成金眼都没有眨一下就冲上去了。结果怎么样？事到临头退套了，反水了，将他这个恩人揭发了，什么事儿毫不保留地给抖搂出来了。还有蔡阔峰，自己办事不捞底，反而倒打一耙子追究他的责任来了。就是为他说媒的花销还要追回去呢！没逮着黄鼠狼还惹了一身臊。唉！他就像是走在漆黑的路上，迷失方向了，丧失自信了，一下子蒙圈了。现在，吕彦彰和大多数村民们还在等待着自己的检查，就好像在给他的伤口抹盐，好疼啊！他无力地歪在沙发上，不断用手揉着胸口唉声叹气。

面对如此尴尬的艰难处境，我该怎么办？权有智想。

一连就是三天的思考。

第三天，权有智终于有了新思路。

嗯！有了。三十六计走为上，一退六二五，我大不了辞职！这才是以退为进。只有这样，才可以规避这样的难堪，这样的丢人现眼。

权有智想到这里，开始写他的辞职申请了。

现在，权有智来到村部，坐在吕彦彰面前，有些伤心地正要将辞职申请递给他，忽然又改变了主意。书面辞职申请，这就是实物，他以此就可以将我费心费力争得到的村主任一撸到底。嗯！口头说说。他没有书面的东西，又仅仅是我们两个人，就是要撸我的村主任，也没那么容易！想到这里，又把辞职申请收回去了。他鼻子一酸，泪眼兮兮地说："第一书记，我这个村主任不称职，今天特意请求你的批评帮助。"

权有智认识错误的话，吕彦彰还是第一次听到。他微笑着说："你有这样的态度，就是对自己的错误有了初步认识。有了这样的初步认识，也就有了改正的决心。有智，我觉得最为关紧的，是要改正错误，重新振作起来！"

权有智听到这里，用诧异的目光看着吕彦彰。真的，他没有想到吕彦彰会这样回答他。他想到的是，吕彦彰、赵启福他们就是毫不客气地将他的村主任撸掉。就像他整赵启福那样不择手段。可是，吕彦彰没有，他在治病救人。他有些吃惊和感动，低声说道："我在家里闷坐了三天，反思了三天。我最后的决定就是眼不见心不烦，退出三界外，不在五行中。可是，第一书记，我听了你的话，心里头有一种暖暖的感觉。"

吕彦彰突然一改往日和风细雨的谈话方式，脸色十分严肃和凝重："在精准扶贫的关键时刻，村级组织本应该成为扶贫攻坚的重要堡垒，村干部应该在这场伟大的历史进程中当好领头羊，引领村民们脱贫致富奔小康。其结果呢？你在低保户贫困户的认定中运行不透明，可以说是任意妄为，甚至拉关系，看人情，贫富不分，弄虚作假，从中捞取好处。你为了支持蔡阔峰开金矿，做了不少危害群众利益的事情。更有甚者，你在没有通过村民大会讨论决定的流转协议上签字是违规违法的。你的权力是谁给你的？是华苑村村民。但是，你忘记了为人民服务这一根本宗旨。党和国家的好政策不是个人怀里掖的兜里藏的'私货'，不能私心作祟，将扶贫工作当作人情当作谋求私利的工具。这样做，不但破坏了良好的社会风气，而且严重啃食群众的获得感、幸福感和安全感。"

吕彦彰说到这里，看一眼低着脑袋的权有智，态度诚恳地接着说："承认错误，这才是改正错误的第一步。因为对于错误来说，无论怎样掩饰，早晚都会被别人知道。如果不主动承认，群众不高兴不满意，上级领导也会对你有看法，认为你不诚实，对你不信任。现在社会上最重要的就是要讲诚信。你要敢于承认错误，改正错误，敢于甩掉包袱，全心全意为村民们服务，为他们办实实在在的好事，他们就会原谅你。"

吕彦彰说到这里，话题一转："在蔡阔峰强行开工、梅花枝跳河的关键时刻，你安排张彩云翻山越岭去杏花村喊来了欧阳普照和乡亲们，维护了华苑村村民们的合法权益。你在关键时刻警醒和果断的做法，可以说是一个华丽的转身，得到了华苑村一千六百多人的好评。"

话是开山斧，心诚自然灵。吕彦彰的话实实在在，不绕弯子，以诚待人，功过分明，有批评有开导也有表扬。权有智听着听着，眼睛潮湿了。他说："我担任村主任以来，考虑村民们少，考虑自己多，可以说是贪念在心里疯长，错误一步步酿成。特别是暗中与蔡阔峰合伙开铁矿赔本以后，一门心思地为把本钱捞回来而忘记了村民们的利益，干了不少对不起村民们的事儿，忘记了自己的职责甚至自己的良心。在扶贫工作中，自己配合不好，而且通过关系给一些不符合条件的人戴上了贫困户低保户的帽子，导致村民们不满意，也造成了极少数人贪图安逸、不思进取的坏毛病。再者说，作为村主任，没有很好地配合赵书记的工作。特别是在精准扶贫工作中，不是吃的顺气丸，不是心往一处想劲往一处使，而是唱对台戏使横劲。做了很多对不起他也对不起工作队的事儿。唉！真的是心中有愧！有大愧呀！"

　　吕彦彰第一次听着权有智捞着心底的话儿，非常高兴地说："一念放下，万般自在。放下那些自私的欲望，放下所谓的执着和偏执，心里陡然间就会开阔起来，目光就会远大起来。在脱贫摘帽中只有牺牲小我，才能成为大我。只有做好全面小康的领头羊，全心全意为老百姓服务，村民们才会拥护我们。我们还有很多事要做，村民们希望我们团结一心，不忘初心，方得始终，取得扶贫攻坚的伟大胜利。为了这个目的，我想你一定会将你的辞职申请收回去，对自己的错误做好反省检查，虚心接受村民们的评判，接受上级的处理。甩掉包袱好赶路，为我们华苑村的彻底脱贫奔小康贡献力量。"

尾声　但愿所有的美好都如期而至

2018年。

党的十九大闭幕后的第二年的春天，又是一个春暖花开的季节。

华苑村已经发生了很大的变化，漫山遍野的玉兰花、桃花盛开了，赵阳研发的"五福临门"更加光彩夺目。

有情人终成眷属。白河岸边，人头攒动，笑语喧哗，棠梨树下，赵启福和李俊英，雷鸣远和花朵朵，权有智和张彩云，杜承汉和柴春梅，费理同和柯紫岚按照召女纯情的传说，一只手相挽，一只手贴胸，两眼对视，默默地念诵着爱的誓言。

吕彦彰和卢飞娣，杨志业和刘娟娟，齐保国和花梦君，林成金和梅花枝，穆不言和穆兴，石建强和权有智辞职后新当选的村主任石玉平以及吴兰香、周万新和全村的村民们为他们祝福着。

电视台和报社的记者们拍摄着，郝梦媛用标准的普通话解说着，欢声笑语传遍了华苑村。

紧接着，华苑村精准扶贫暨美丽乡村建设大会开始了。

在赵启福的主持下，第一个走上主席台的，竟然是林成金。

林成金说："今天，我同着全村乡亲们庄严宣布：在扶贫工作队的帮扶下，我们家已经完完全全达到'两不愁四保障'。我们家彻底脱贫了，彻底摘掉贫困户的帽子了！"

林成金说着说着，竟然泪流满面，"吭吭"大哭，将女儿林娇娇砸坏的妻子梅花枝抛弃的"贫困户"牌子高高举起,大声宣布道:"这块曾经被钉在我家门口的'贫困户'牌子,已经完成了它的历史使命,我们这些贫困户在党中央国务院精准扶贫致富奔小康的优惠政策支持下,在扶贫工作队的帮扶下,像我这样的千千万万的贫困户彻底脱贫了!这是千古以来绝无仅有的伟大创举。我要高喊一声:感谢党中央国务院!感谢习总书记!全国人民将永远铭记您的恩情!我还要向我们的第一书记,向扶贫工作队员郝梦媛、杨志业道一声谢!你们辛苦了!"

热烈的掌声响起来。

林成金擦一把眼泪,庄重地将"贫困户"的牌子交给吕彦彰。吕彦彰郑重地接过这块"贫困户"牌子,百感交集,情不自禁地大声宣布说:"这块贫困户的牌子已经完成了它的历史使命,我将把它交给县里的档案部门永久保存。它是我们千千万万低保户贫困户摆脱穷困,走向富强的真实见证,是我们中华民族复兴崛起、屹立于民族之林的真实见证!"

吕彦彰接着宣布,省政府已经确定华苑村为乡村旅游开发扶贫村,"五福临门"已经被确定为市树。华苑村2017年确定的贫困户的20户47人,已经有15户33人脱贫。剩余的5户14人将在今年年底彻底脱贫。

人们高声欢呼着,很多人落下了激动的眼泪。

突然,有人失声大哭起来。

这是梅花枝的哭声。

梅花枝在女儿娇娇的陪伴下,参加了这场令人万分激动的精准扶贫暨美丽乡村建设大会。见到自己男人第一个走向大会主席台,第一个理直气壮地宣布脱贫,忍不住失声大哭。

这是激动的、感恩的泪花。

娇娇回家了。

和娇娇一样在外打工拼搏挣钱的很多年轻人回家了。因为,家乡的变化吸引着他们,家乡的建设需要他们。在这个风景如画的美丽乡村,他们的发展前景更加灿烂辉煌。

春桃经过治疗,已经可以行走了。她在任立志的搀扶下走过来。

曹联宇快步走过来,搀扶着春桃。

缘缘、嘉怡拉着手紧跟在他们身后。

任立志问:"你决定在我们华苑村安家了?"

曹联宇点点头:"是的!这里的山美水美人更美。我已经投资二百万给华苑村退役军人创业协会,开发玉兰园、桃园和供应恒利康酵素生产的蔬菜水果基地。"

第二天清晨,伏案写作的郝梦媛打完了最后一句话的句号,纪实小说《五福临门》的最后一个章节写完了。她关闭电脑,站起来,揉一下太阳穴,然后关闭电灯,拉开窗户。

晨曦徐徐拉开了帷幕,清新的空气扑面而来。初升的太阳从东边的天际慢慢地探出脑袋,大地上的一切都变成了金色,世间的万物也都活跃起来了。枝头上的鸟儿尽情地欢唱着。远处,传来村民们的欢声笑语。

又一个绚丽多彩的早晨降临人间。

晨练的人们已经集聚在文化广场,优美的《情哥哥》的歌声传过来:

哥哥你曾听说
山里的叶儿红
那就是妹妹的心
想你就热烘烘
哥哥你去远方
妹妹的心儿伤
站在高高山岗上
妹妹就为你唱
呀呼嘿 情哥哥 呀呼嘿
妹妹想你想断肠
呀呼嘿 情哥哥 呀呼嘿

等到花开满山岗 满山岗……

在优美醉人心扉的歌声中，郝梦媛缓步走出村部，来到白河岸边的棠梨树下。

歌声一遍又一遍地唱着。

郝梦媛忽然想起了赵阳。

"五福临门"被市人大确定为市树后，赵阳带领着十几个人夜以继日地在嫁接这个新品种，没有时间与她见面甚至说说话儿。

幻觉中，赵阳快步跑来，紧紧地拉着她的手，向见证召女纯情的棠梨树走去……

晨练的吕彦彰从白河岸边跑步而来，看见深情注视着棠梨树的郝梦媛，急忙朝着她跑过来。

郝梦媛擦去满眼晶莹的泪花，朝着吕彦彰莞尔一笑。

吕彦彰似乎已经明白了什么，十分动情地安慰她说："赵阳很快就会完成任务的。"

郝梦媛点点头。

吕彦彰说："昨天晚上，我接到文联张主席的电话，他们要参加县政府在咱们华苑村举办的玉兰花会，还要在棠梨树下，组织一场精准扶贫暨美丽乡村建设的征文大赛颁奖活动。颁奖后，举行诗歌朗诵会。"

郝梦媛高兴地说："自从你提出这个建议后，他们创作的小说、散文、诗歌和拍摄的照片在咱县的《玉兰苑》刊物以及省内外的报纸、刊物上发表几十篇（幅）了。"

吕彦彰说："是呀！在我老领导老战友刘剑的推荐下，中央电视台的乡村栏目还要专程前来录制咱们的石头庄、棠梨树、楚长城、玉兰园、桃园和白河挂壁的纪录片。玉兰花会和文联举办的征文大奖赛和诗歌朗诵会，他们也要实况录制呢！"

郝梦媛说："太好了。华苑村的美，真的应该让全国人民都知道，请他们前来旅游参观。"

吕彦彰问："你的小说《五福临门》脱稿了吗？"

郝梦媛说："脱稿了。我与我的母校河南大学出版社的老师联系了。老师说这个题材很好，弘扬时代主旋律。老师要我把稿子给他发过去，作为主题出版，尽快编辑出版发行。"

吕彦彰说："太好了，祝贺你！你将这场伟大变革中的亲身经历用小说的形式写出来，就像你在扶贫工作中倾尽全力帮扶低保户贫困户一样，真的是送人玫瑰，手留余香。为别人带来阳光的人，一定也会被阳光温暖着。"

郝梦媛微笑着："是的！但愿所有的美好，都如期而至。"

吕彦彰说："白河弯弯，五福临门。一年来，我们认真践行习近平新时代中国特色社会主义思想，打好贫困地区攻坚战，确保实现'一个人不掉队'的伟大壮举。我们心往一处想，劲往一处使，讲诚信，抓精准，老百姓走向小康的脚步更加快速和从容，必将会迎来一个更加灿烂辉煌的明天。"

不远处，在优美胡琴的伴奏中，传来华苑村女艺人歌唱十九大的戏曲声。

2018年元月10日至5月29日初稿于南召县城关镇家中
2018年6月28日第一次修改完毕于南召县城关镇家中
2018年8月5日第二次修改完毕于南召县城关镇家中
2018年12月20日第三次修改完毕于南召县城关镇家中
2019年9月27日最后一次修改于南召县城关镇家中

后　记

当我最后一次将这部描写退役军人创业励志、精准扶贫的长篇小说《白河弯弯》修改完毕的时候，恰逢中华人民共和国成立70周年之喜庆，作为一名退役军人，在此衷心祝愿战友们节日快乐，祝愿我们的国家繁荣强盛，人民幸福。

2017年6月，南召县退役军人服务中心成立的消息在全县退役军人中间炸响，这个有史以来全国首创的县一级专门服务于退役军人的职能部门挂牌了。无数的退役军人来到这个新成立的单位，望着"南召县退役军人服务中心"十一个崭新的大字，激动得流下了热泪，他们说，我们终于有了一个新家了。同年8月，我被南召县退役军人服务中心聘请为校外辅导员。在此期间，不断接触到各个方面的退役军人，听到他们不同的军人经历和故事，特别是当年年底，应对越自卫反击战参战老兵、战功荣立者吕秀彦相邀，为他准备成立退役军人创业协会而组织的材料做一些修改工作。从而了解到，这些年来，南召县的退役军人们，在不同的工作岗位上牢记生命中当兵的历史，自觉弘扬人民军队光荣传统和优良作风，在人生的不同阶段、不同岗位上继续出色工作，活出精彩人生，做出了令人惊喜的业绩。听到了很多退役军人"军营的磨砺，我们是真正的男子汉，地方的舞台，我们依旧书写辉煌"的先进事迹，而且自己也是在军营里战斗生活了十二年多的军转干部。我在感动之中，产生了创作一部以退役军人为主人公精准扶贫、创业励志小说的想法。

当我的这个想法向南召县文联原主席、南阳市作家协会理事、国家二级作家张玉峰，影视剧编剧、作家林小堂，退役军人优秀代表、"出彩河南人"之"最美退役军人"、南阳市"最美退役军人"、南召县格海家电董事长、县退役军人创业协会秘书长、南召县第八、九届政协常委、南阳市人大代表吕秀彦提出后，立即得到他们的大力支持。在以后的深入生活和写作中，作家张玉峰应四棵树乡党委书记王豪之托，邀请我和南召县教师讲师团语文专业组组长、南召县教师进修学校原常务副校长程广侠，南阳市公安局交警支队宣传科长朱付新等同志多次到四棵树乡青杠扒村、神仙崖村、黄土岭村、瓦渣岭村参加低保户贫困户和脱贫户以及扶贫干部、村干部的座谈会，整理先进材料，撰写了脱贫户孙建红、退役军人蒋少明的演讲稿和通讯稿。还先后到云阳镇玉兰园、石头村，马市坪乡杨扒村，四棵树乡二郎船村和在"百企帮百村"活动中吕秀彦帮扶的乔端镇九崖村以及崔庄乡退役军人创业扶贫的锦晟红灯笼软籽石榴园农民专业合作社参观学习，积累素材，从而使我创作的小说有更加真实的第一手资料。

在创作中给予大力支持和提供素材的吕秀彦同志，多次向我讲述他的战斗经历和扶贫工作，还向我介绍了南召县退役军人创业协会会长张福成，副会长李恒、韩应山等励志创业的先进事迹，使我有了创作原型。在吕秀彦和各位会长的支持下，南召县退役军人创业协会为该书的出版解决了资金问题。曾经先后担任南阳军分区参谋长，漯河市委常委、漯河军分区司令员的吕志勤同志，听说这是一部退役军人创业励志，精准扶贫的故事，给予作者极大的支持并为该书作序。先后担任南召县委副书记，南阳市委宣传部副部长，南阳市文化局局长、工业和信息化局局长，南阳市人大民侨外委主任陈华山同志，南召县退伍军人服务中心原主任、现任南阳市退役军人事务局副局长梁龙江同志，以及新成立的南召县退役军人事务局局长马庆军同志和南召县退役军人服务中心工作人员董向远、陆瑶、王东、李涵、季海钦等为该书的创作提供了很多便利。南召县人大副主任任明成，南召县政协副主席、文联主席仝太峰，文联原副主席布建坚，南召县委宣传部副部长廖涛和文教科科长李贞，原副部长朱文华、郭玲，南召作家协会原主席、县委党校常务副校长臧建国，现南召作协主席陈学现以及我的大女儿谭莉和小女儿、扶贫干部谭雅文在我的创作中给予了大力的支持和关注。河南大学出版社副总编辑史锡平，高级讲师程广侠对书稿提出了中肯的修改意见。在该书即将付梓印刷出版之际，谨向关心我支持我的同志们、朋友们和亲人们表示衷心的感谢。

就在作者对该书进行修改的时候，又一个激动人心的消息从北京传来，7月26日，党和国家领导人习近平、李克强、王沪宁等在北京会见全国退役军人工作会议全体代表。河南省唯一获得全国退役军人工作模范单位的南召县退役军人服务中心的代表、县委书记刘永国、县退役军人事务局局长马庆军受到习总书记等党和国家领导人的亲切接见。

该书从立意，深入生活，搜集素材和写作用了将近两年的时间，时间比较紧迫，还有很多不尽人意的地方，望各位读者批评指正。

谭金富
2019年9月27日